围棋从入门到九段

具体 8

4段到5段
1000题

陈　禧
胡啸城
卫泓泰
——————著

化学工业出版社
·北　京·

图书在版编目（CIP）数据

围棋从入门到九段. 8，具体：4段到5段1000题 / 陈禧，胡啸城，卫泓泰著. —北京：化学工业出版社，2022.9

ISBN 978-7-122-41691-9

Ⅰ. ①围… Ⅱ. ①陈… ②胡… ③卫… Ⅲ. ①围棋—教材 Ⅳ. ①G891.3

中国版本图书馆CIP数据核字（2022）第102387号

责任编辑：史　懿　　　　封面设计：溢思视觉设计 / 尹琳琳

责任校对：边　涛　　　　装帧设计：宁小敬

出版发行：化学工业出版社（北京市东城区青年湖南街 13 号　邮政编码 100011）

印　　装：河北京平诚乾印刷有限公司

787mm × 1092mm　1/16　印张 12¾　字数 180 千字　2023 年 1 月北京第 1 版第 1 次印刷

购书咨询：010-64518888　　　　售后服务：010-64518899

网　　址：http://www.cip.com.cn

凡购买本书，如有缺损质量问题，本社销售中心负责调换。

定　　价：59.80 元

序 言

我和奇略合作“从入门到九段”有不少时间了。这套选题最早来自于一次吃饭，泓泰说：上次出版的《零基础学围棋：从入门到入段》反响不错，再挑战一次“从入门到九段”怎么样？

于是经过近两年的设计、制作、编排，这套书终于要和大家见面了。题目全部是陈禧职业五段原创的。他热爱创作死活题，这些题目在网上有数千万人次的做题量和大量的反馈，经过了充分地检验和锤炼。其中高段分册的有些题目我看到了也需要思考一段时间，做完之后，感受很好，确实有助于基本功的训练。

围棋学习是提升自己思维素养的过程，最讲究记忆力和计算力的训练。

常用的棋形，需要记得快，还要记得准、记得牢。必须要养成良好的学习习惯：多下棋，下棋之后复盘，长此以往会慢慢养成过目不忘的能力，下过的棋全部摆得出来。围棋的记忆，不仅要了解一个形状，还要记住上下关联的变化，理解得越深，记得越全面。记的东西多了，分门别类在头脑中整理好，就有了一套自己的常用知识体系，形成了实战中快速反应的能力。

实战中总有记不完的新变化，围棋对弈还尤其考验临机应变的能力。出现新变化的时候，需要进行计算。计算是在头脑中形成一块棋盘，一步一步地在上面落子，进行脑算；同时还需要有一个思维体系，从思考为什么会有这样的棋形开始，到思考这个变化为什么可行，那个变化为什么不行。这里说的计算，包含了大家平时说的分析和判断。通过综合训练，逐渐拥有强大的想象力，形成围棋中克敌制胜的计算力。

围绕训练这两种能力，奇略做了错题本和死活题对战的新功能，比我们那个时候训练的条件还要更进一步。一套好书，可以是一位好的教练，一位好的导师。希望通过这套书能够让围棋爱好者和学员们真正提高自己的硬实力，涌现出更多优秀的围棋人才，超越我和我们这一代棋手。

职业九段是我职业生涯中重要的里程碑，是我新征程的开始。而对于广大爱好者来说，从入门到九段，可能是一段长长的征程，有着无数的挑战。这里引用胡适先生论读书的一段话，与大家共勉：“怕什么真理无穷，进一寸有一寸的欢喜。即使开了一辆老掉牙的破车，只要在前行就好，偶尔吹点小风，这就是幸福。”

柯洁

2022年8月

前 言

很高兴这套书遇到了您。

这套书，献给那些对自己有要求的爱好者和对提升学生棋力最热忱、最负责任的围棋老师们。

奇略是一家以做围棋内容和赛事起步的公司，目前是业内最主要的围棋内容，尤其是围棋题目的供应方之一。我们长期支持各类比赛，包括北京地方联赛和全国比赛。进入人工智能时代，我们相信，围棋的学习一定是围绕着提升棋手自身综合素养进行的。通过学习围棋，每位棋手都可以成为有创新意识，有独立分析能力的优秀人才。

奇略坚持创新和创作，坚信天道酬勤。当我们开始创作这样一套综合题库时，我们合理安排每一道题，每一章都为读者设计了技巧提示和指引，每一项围棋技能都邀请了顶尖的职业棋手寻找更好的训练方式。

从入门到九段，不仅要有充足的训练资源，还要有有效的训练方式和成长计划。今天这份成长秘籍已送到您的手边。我们从十年来原创的题目中，选取了棋友反馈最多的题目——10000道！按照难度进行编排。它们将会推动您一点一点成长，我们可以想象出无数孩子和爱好者一道一道做下去时兴奋的表情。

日常训练的时候，最头疼的就是：很多时候想这么下，但是答案没有这个分支，一道一道都去问老师要花很多时间，想自己摆棋，棋子太多也要摆好久。

如今奇略将答案全部电子化，更找到北京大学生围棋联赛的同学们，根据爱好者的反馈，给每一道题加上了详细的变化。为了方便大家提升，我们还做了电子错题本和知识点图解。我们会结合您做题中的反馈，对您的专注力、计算力和记忆力做出分析，让您的成长走捷径。

千里之行，始于足下，让我们现在开始吧。

本套书的成书过程得到了太多人的支持，在此感谢科大讯飞联合创始人胡郁，海松资本陈飞、王雷，北京大学校友围棋协会会长曾会明的大力支持。成书期间，周睿羊九段多次来奇略为我们摆棋指导，感谢周睿羊九段的意见让这套书更完善。

卫泓泰　胡啸城　陈　禧

2022年8月

目　录

凡 例

1. 本书题目均为黑先，答案为无条件净活 / 净杀或有条件劫活 / 劫杀。

2. 本书题目大致按照知识点、难度排序，建议读者循序渐进，按照舒适的节奏安排练习。

3. 读者可以直接在书中作答，也可扫描书友卡中的二维码，在电子棋盘上进行互动答题并用错题本记录错题。

4. 读者在进入答题界面后，可以按照下列操作进行答题，也可以输入题目序号，找到对应题目后直接作答。

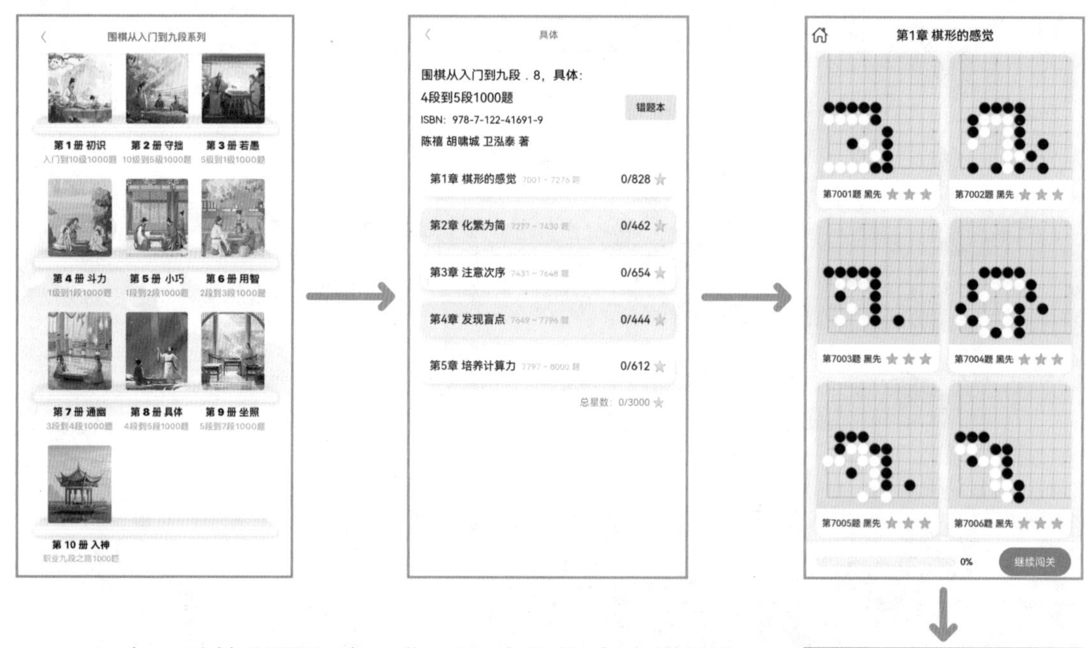

5. 在互动答题界面中，您可以自行探索黑棋的走法，系统将会自动给出白棋的最强应对，并在达到正确结果或失败结果时做出说明。

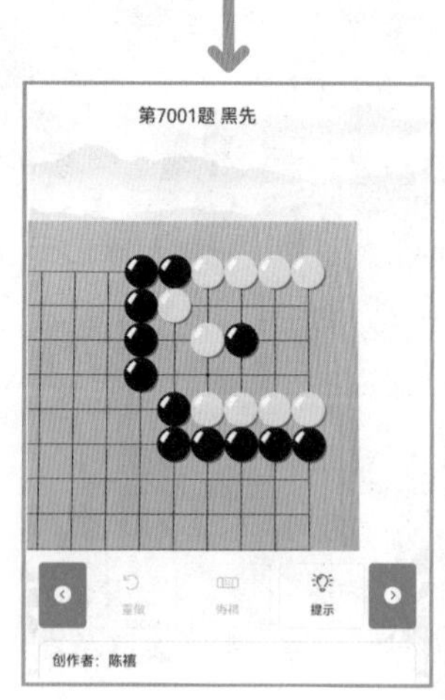

我们的答题界面、解题过程会持续优化、更新。愿我们的小程序和 App 一直陪伴您的学棋之路，见证您棋艺的提高。

本书知识点

棋形的感觉

图 1

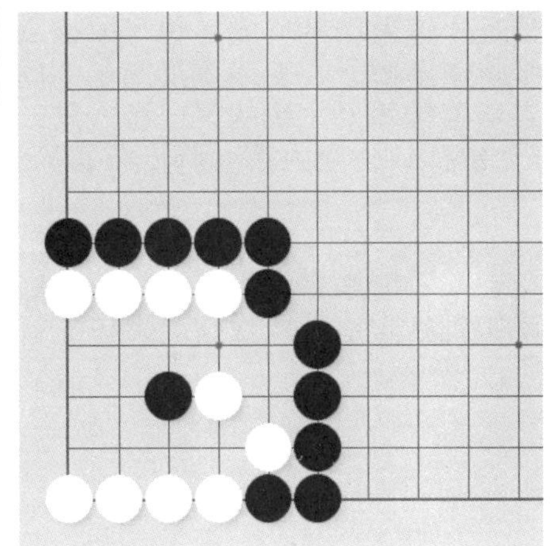

随着对局量和做题量的上升，棋力达到了一定水平之后，就会逐渐形成“棋形的感觉”，又称“棋感”。在解题过程中快速识别某些常见棋形，可以有效避免陷阱，在最短时间内找到正确答案。

如图 1，白棋在上下两边都筑起了铜墙铁壁，然而右侧的“门口”似乎还留着一道裂缝。黑棋先行，该如何行棋呢？

图 2

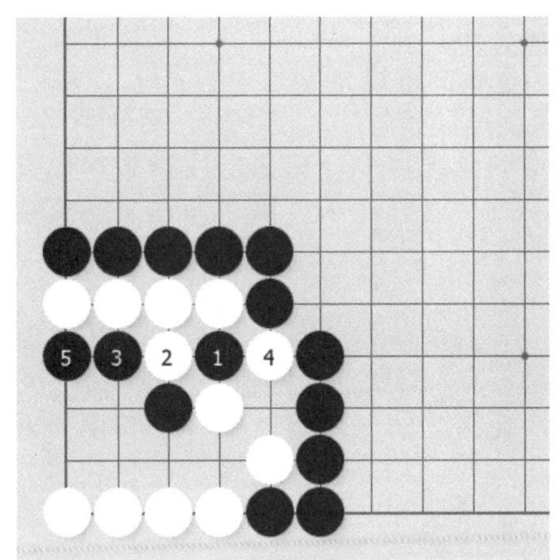

如果您的棋感非常敏锐，一定不会错过图 2 中黑 1 的挖，利用白棋联络的缺陷见缝插针。白 2 打吃是唯一的应手。

接下来黑 3、5 连续打吃，可以将白棋打成一团。

图 3

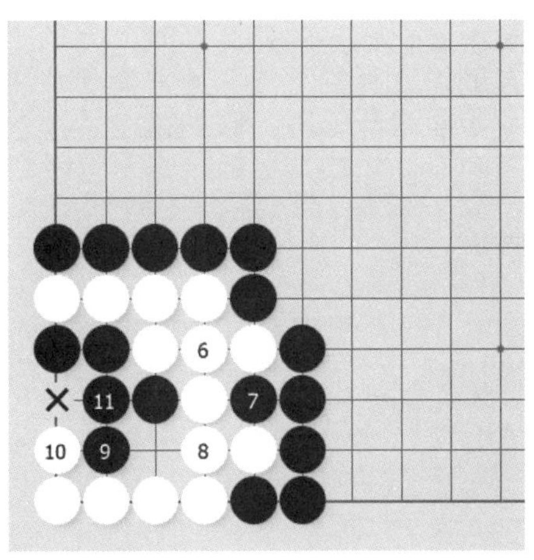

如图3，白6粘显然是只此一手。黑7打吃、白 8 粘之后，黑 9 虎是棋形的要点！白 10拐、黑11粘之后，虽然看起来形成双活，但由于黑棋随时保留 × 位团成“葡萄六”的权利，白棋竟然面临“假双活”被杀的结局。

棋感是高手在对局中的制胜法宝。通过很多次练习之后，相信您也可以具备良好的棋感，通过直觉掌握题目的要领。

化繁为简、注意次序、发现盲点

图 4

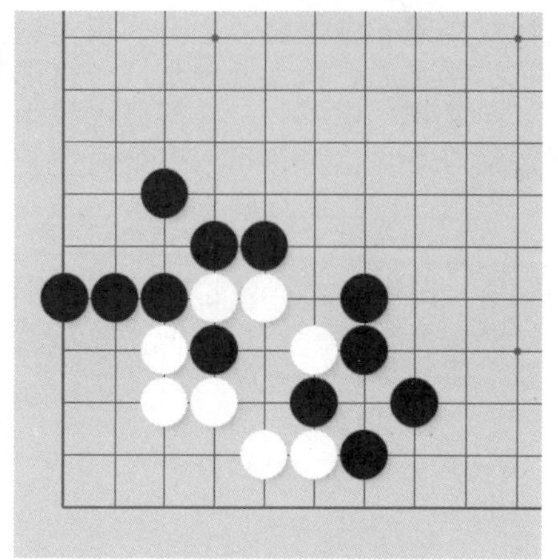

即使是一道复杂的问题，也可以被每个正确步骤逐渐解开，变成更加简单的问题。如果能够推断出正确的第一步或第二步，就已经可以“化繁为简”，降低解答的难度。

如图 4，白棋已经拥有半只眼，而角上的生存空间看起来也颇为充分，所以黑棋需要动作迅猛才能有所建树。黑棋先行，该如何行棋呢?

图 5

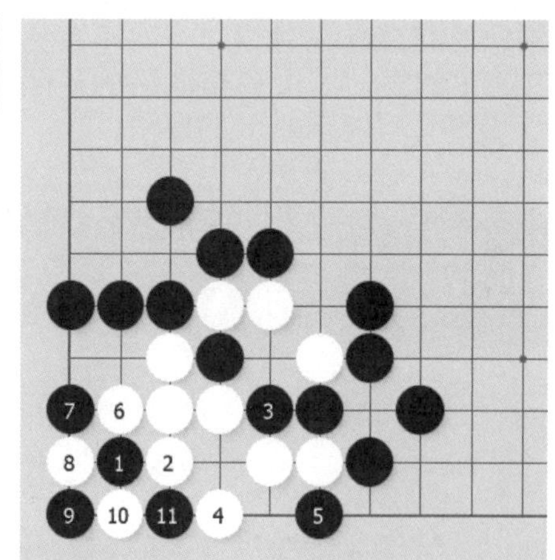

既然白棋角部的空间很大，黑棋的当务之急一定是最大程度限制角里的眼位。如图 5，黑 1 大跳是最有效的入侵手段，有效利用了左边一路的“援兵”。白 2 挡住护眼是局部的最佳应对；这样一来，黑 1 与白 2 的交换已经几乎确定，题目的复杂度也减小了许多。

缩小下方的眼位之后，黑 3 去上边破眼也是只此一手。对此白 4 做眼是白棋的最佳抵抗；黑 5 破眼之后，白 6 以下可以利用角部的特殊性做成打劫活。不过随着题目化繁为简，局面逐渐清晰之后，这些后续手段也就不难发现了。

图 6

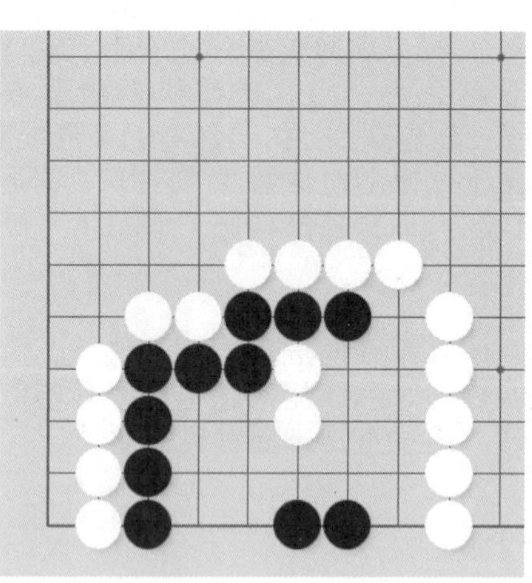

在解答变化较多的死活题时，为了追求对己方最为有利的下法，通常需要“注意次序”才能避开陷阱。假如错过了稍纵即逝的时间点，之后就可能再也无暇走到原来的位置，对最终结果产生微妙而深远的影响。

如图 6，直入黑棋腹地的两颗白子无法被直接切断，然而似乎有一些先手借用可以帮忙。黑棋先行，该如何行棋呢?

图 7

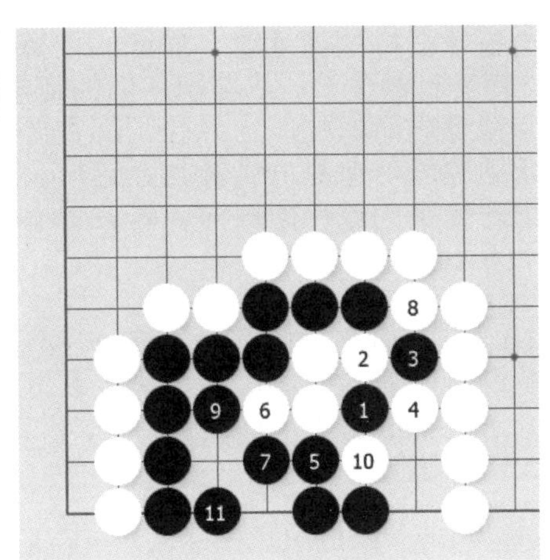

如图 7，黑 1 贴是巧妙的弃子手段。唯有通过弃子把白棋的气撞紧，才有可能通过一连串的先手构成眼位。白 2 冲出必然。黑 3 挖、白 4 打吃之后，黑 5 打吃的方向正确；白 6 如果继续深入，黑 7、9 打吃都是先手，这样黑 11 就可以做出黑棋梦寐以求的两只真眼。当然，白 6 如果改在 8 位提，黑 6 先手打吃之后也可以轻松做活。

不过，此处行棋的次序需要特别留意。黑 5 如果改在 6 位打吃，结果将会完全相反！白棋可以在 5 位长，一举破坏黑棋的眼形，黑棋只得以大败告终。

图 8

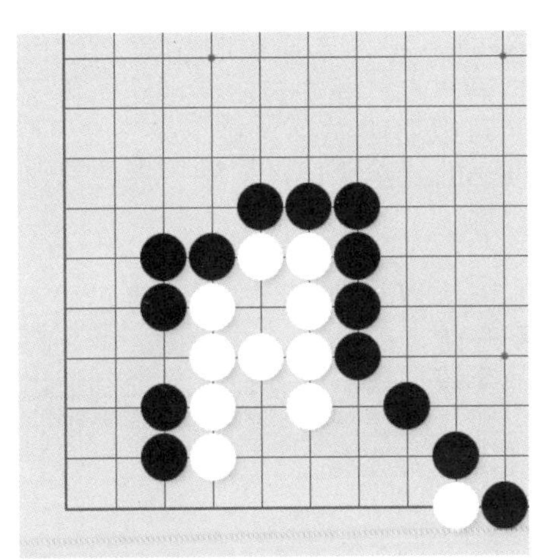

死活题中不易被察觉或发现的着法，就是题目中的“盲点”。想要“发现盲点”，必须突破思维定式，尝试找出非常规的手段，才有可能出其不意。

如图 8，白棋已经形成了一只真眼，距离两眼做活只有一步之遥。黑棋先行，该如何行棋呢？

图 9

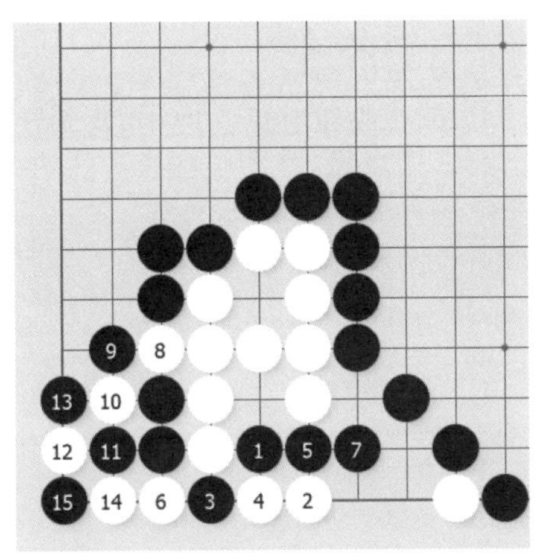

如图 9，黑 1 破眼是必然的第一步。白 2 跳是不易察觉的好手，也是本题的盲点！显然黑棋需要解救出 1 位的棋子，故黑 3 扳、5 冲、7 退也是必然应对。

进行至此，看似白棋已经被净杀，其实不然。白 8 冲、10 断、12 打吃非常机敏，利用角部的特殊性造成打劫，才能构成最完整的正解图。

随着题目难度的增加，盲点的位置也更加隐蔽，常常需要仔细推敲才能发现。如果能够第一眼就看出一道题的盲点所在，代表您的棋力真的攀上一层楼了！

培养计算力

图 10

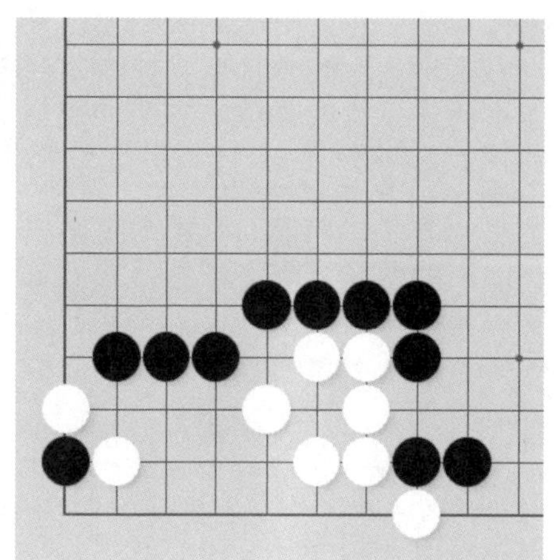

无论是什么样的死活题，最终的目标都是要“培养计算力”。从刚刚入门的初学者，到荣登世界巅峰的职业九段，都需要通过解死活题培养自身的计算力，这样，在棋局进入复杂的攻杀阶段时，才会更有希望立于不败之地。

图 10 中，白棋在右侧已经形成一只真眼，但左侧有明显的缺陷。黑棋需要在众多进攻方法之中做出最精确的选择。黑棋先行，该如何行棋呢?

图 11

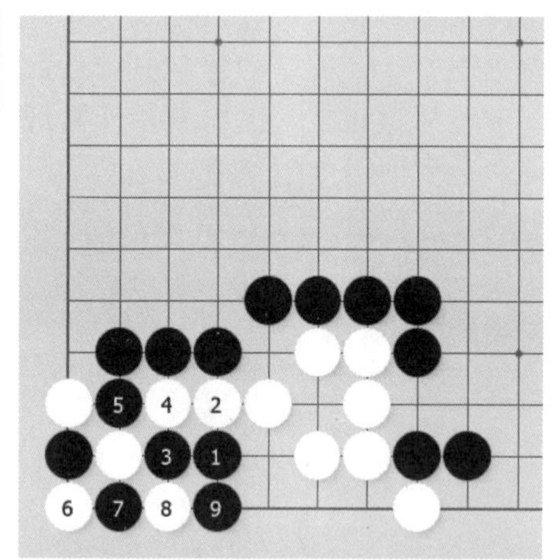

如图 11，黑 1 点是破眼的要点，也是必然的第一步；假如被白棋走到 1 位虎，白棋就可以两眼做活。接下来白 2、4 冲也是唯一的抵抗手段，显然不能让黑 1 轻易连回家。

黑 5 断、白 6 提之后，本题真正的考验才刚刚开始。黑 7 扑、白 8 提、黑 9 打吃的做劫手段是第一感，似乎已经制造出了一些头绪；但是从死活题的角度来说，并不能被接受为答案。

图 12

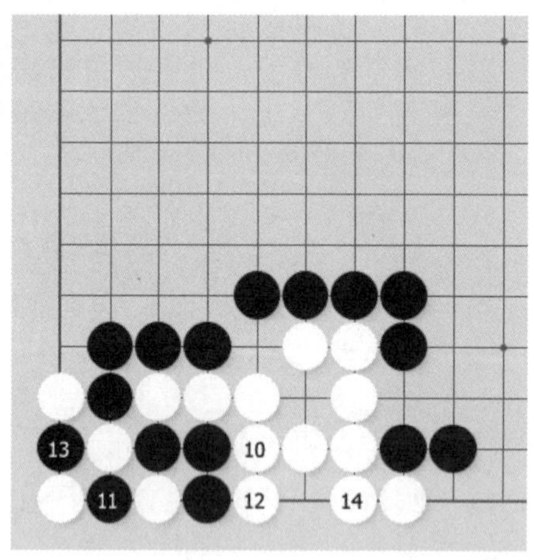

如图 12，白 10 其实可以从右侧打吃，虽然弃掉了左下角所有的棋子，但是抢到 10、12 两个先手之后，白 14 再粘就可以做出第二只真眼。本图中白棋净活的结果，显然是黑棋无法接受的。

图 13

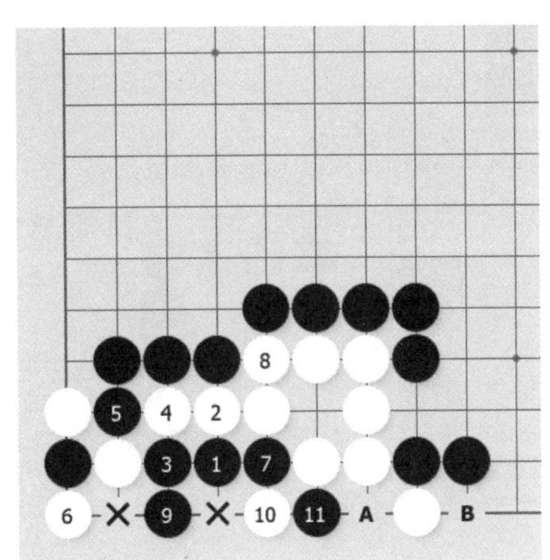

如图 13，黑 7 挤是另外一种不错的思路，意在威胁白棋右边的眼位。如果想要保住这个眼位，白 8 必须团。此时黑 9 立抓住了机会，白 10 如果扳，黑 11 扑即可紧住白棋的气。

此时 × 位两点白棋都不入气，形成“金鸡独立”，故白棋净死。黑 11 之后，假如白棋在 A 位提，黑棋在 B 位挡，依然不会改变结果。

图 14

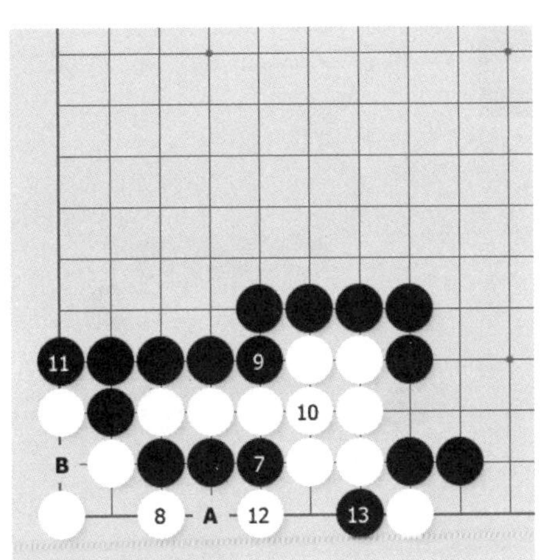

尽管如此，不要忽视白棋顽强的抵抗手段！如图 14，白 8 扳是不易发现的反击。虽然黑 9 先手打吃很痛快，但是由于白棋的棋形极具弹性，黑棋竟然无法将其净杀。

以下黑 11 打吃之后，白 12 打吃、黑 13 扑是正常应对。接下来白棋如果在 A 位提，则黑棋必须在 B 位提，形成劫活。注意，白棋可以一手棋解消 B 位的劫，而黑棋却不能一手棋解消这个劫，所以形势对白棋更为有利。

图 15

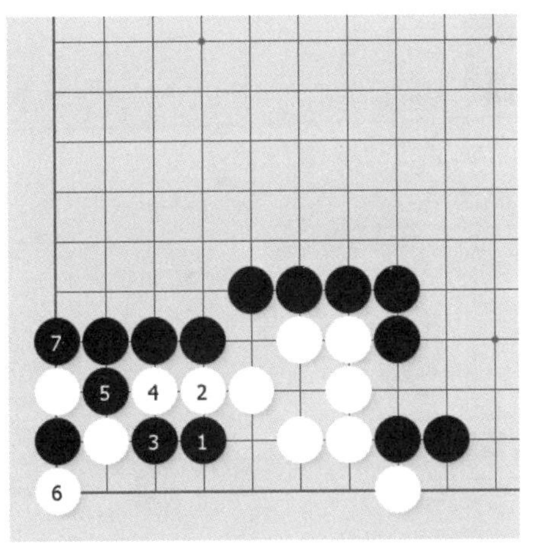

如图 15，黑 7 直接打吃才是本题最简明的正解。如果白棋继续紧气，会形成黑棋先提的紧气劫；与图 14 的结果相比，本图的结果明显对黑棋更为有利。

内部空间更大的死活题，对于计算力的要求也会更高，通常需要结合多种解题方法才能找到正解。愿您在“培养计算力”的路上不懈前行，勇攀高峰！

第 1 章　棋形的感觉

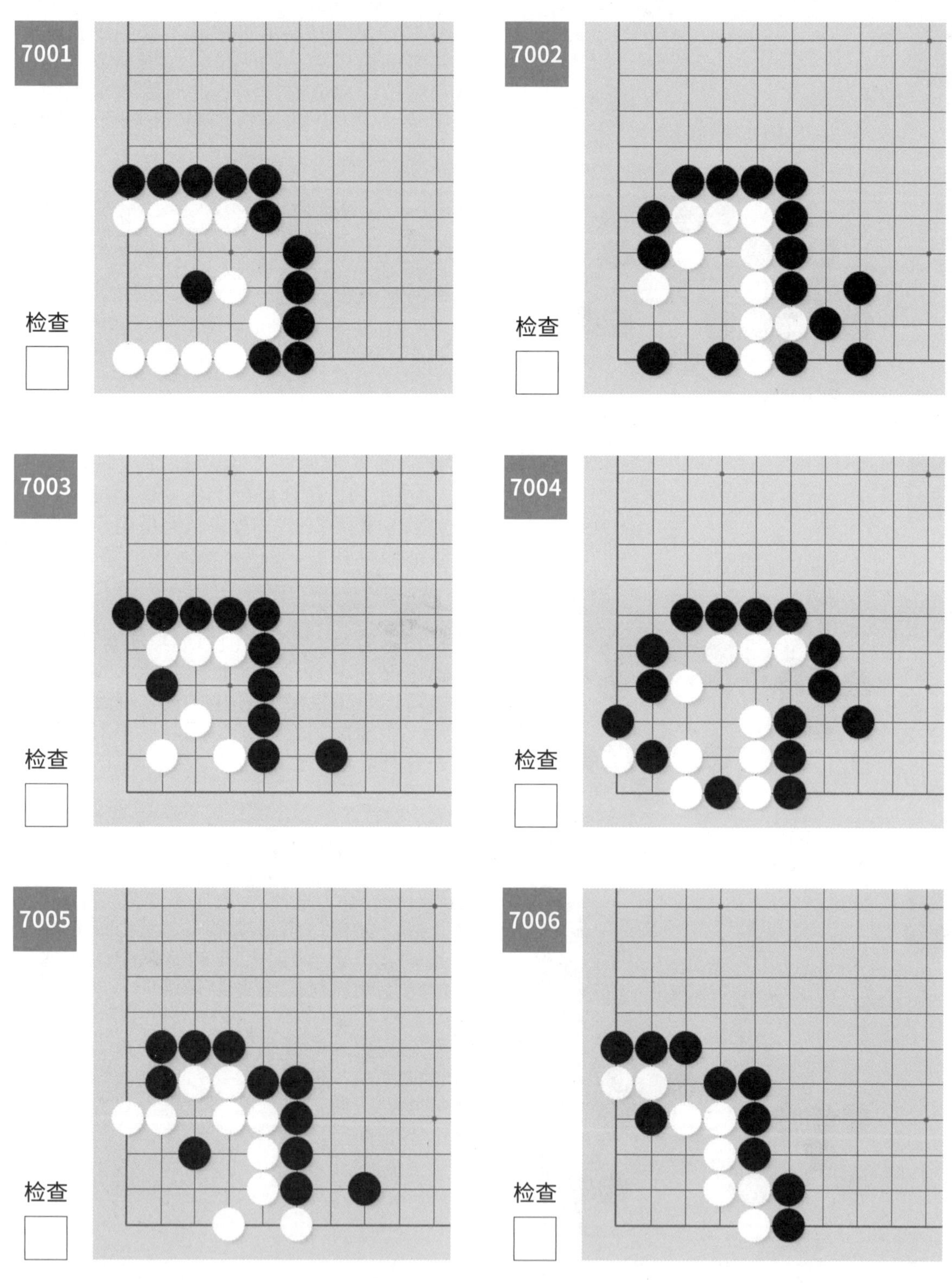

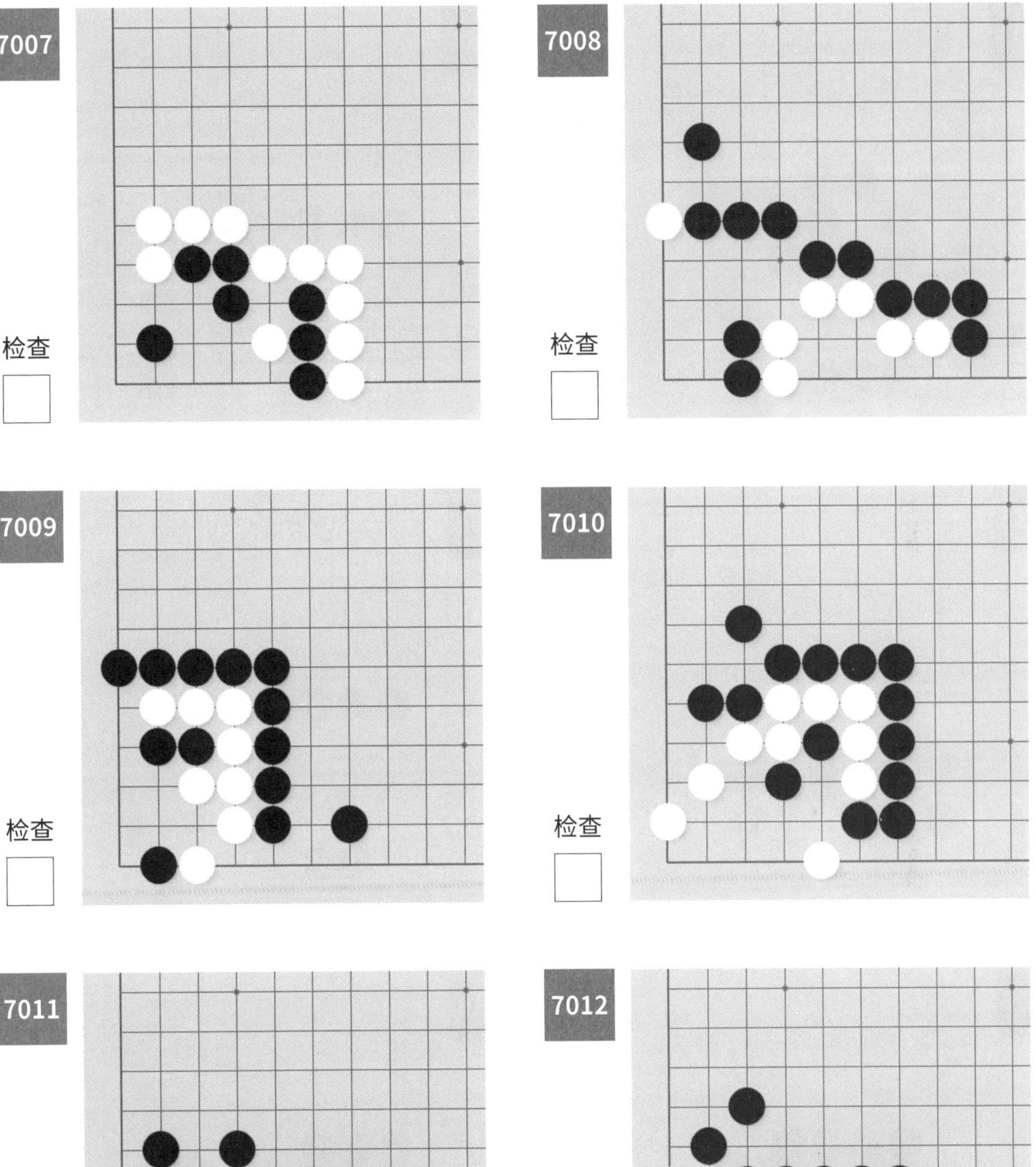
7007
检查
7008
检查
7009
检查
7010
检查
7011
检查
7012
检查

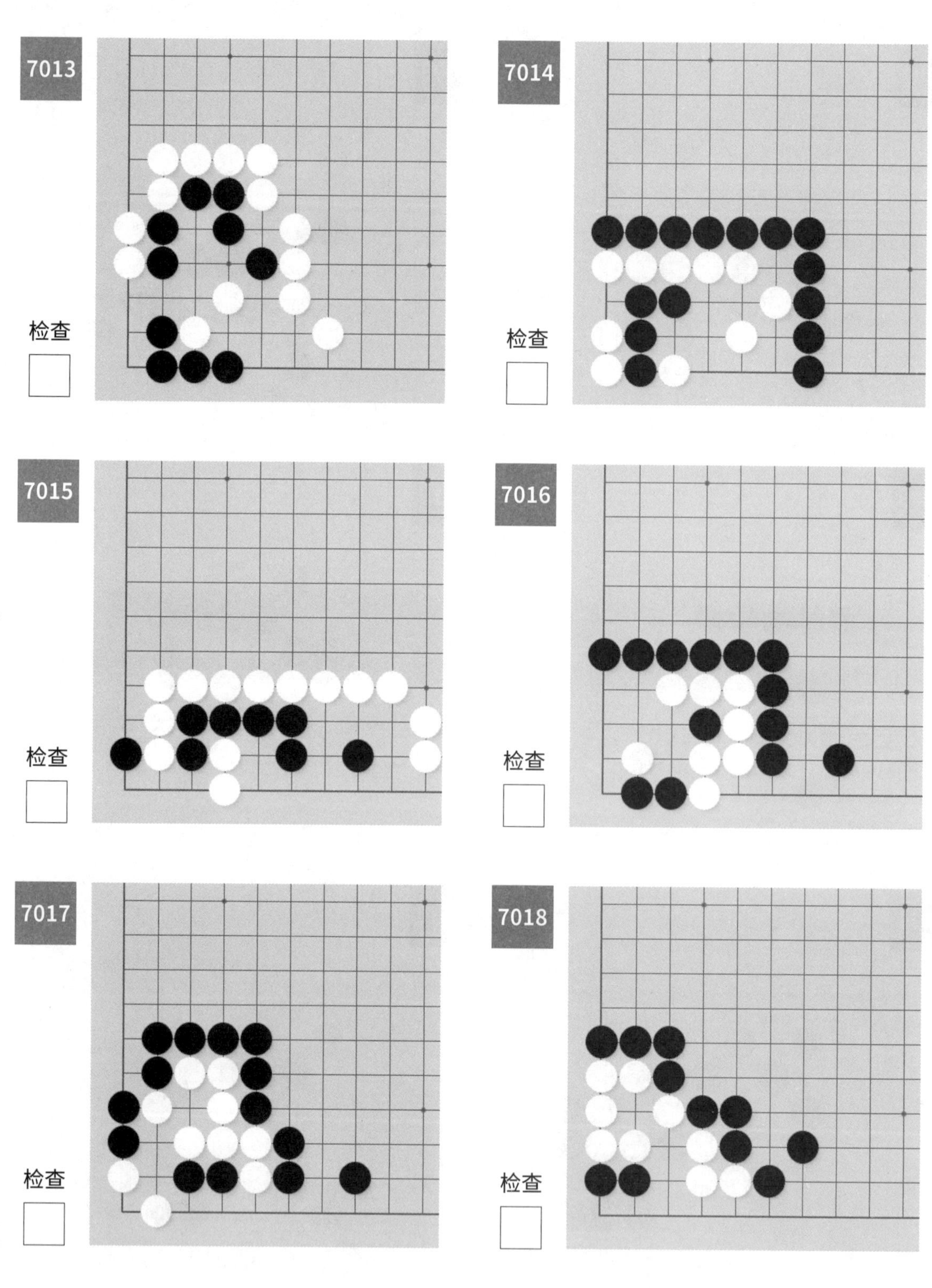
7013
检查
7014
检查
7015
检查
7016
检查
7017
检查
7018
检查

7019

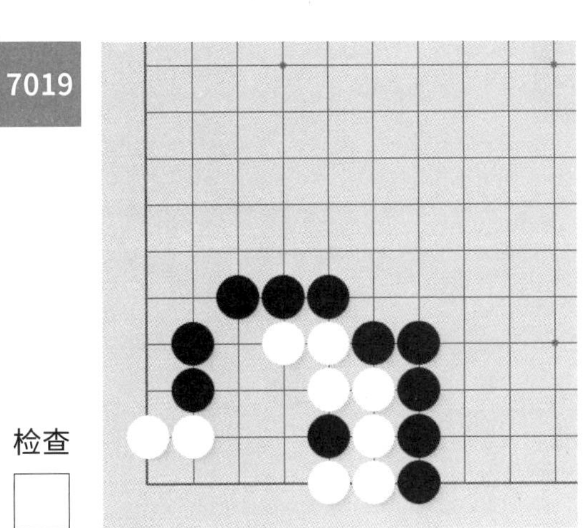

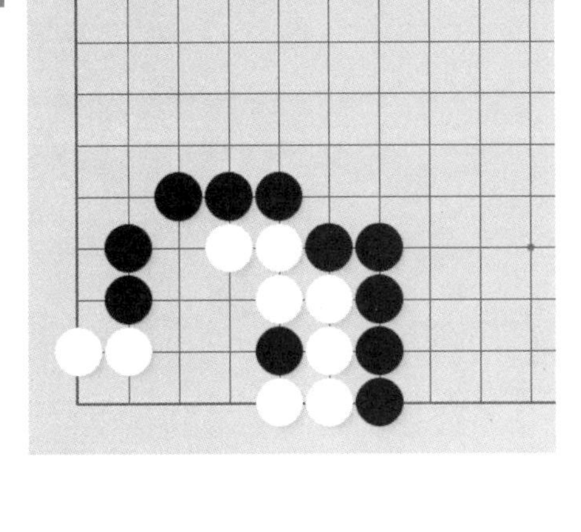

检查 □

7020

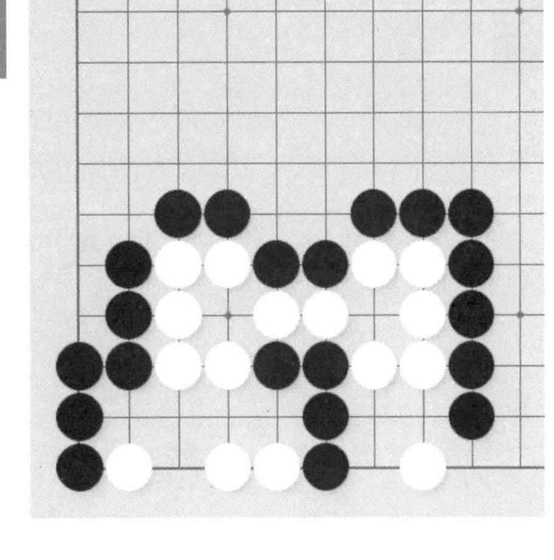

检查 □

7021

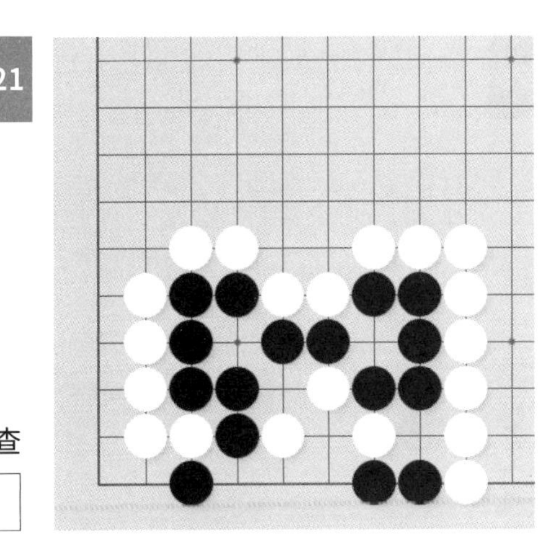

检查 □

7022

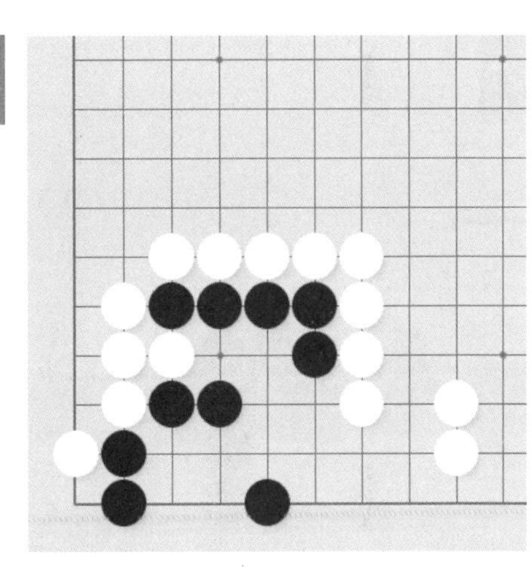

检查 □

7023

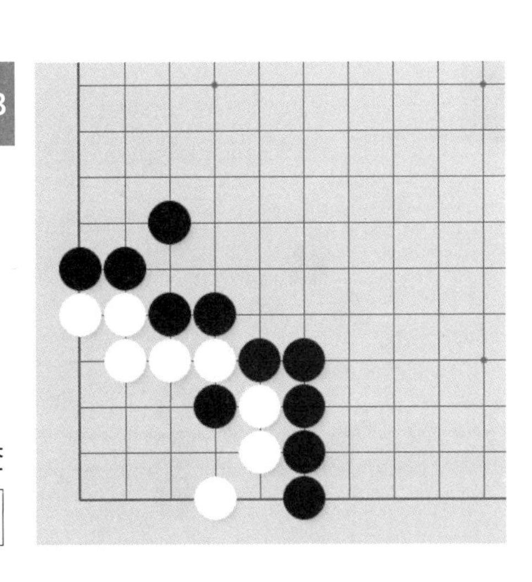

检查 □

7024

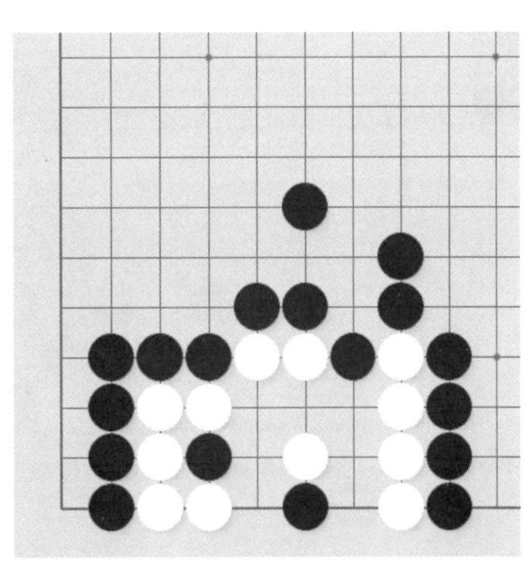

检查 □

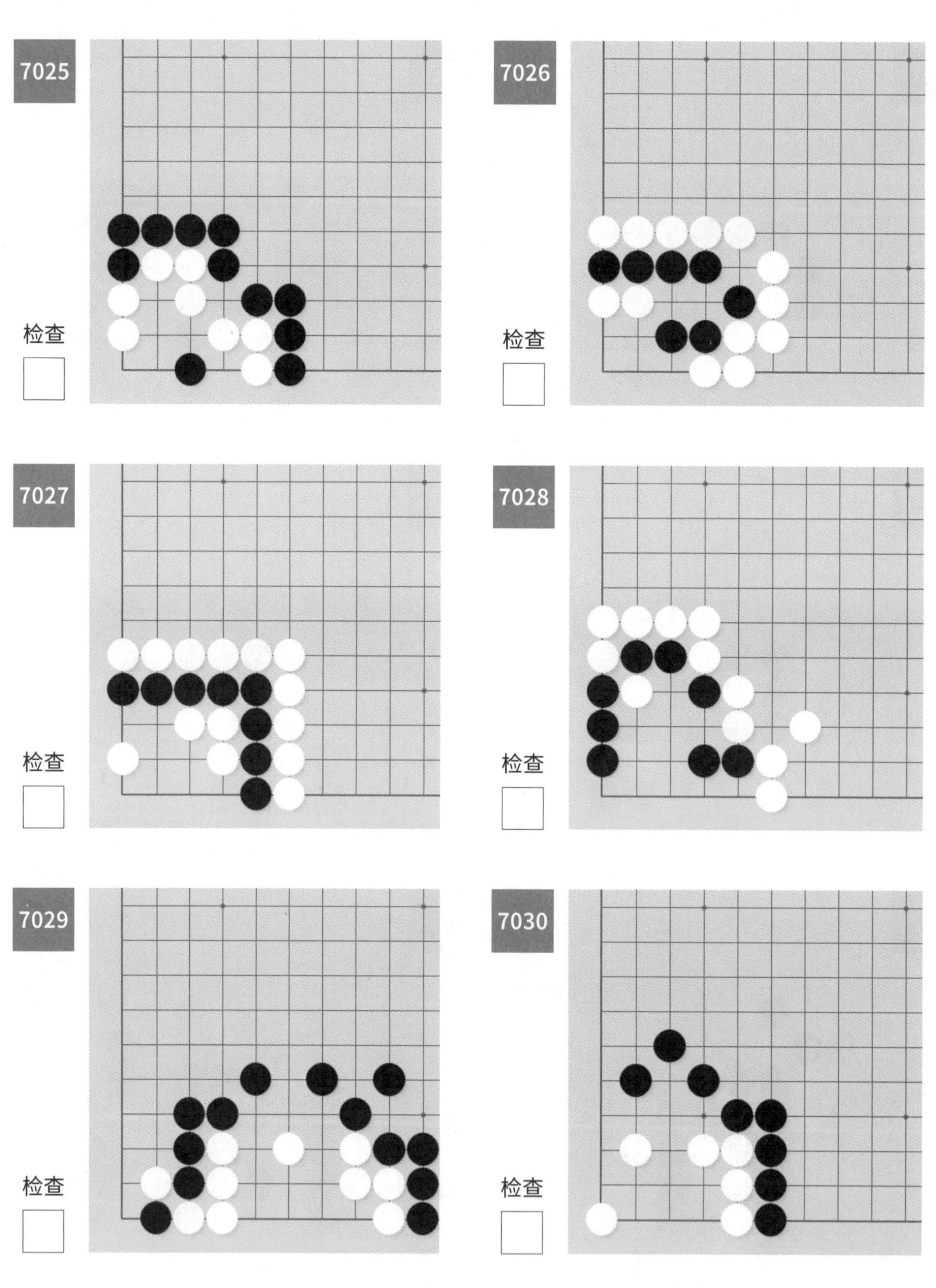
7025
检查
7026
检查
7027
检查
7028
检查
7029
检查
7030
检查

7031

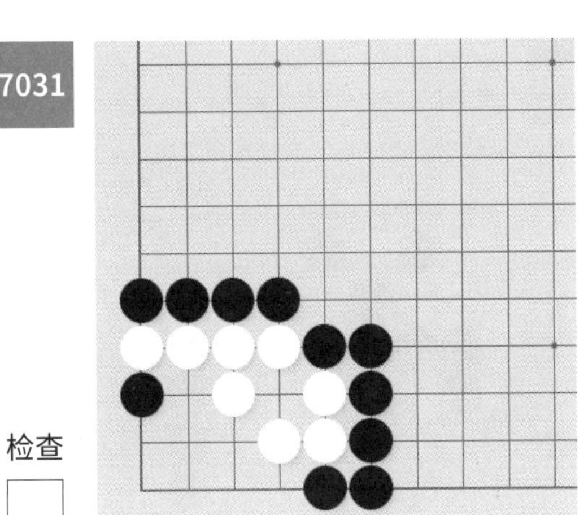

检查 □

7032

检查 □

7033

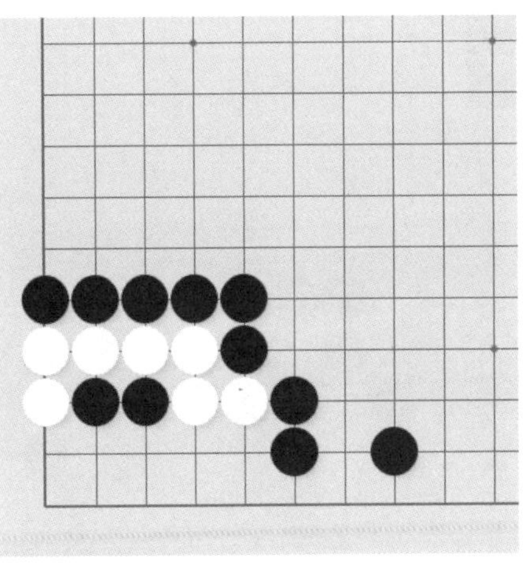

检查 □

7034

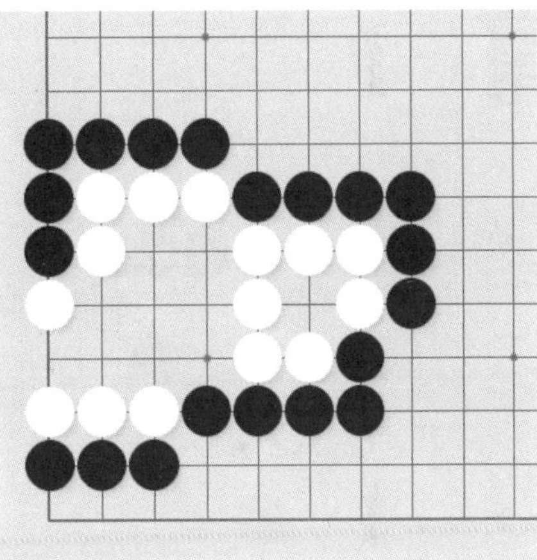

检查 □

7035

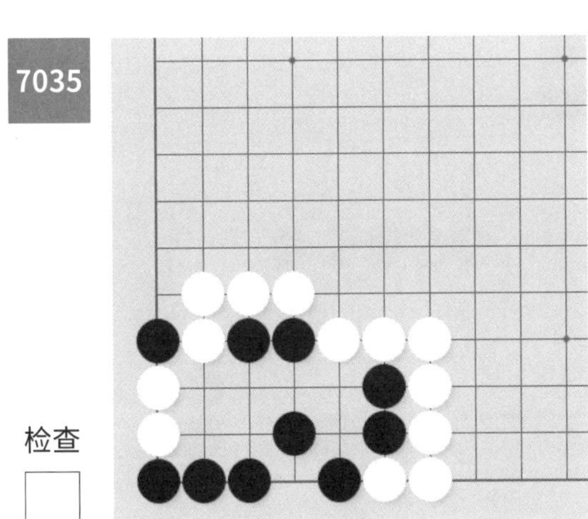

检查

7036

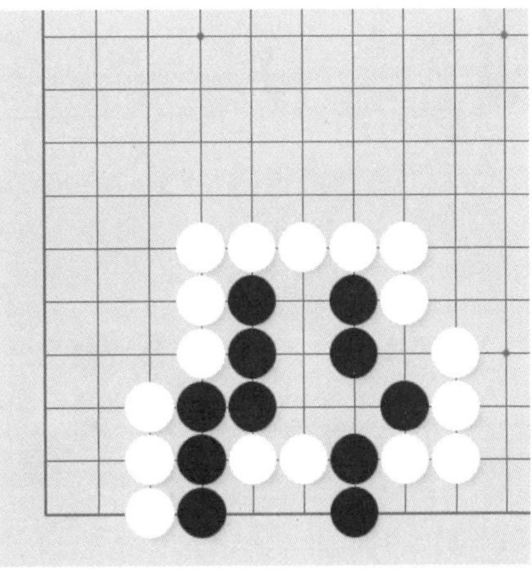

检查 □

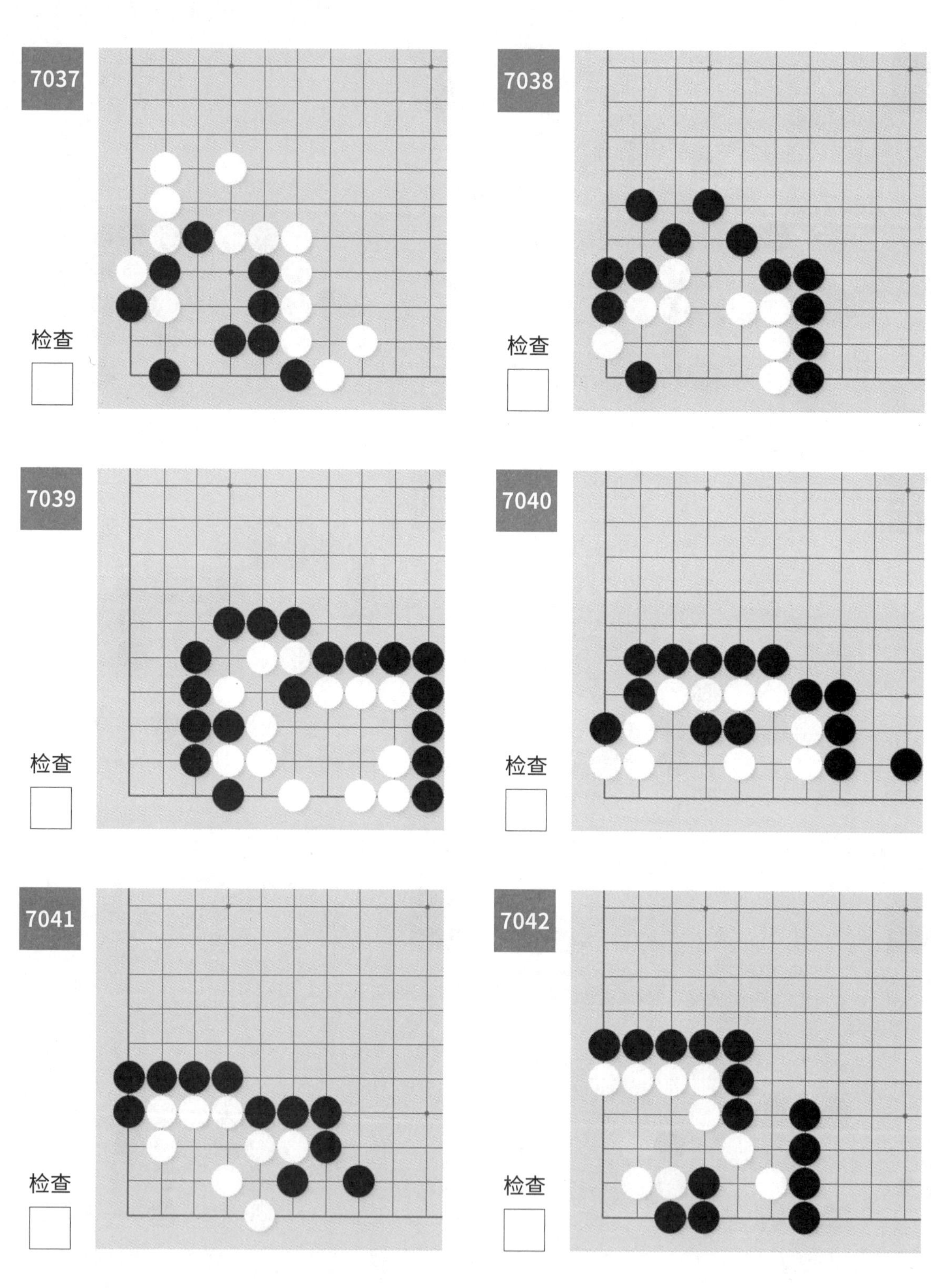
7037
检查
7038
检查
7039
检查
7040
检查
7041
检查
7042
检查

7043

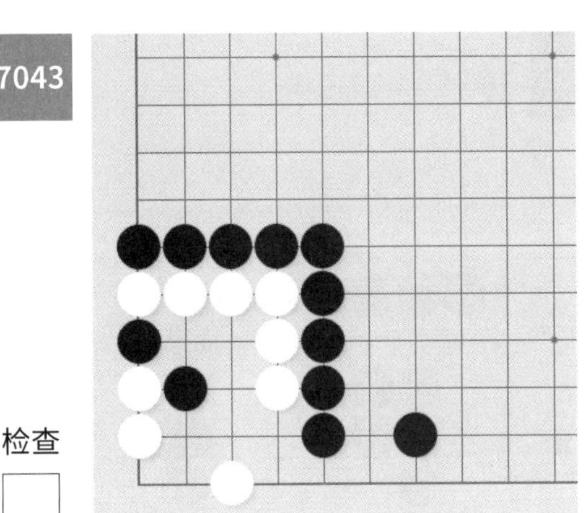

检查 □

7044

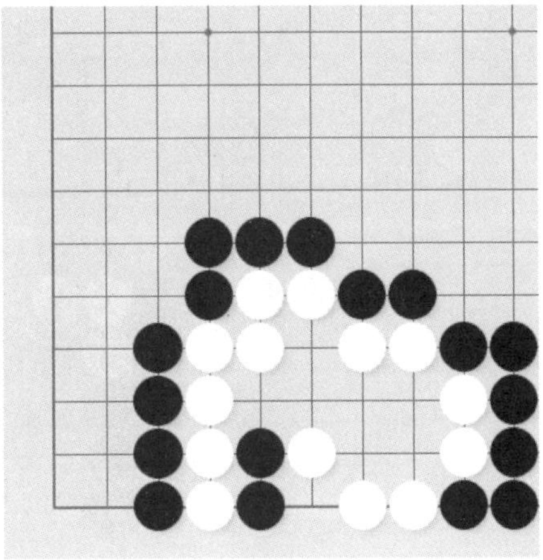

检查 □

7045

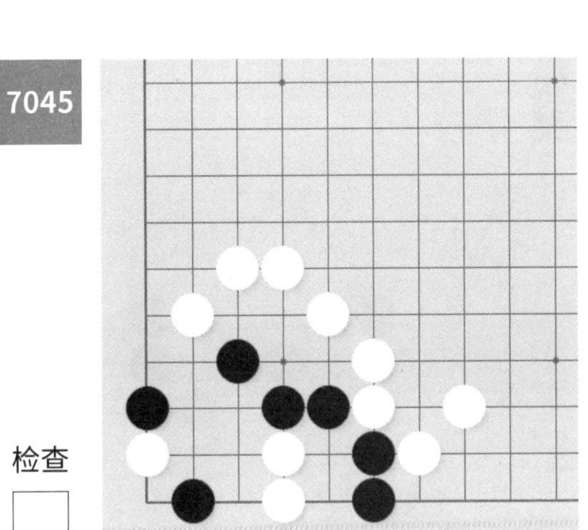

检查 □

7046

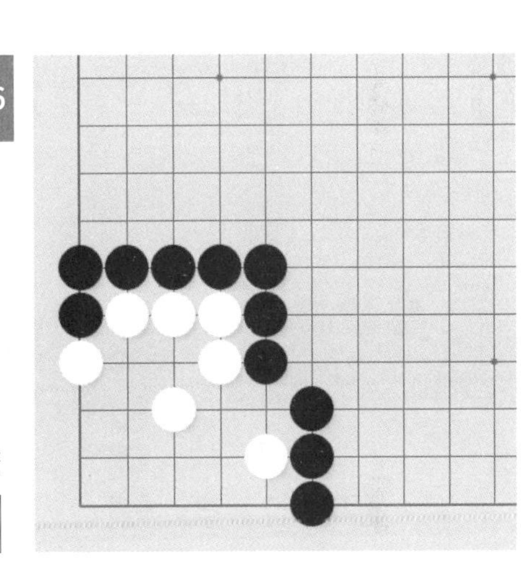

检查 □

7047

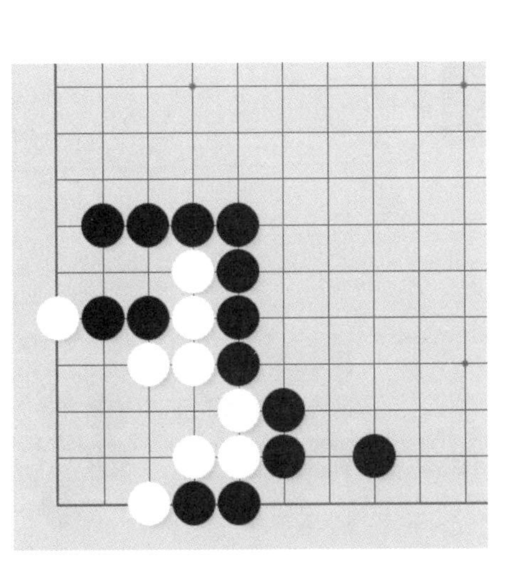

检查 □

7048

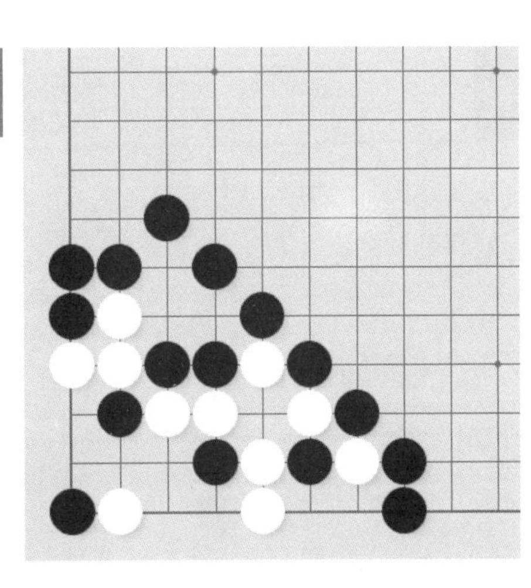

检查 □

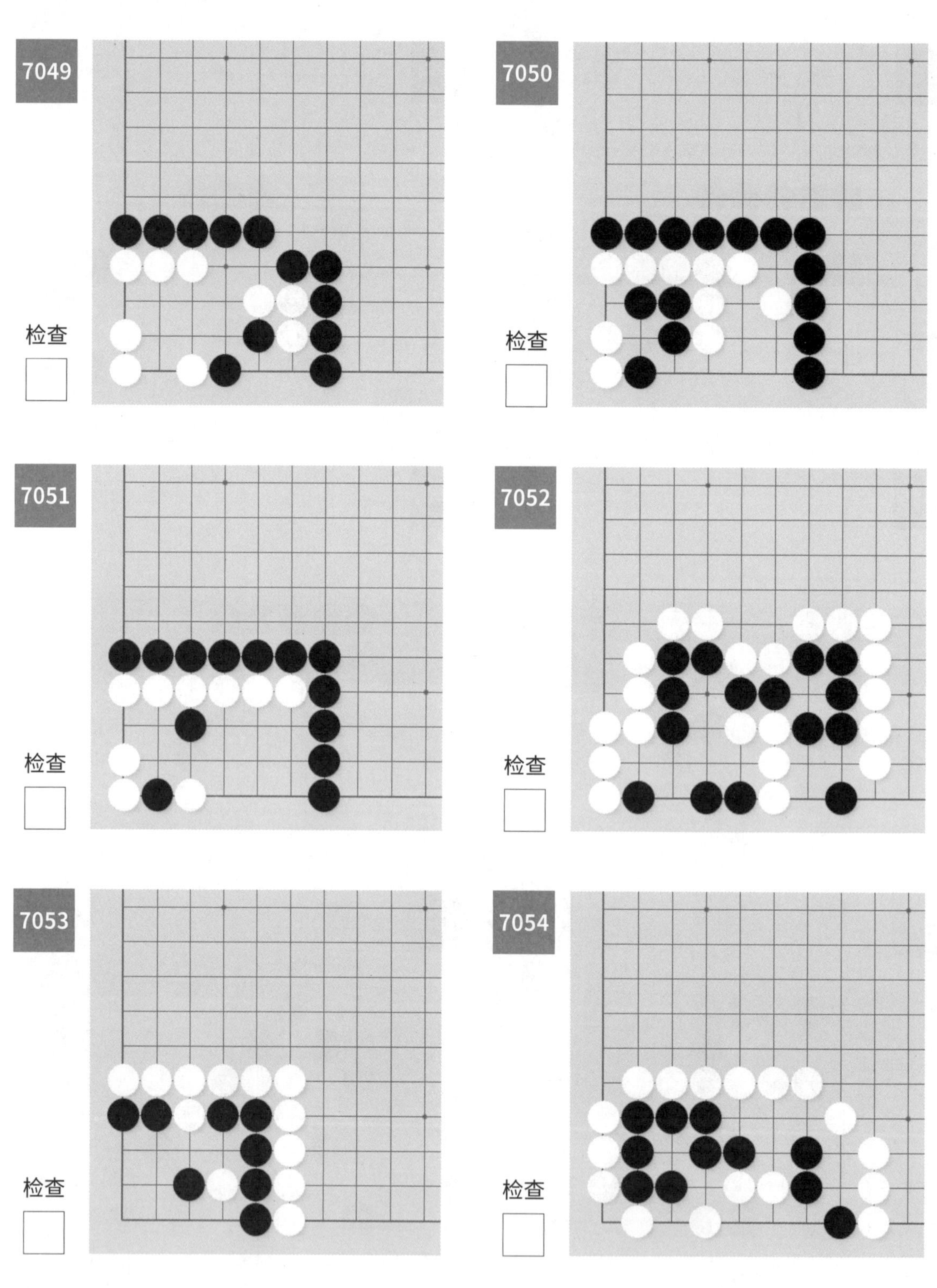
7049
检查
7050
检查
7051
检查
7052
检查
7053
检查
7054
检查

7055

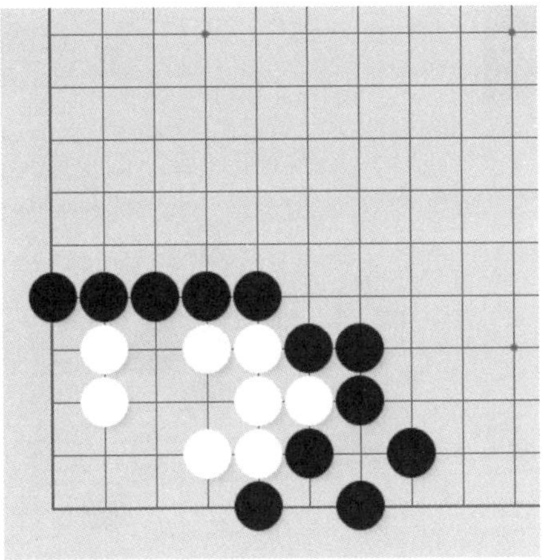

检查

7056

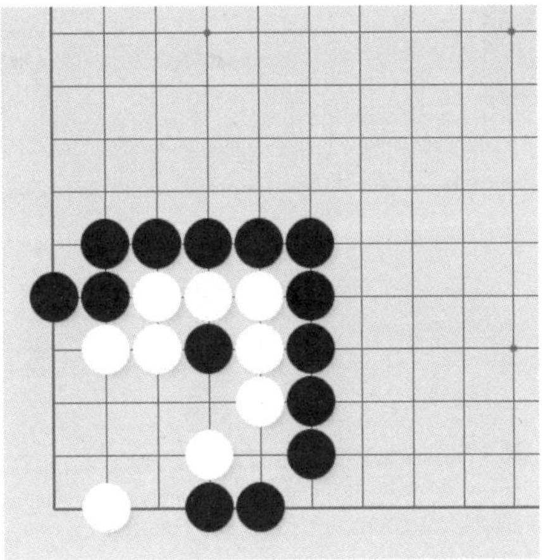

检查

7057

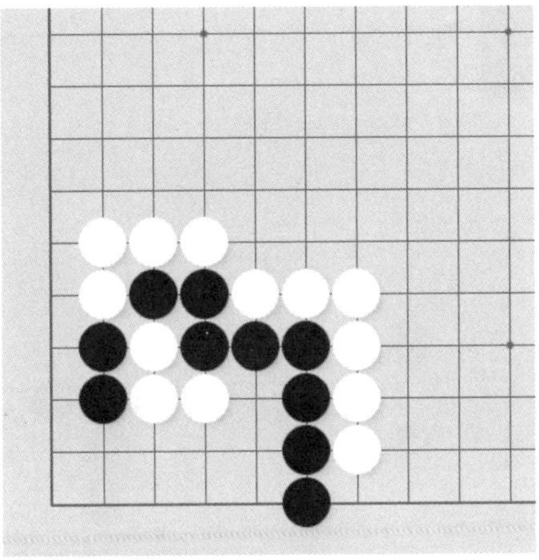

检查

7058

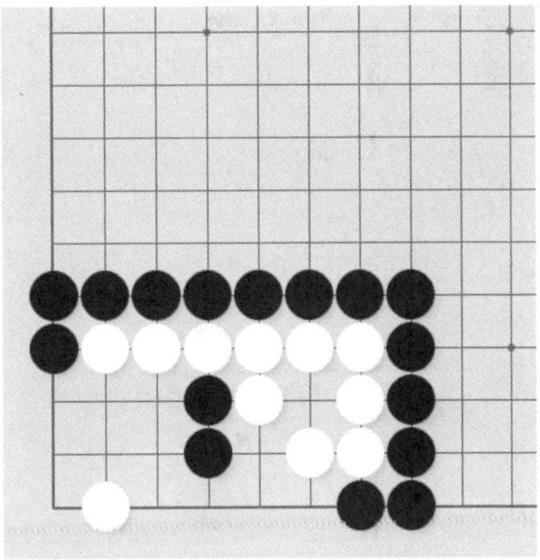

检查

7059

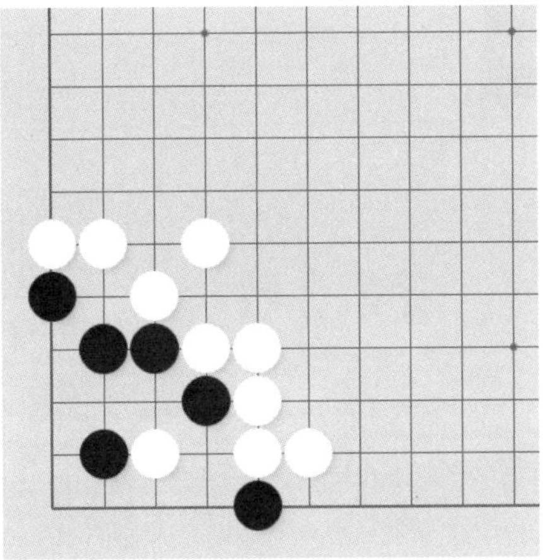

检查

7060

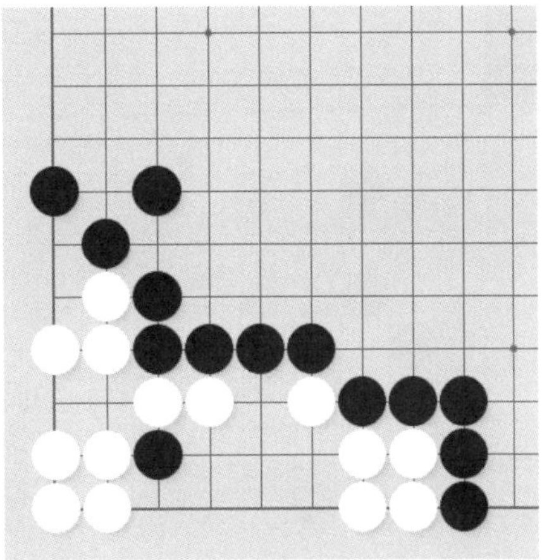

检查

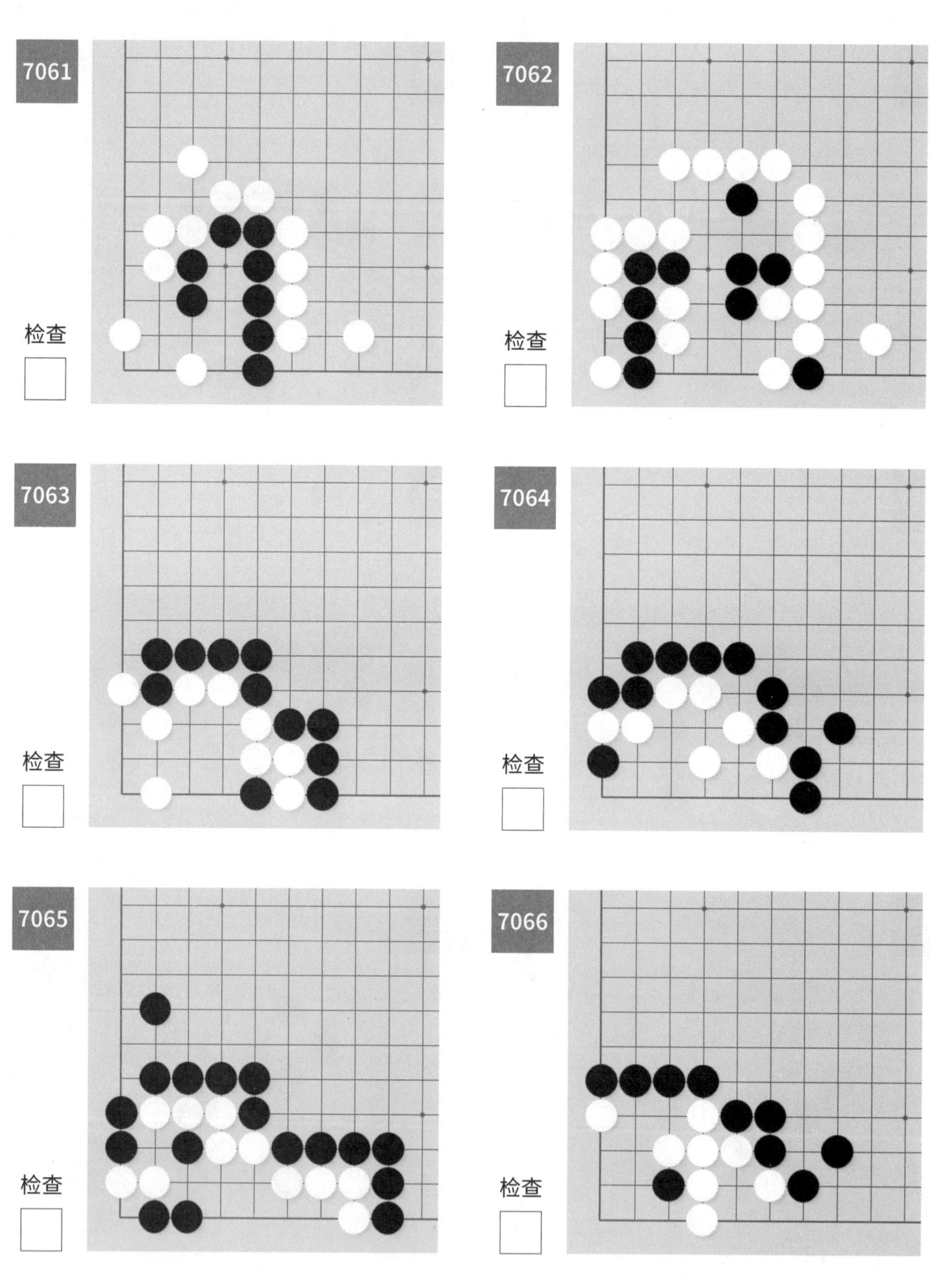
7061
检查
7062
检查
7063
检查
7064
检查
7065
检查
7066
检查

7067

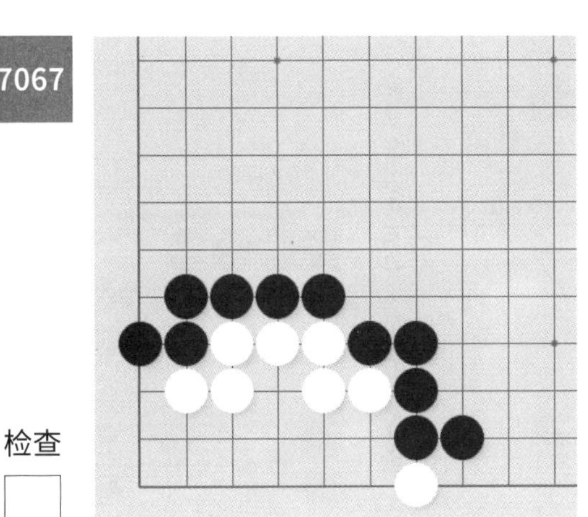

检查

7068

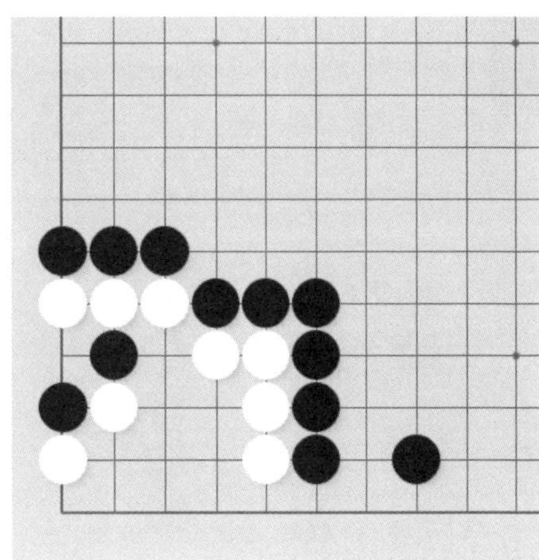

检查

7069

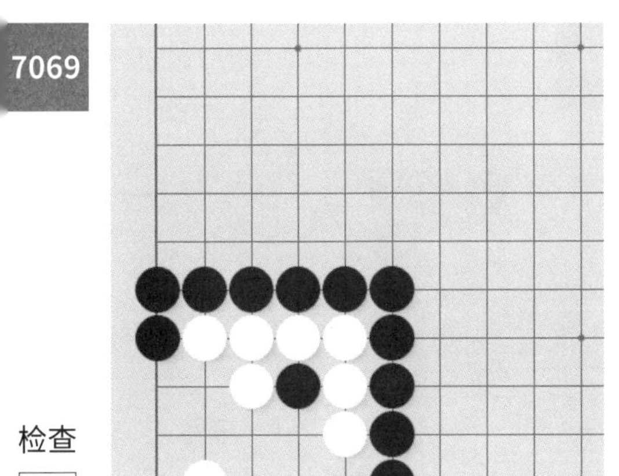

检查

7070

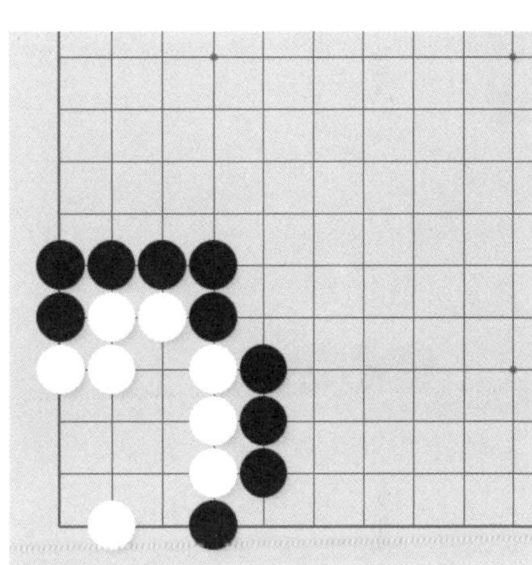

检查

7071

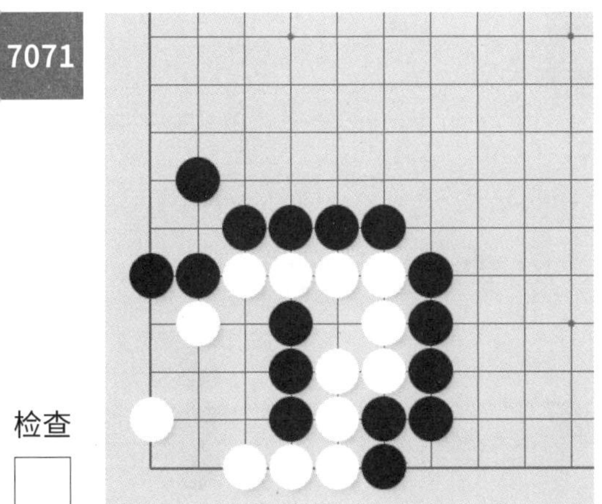

检查

7072

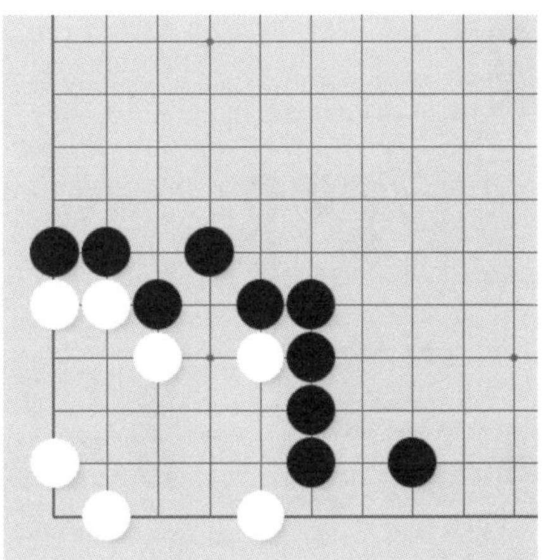

检查

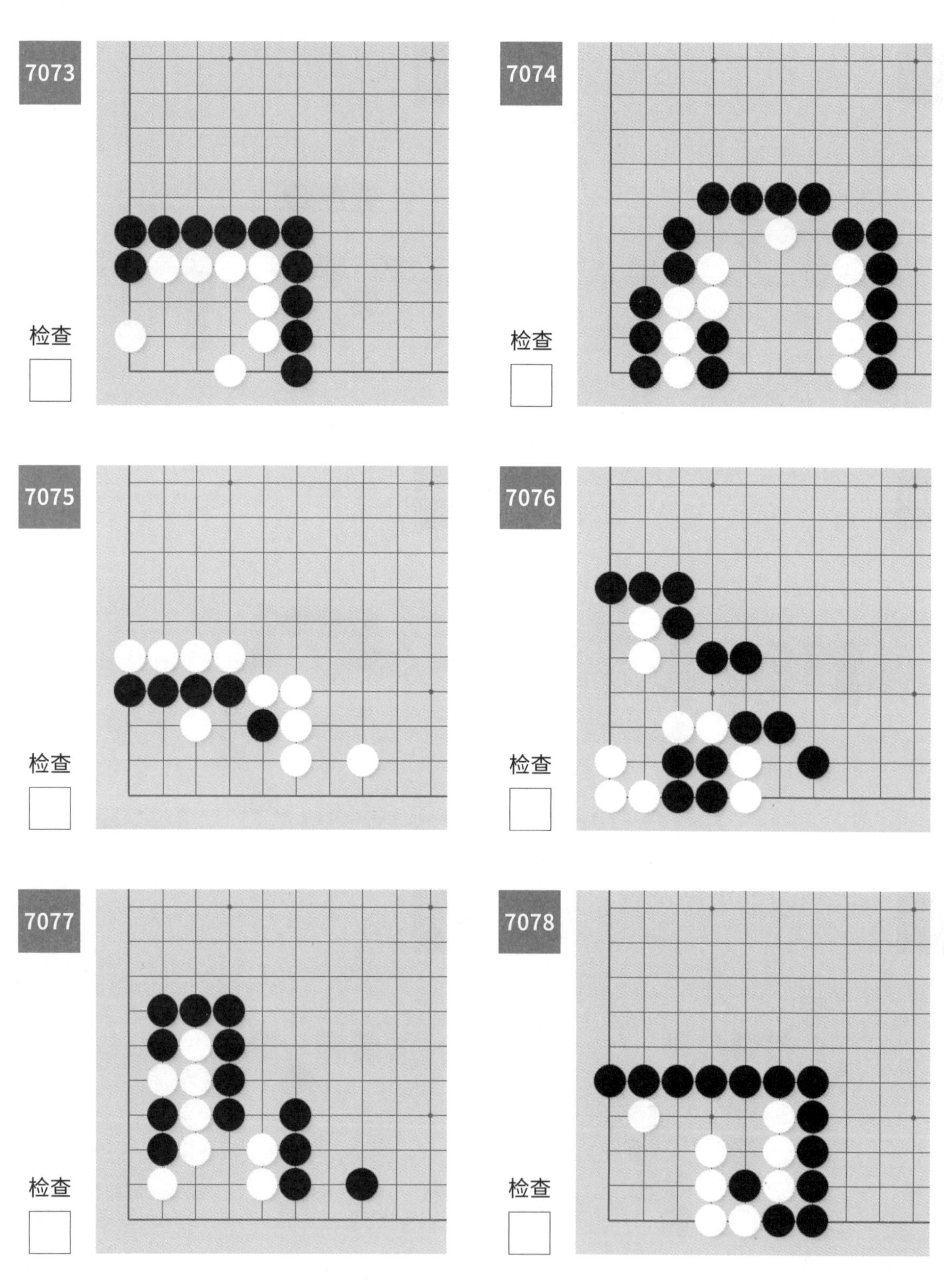
7073
检查
7074
检查
7075
检查
7076
检查
7077
检查
7078
检查

7079

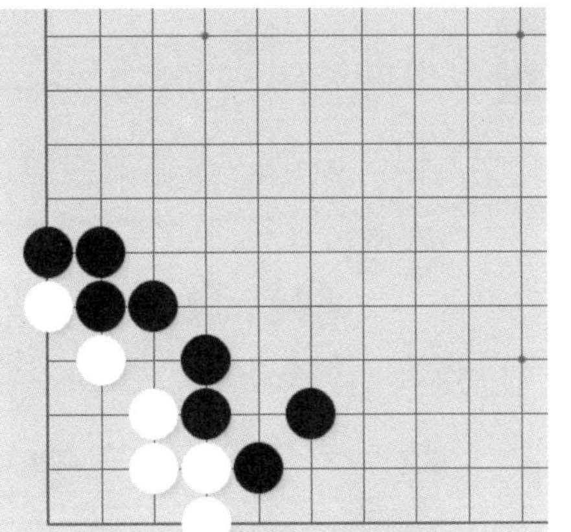

检查

7080

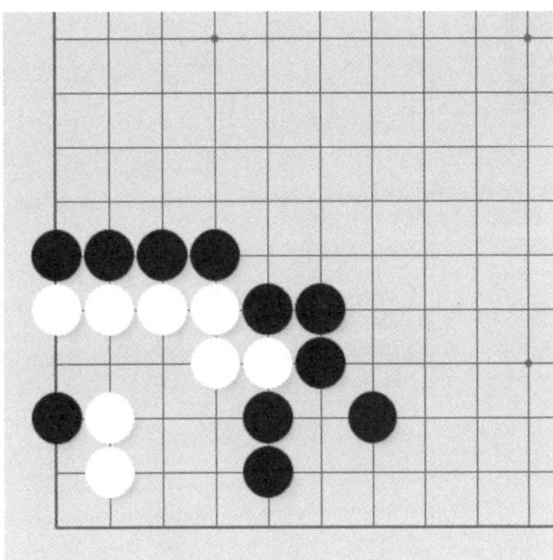

检查

7081

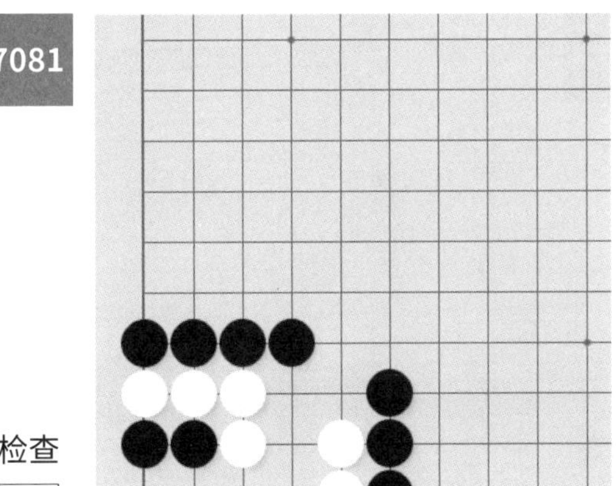

检查

7082

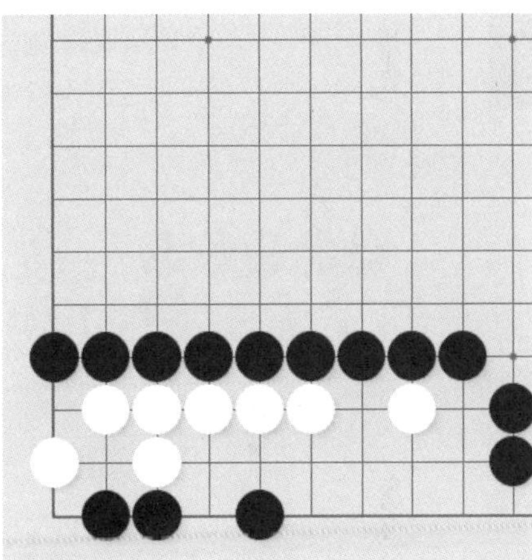

检查

7083

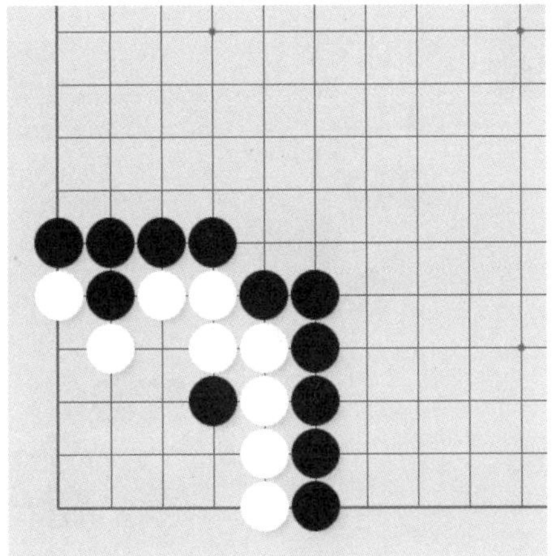

检查

7084

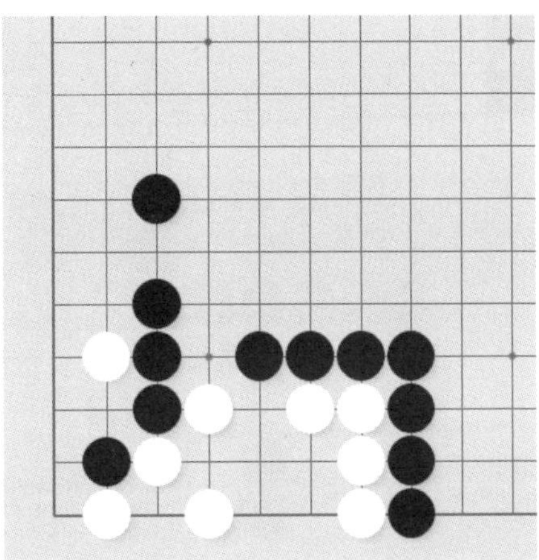

检查

7085

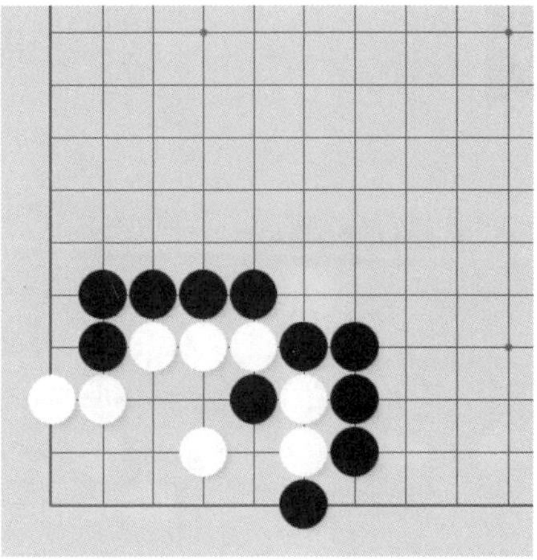

检查

7086

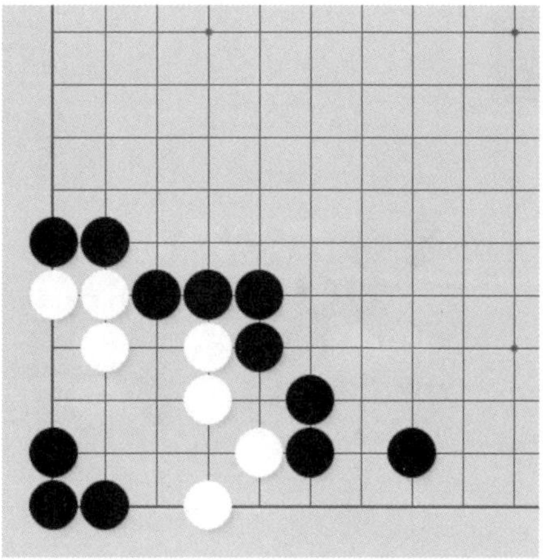

检查

7087

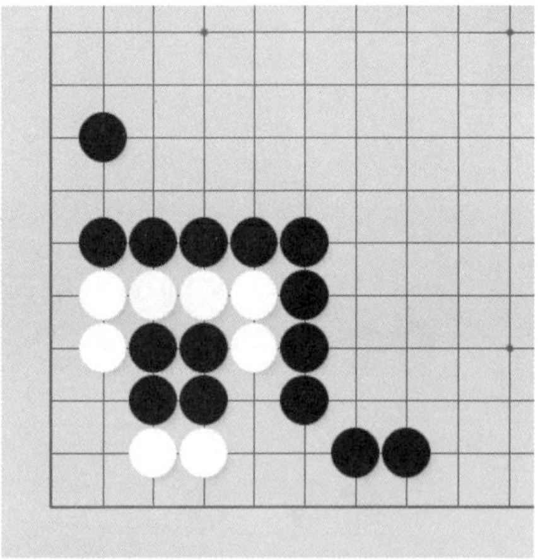

检查

7088

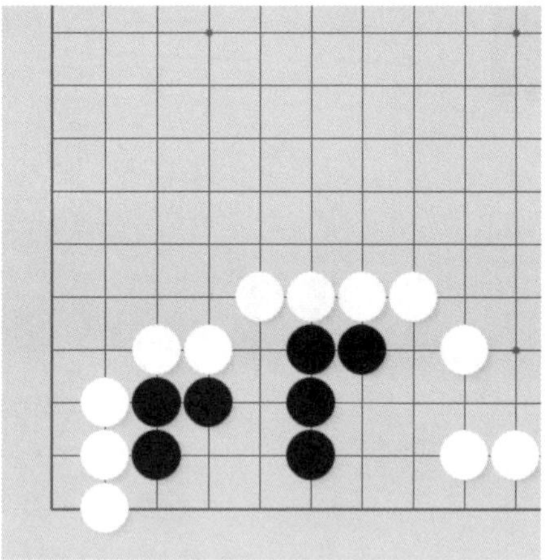

检查

7089

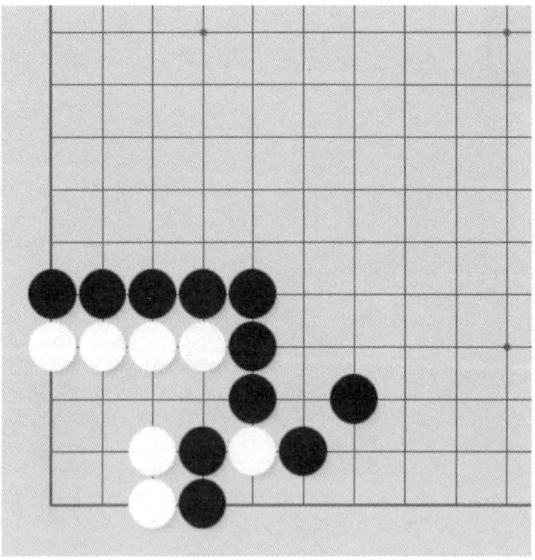

检查

7090

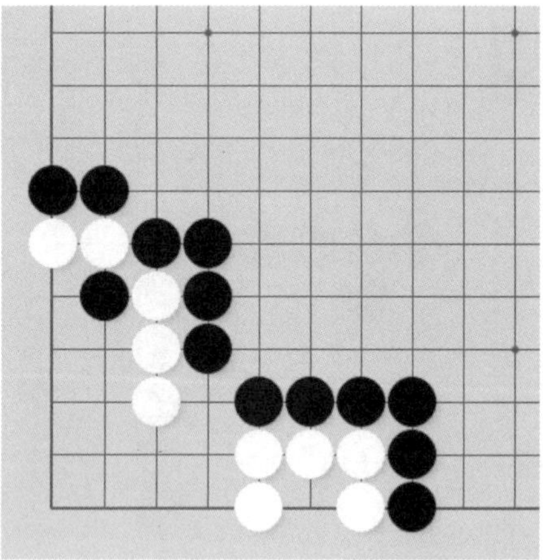

检查

7091

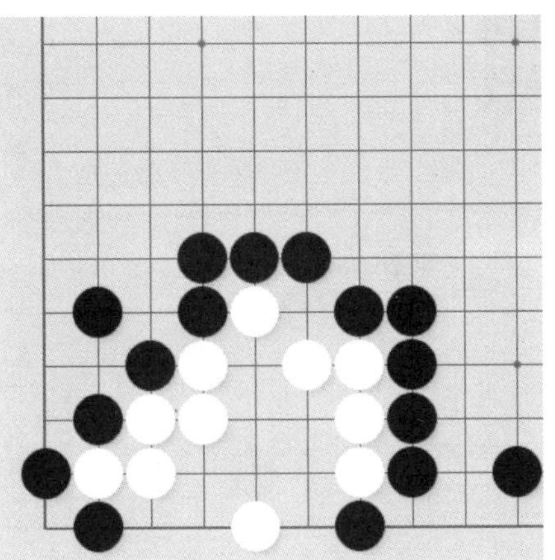

检查 □

7092

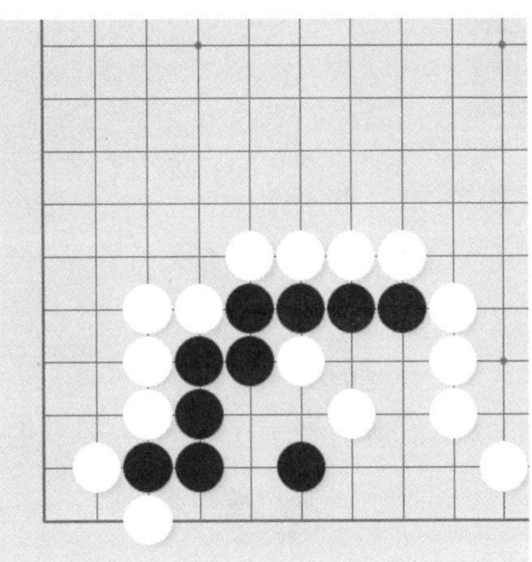

检查 □

7093

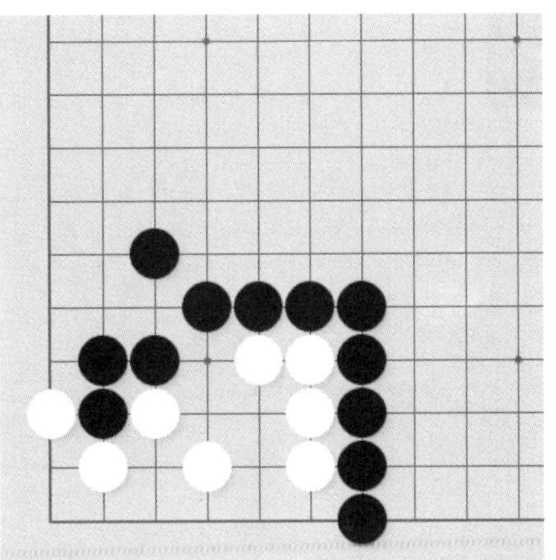

检查 □

7094

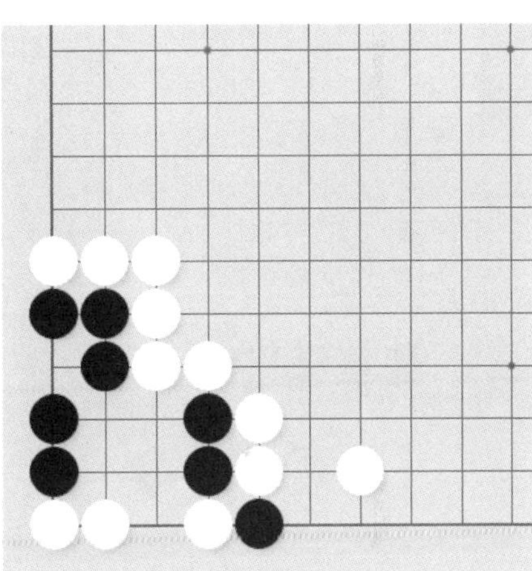

检查 □

7095

检查 □

7096

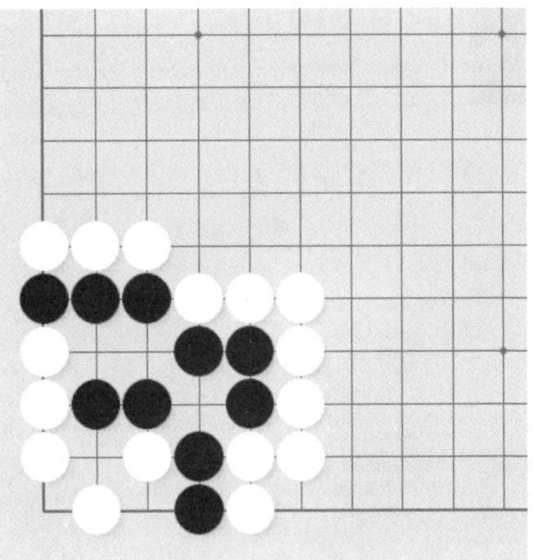

检查 □

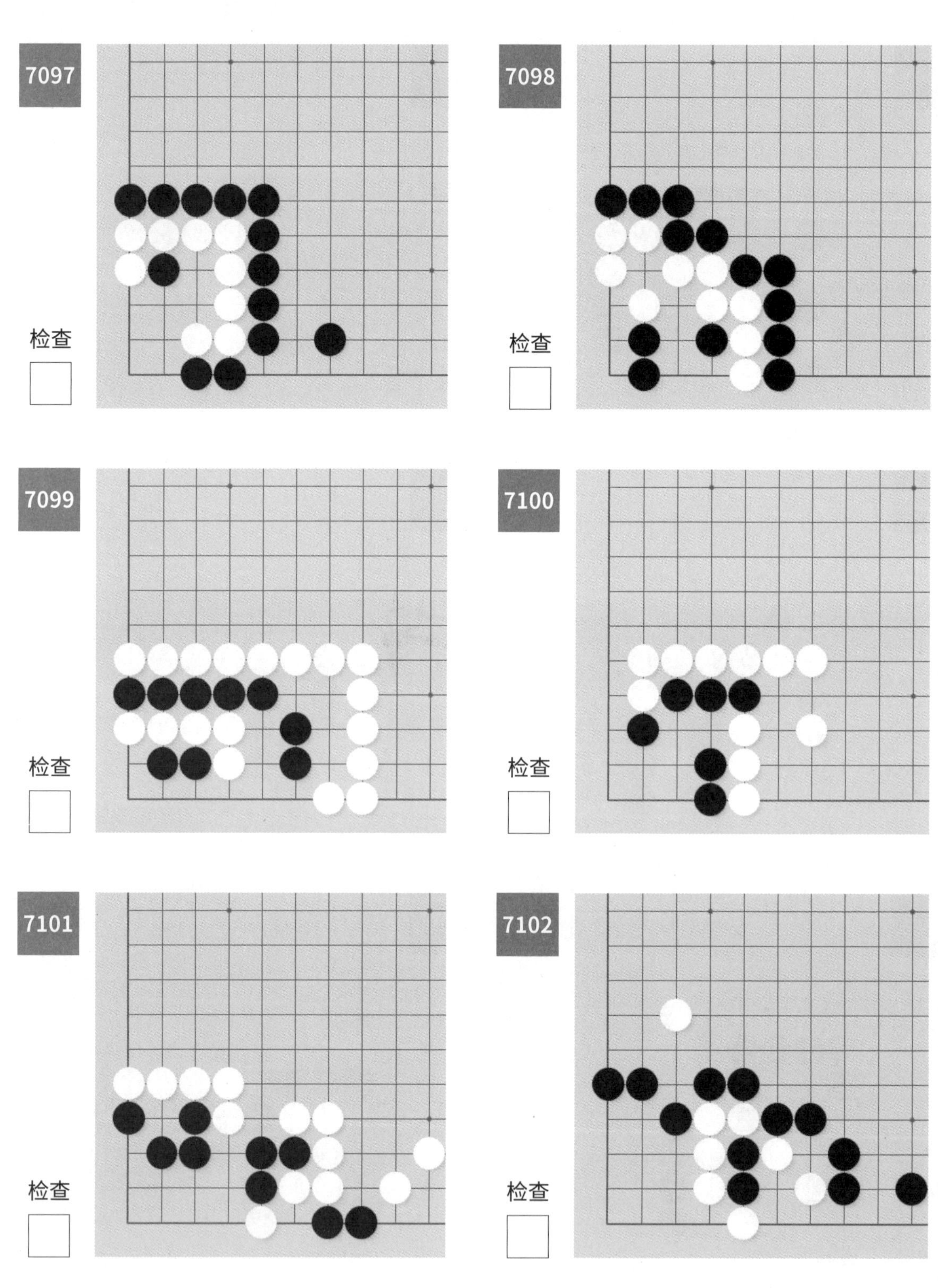
7097
检查
7098
检查
7099
检查
7100
检查
7101
检查
7102
检查

7103

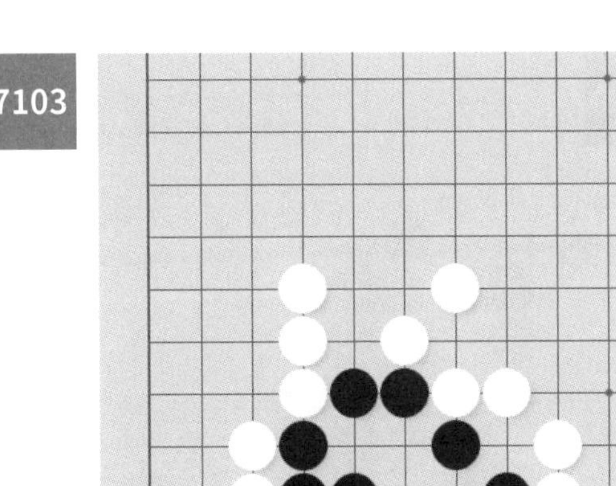

检查 □

7104

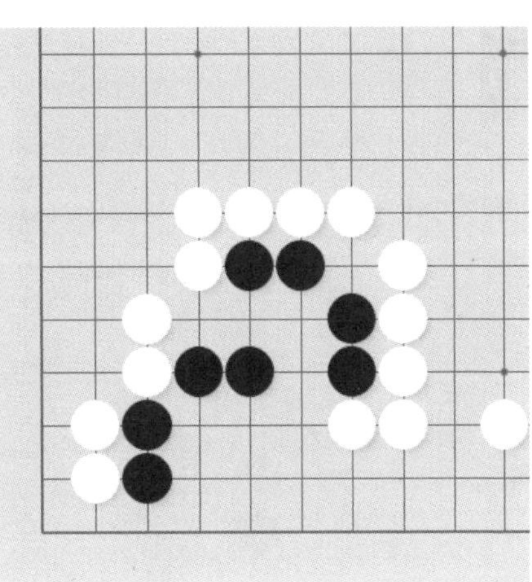

检查 □

7105

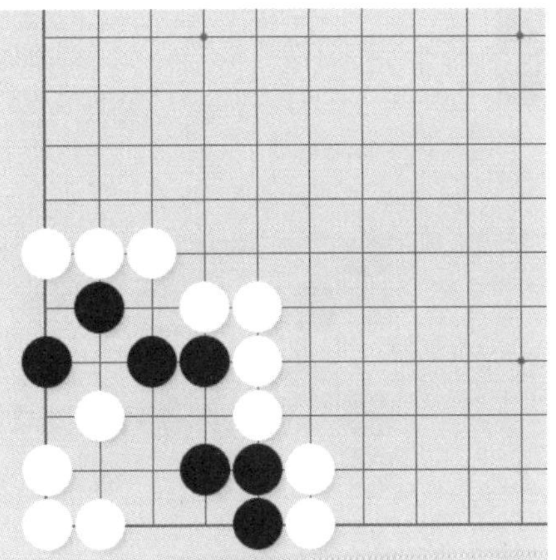

检查 □

7106

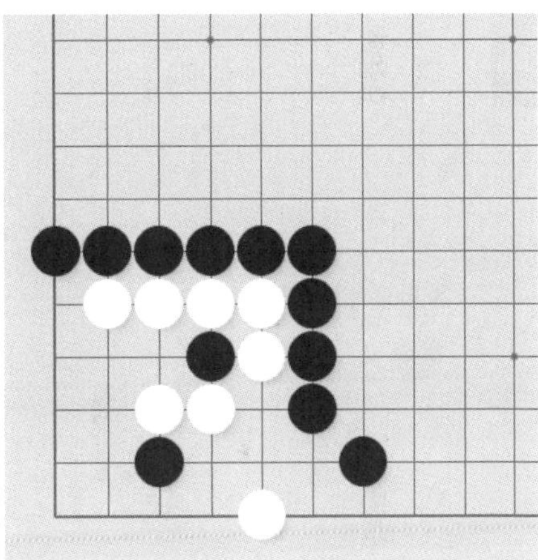

检查 □

7107

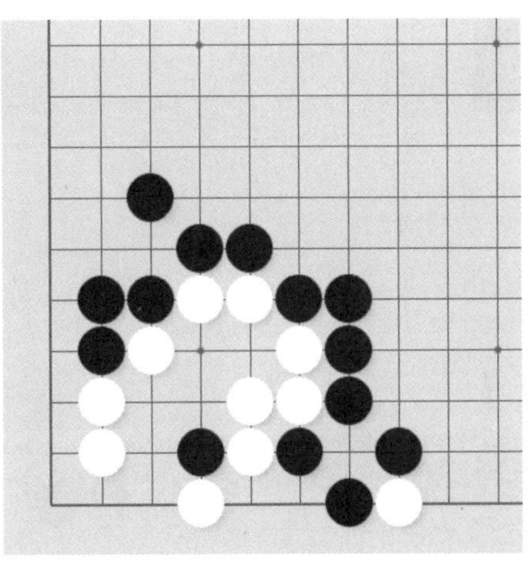

检查 □

7108

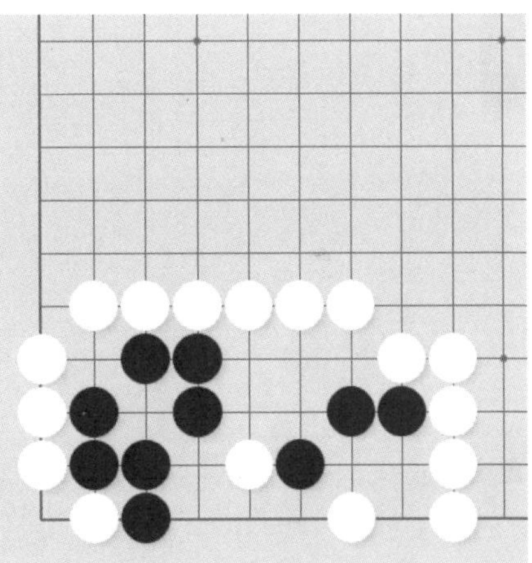

检查 □

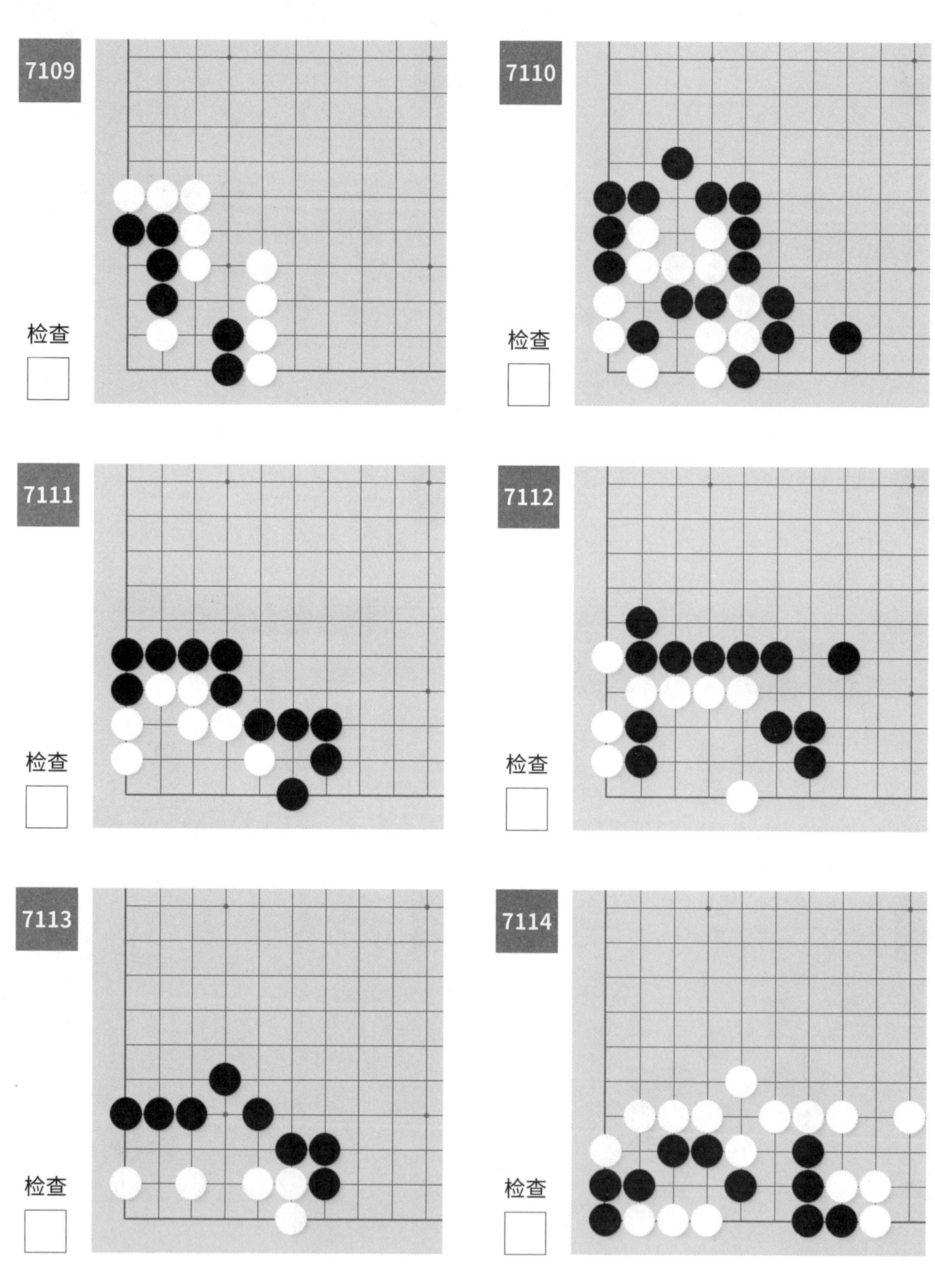
7109
检查
7110
检查
7111
检查
7112
检查
7113
检查
7114
检查

7115

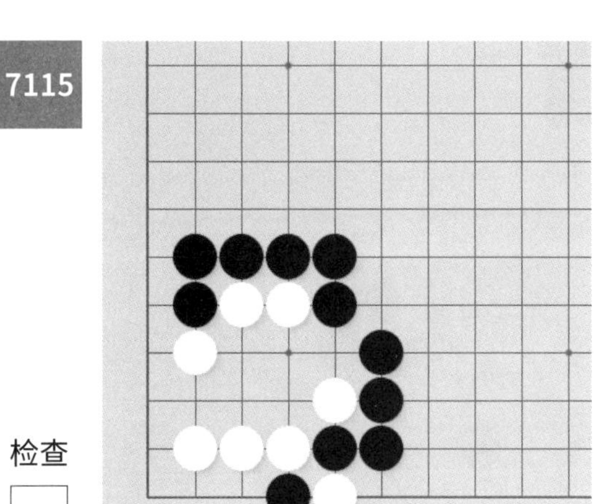

检查

7116

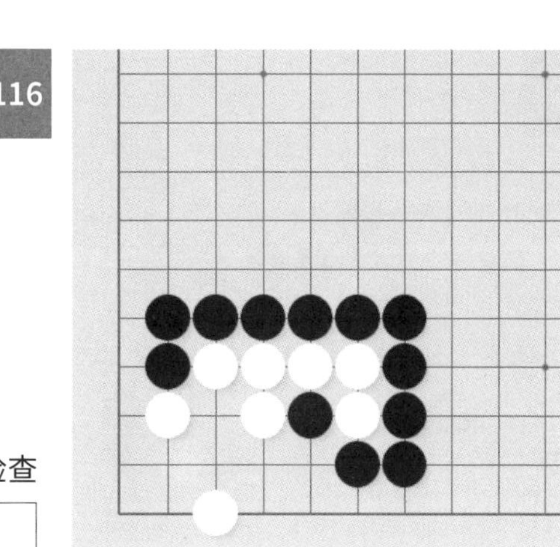

检查

7117

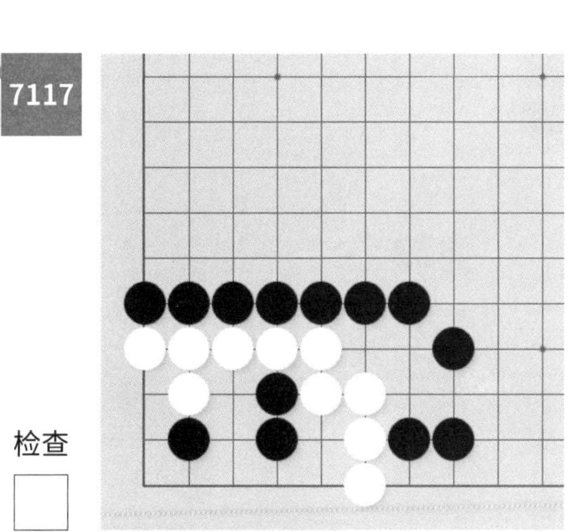

检查

7118

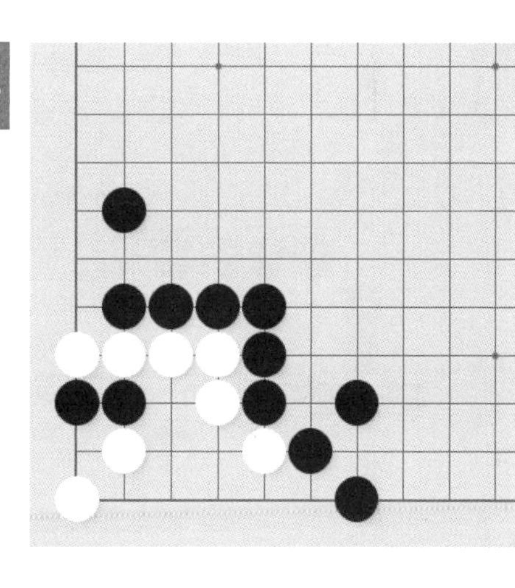

检查

7119

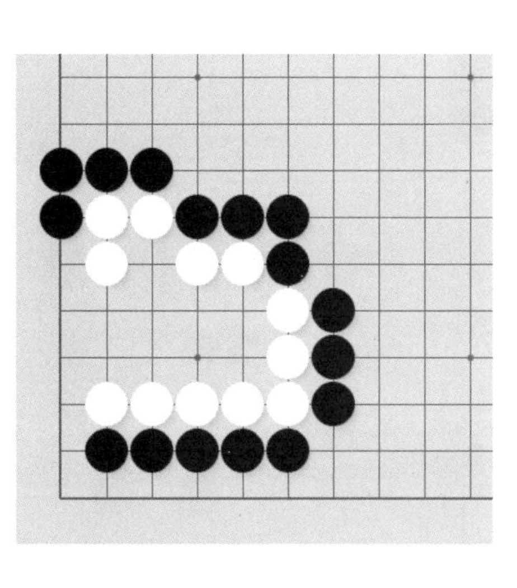

检查

7120

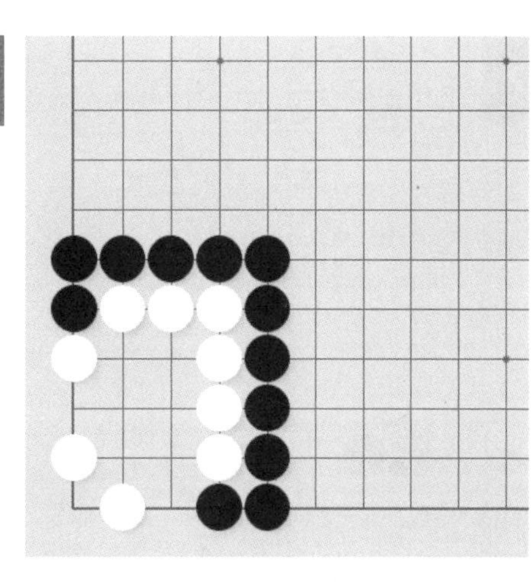

检查

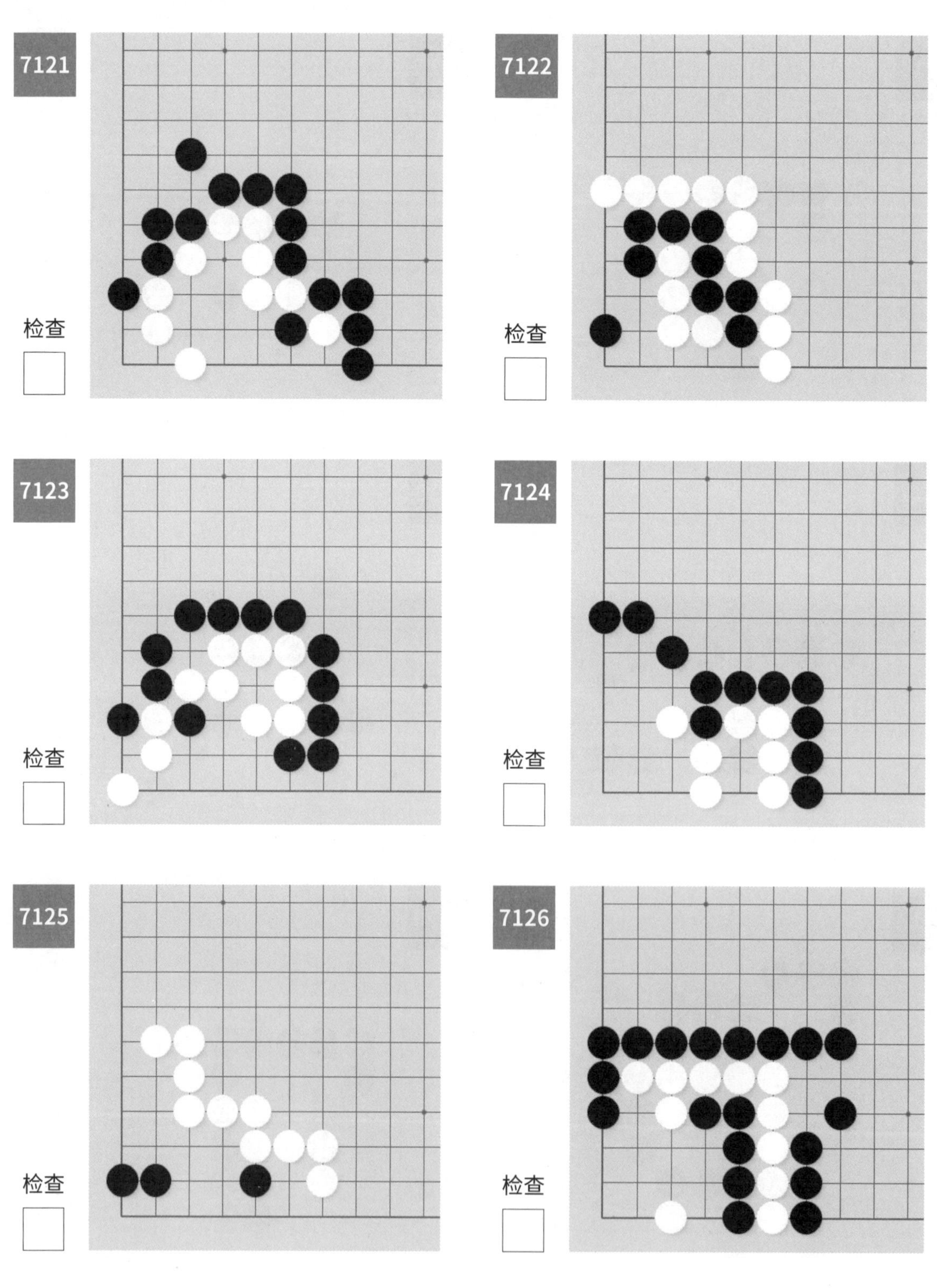
7121
检查
7122
检查
7123
检查
7124
检查
7125
检查
7126
检查

7127

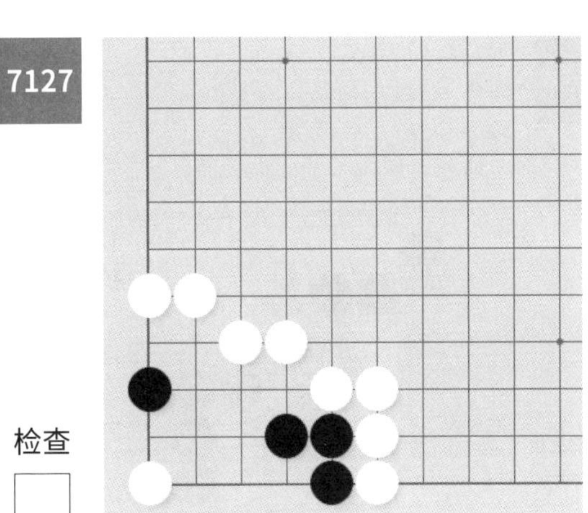

检查 □

7128

检查 □

7129

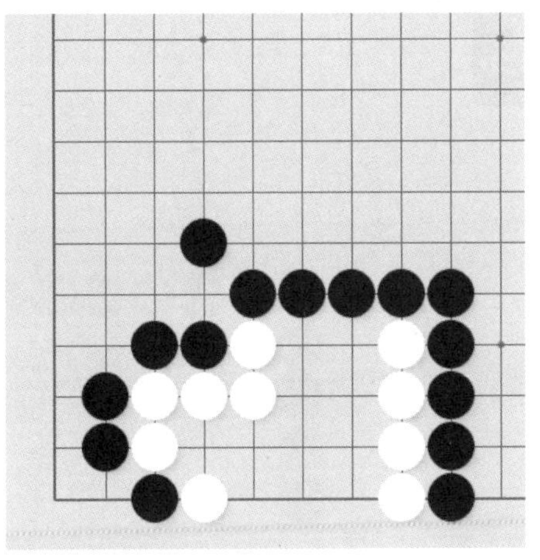

检查 □

7130

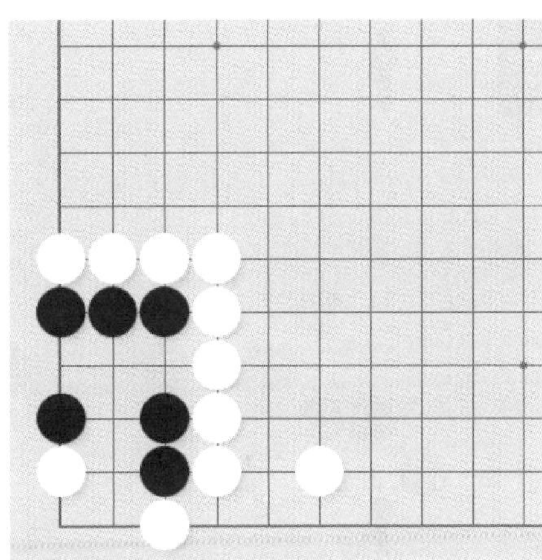

检查 □

7131

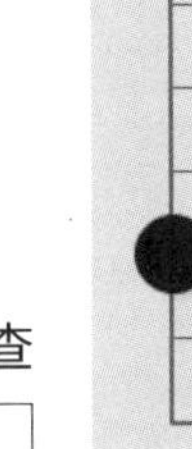

检查 □

7132

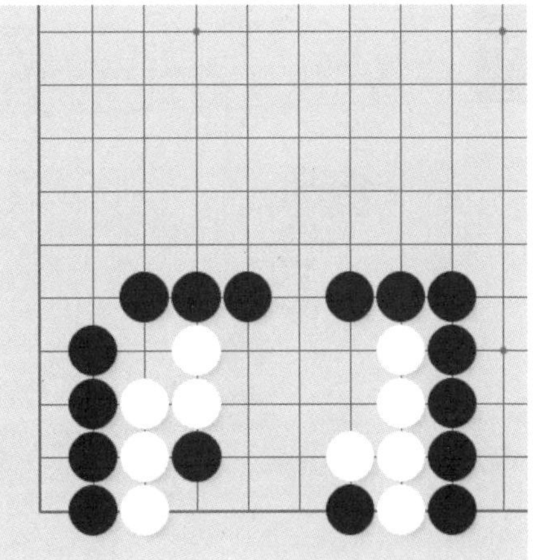

检查 □

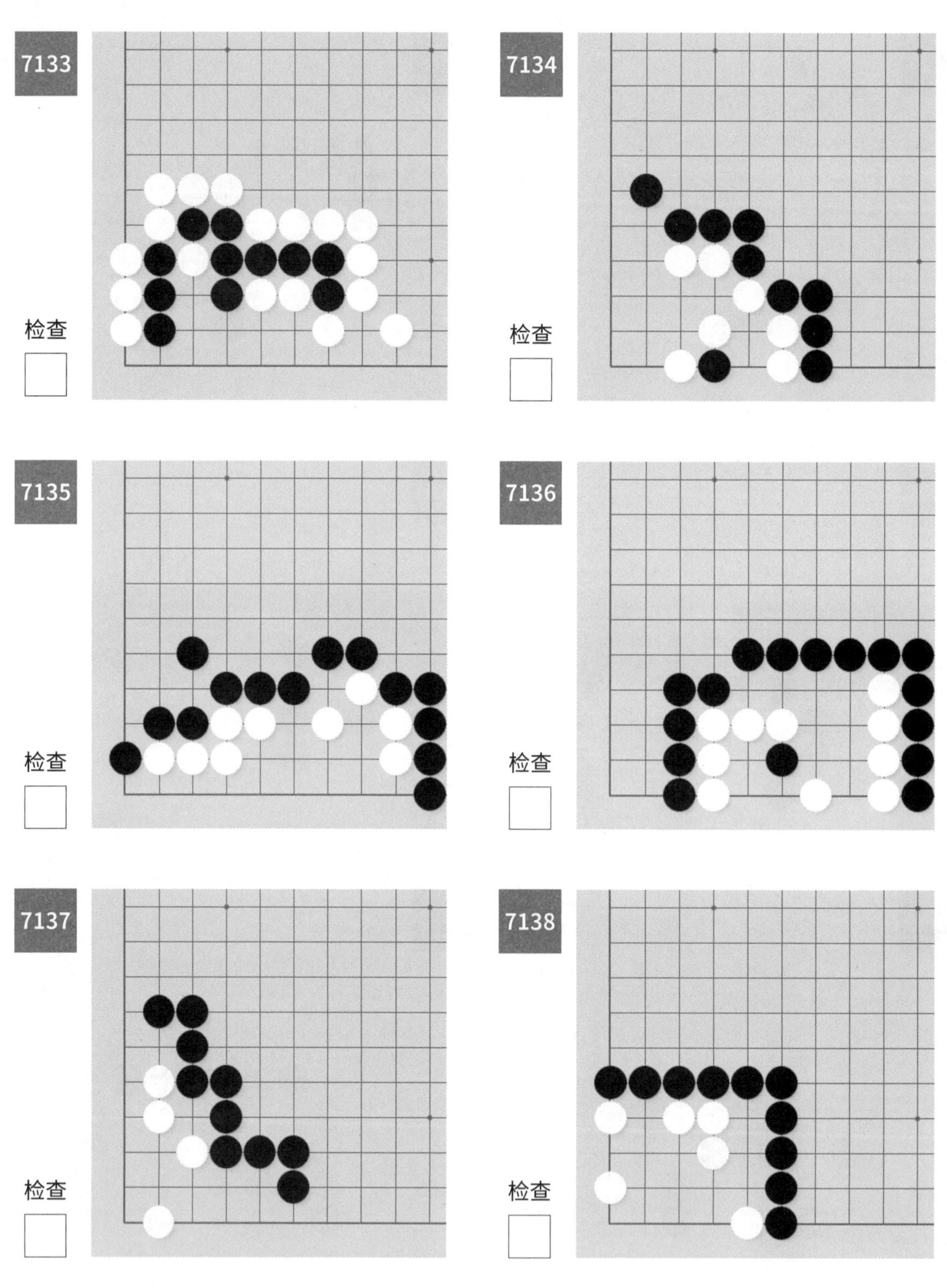
7133
检查
7134
检查
7135
检查
7136
检查
7137
检查
7138
检查

7139

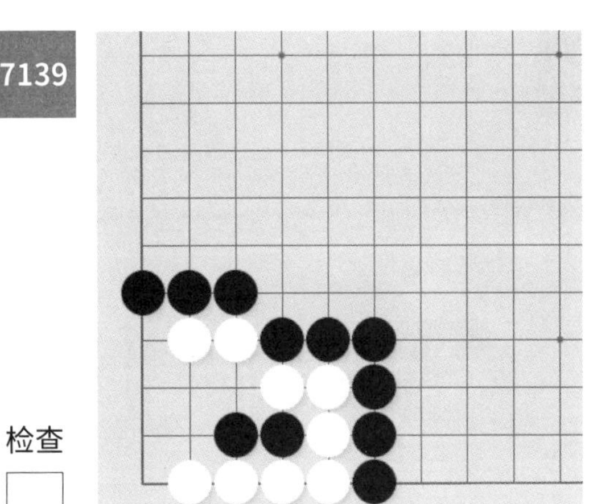

检查 □

7140

检查 □

7141

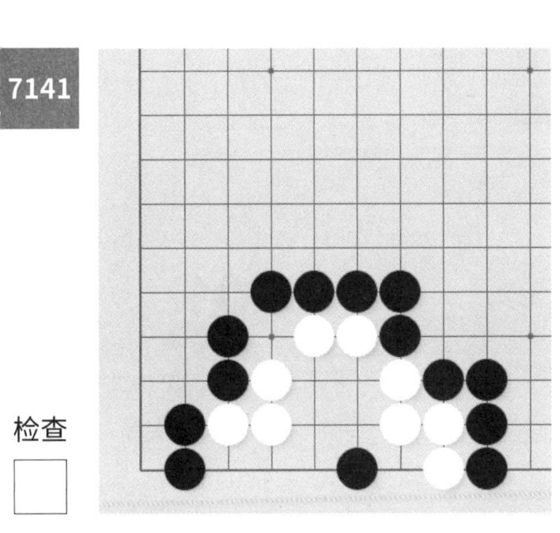

检查 □

7142

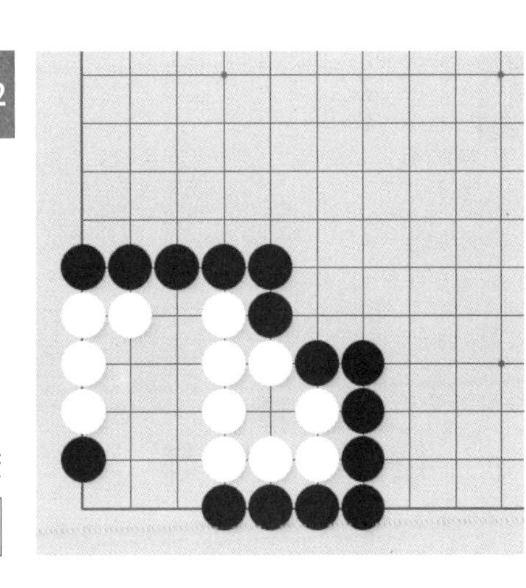

检查 □

7143

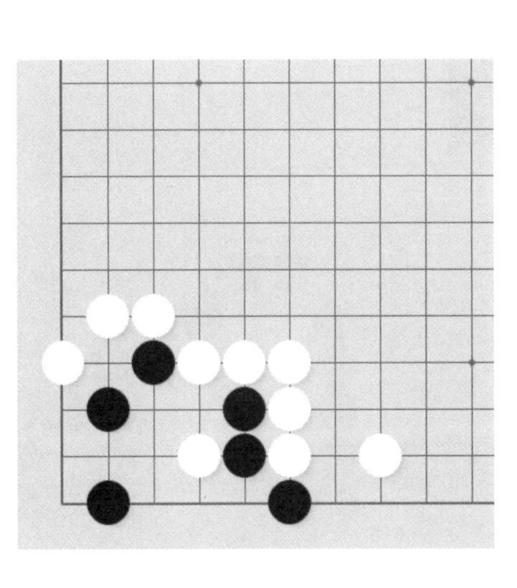

检查 □

7144

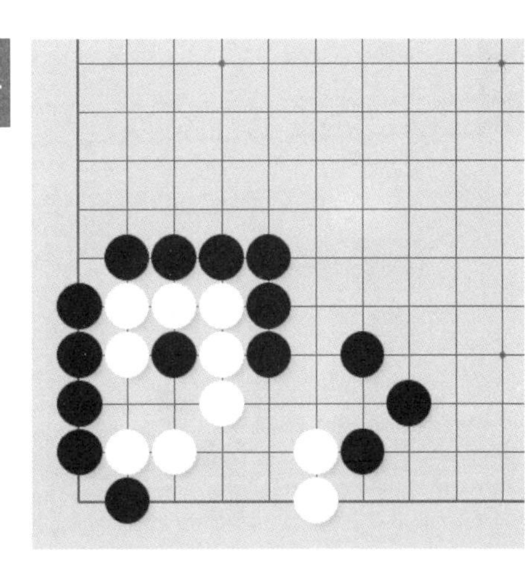

检查 □

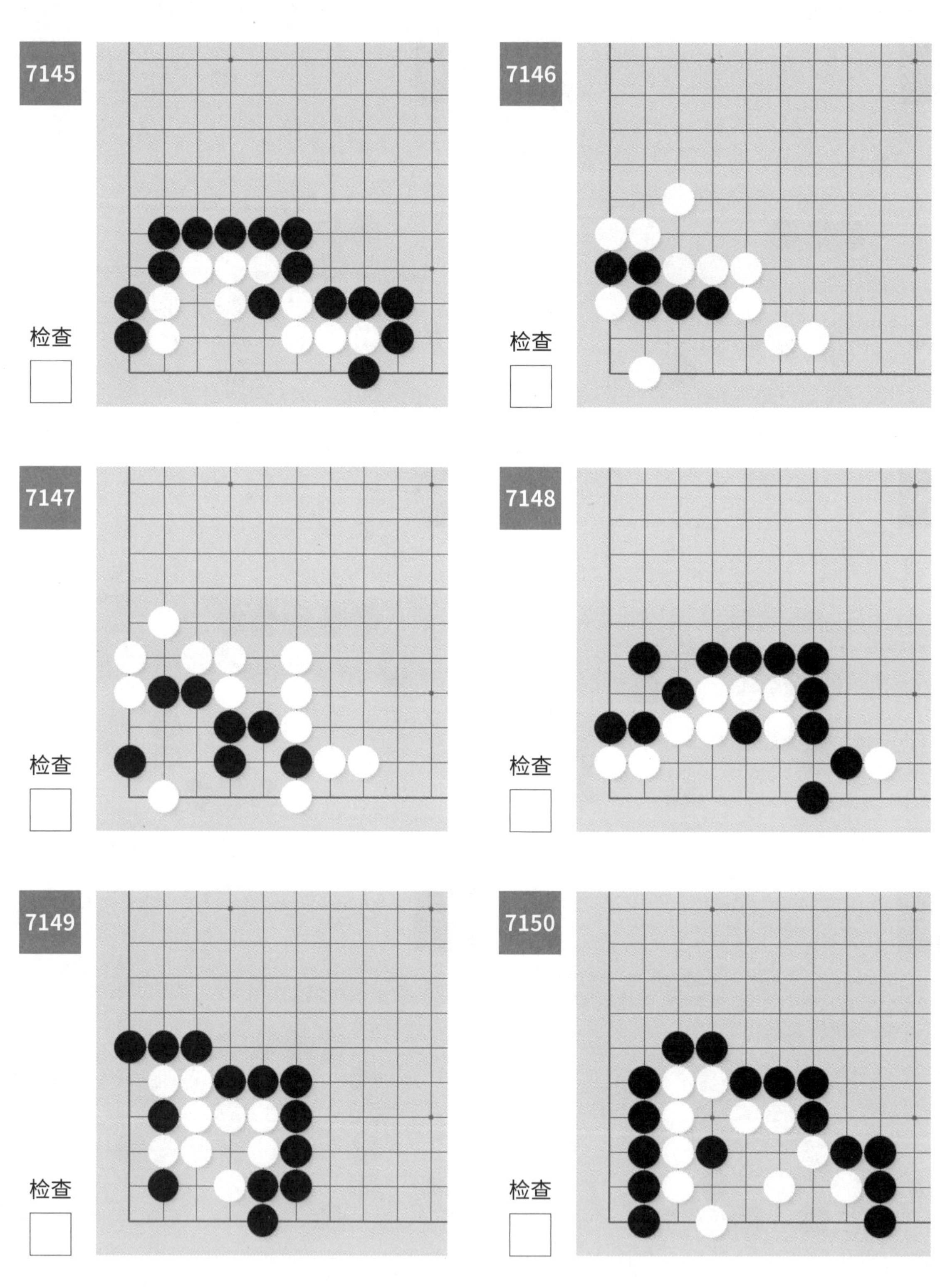
7145
检查
7146
检查
7147
检查
7148
检查
7149
检查
7150
检查

7151

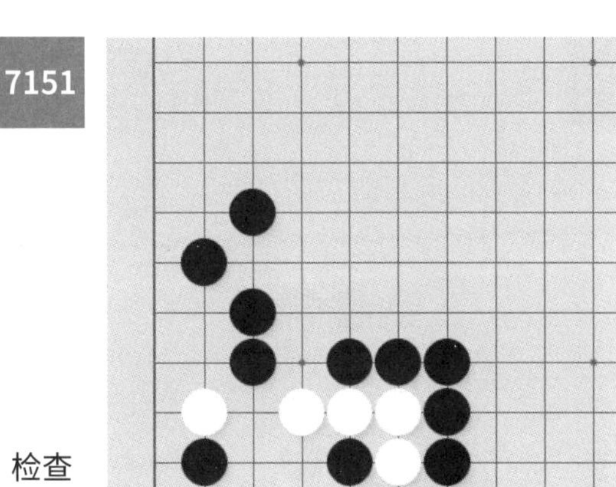

检查

7152

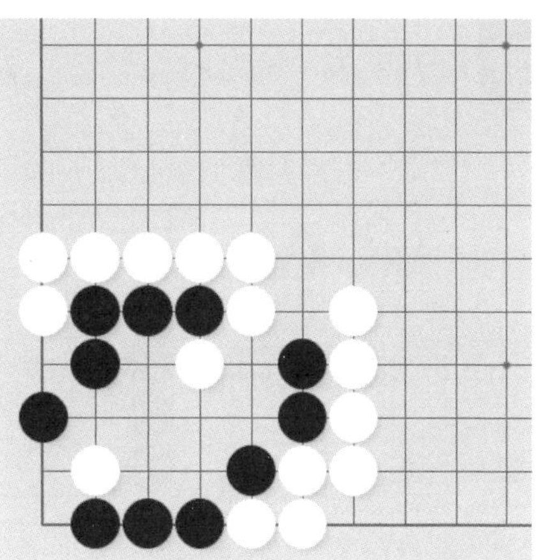

检查

7153

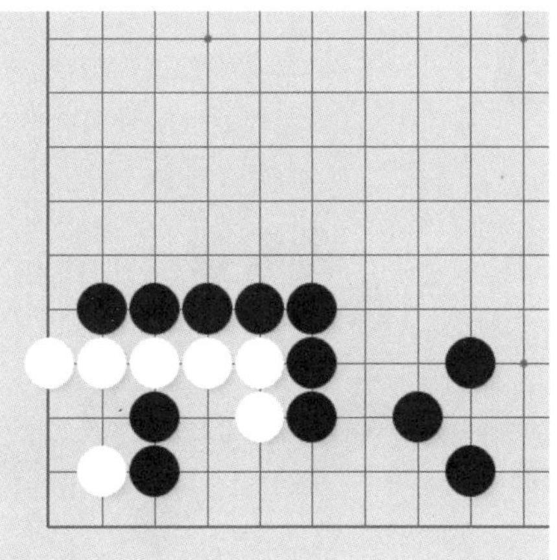

检查

7154

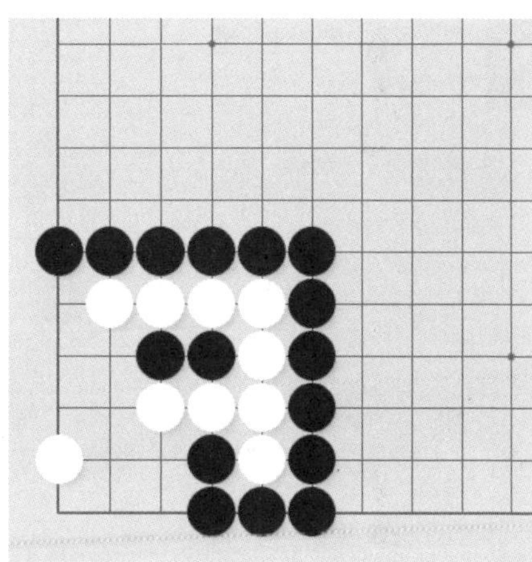

检查

7155

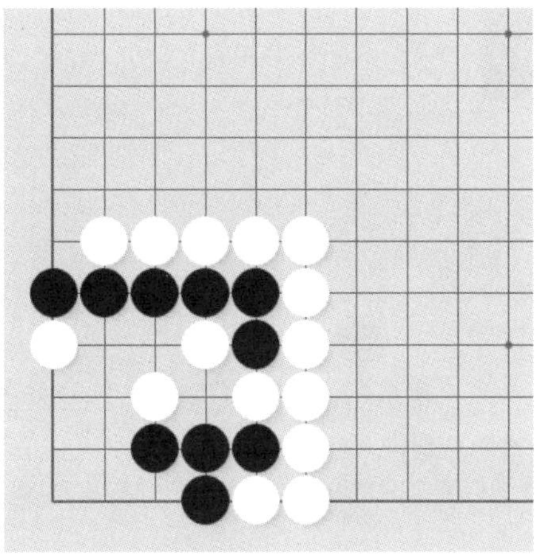

检查

7156

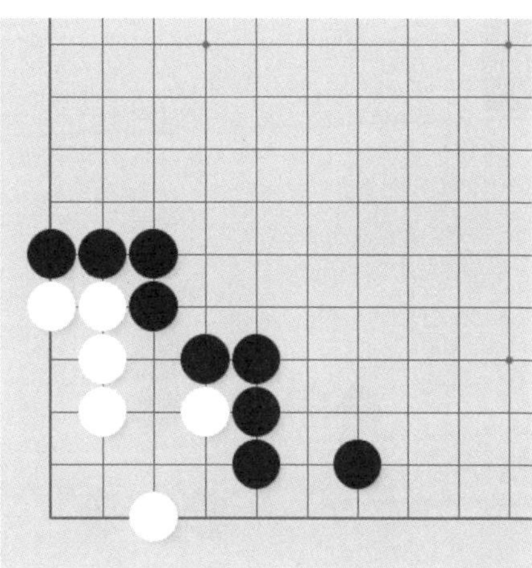

检查

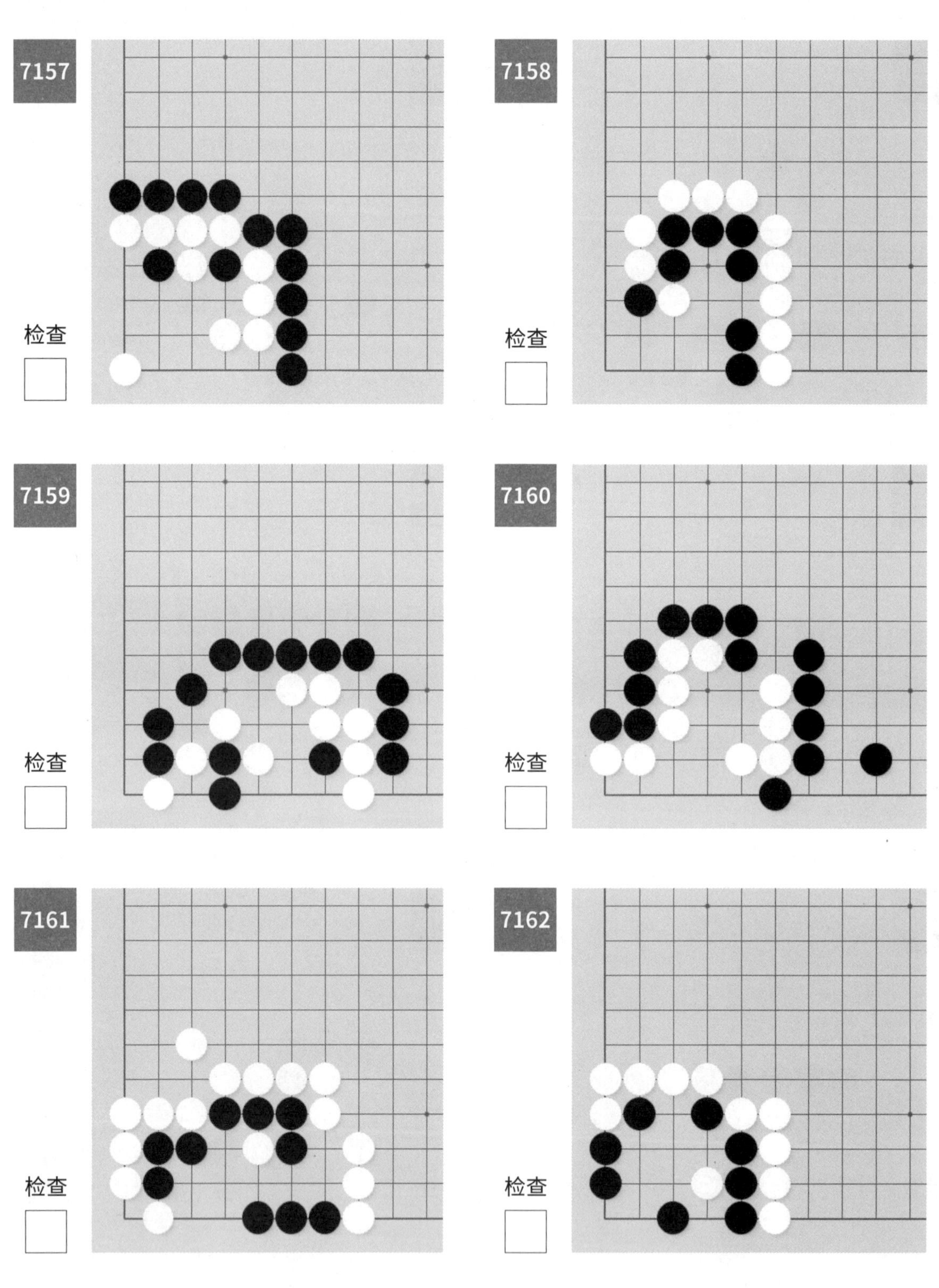
7157
检查
7158
检查
7159
检查
7160
检查
7161
检查
7162
检查

7163

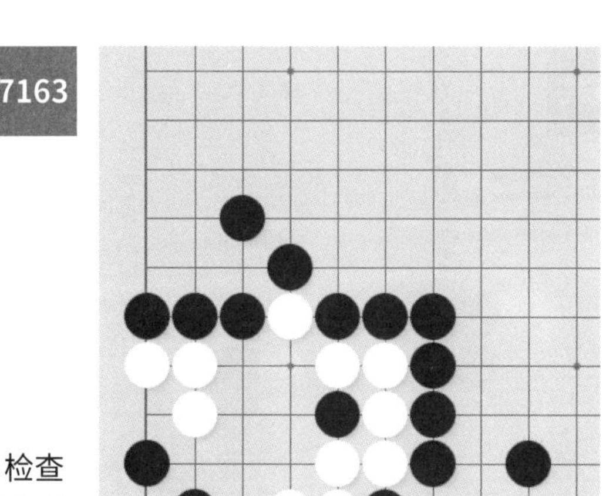

检查

7164

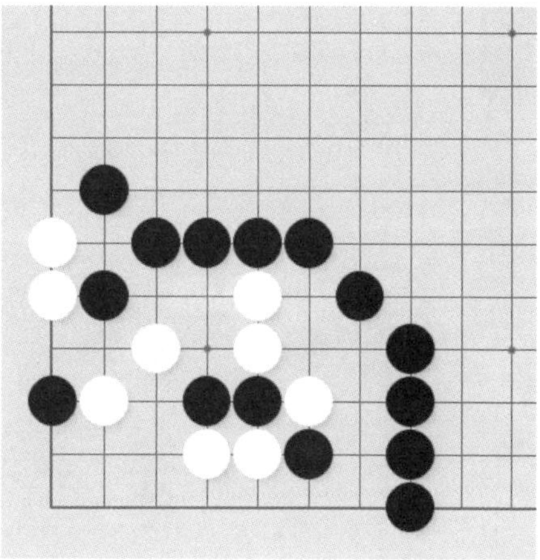

检查

7165

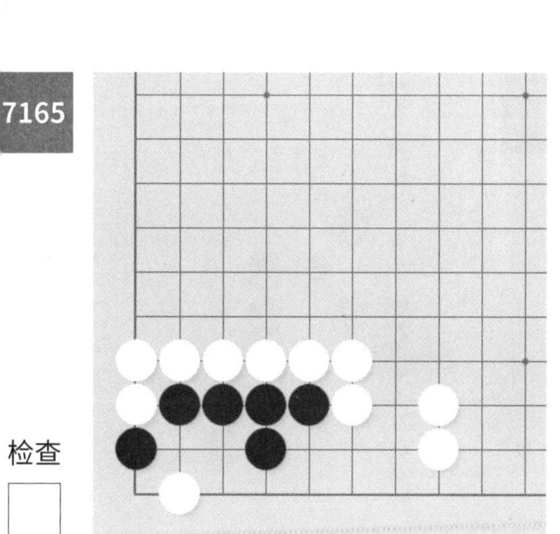

检查

7166

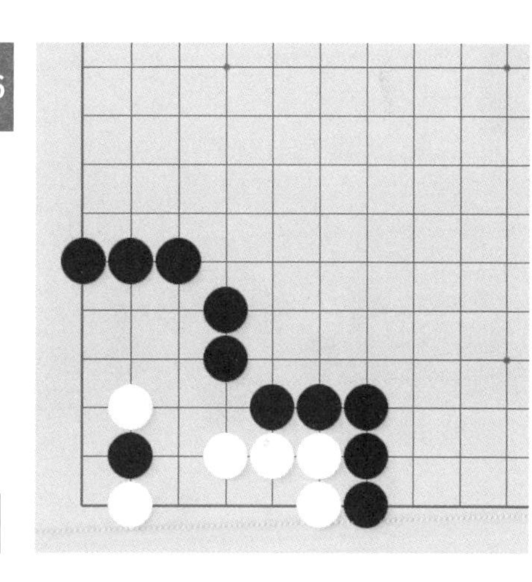

检查

7167

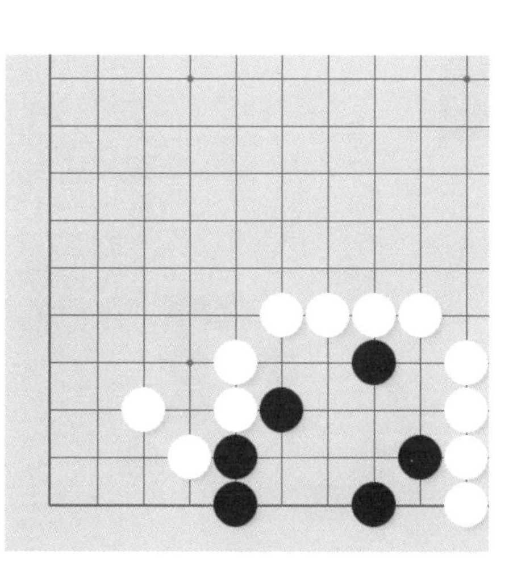

检查

7168

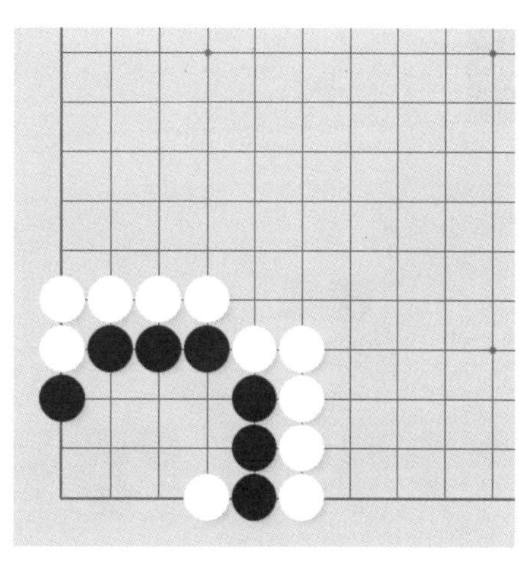

检查

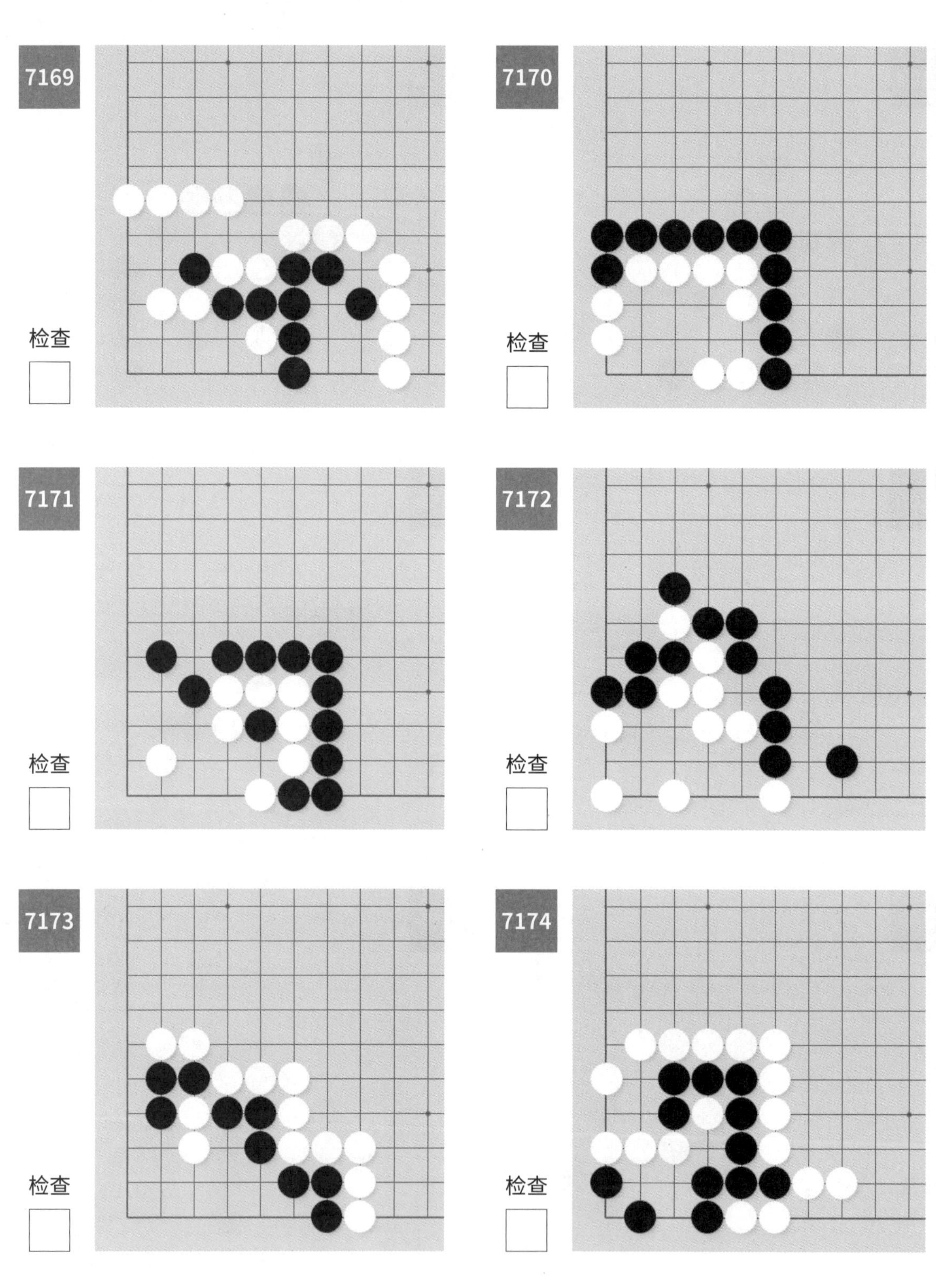
7169
检查
7170
检查
7171
检查
7172
检查
7173
检查
7174
检查

7175
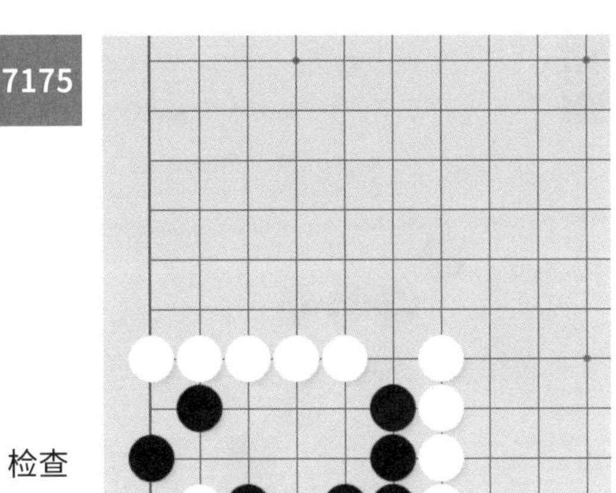
检查

7176
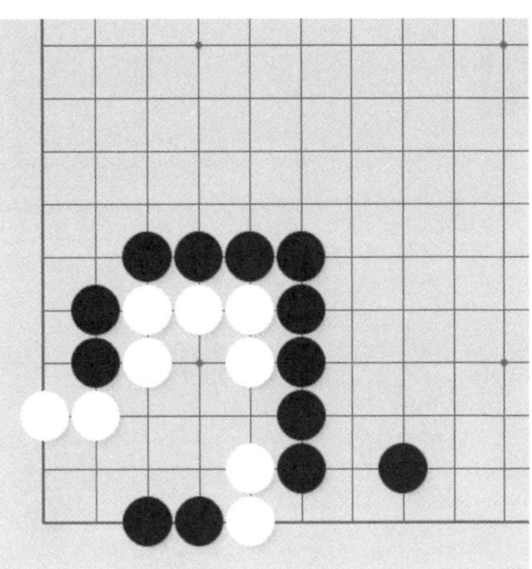
检查

7177
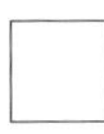
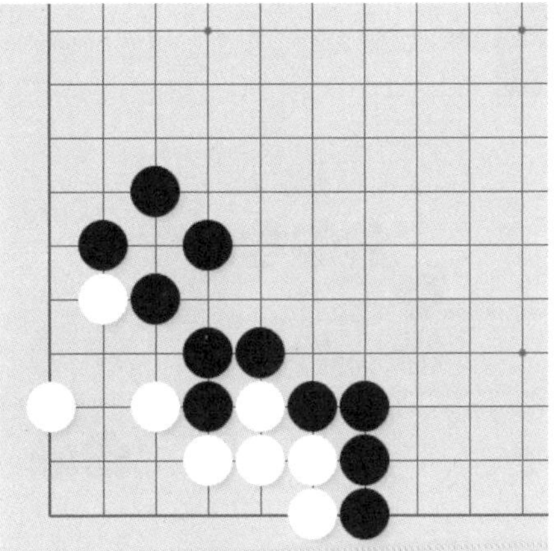
检查

7178
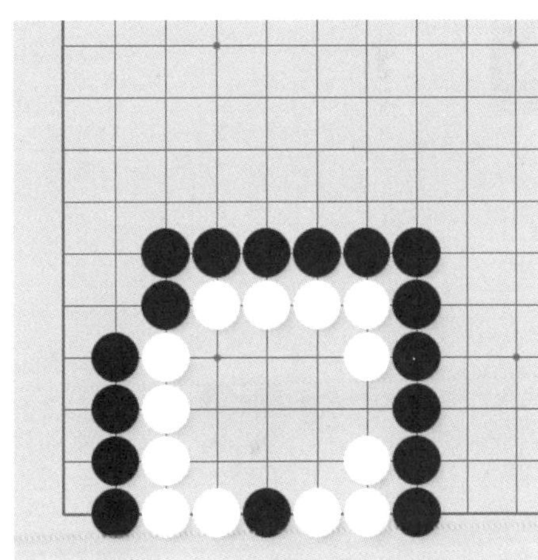
检查

7179

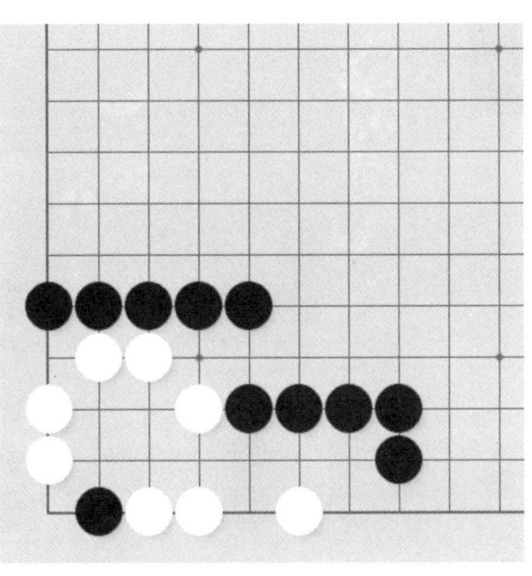
检查

7180
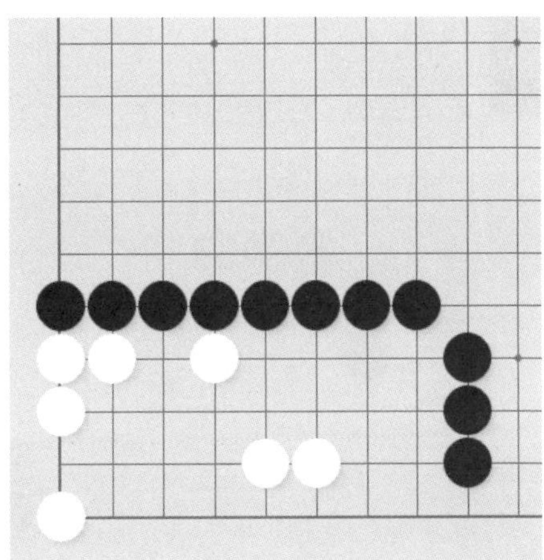
检查

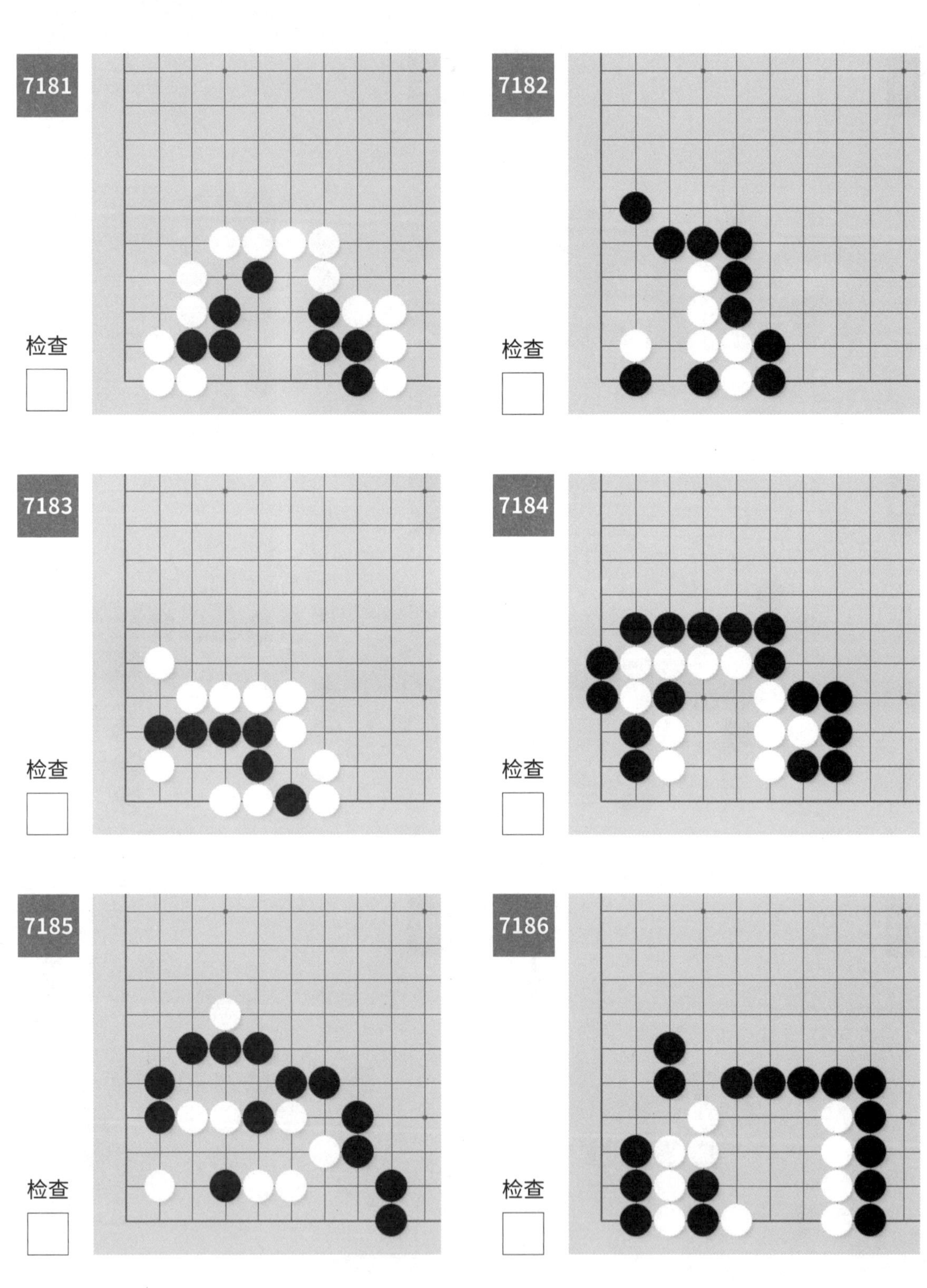
7181
检查
7182
检查
7183
检查
7184
检查
7185
检查
7186
检查

7187

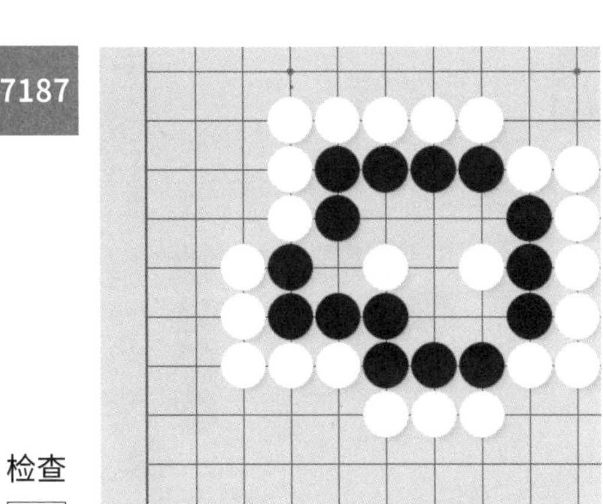

检查

7188

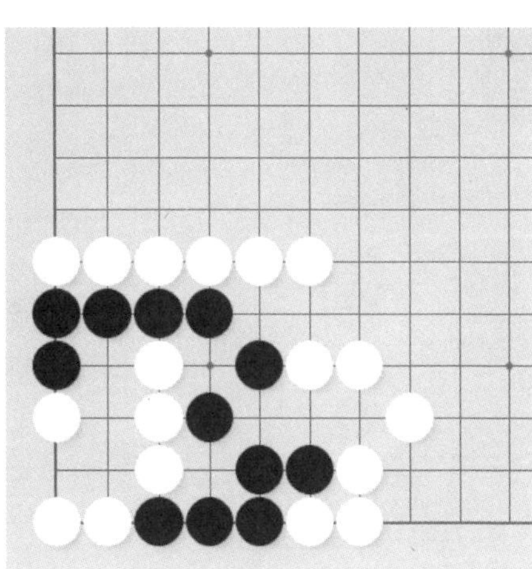

检查

7189

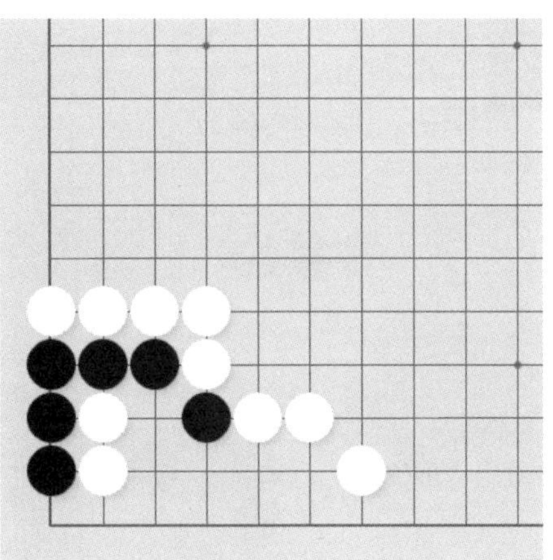

检查

7190

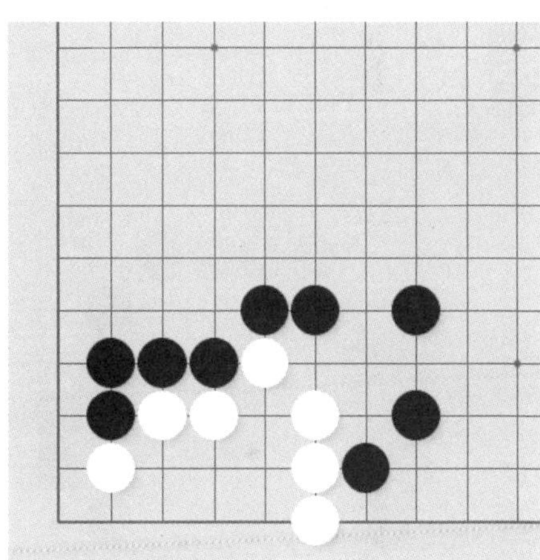

检查

7191

检查

7192

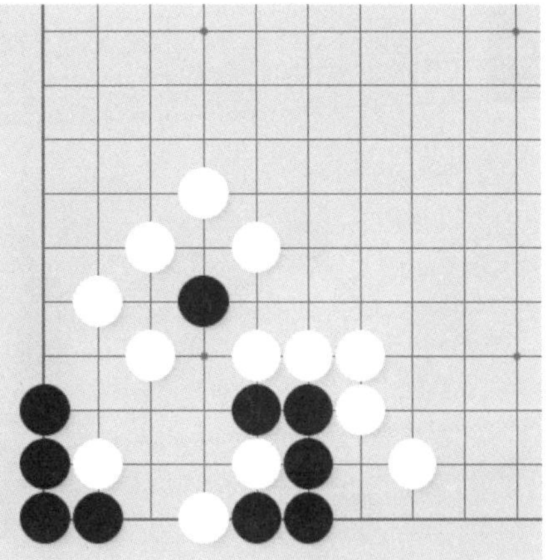

检查

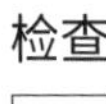

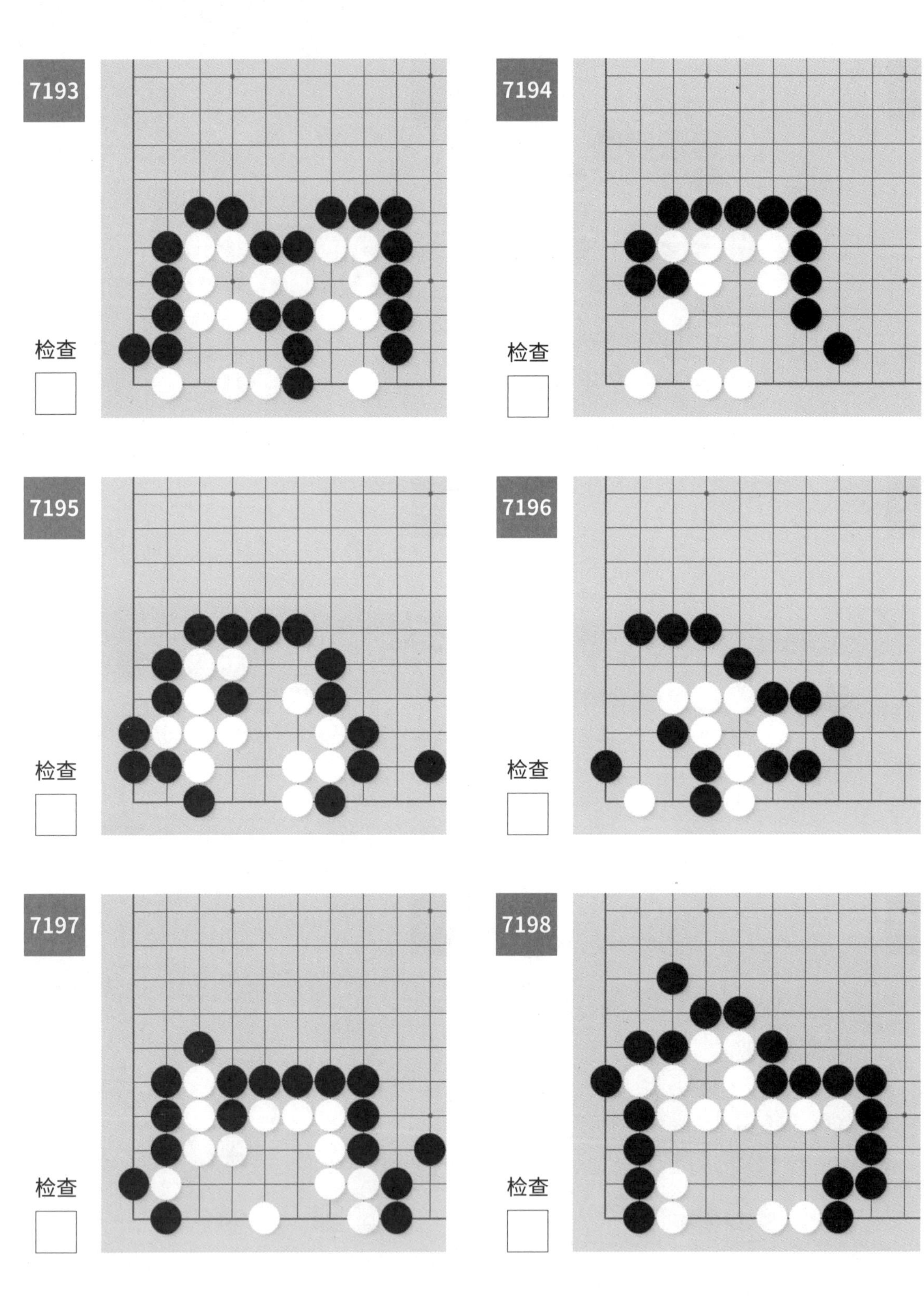
7193
检查
7194
检查
7195
检查
7196
检查
7197
检查
7198
检查

7199

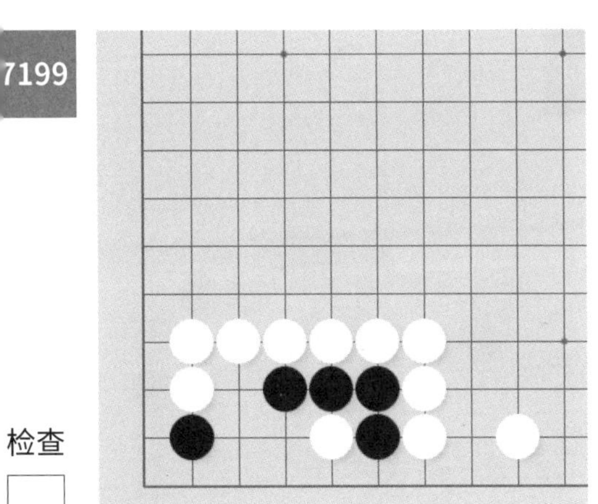

检查

7200

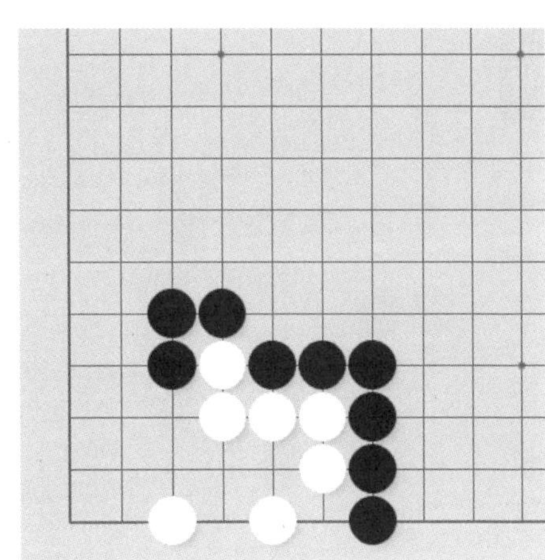

检查

7201

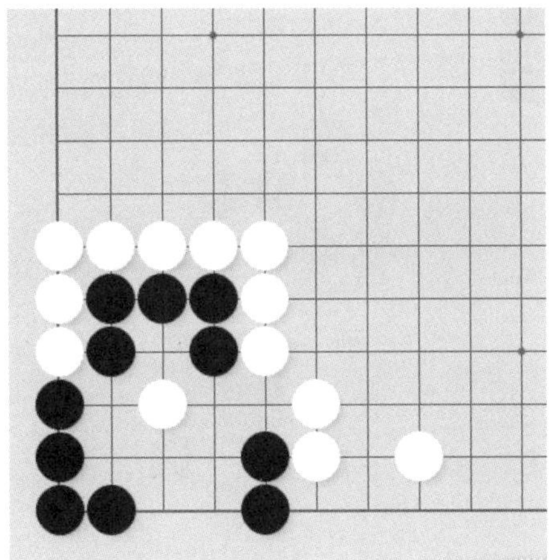

检查

7202

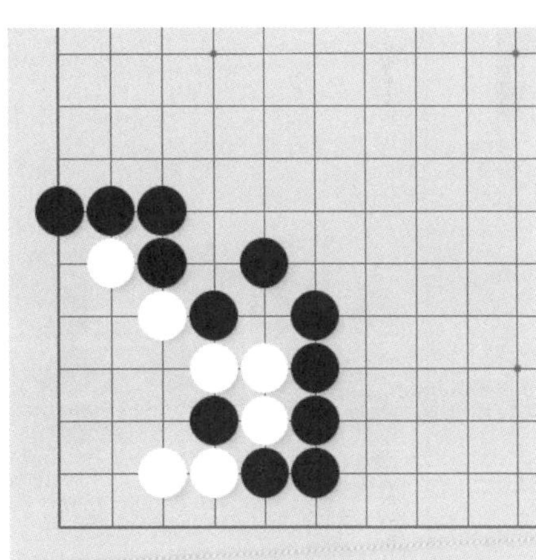

检查

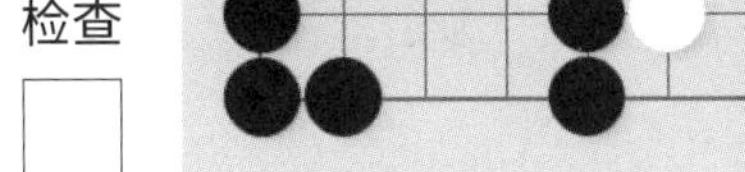

7203

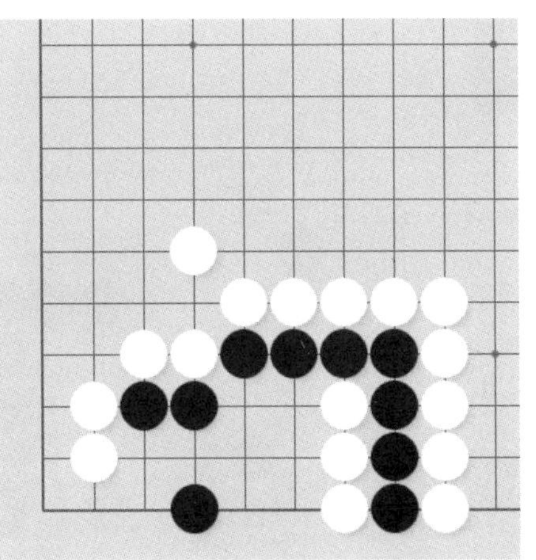

检查

7204

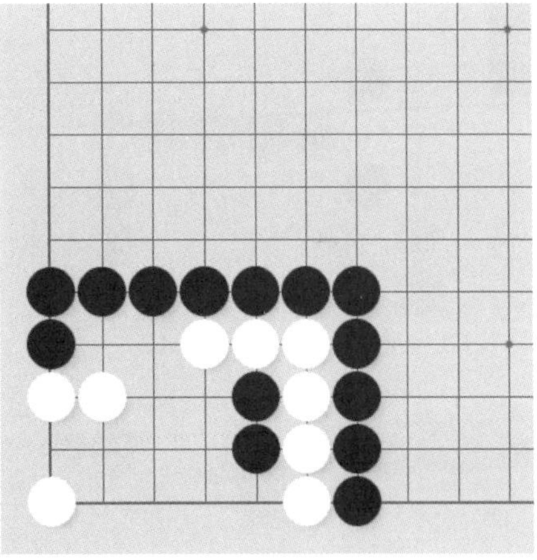

检查

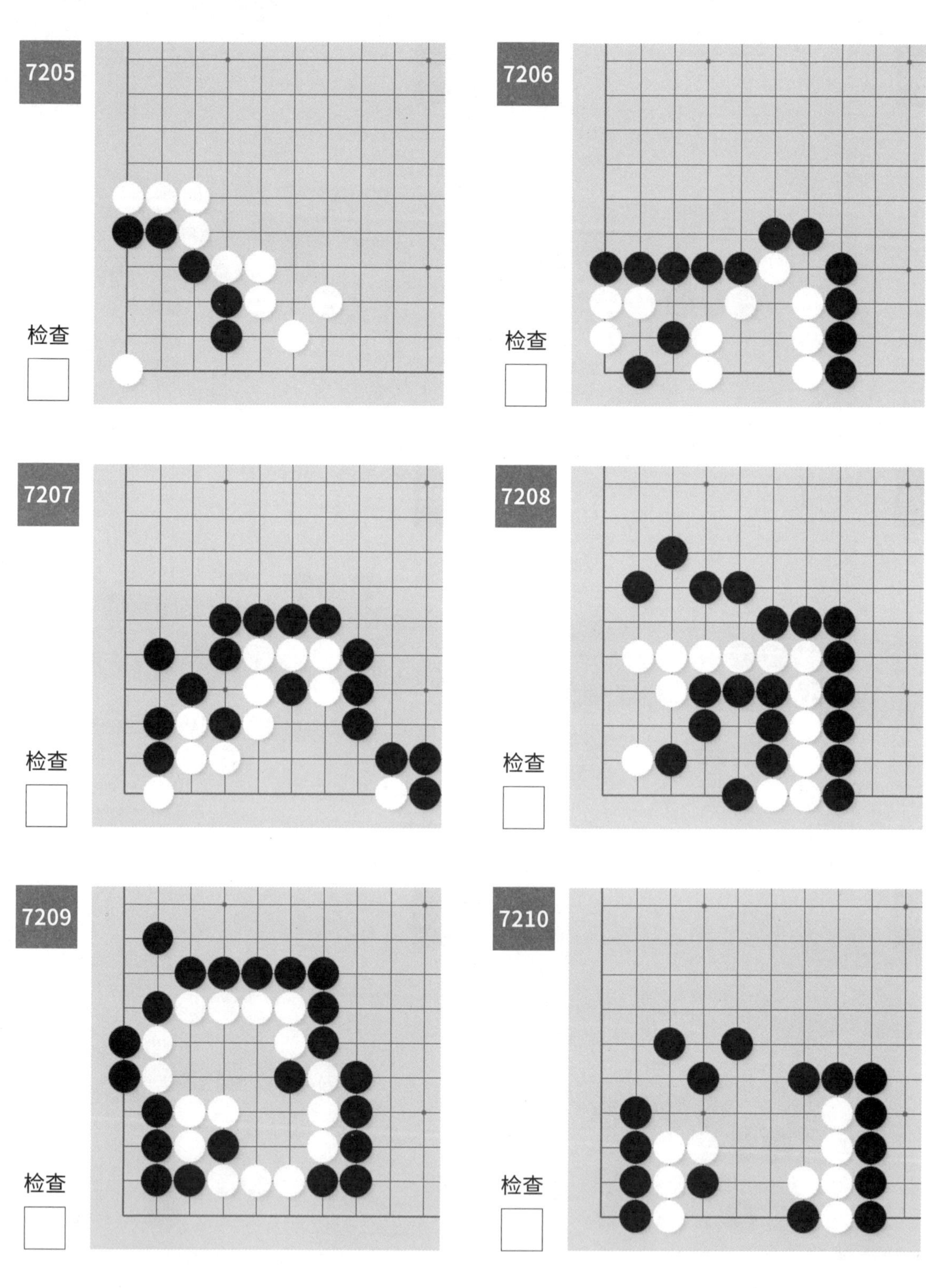
7205
检查
7206
检查
7207
检查
7208
检查
7209
检查
7210
检查

7211

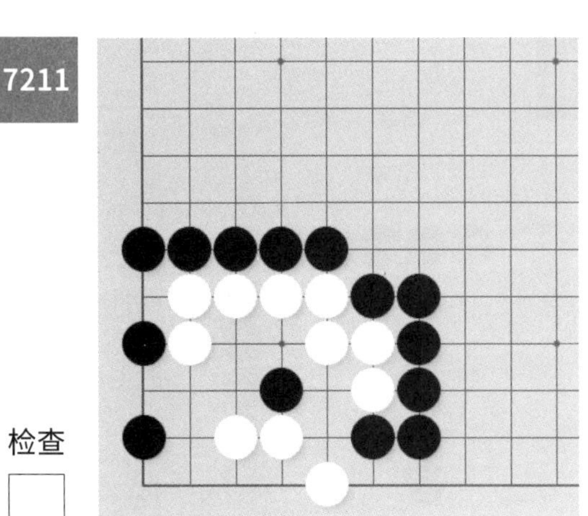

检查 □

7212

检查 □

7213

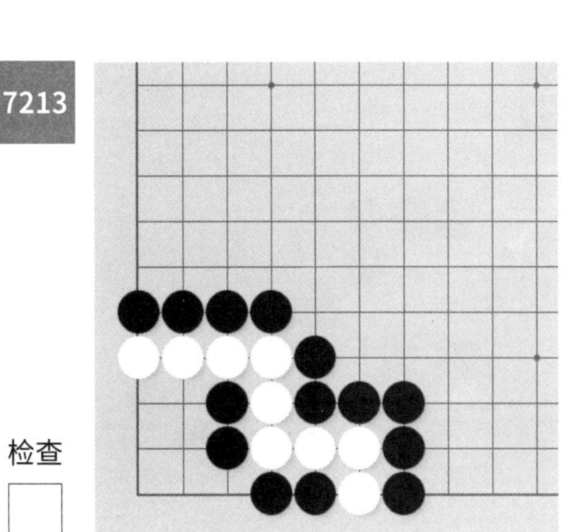

检查 □

7214

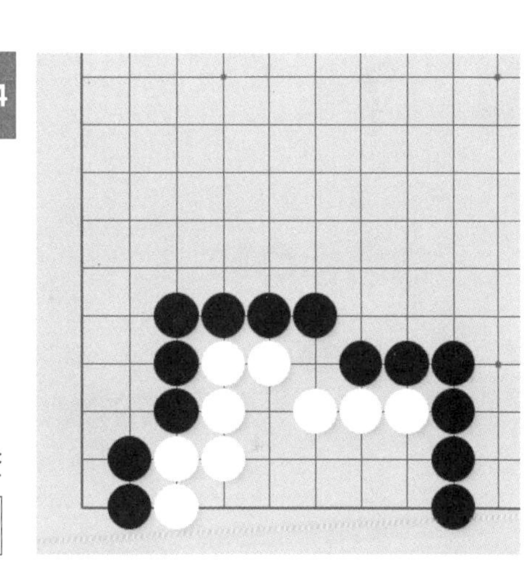

检查 □

7215

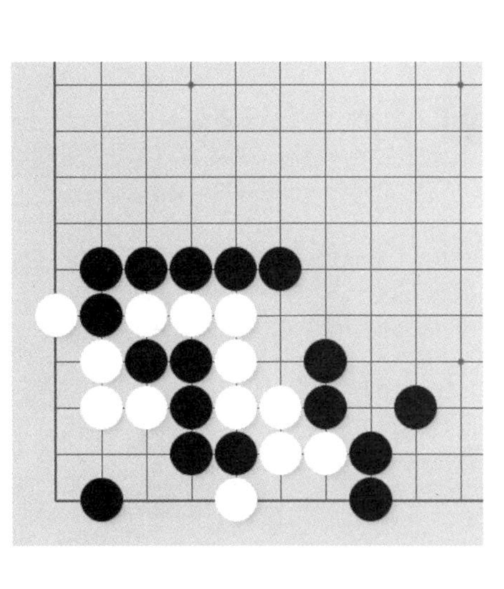

检查 □

7216

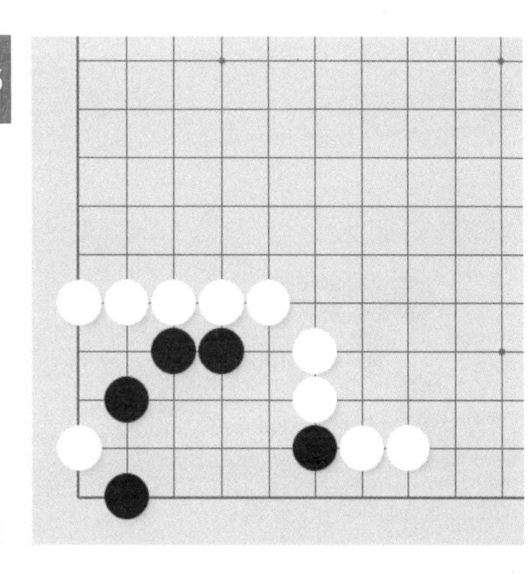

检查 □

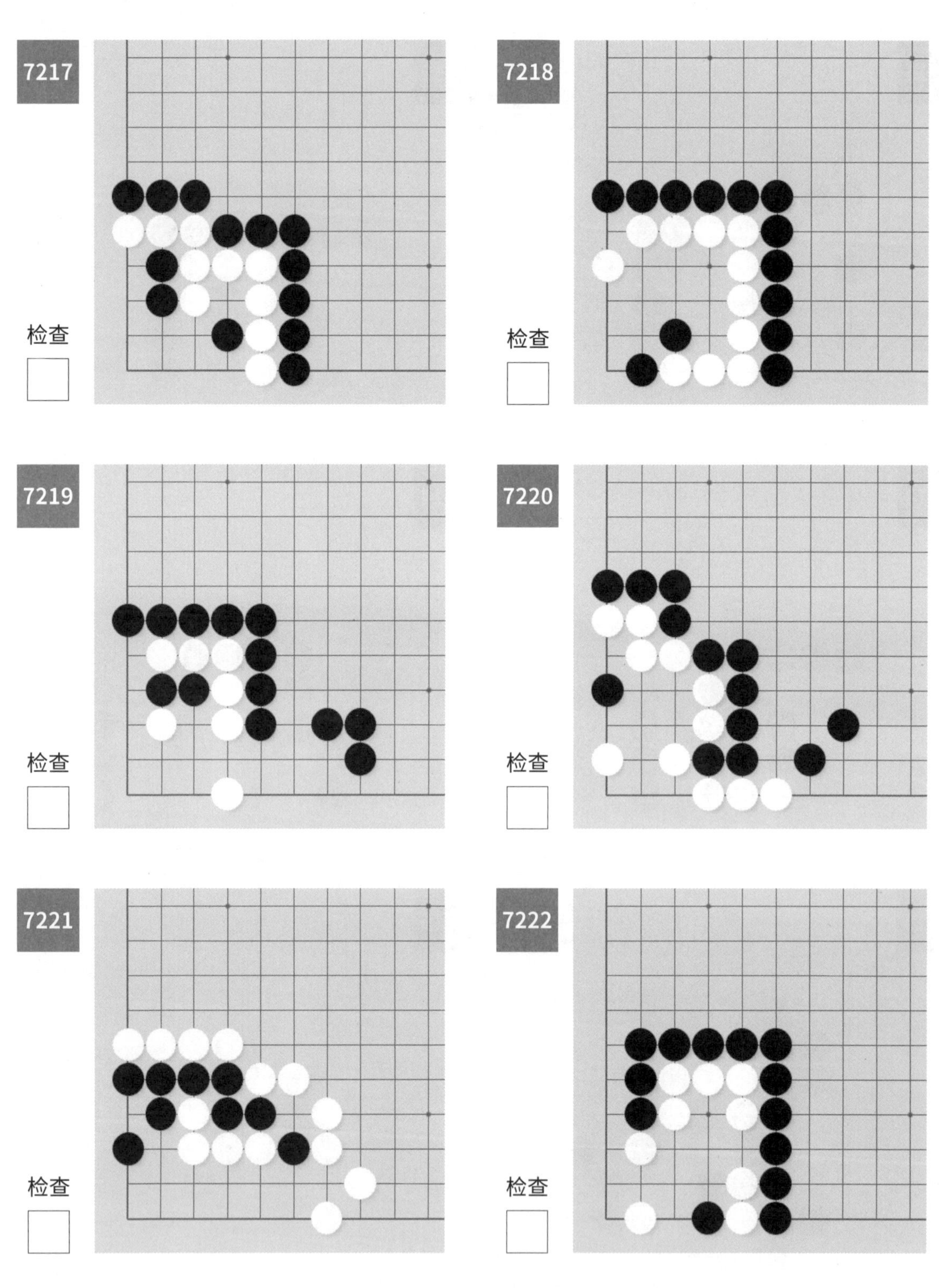
7217
检查
7218
检查
7219
检查
7220
检查
7221
检查
7222
检查

7223

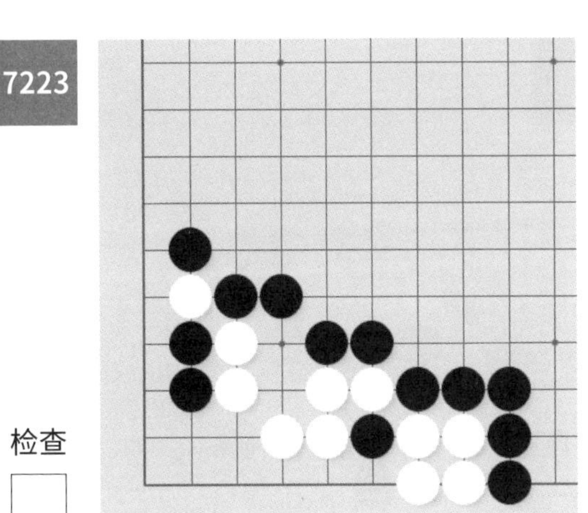

检查

7224

检查

7225

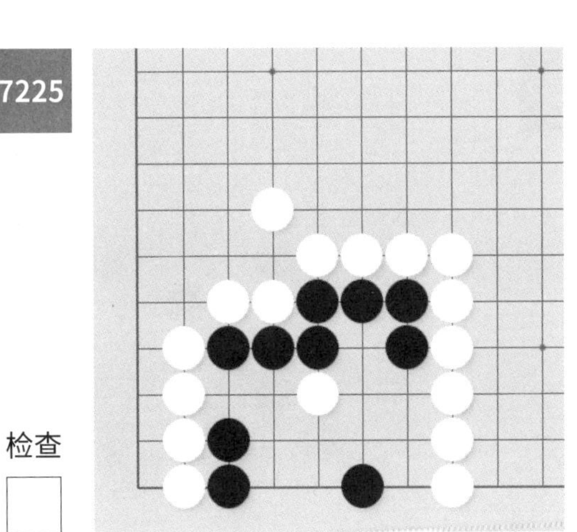

检查

7226

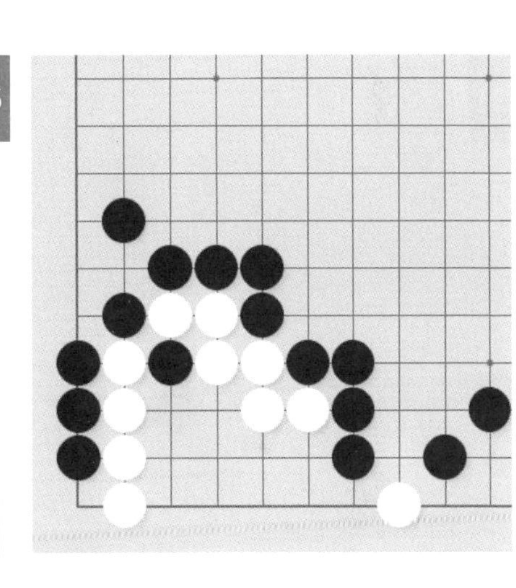

检查

7227

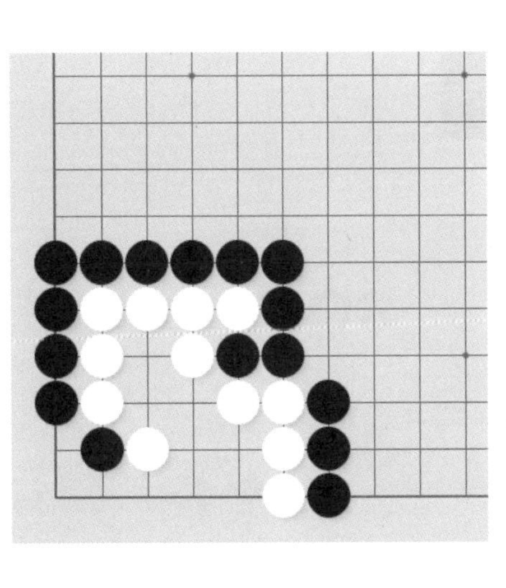

检查

7228

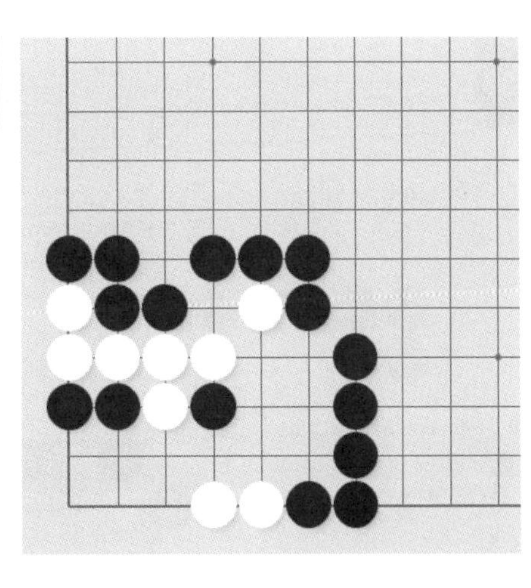

检查

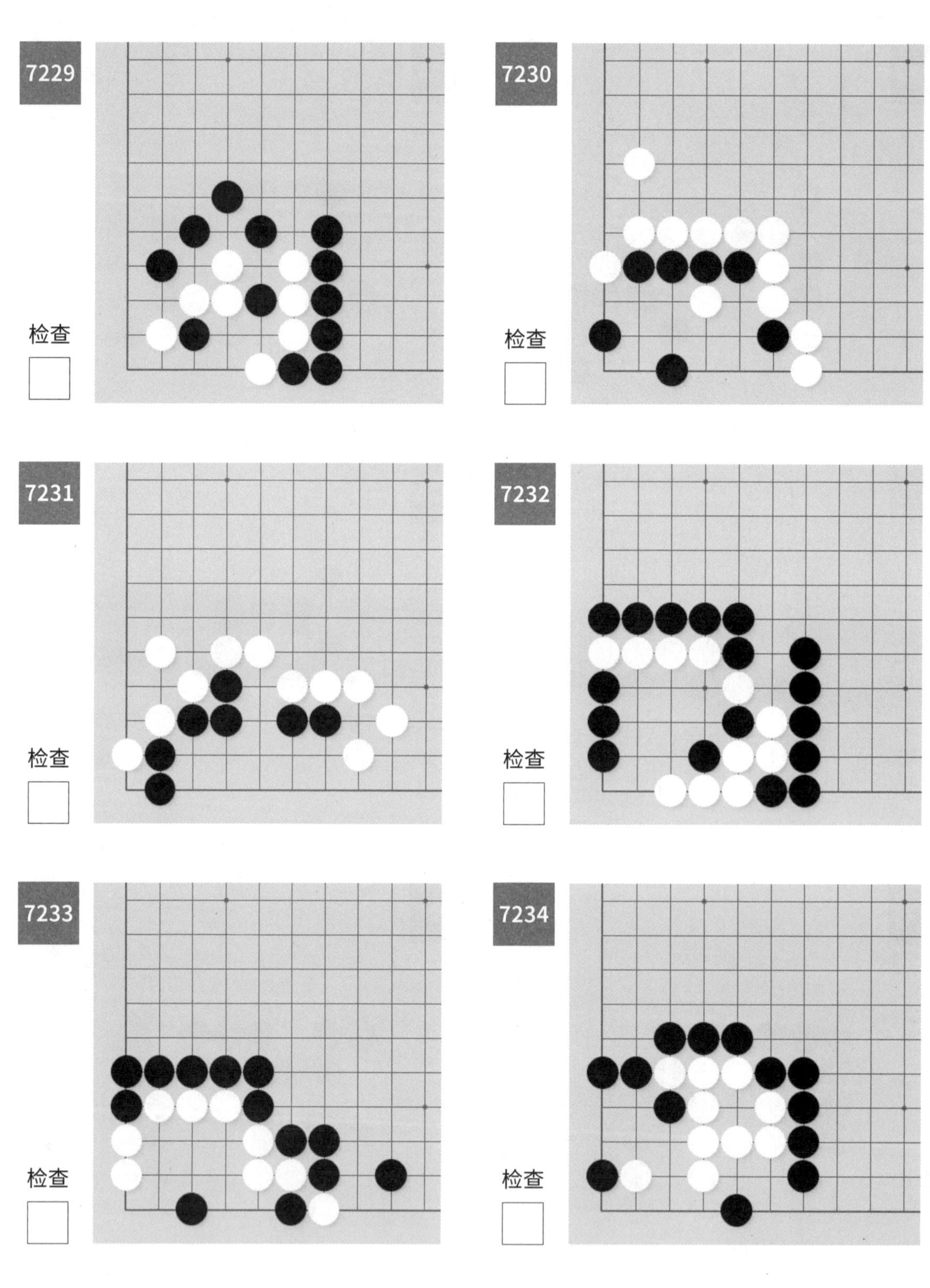
7229
检查
7230
检查
7231
检查
7232
检查
7233
检查
7234
检查

7235

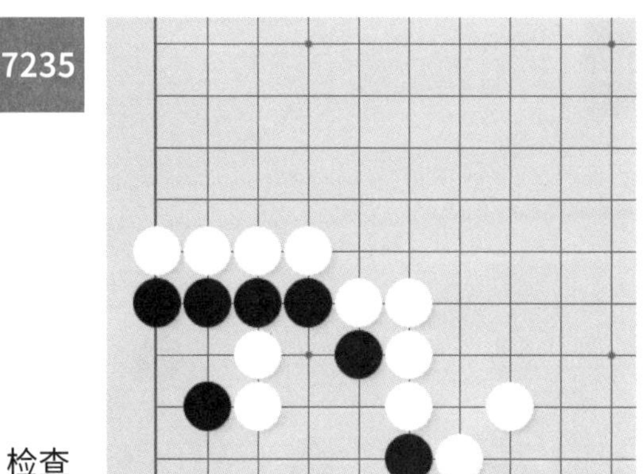

检查

7236

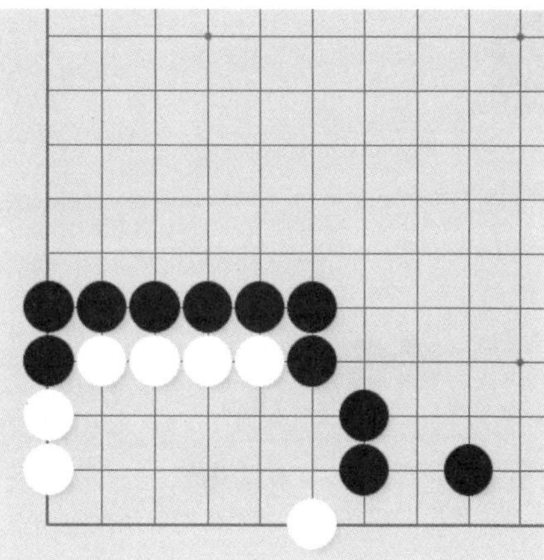

检查

7237

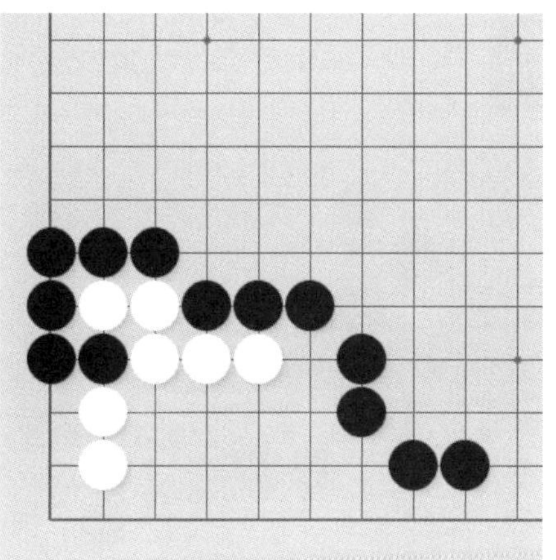

检查

7238

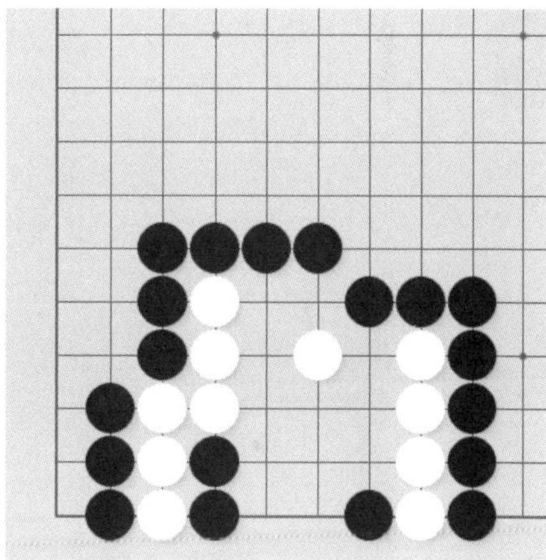

检查

7239

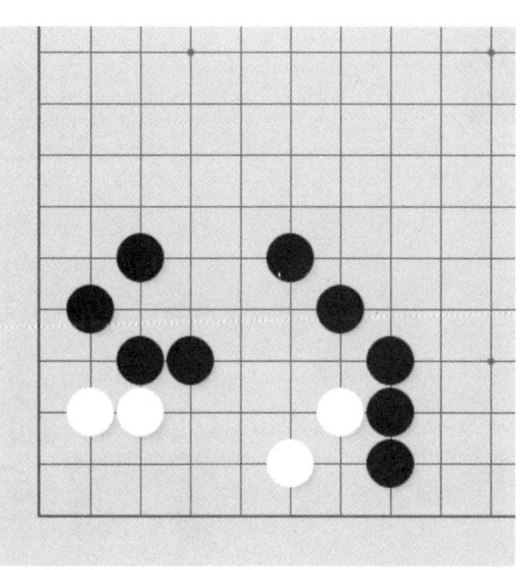

检查

7240

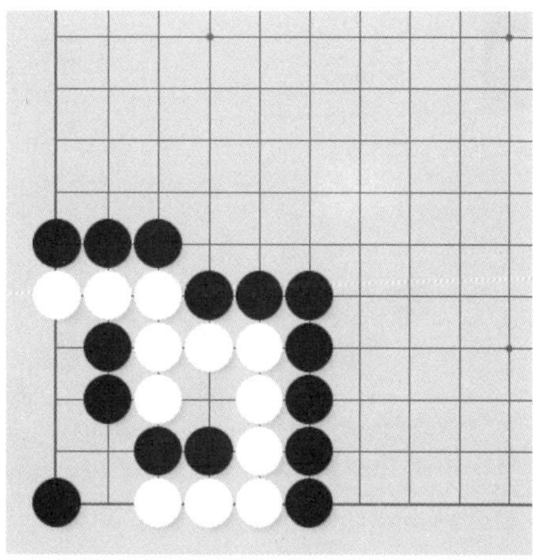

检查

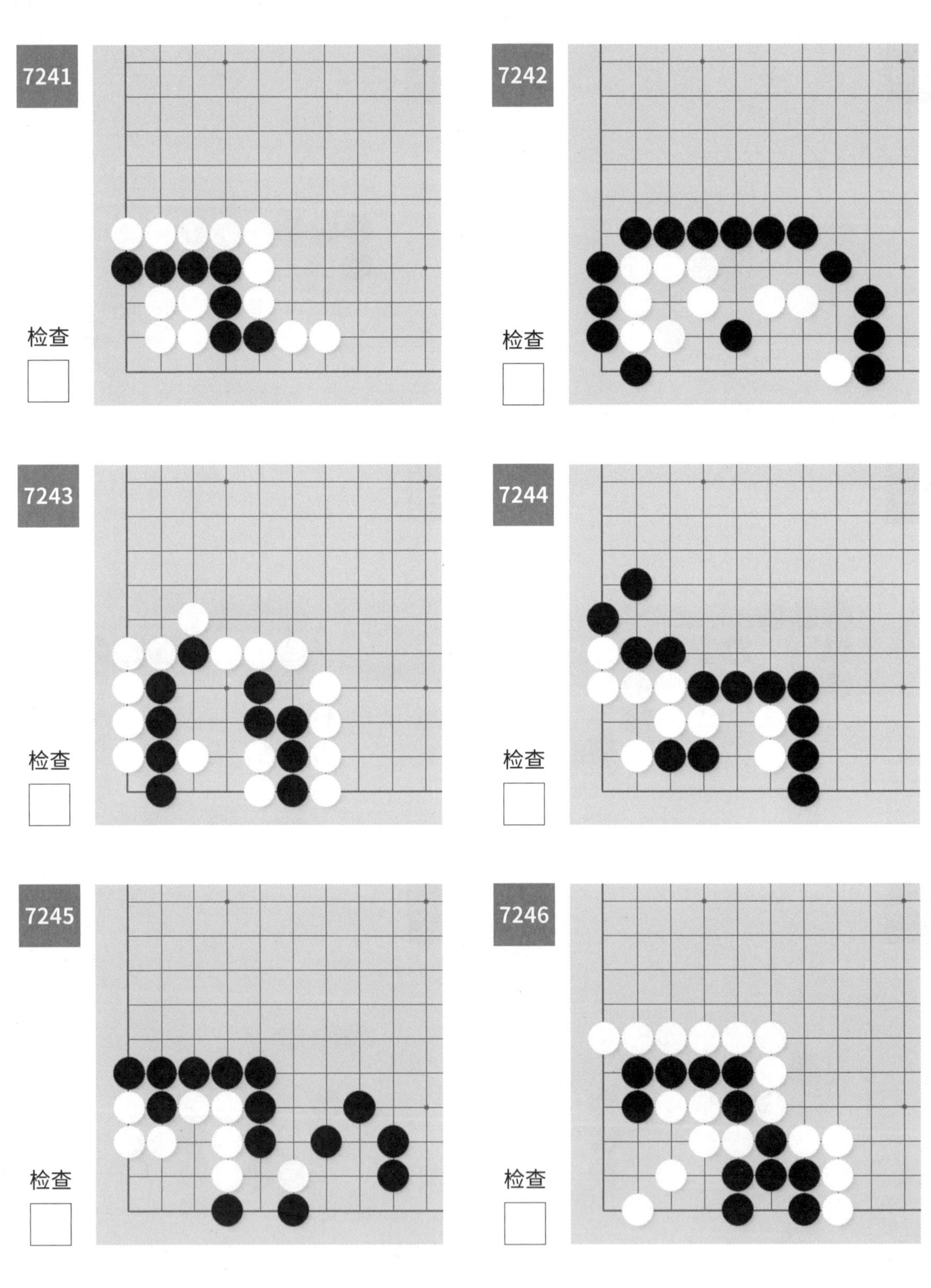
7241
检查
7242
检查
7243
检查
7244
检查
7245
检查
7246
检查

7247

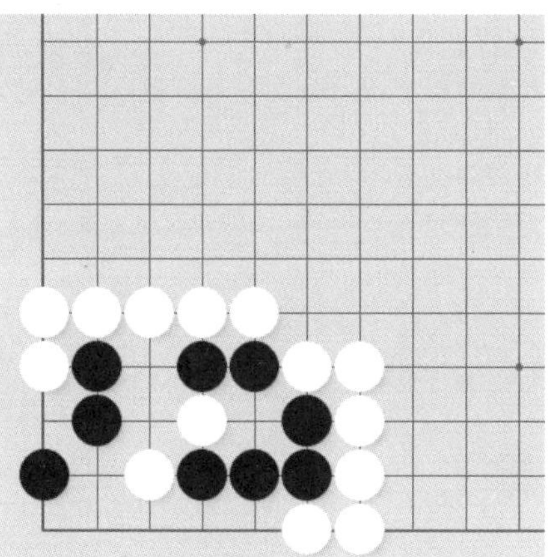

检查

7248

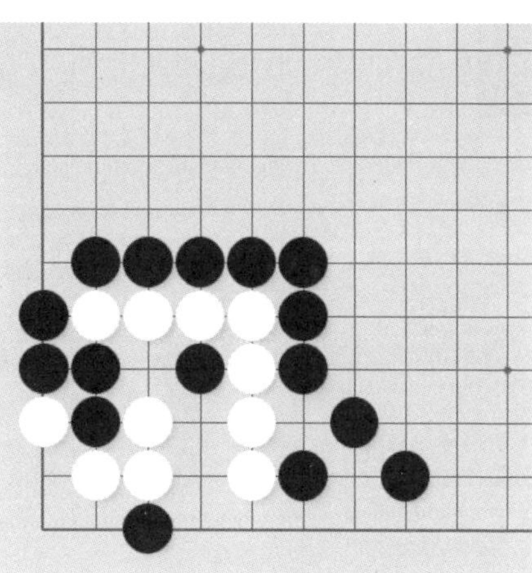

检查

7249

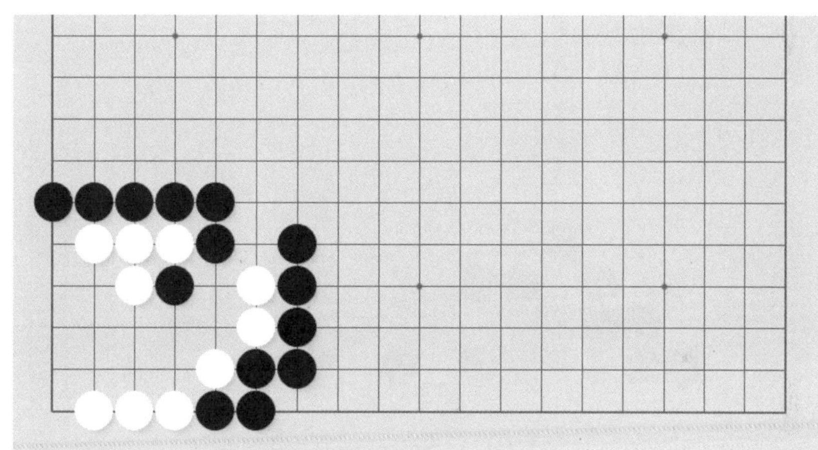

检查

7250

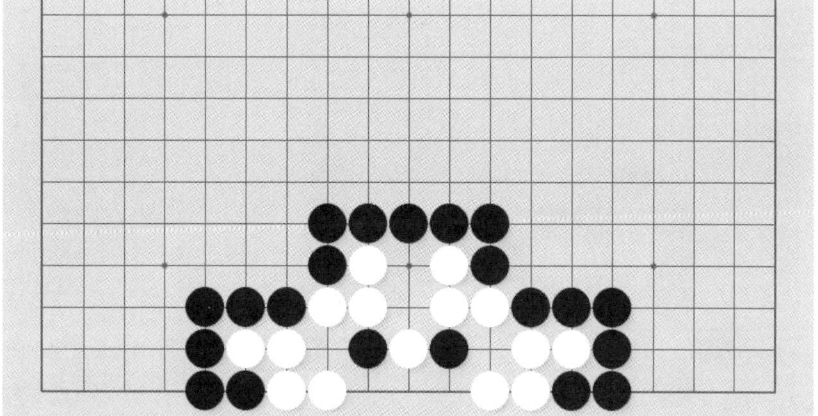

检查

7251

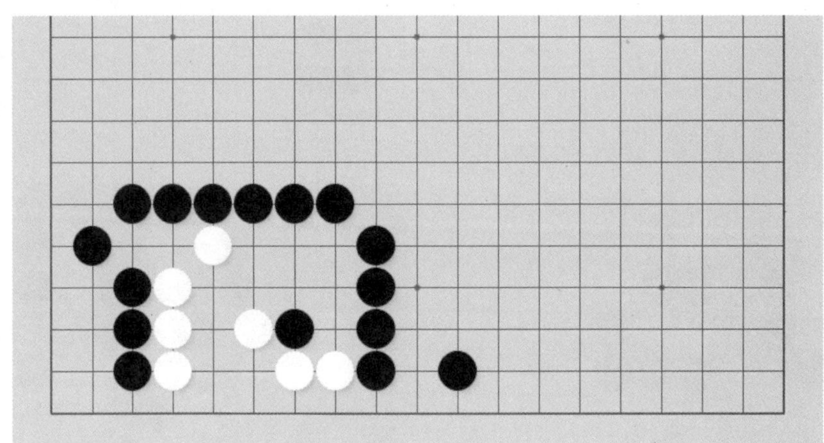

检查

7252

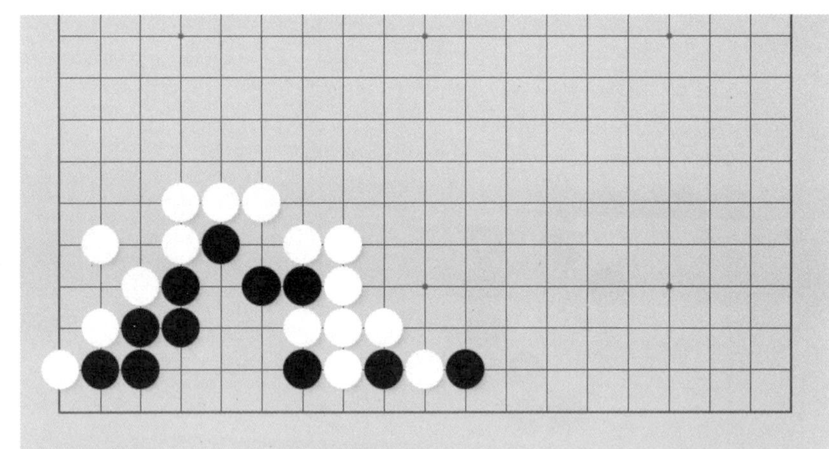

检查

7253

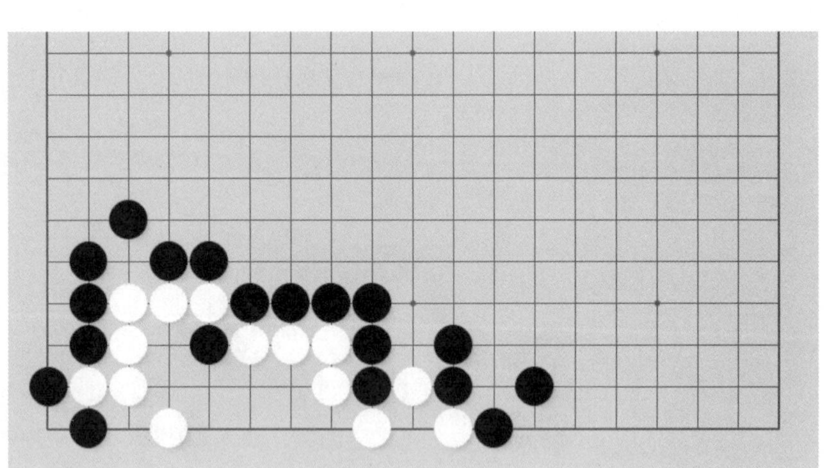

检查

7254

检查

7255

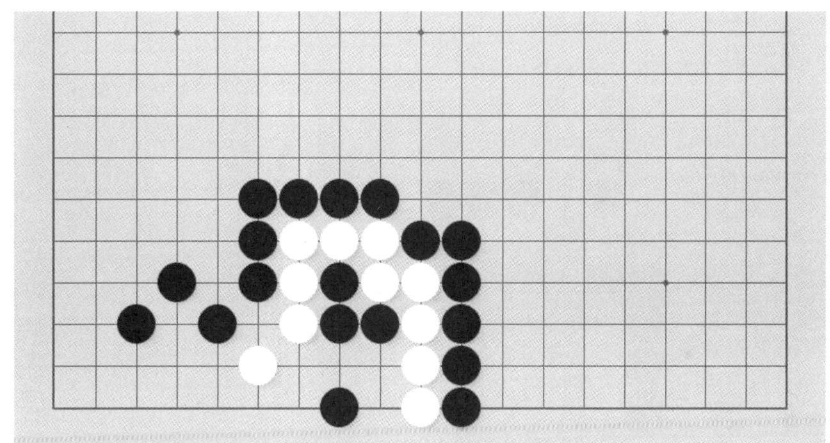

检查

7256

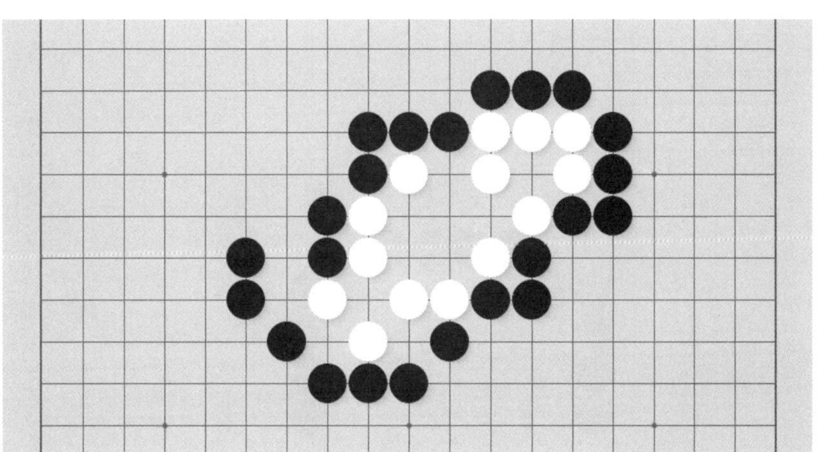

检查

7257

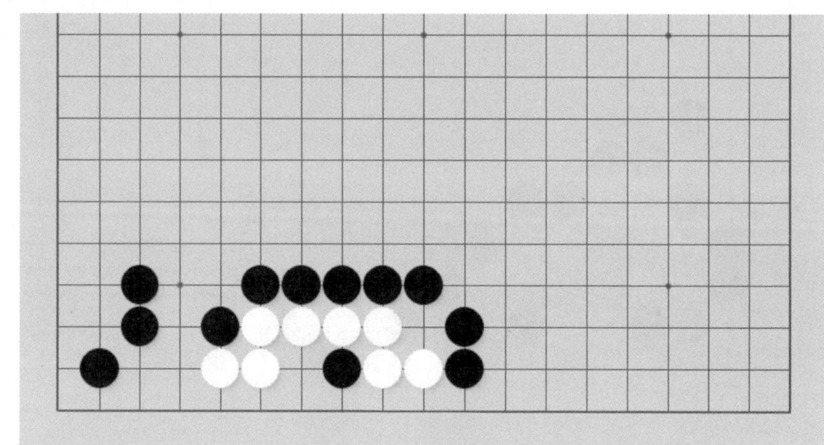

检查

7258

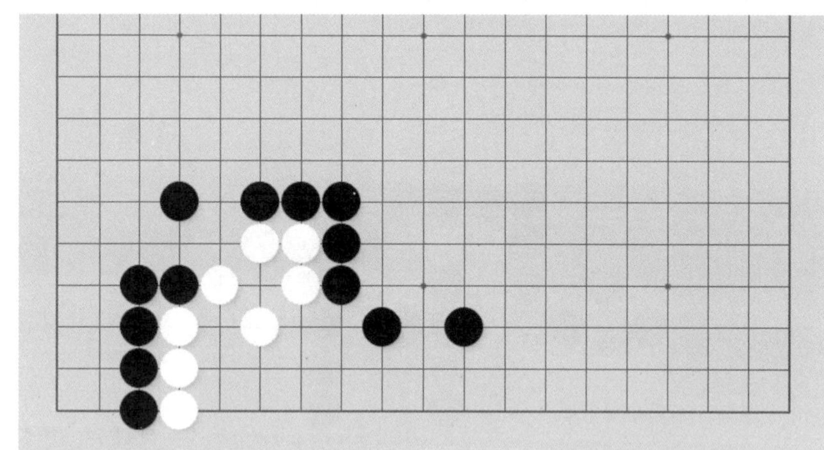

检查

7259

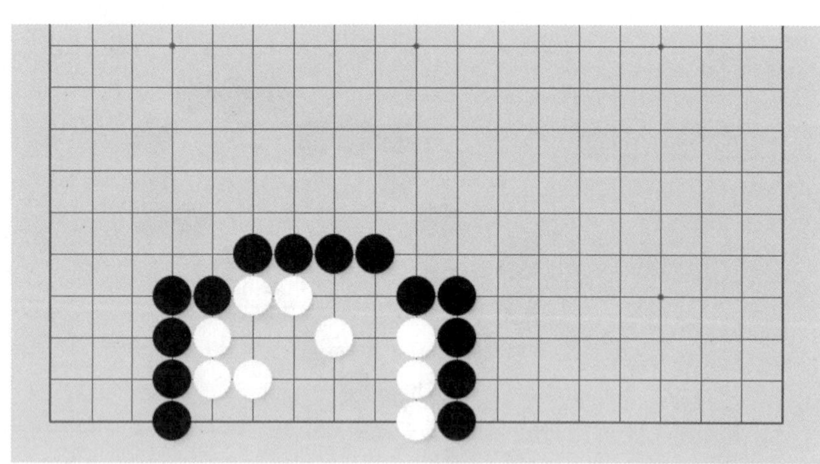

检查

7260

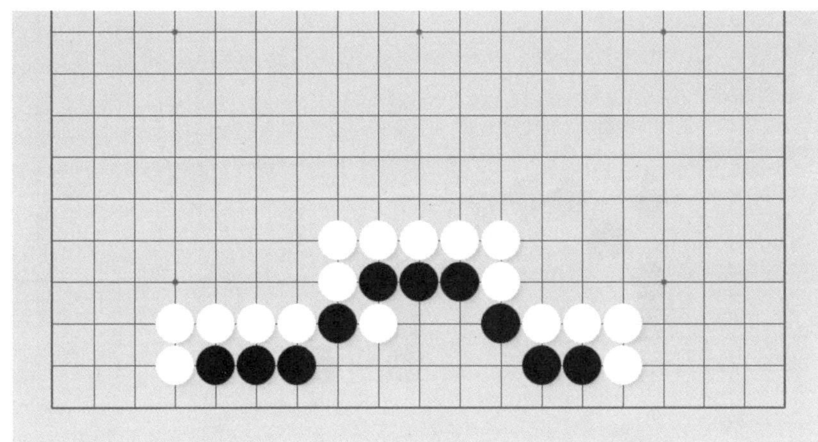

检查

7261

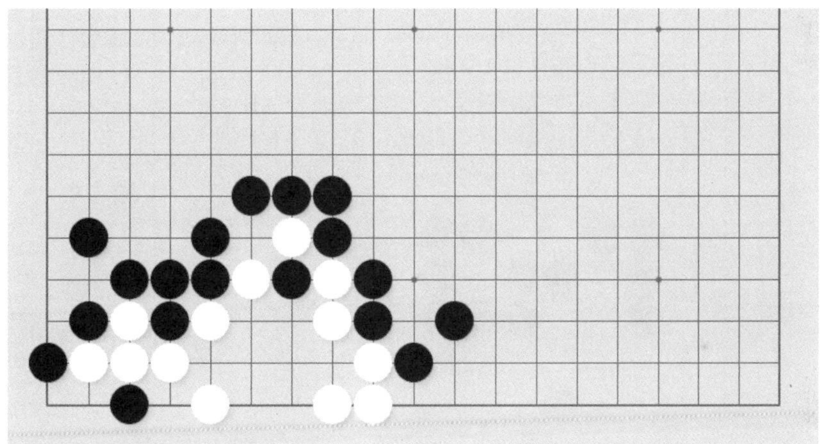

检查

7262

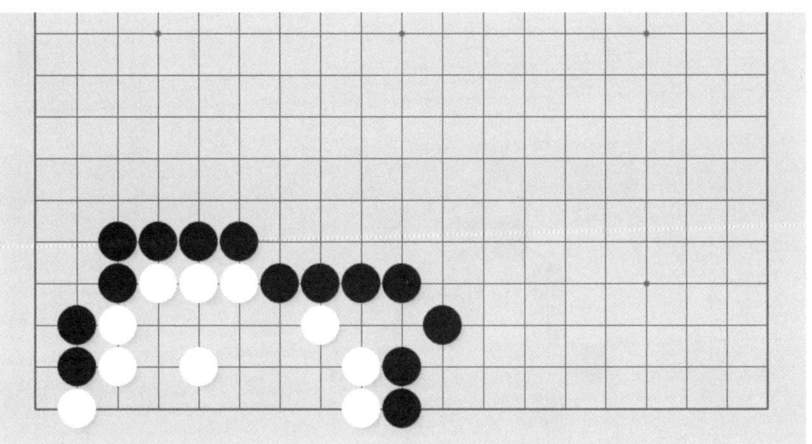

检查

7263

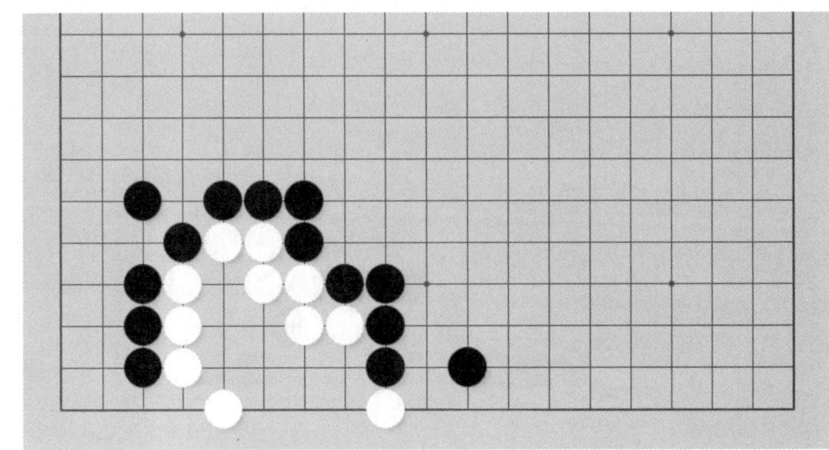

检查

7264

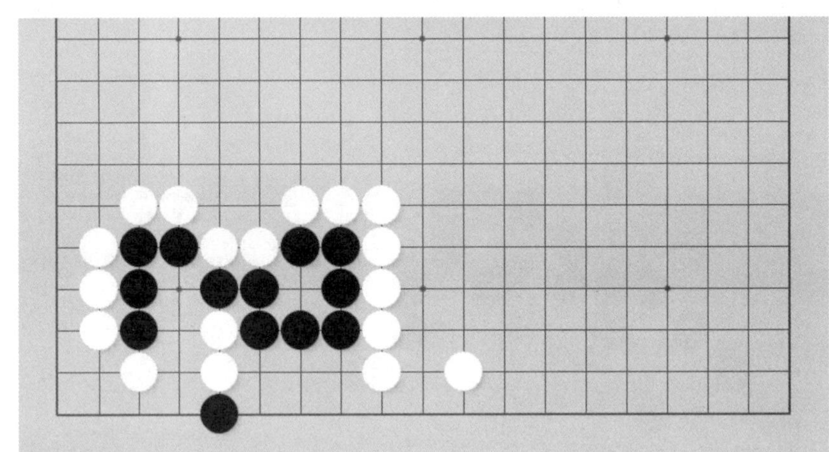

检查

7265

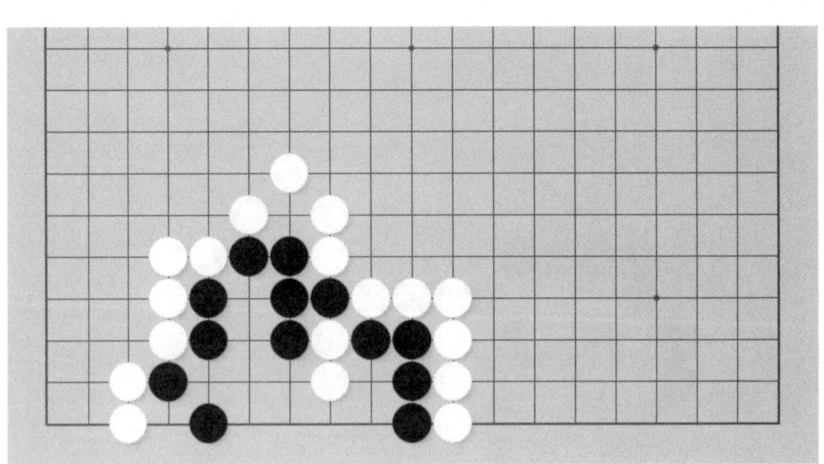

检查

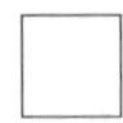

7266

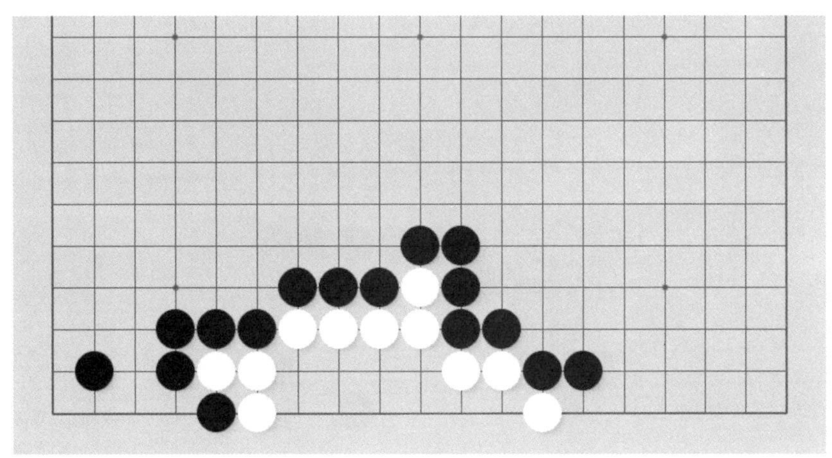

检查

7267

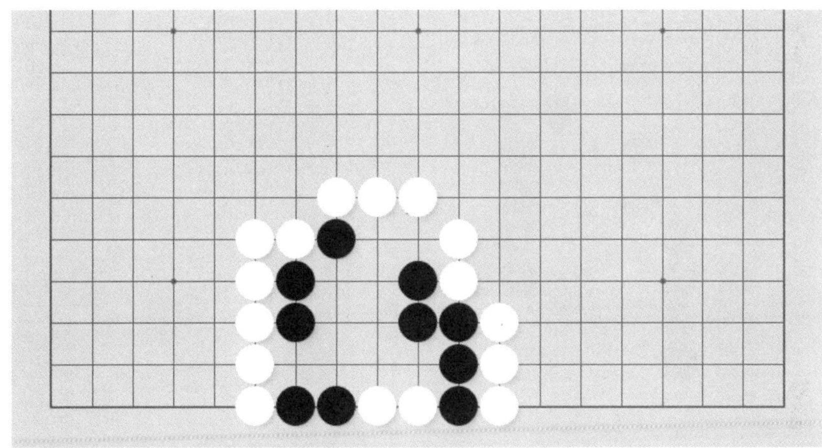

检查

7268

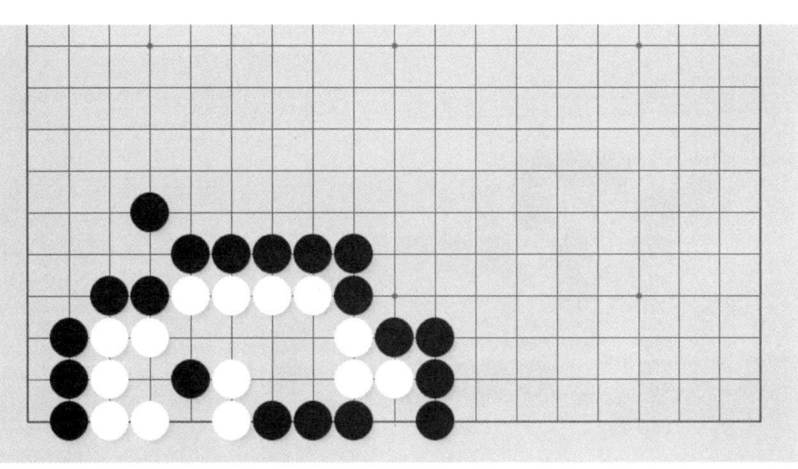

检查

7269

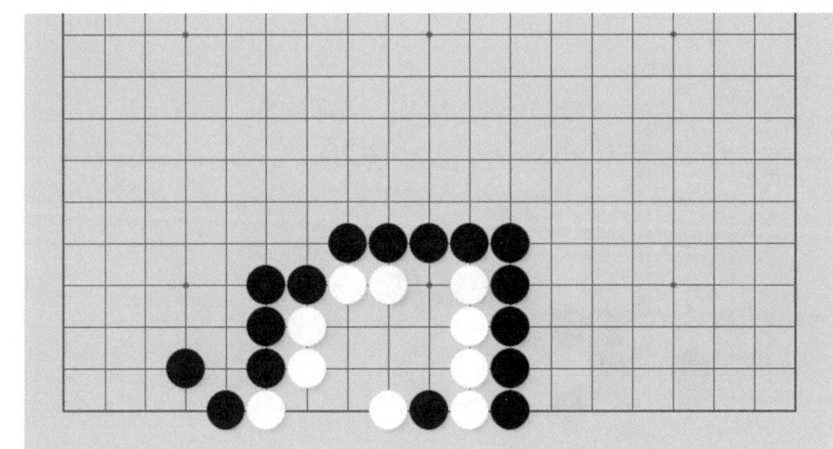

检查

7270

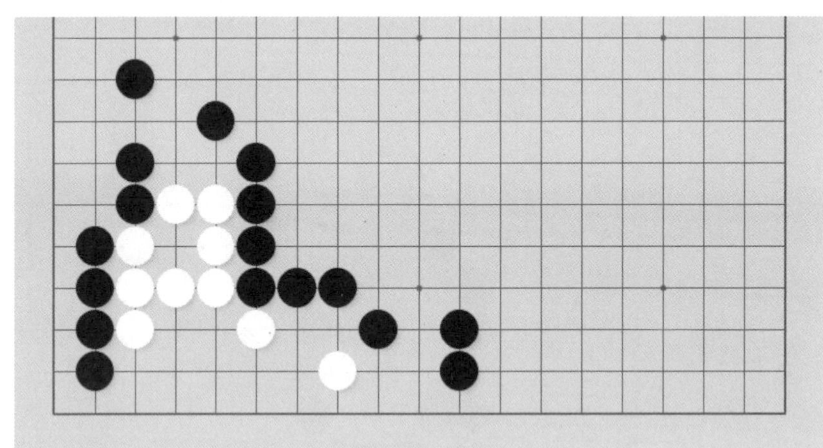

检查

7271

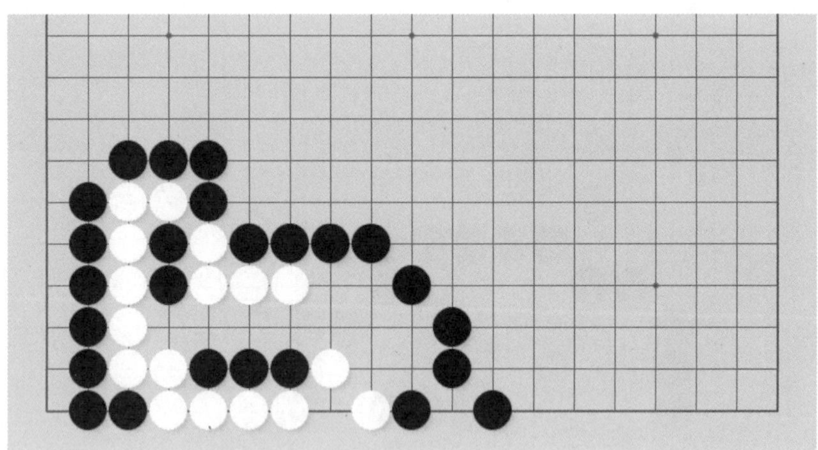

检查

7272

检查

7273

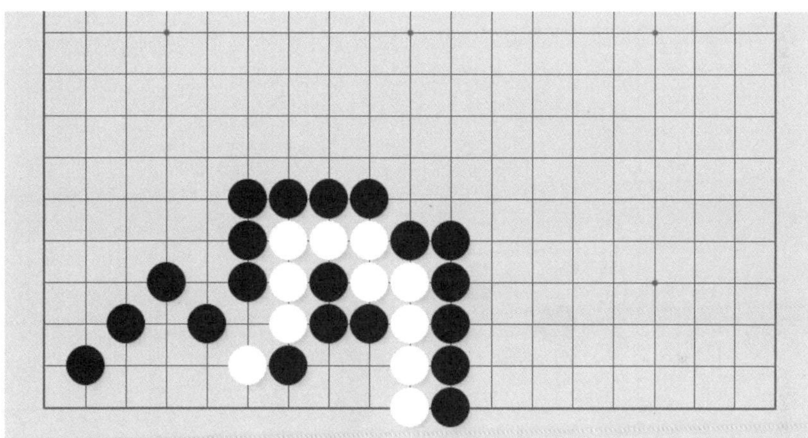

检查

7274

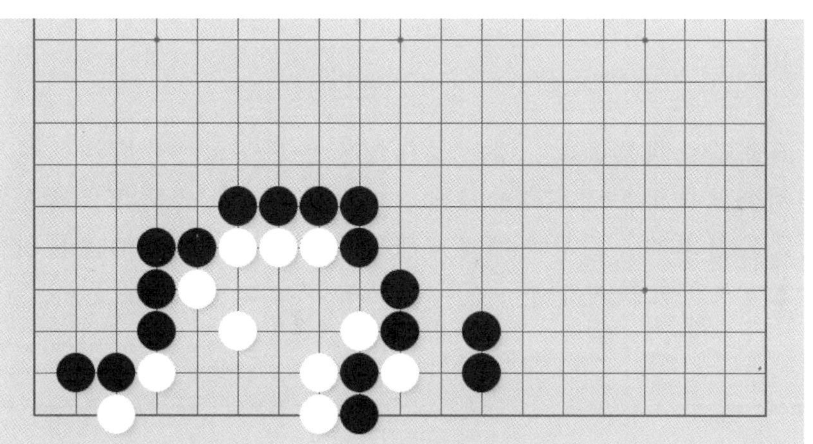

检查

7275

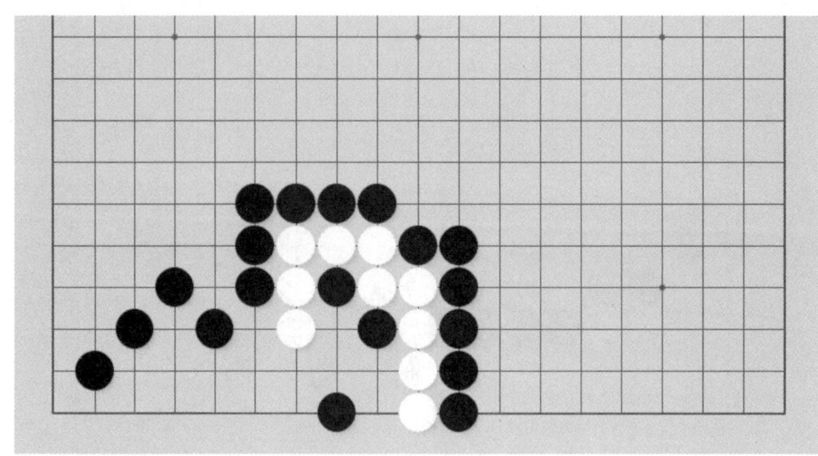

检查

7276

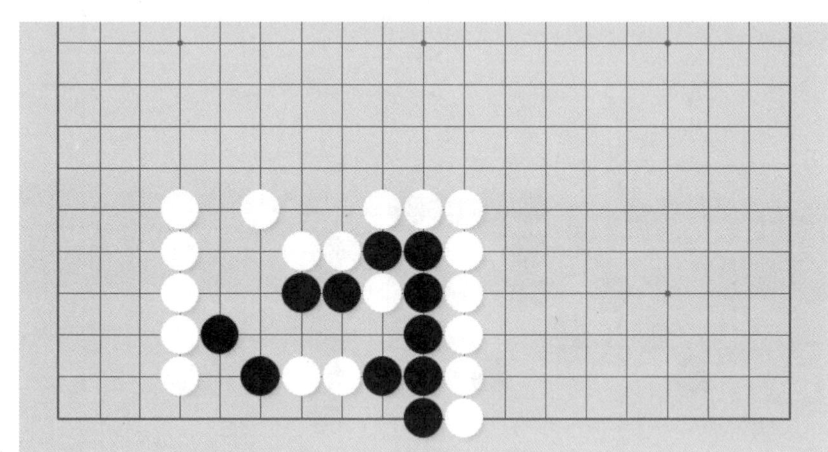

检查

实战题

在创造诘棋作品时，有时候诘棋家会想摆出稀奇古怪的棋形，有的时候则会想摆出接近实战的棋形。对我来说，我觉得摆出稀奇古怪的棋形是比较简单的，因此我相当佩服可以摆出实战棋形的诘棋创作家，例如桥本宇太郎九段就是个中高手，他有“诘棋皇帝”的美称。

——陈禧

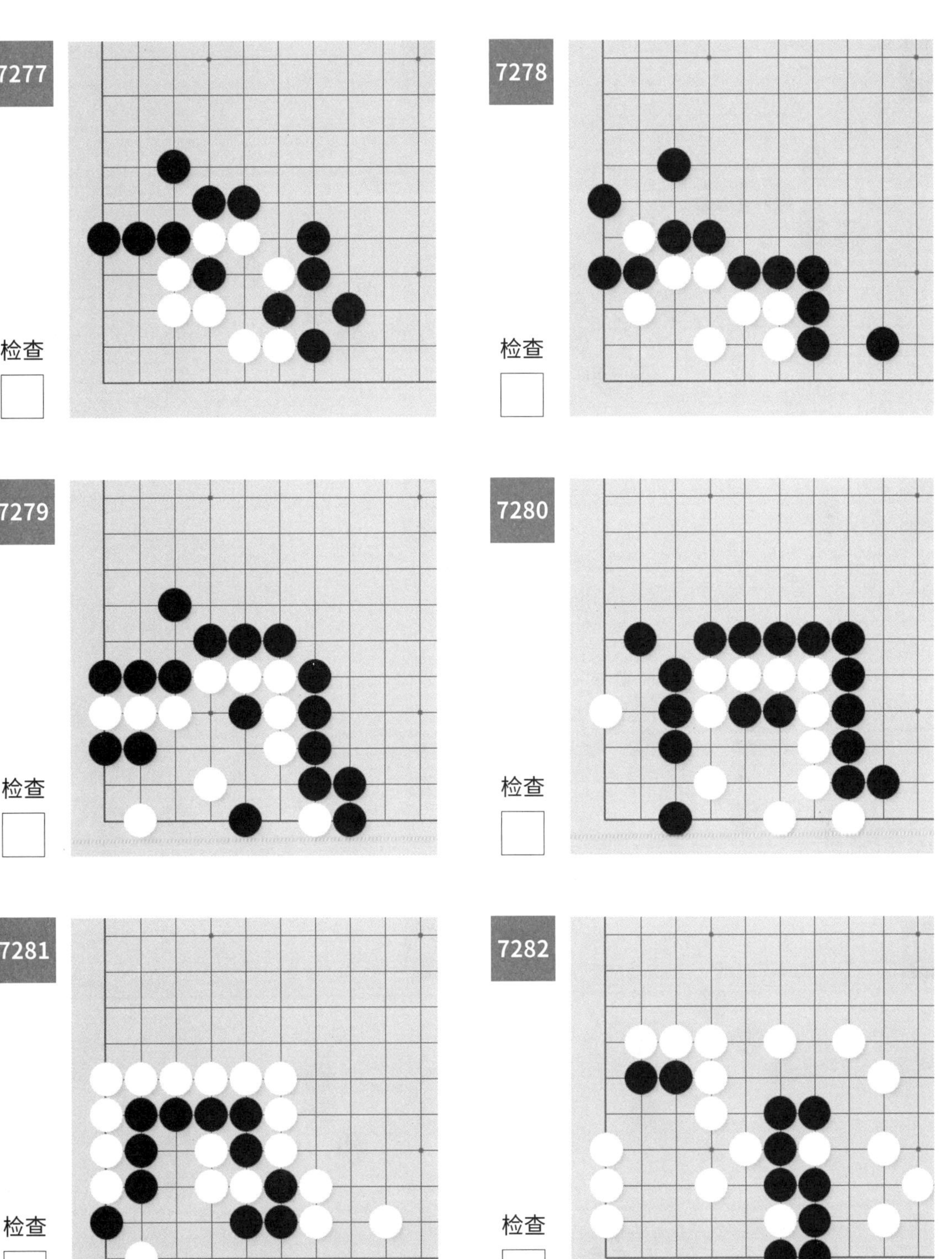
7277
检查
7278
检查
7279
检查
7280
检查
7281
检查
7282
检查

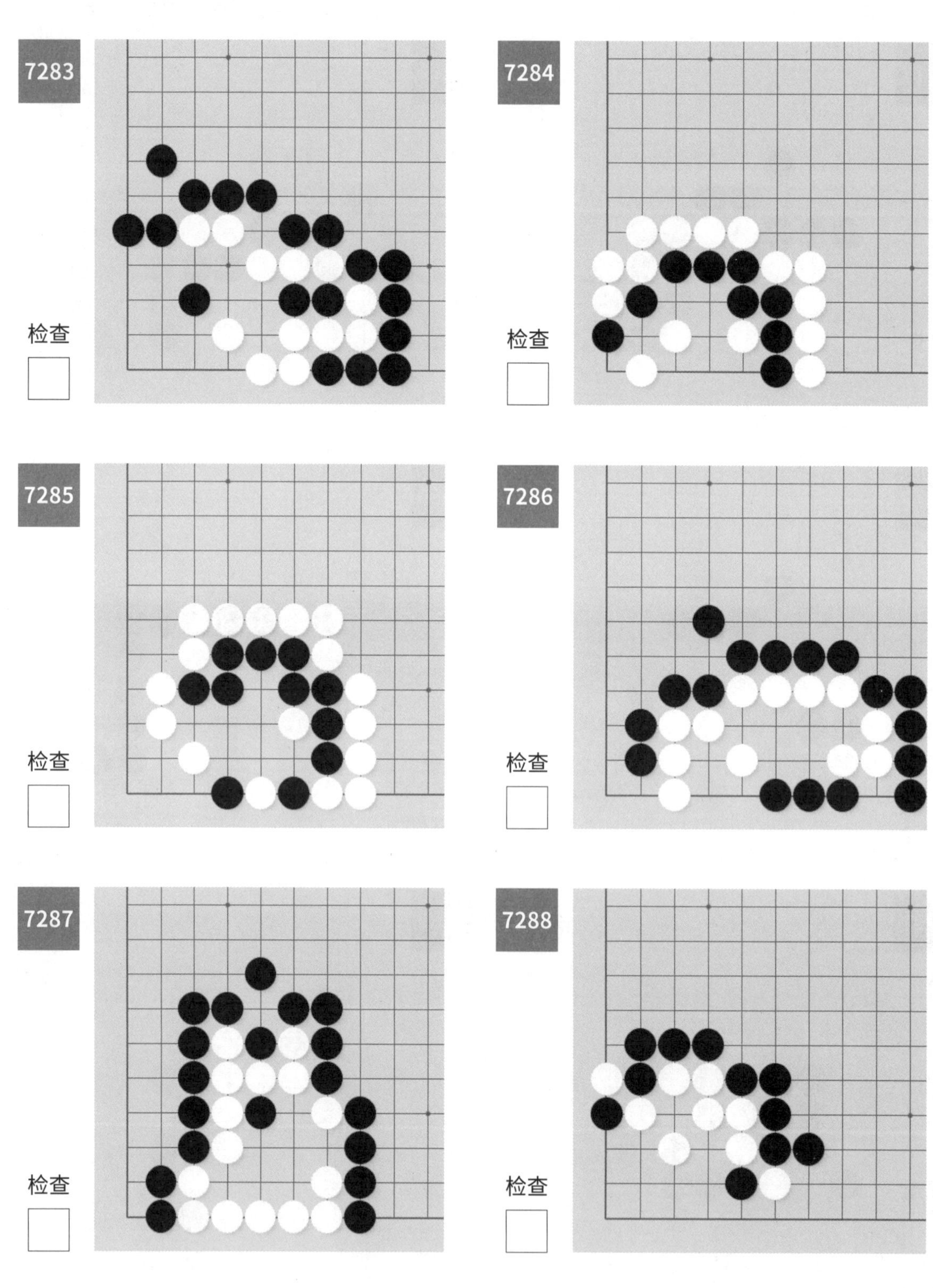
7283
检查
7284
检查
7285
检查
7286
检查
7287
检查
7288
检查

7289

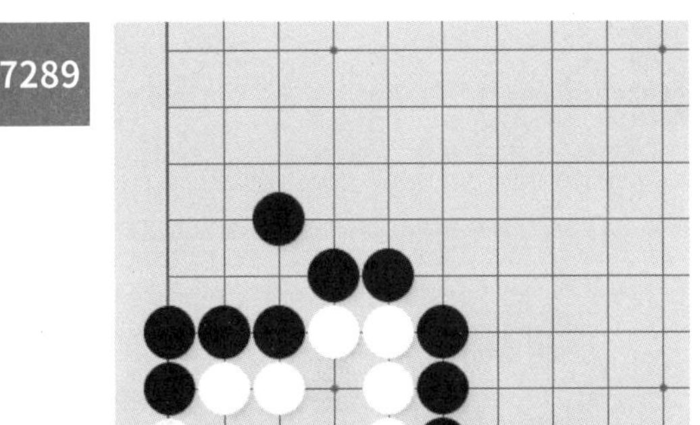

检查

7290

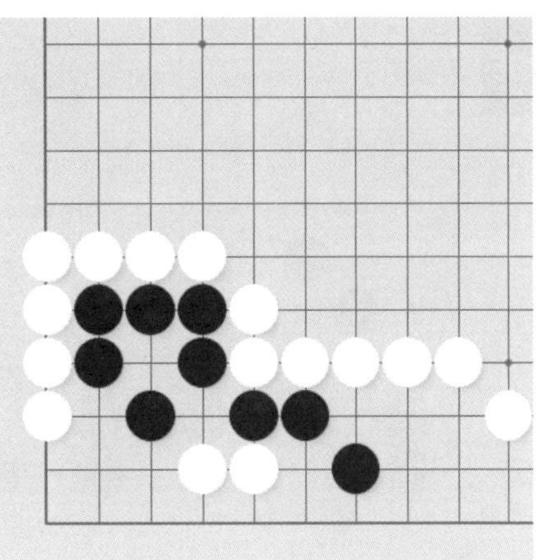

检查

7291

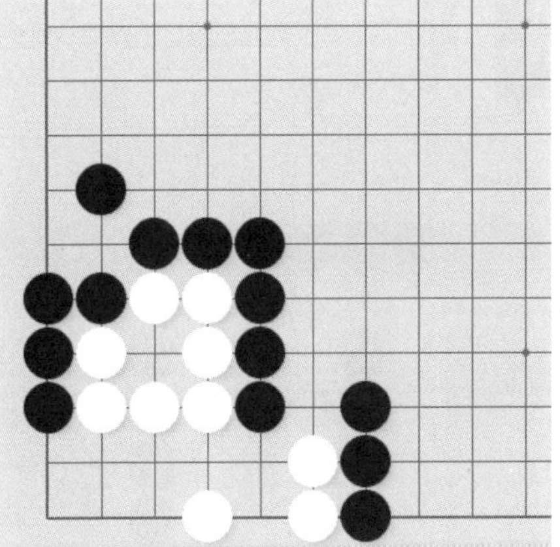

检查

7292

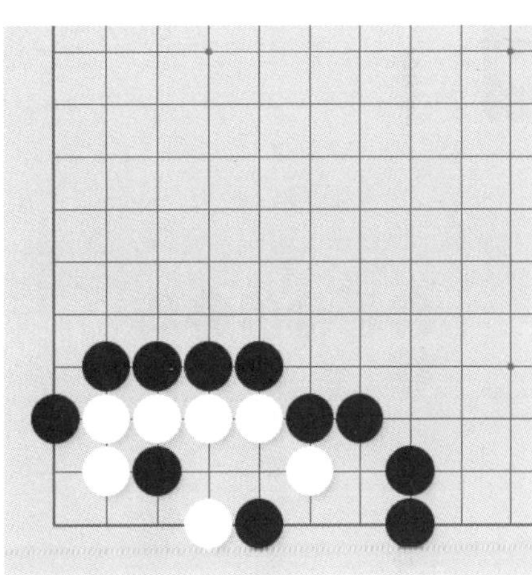

检查

7293

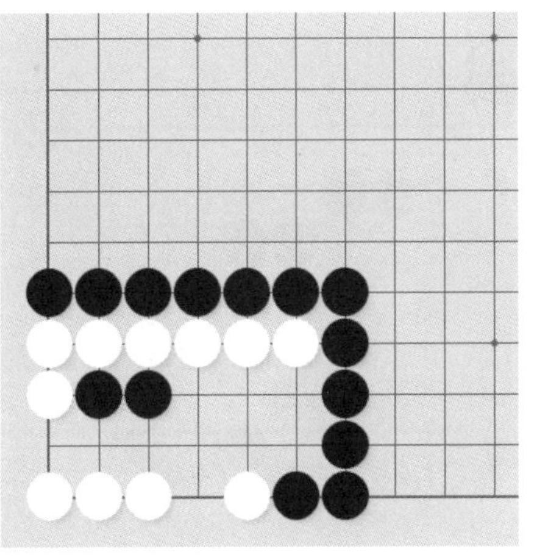

检查

7294

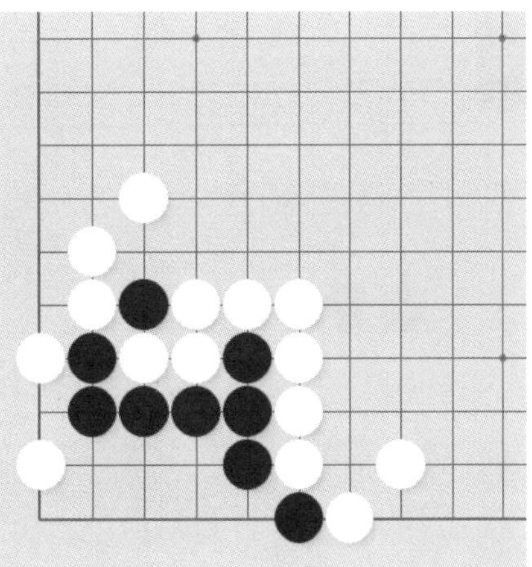

检查

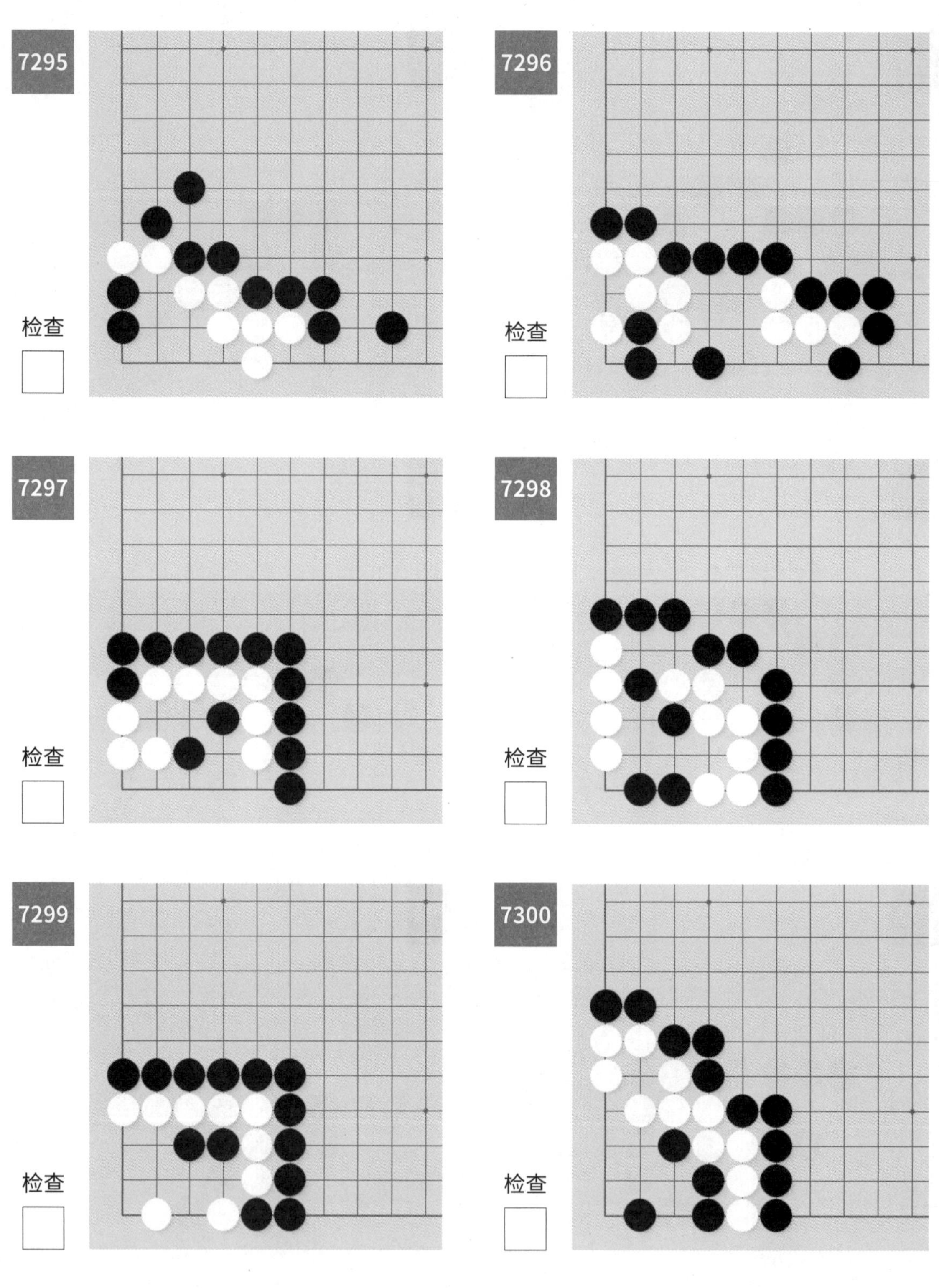
7295
检查
7296
检查
7297
检查
7298
检查
7299
检查
7300
检查

7301

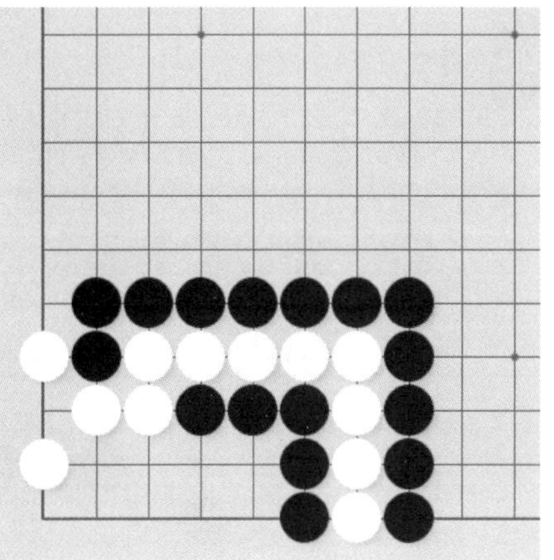

检查

7302

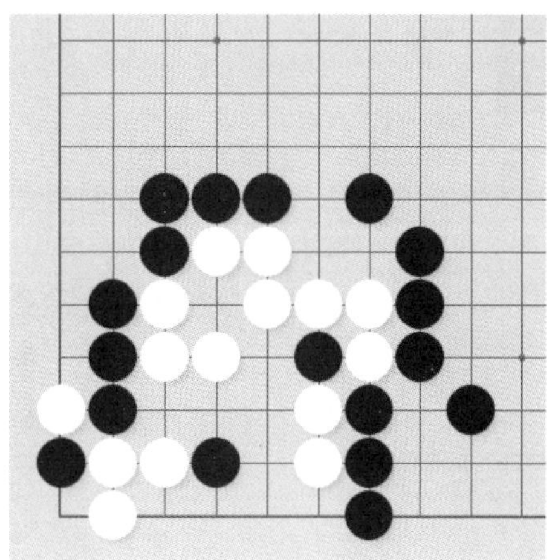

检查

7303

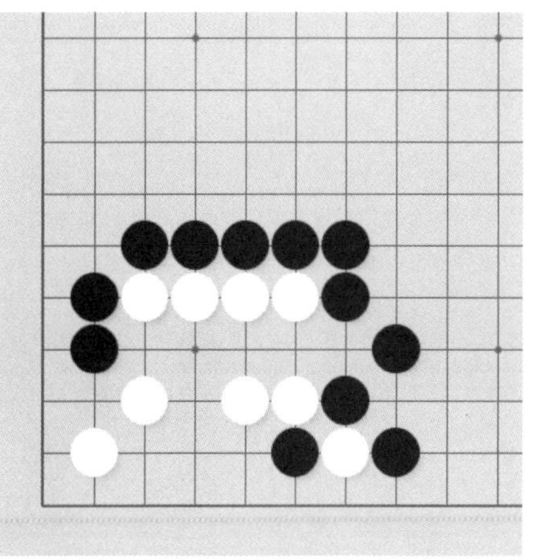

检查

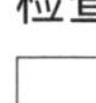

7304

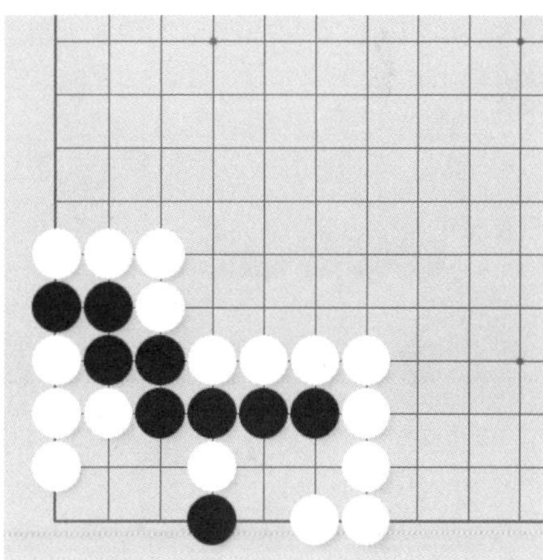

检查

7305

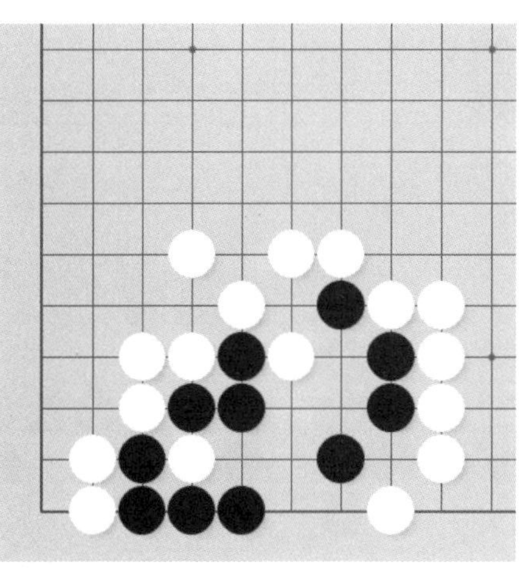

检查

7306

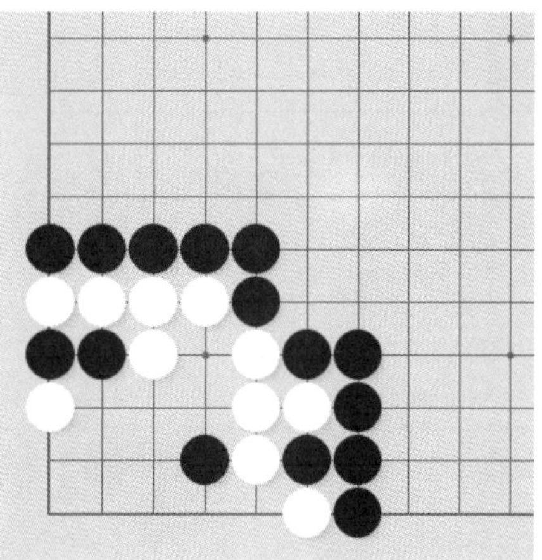

检查

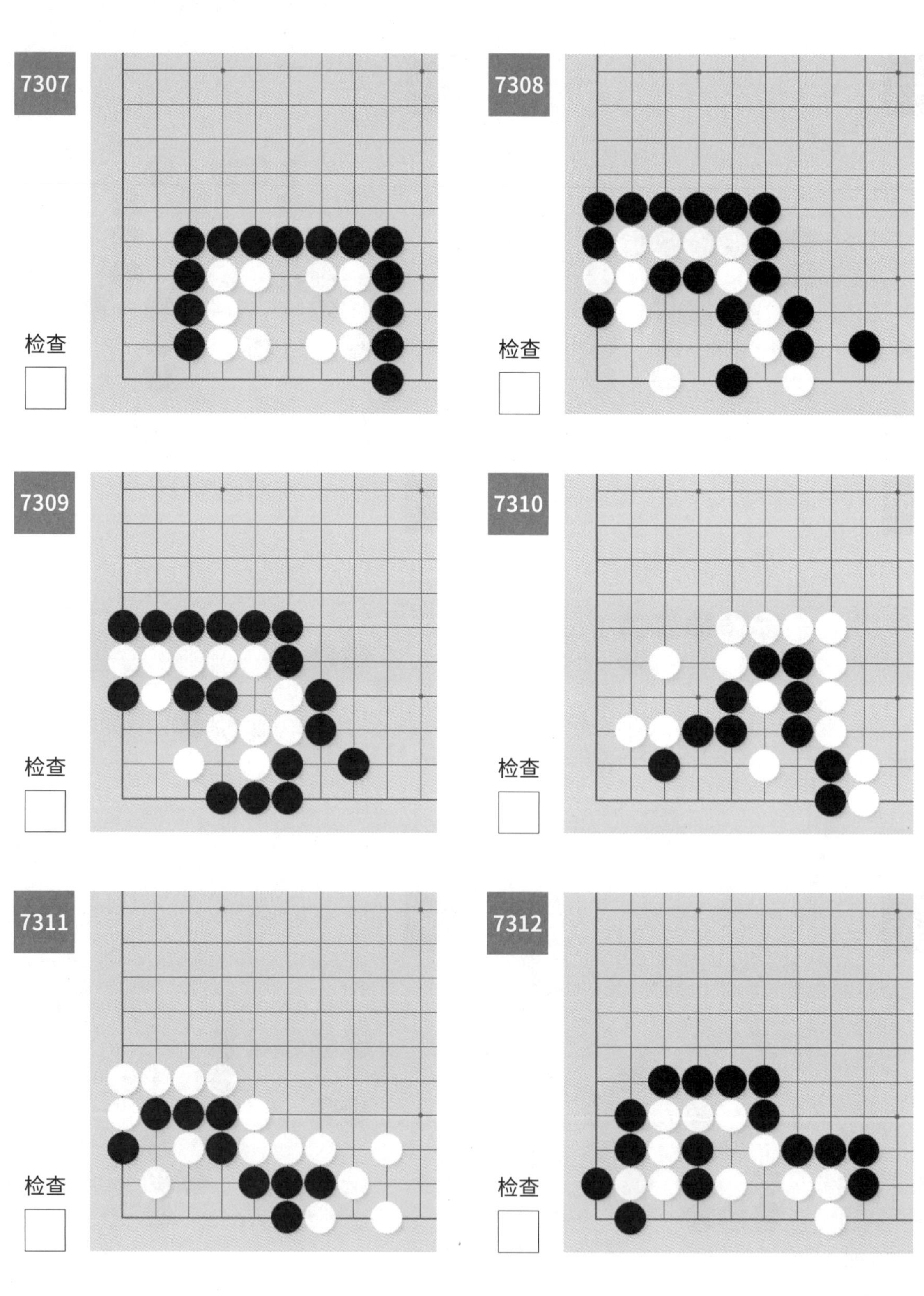
7307
检查
7308
检查
7309
检查
7310
检查
7311
检查
7312
检查

7313

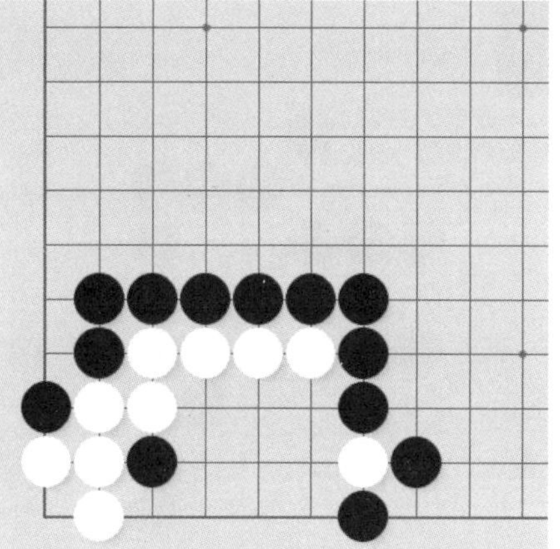

检查

7314

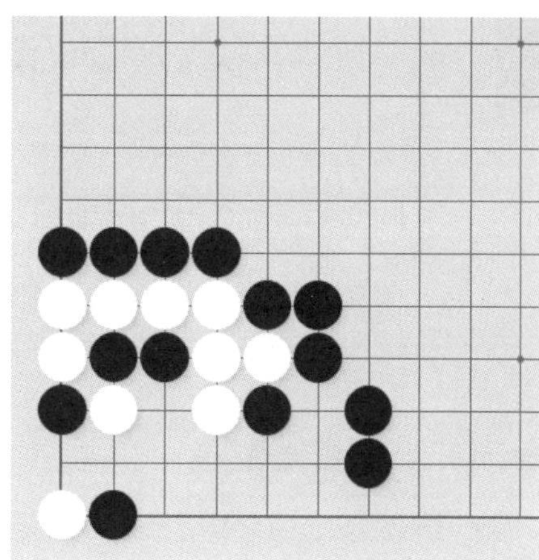

检查

7315

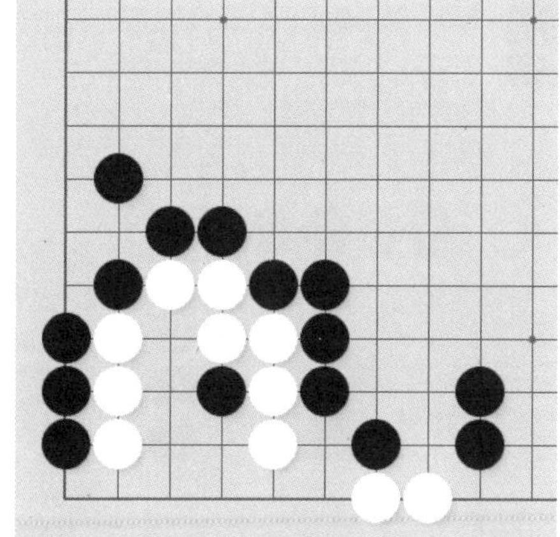

检查

7316

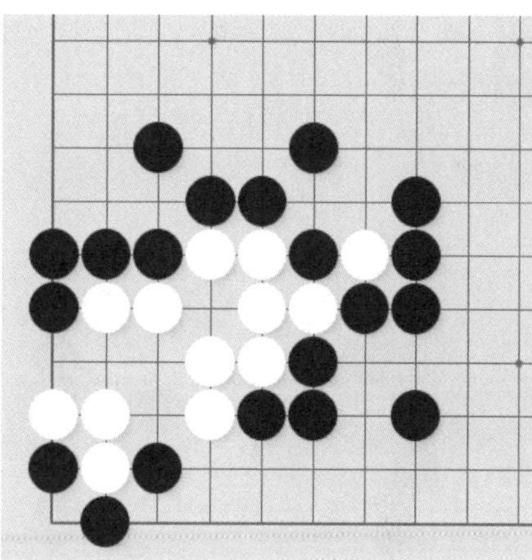

检查

7317

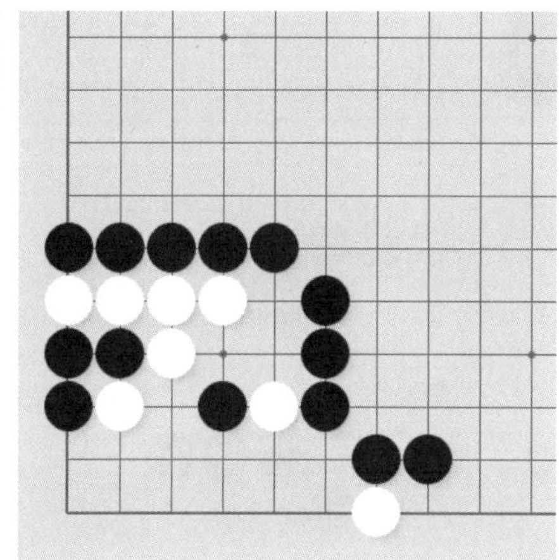

检查

7318

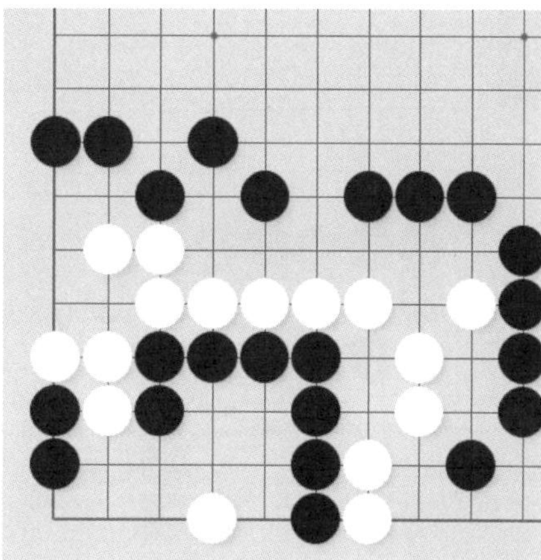

检查

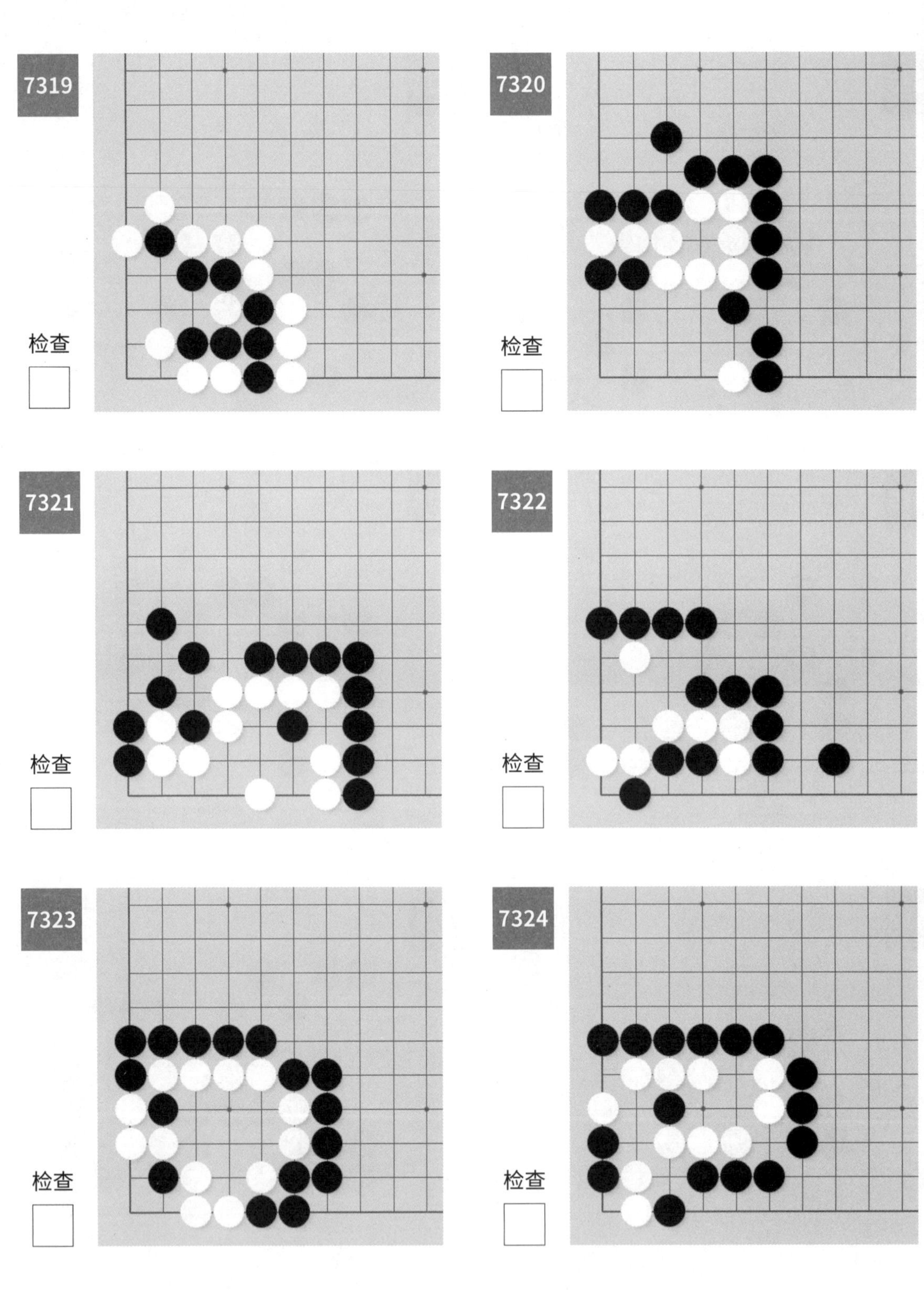
7319
检查
7320
检查
7321
检查
7322
检查
7323
检查
7324
检查

7325

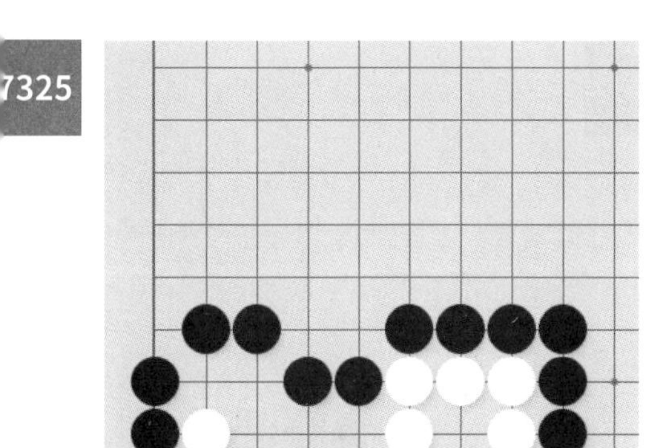

检查

7326

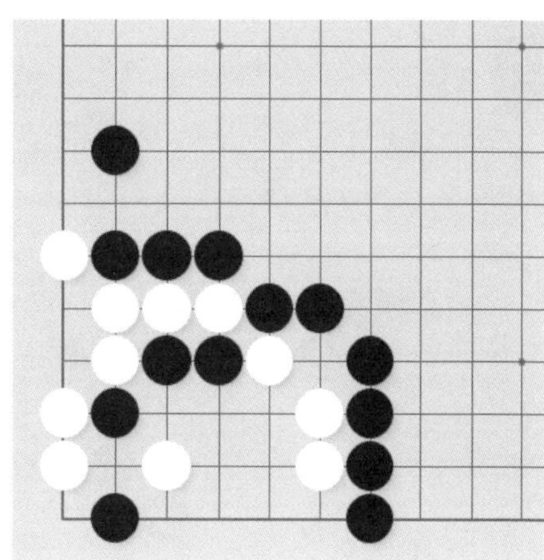

检查

7327

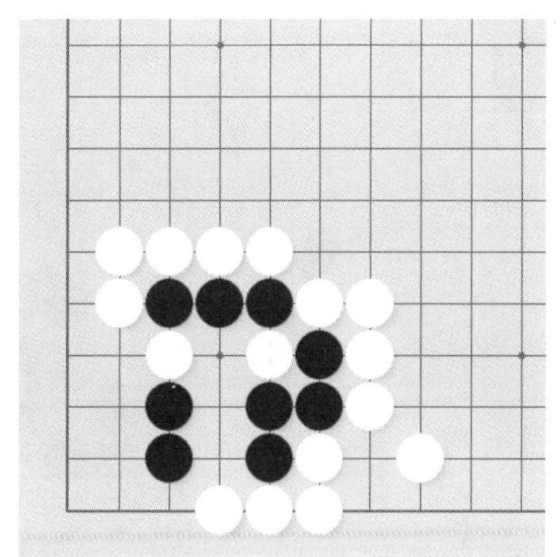

检查

7328

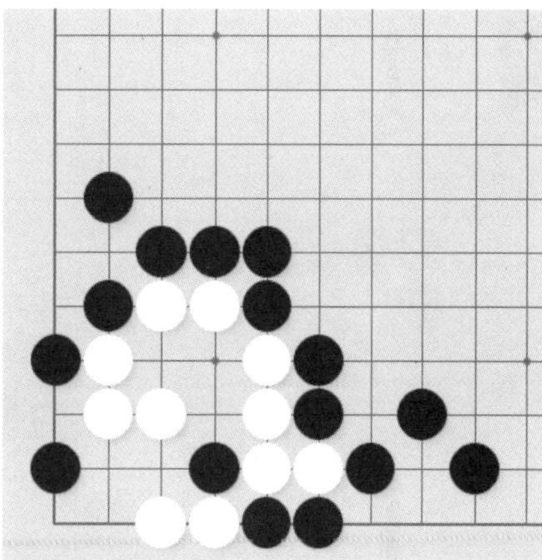

检查

7329

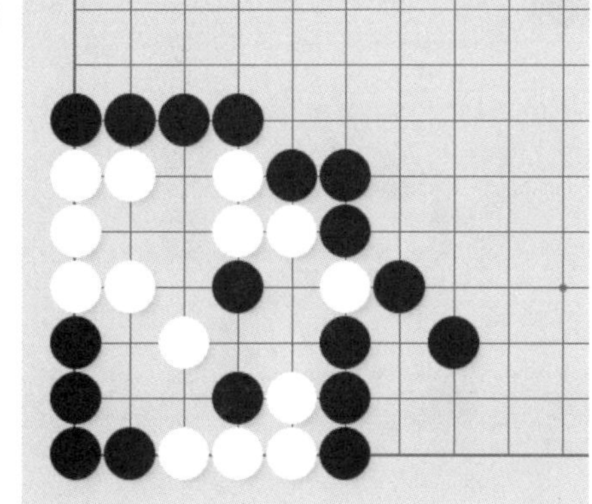

检查

7330

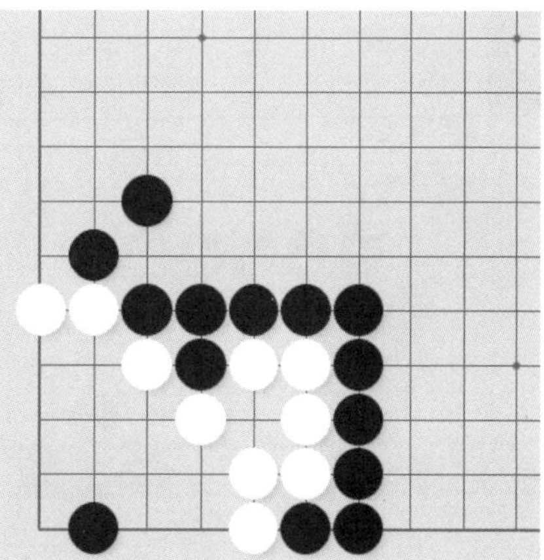

检查

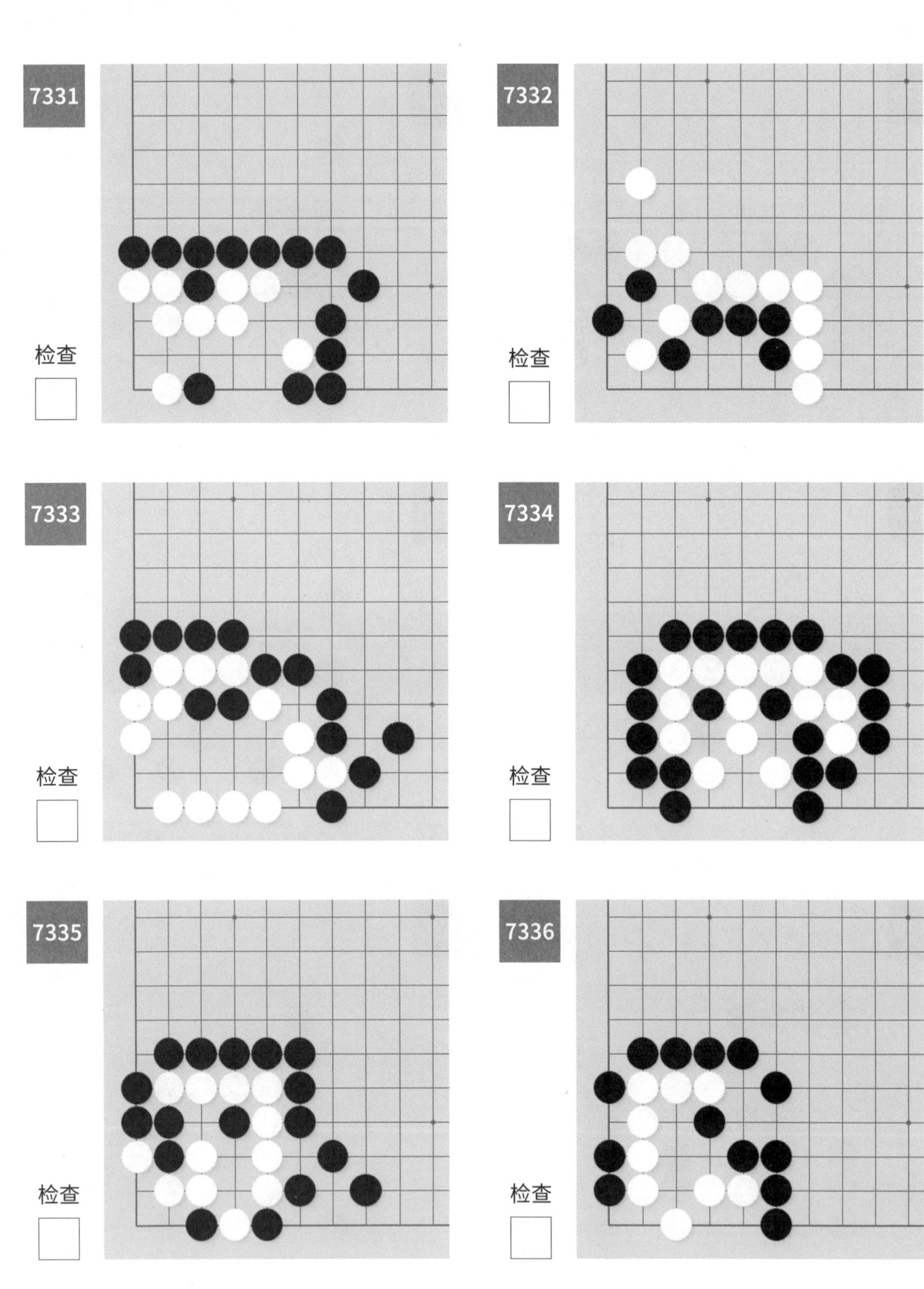
7331
检查
7332
检查
7333
检查
7334
检查
7335
检查
7336
检查

7337

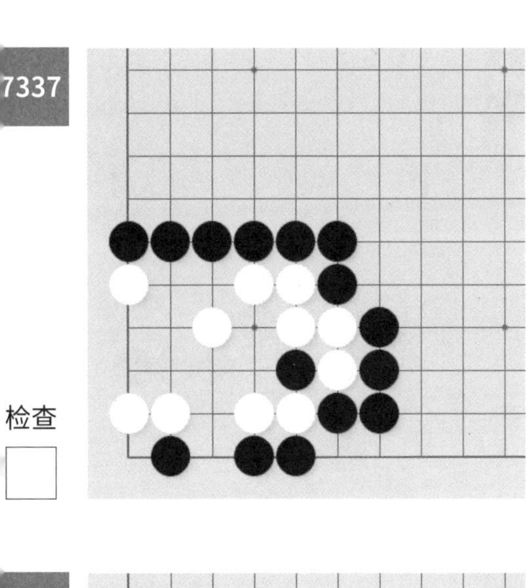

检查 □

7338

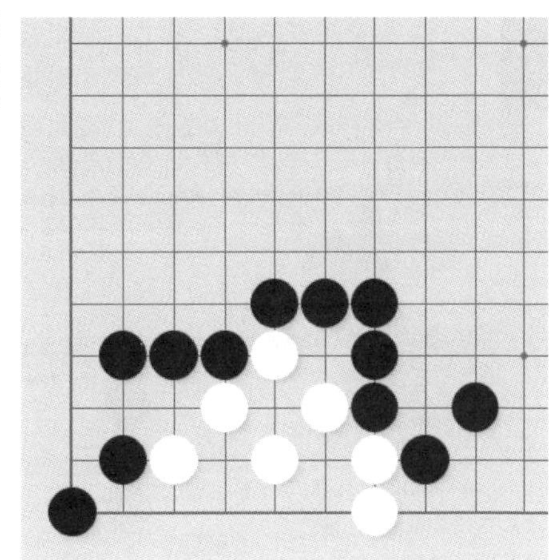

检查 □

7339

检查 □

7340

检查 □

7341

检查 □

7342

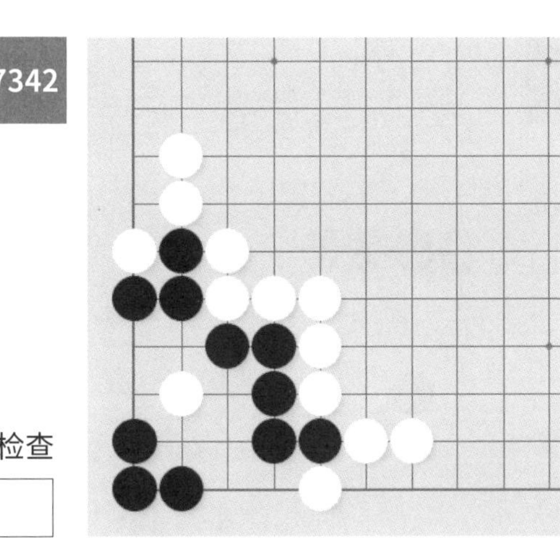

检查 □

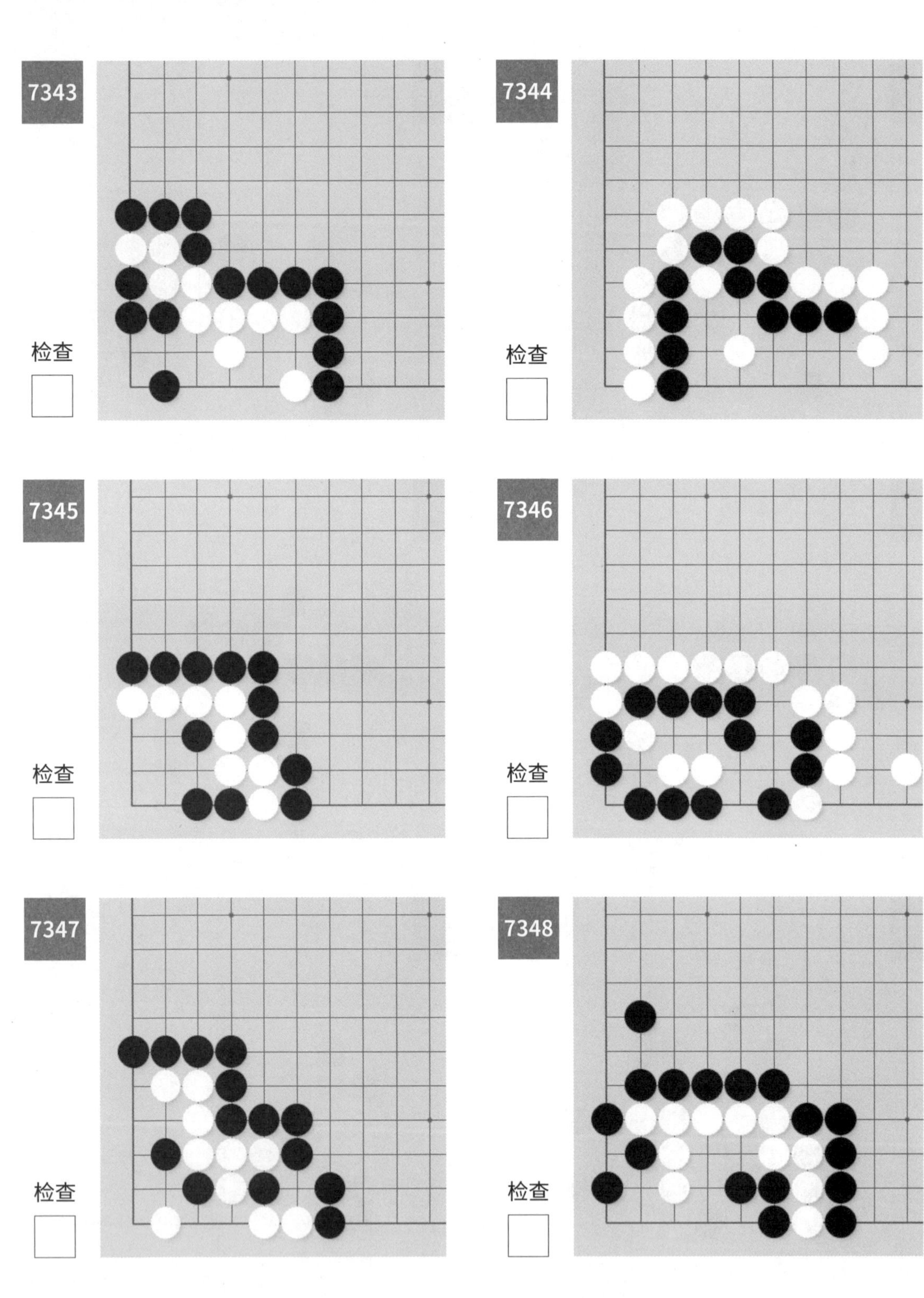
7343
检查
7344
检查
7345
检查
7346
检查
7347
检查
7348
检查

7349

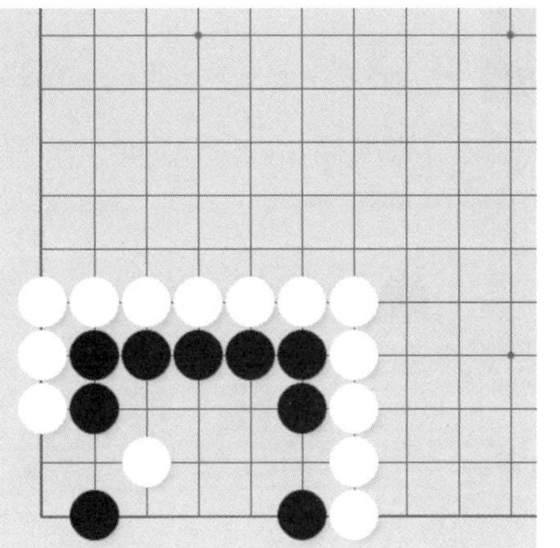

检查

7350

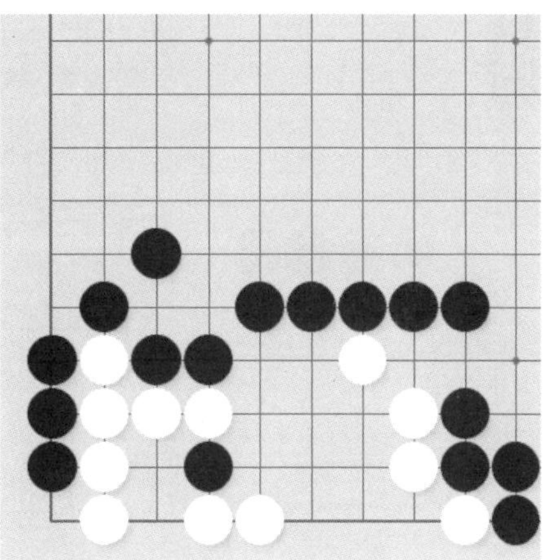

检查

7351

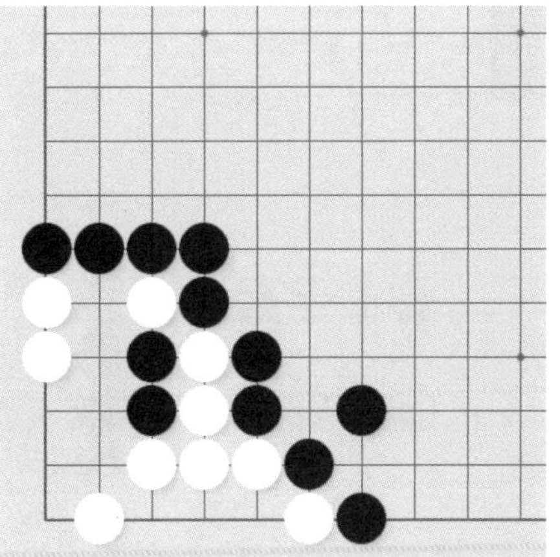

检查

7352

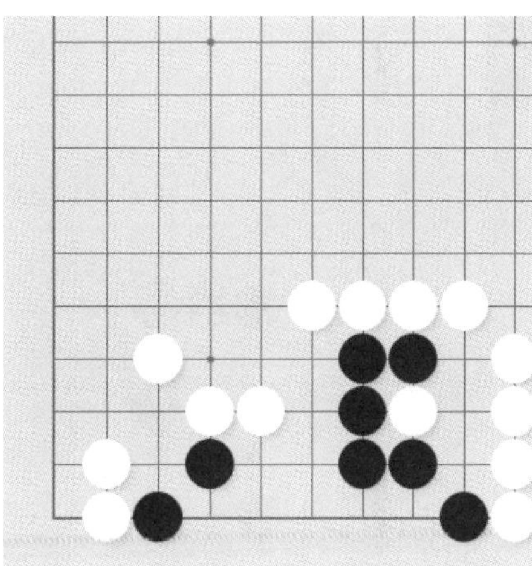

检查

7353

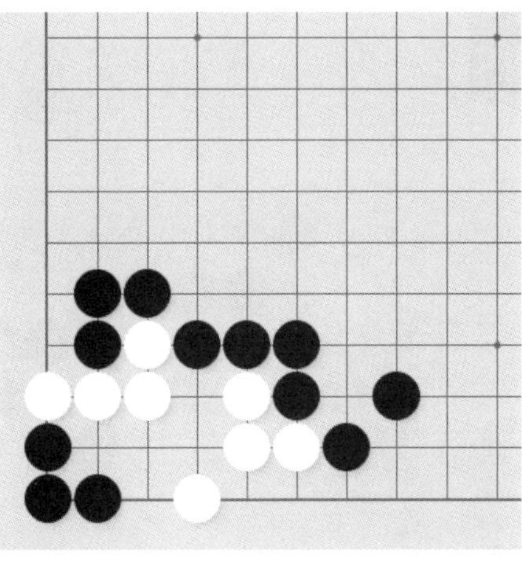

检查

7354

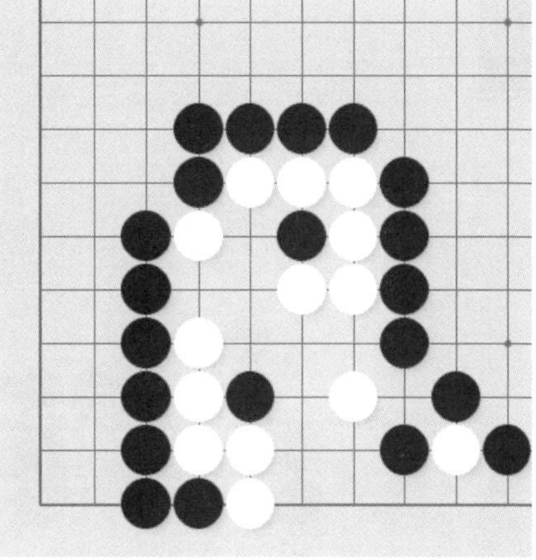

检查

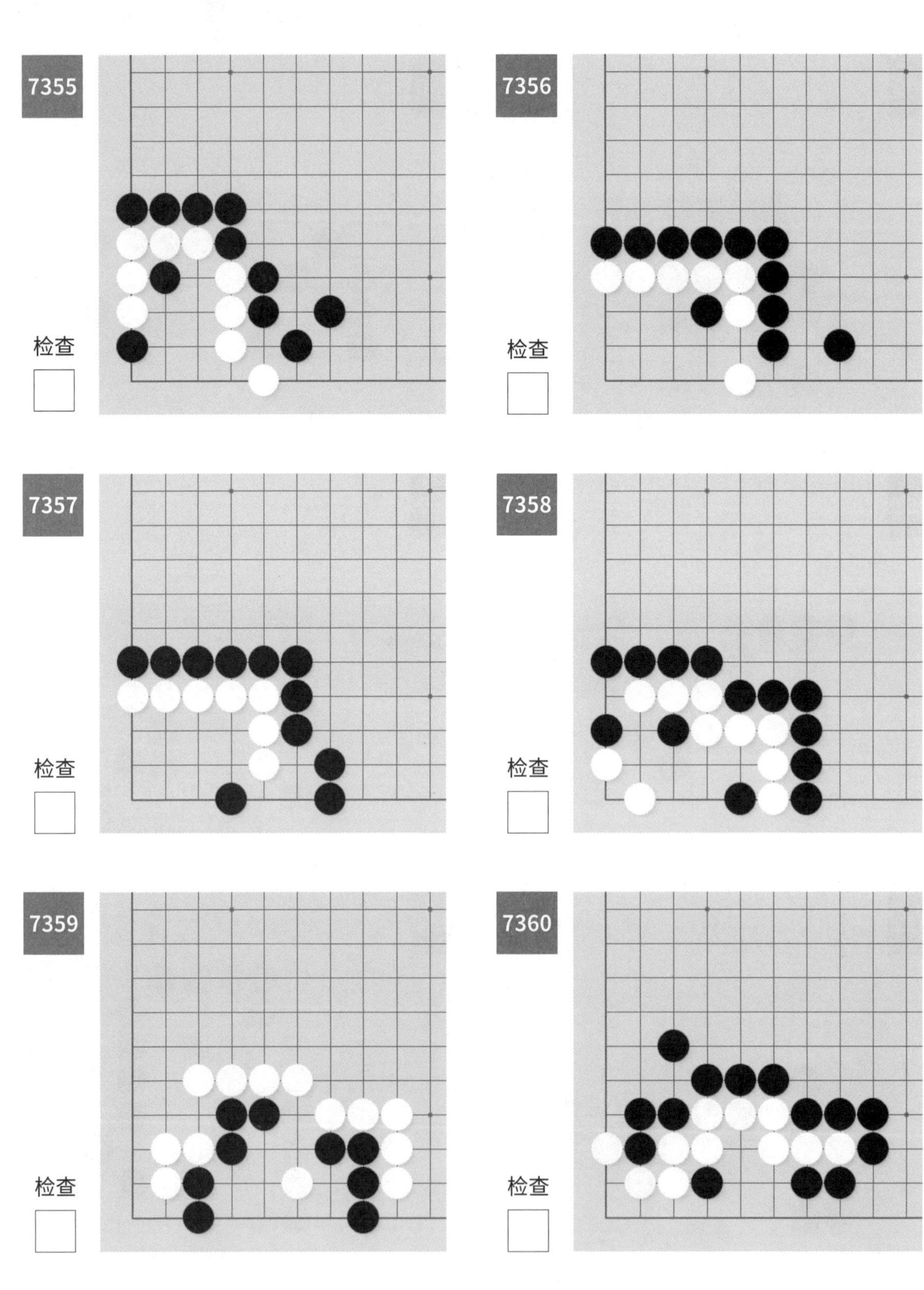
7355
检查
7356
检查
7357
检查
7358
检查
7359
检查
7360
检查

7361

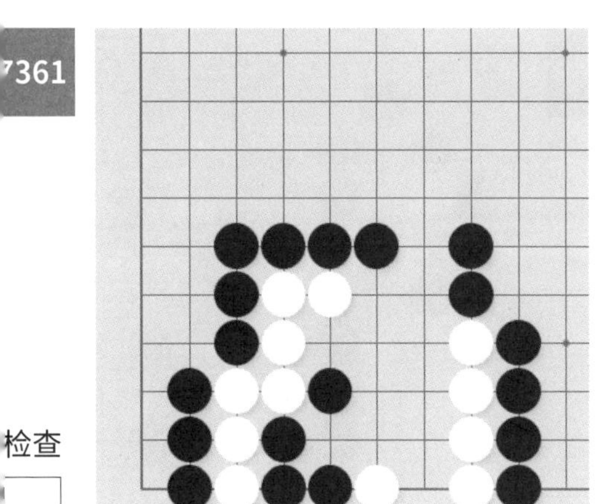

检查

7362

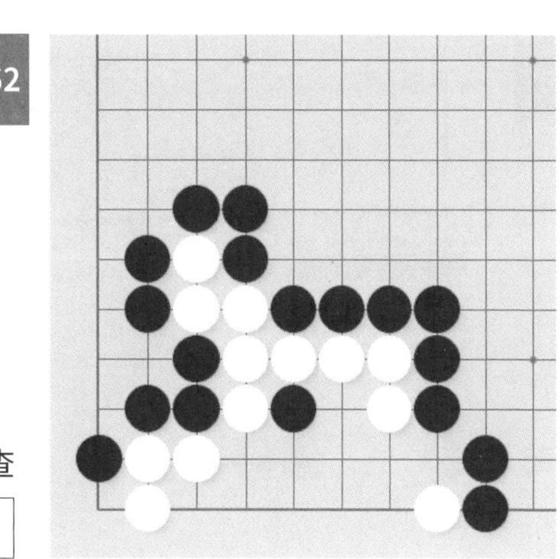

检查

7363

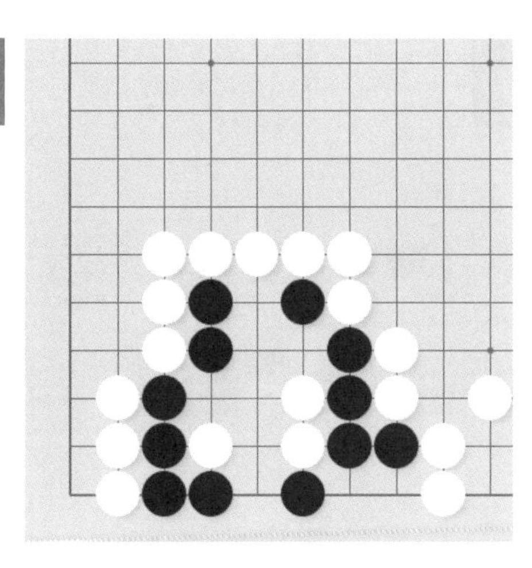

检查

7364

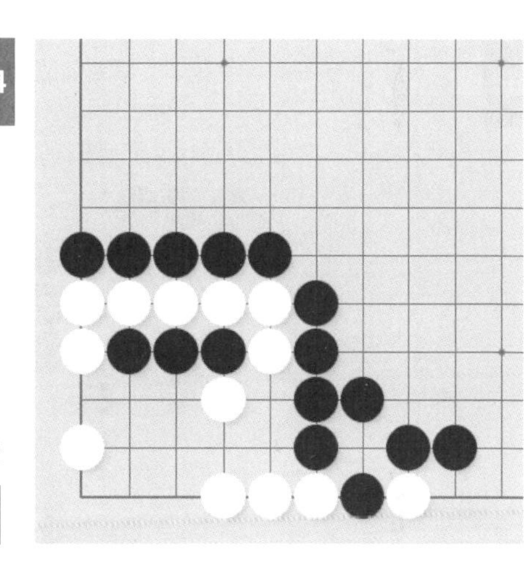

检查

7365

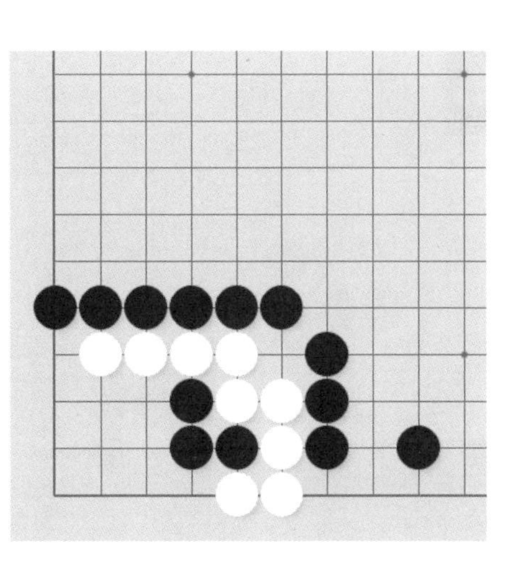

检查

7366

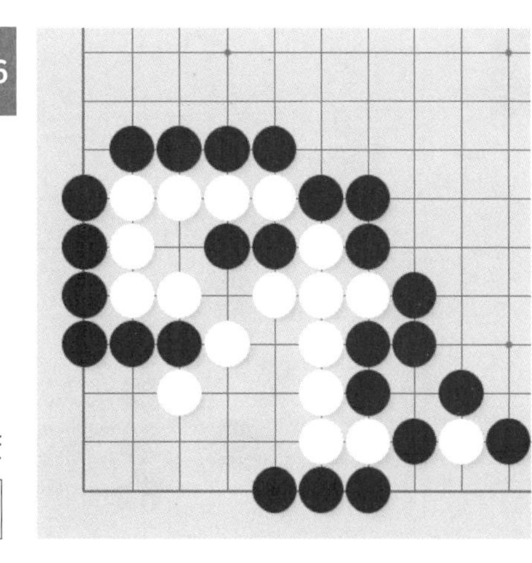

检查

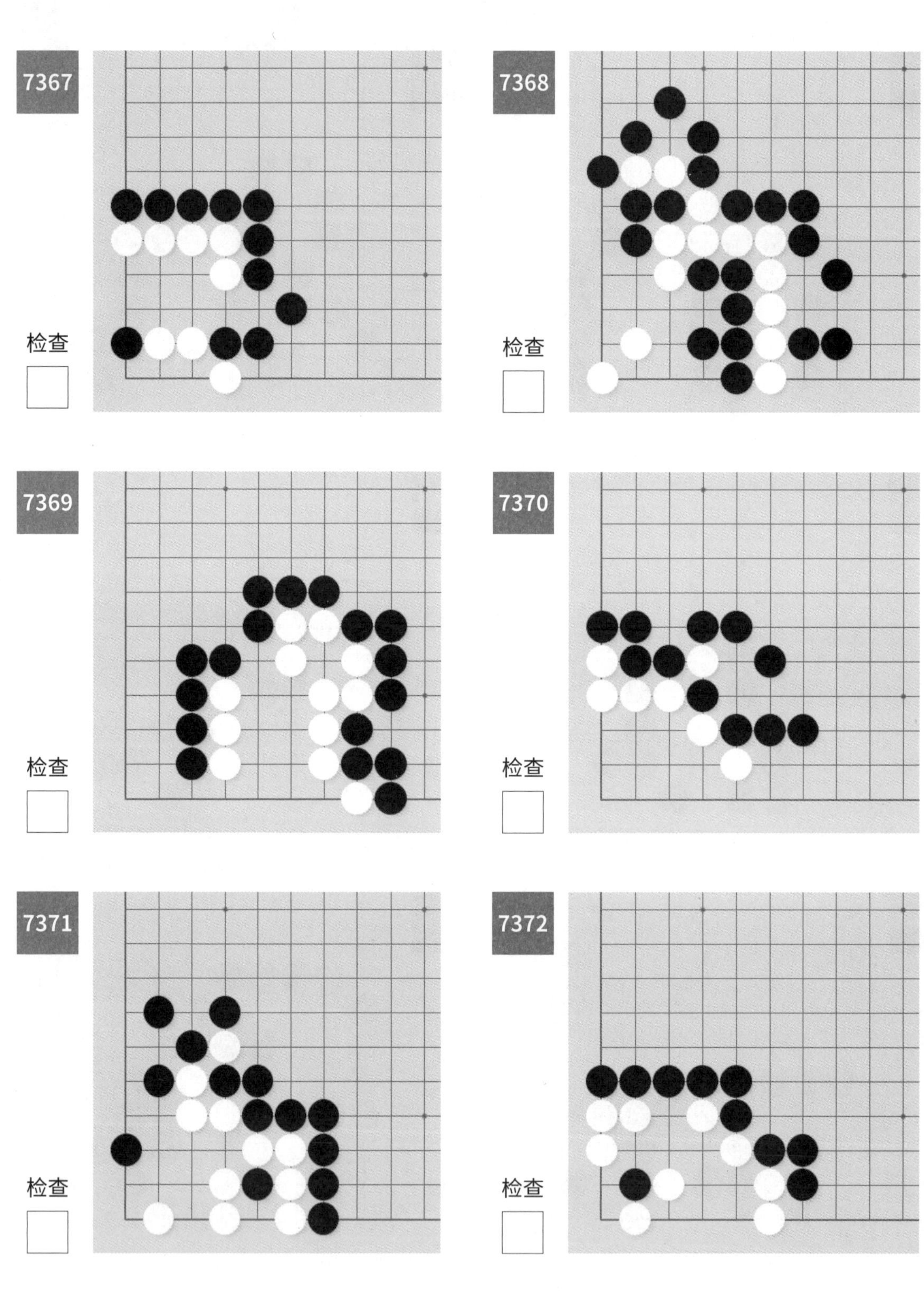
7367
检查
7368
检查
7369
检查
7370
检查
7371
检查
7372
检查

7373

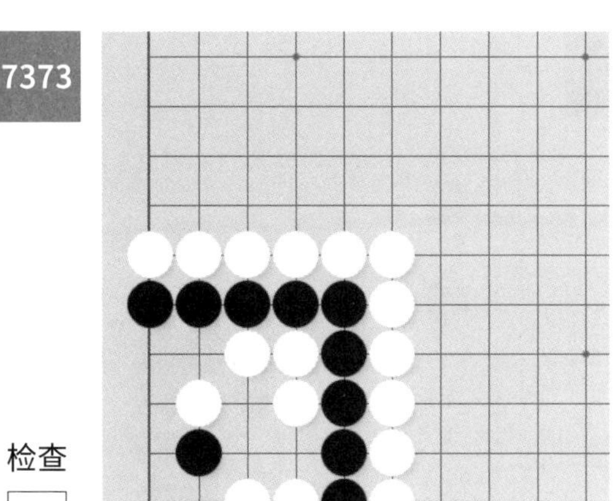

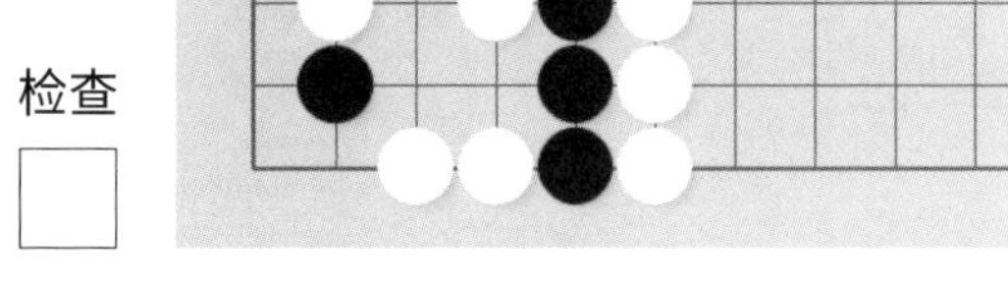

检查 □

7374

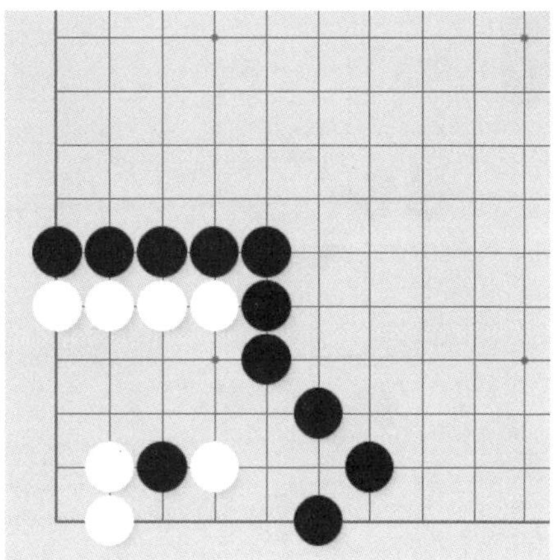

检查 □

7375

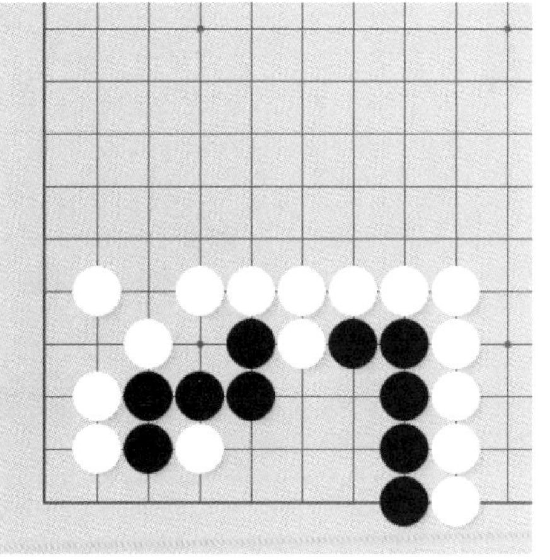

检查 □

7376

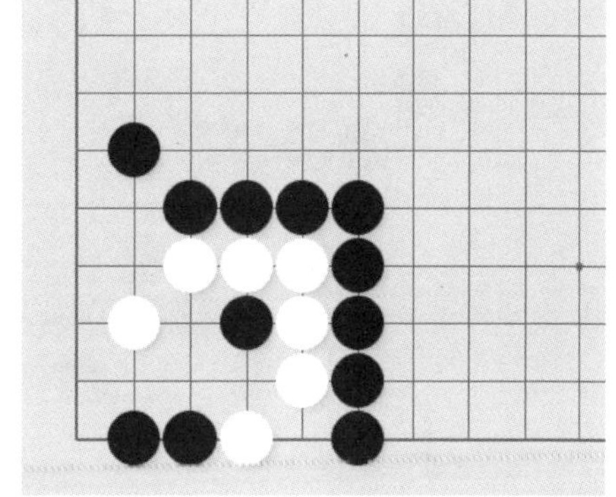

检查 □

7377

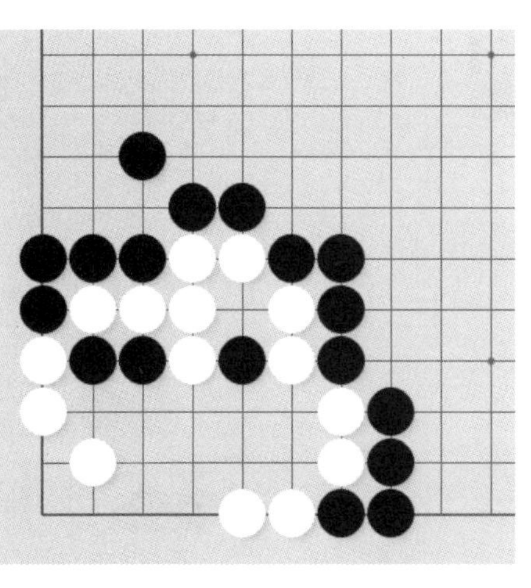

检查 □

7378

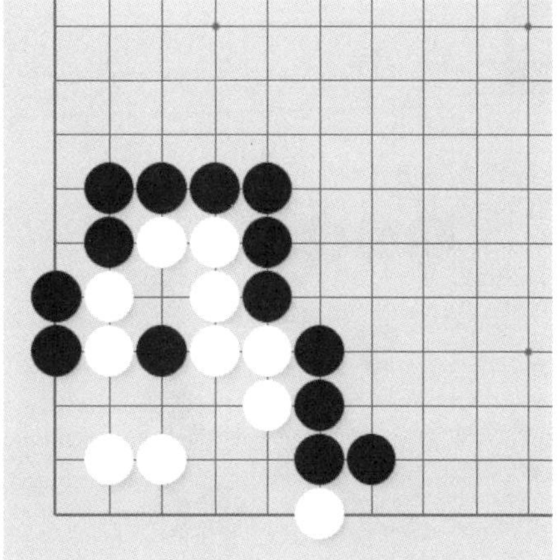

检查 □

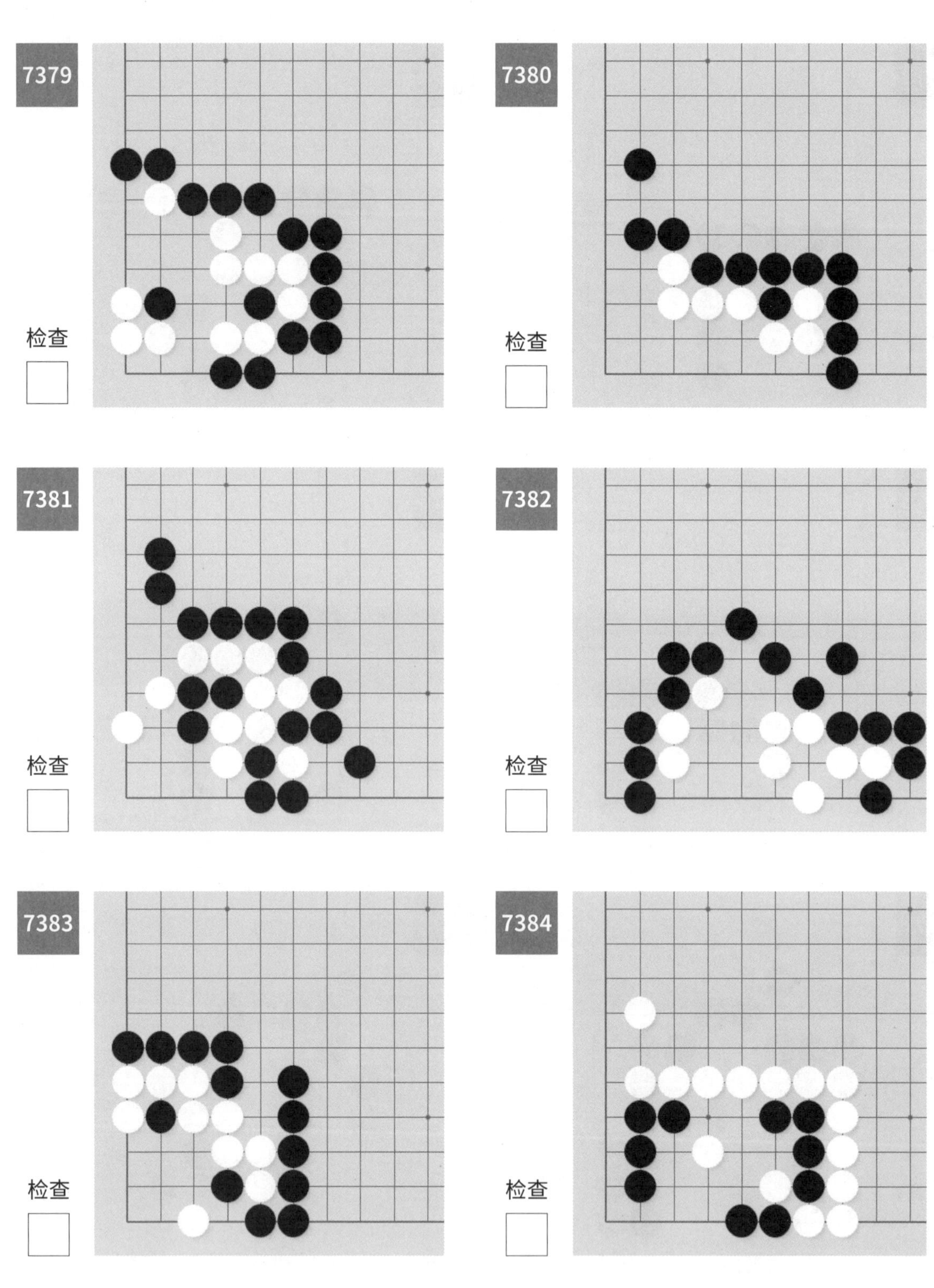
7379
检查
7380
检查
7381
检查
7382
检查
7383
检查
7384
检查

7385

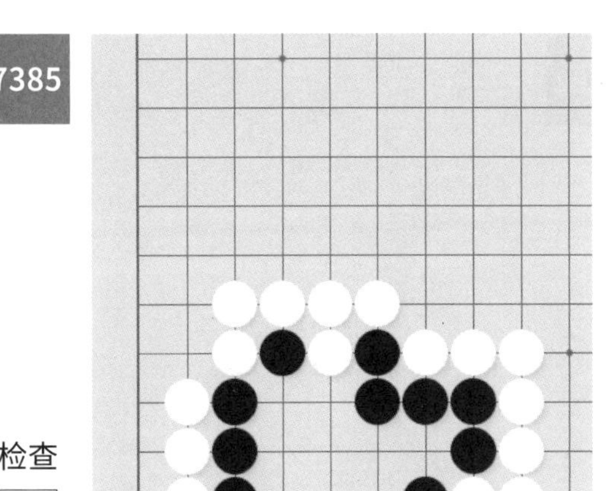

检查

7386

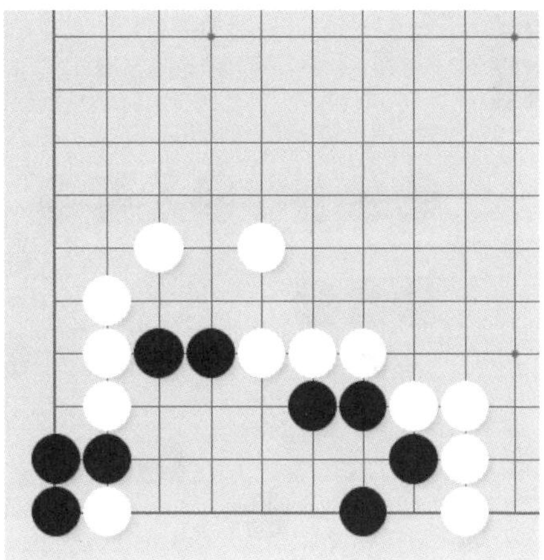

检查

7387

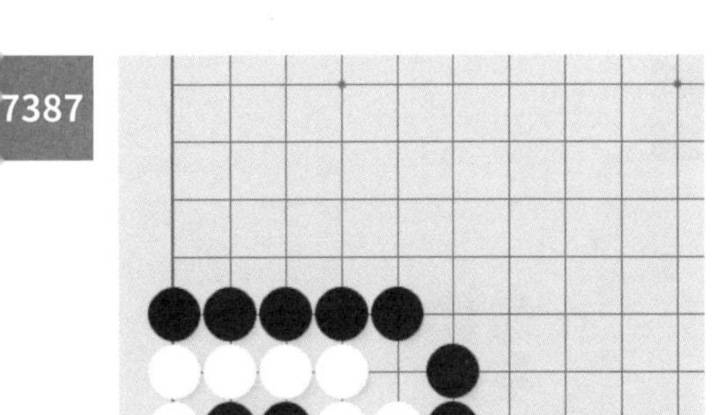

检查

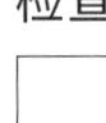

7388

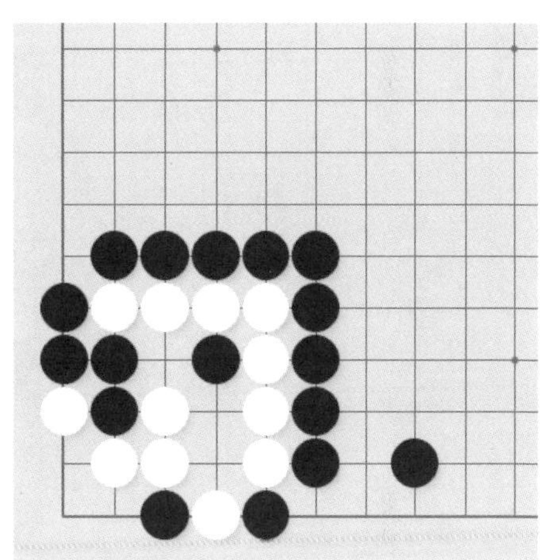

检查

7389

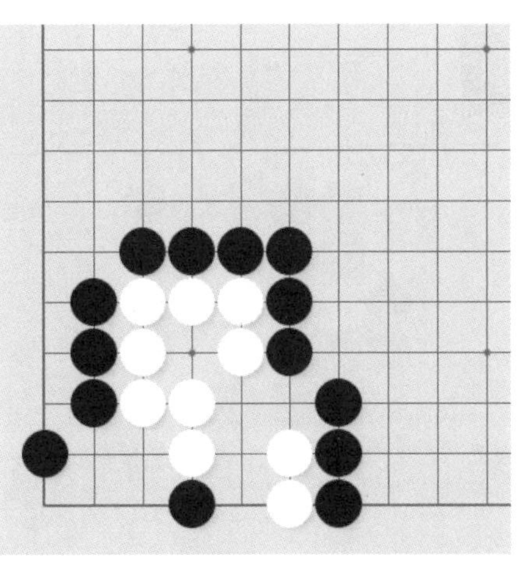

检查

7390

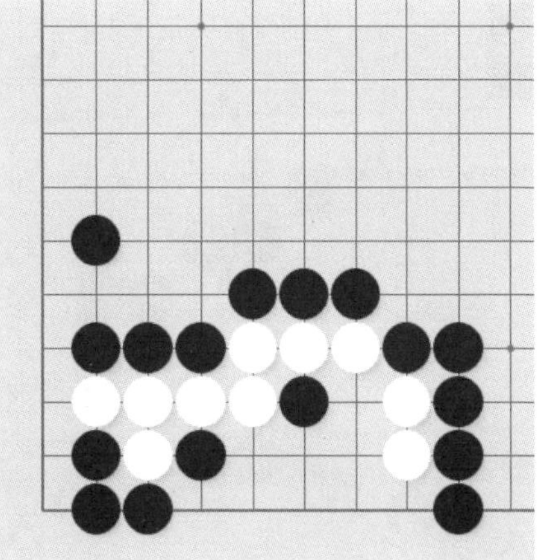

检查

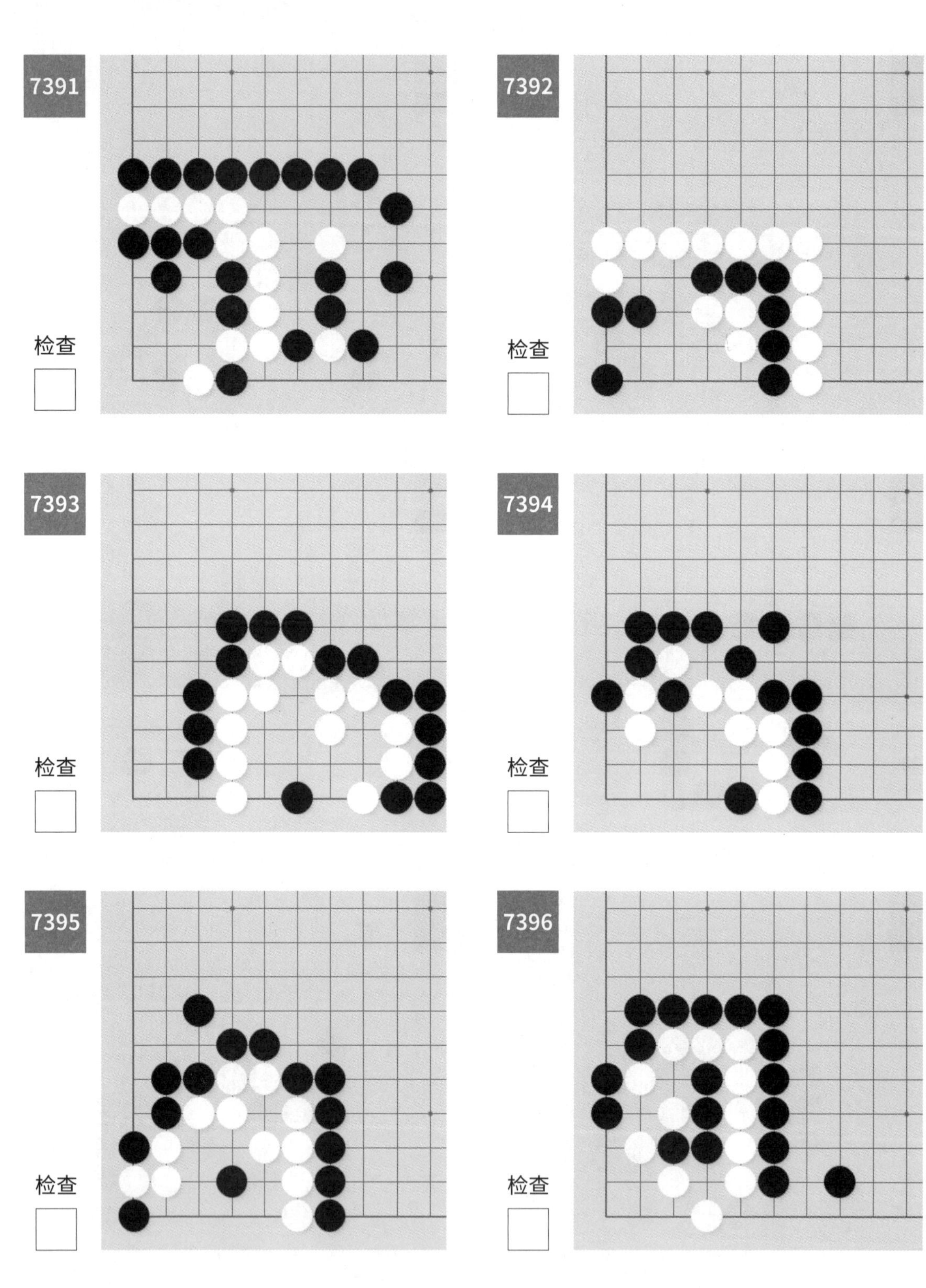
7391
检查
7392
检查
7393
检查
7394
检查
7395
检查
7396
检查

7397

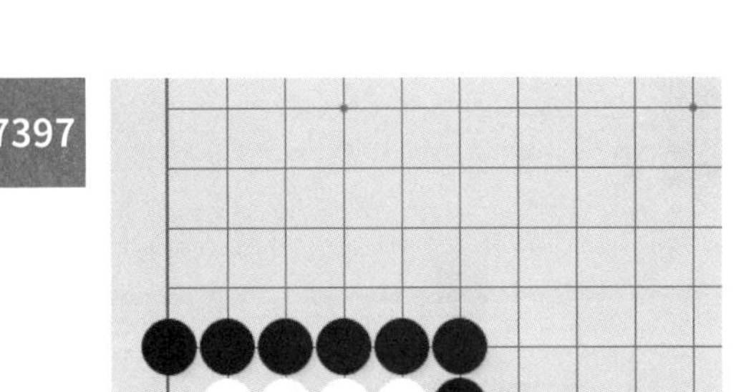
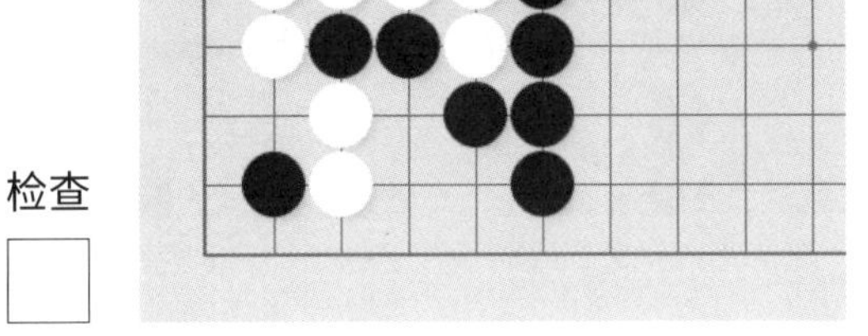

检查

7398

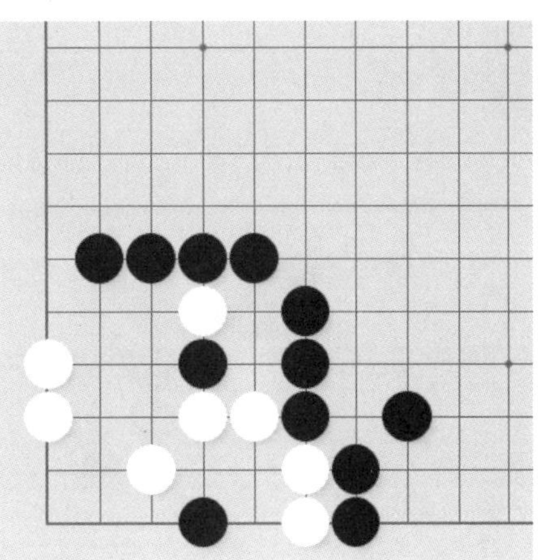

检查

7399

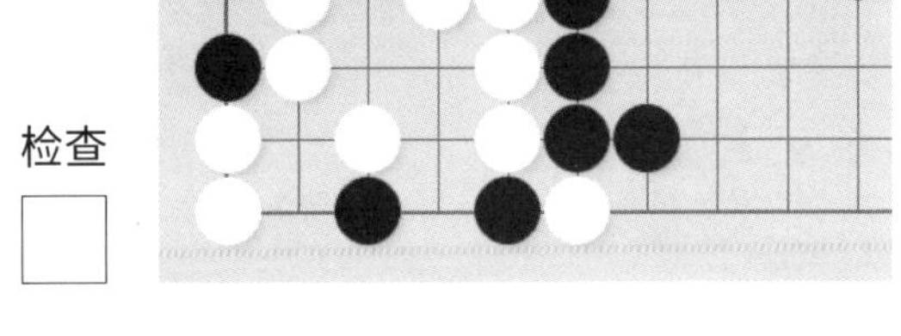

检查

7400

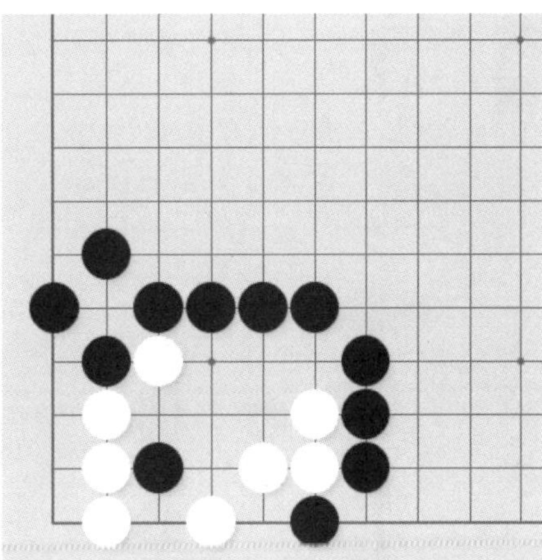

检查

7401

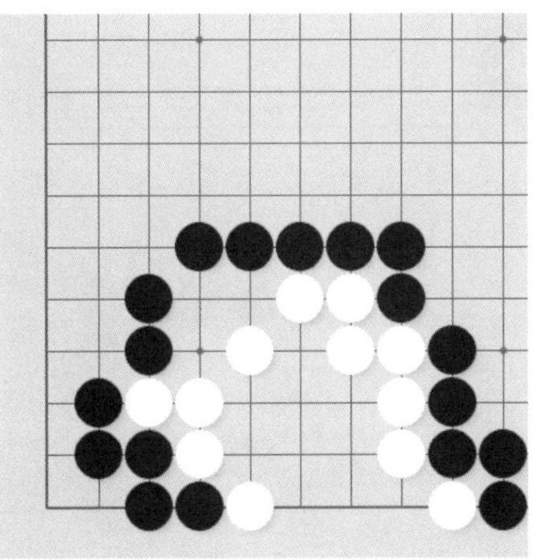

检查

7402

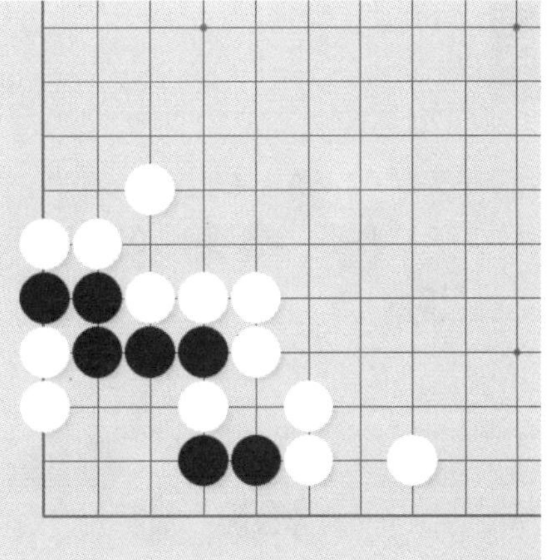

检查

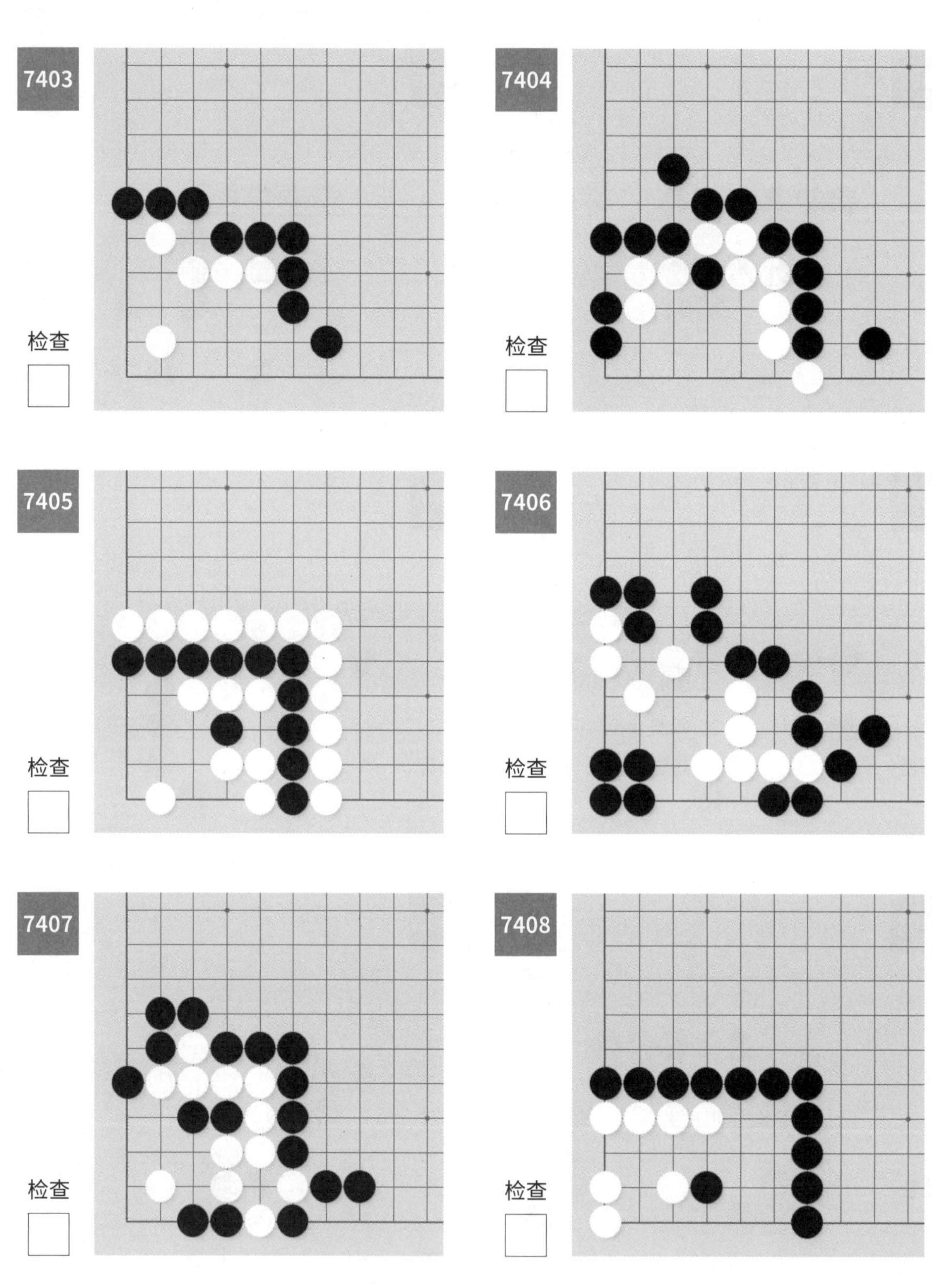
7403
检查
7404
检查
7405
检查
7406
检查
7407
检查
7408
检查

7409

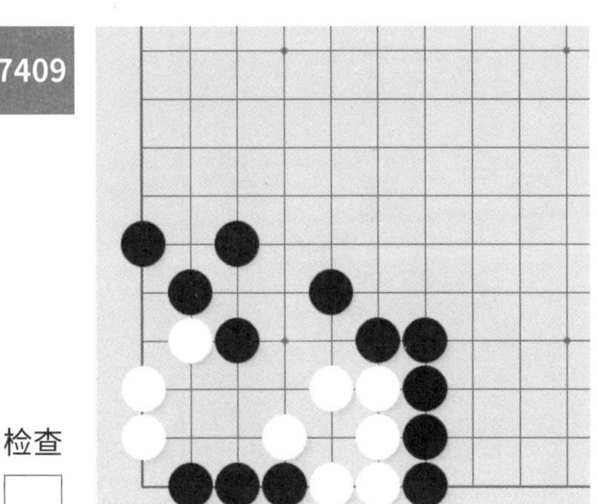

检查

7410

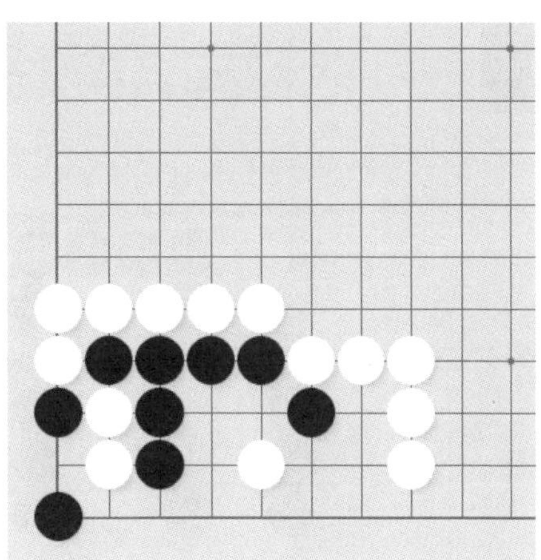

检查

7411

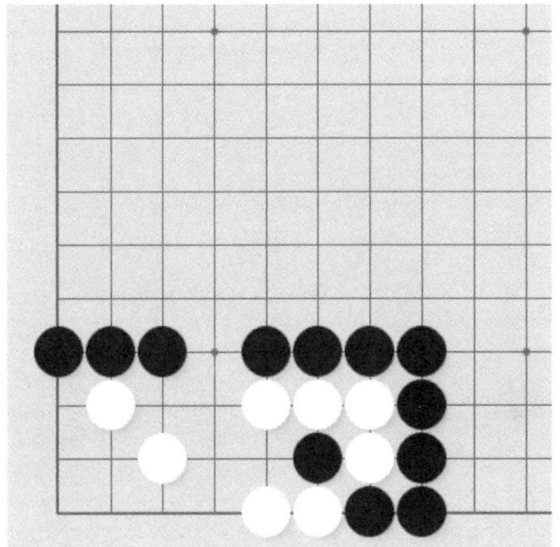

检查

7412

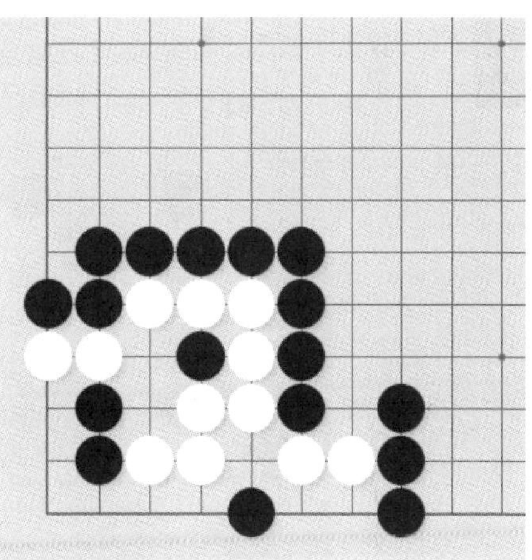

检查

7413

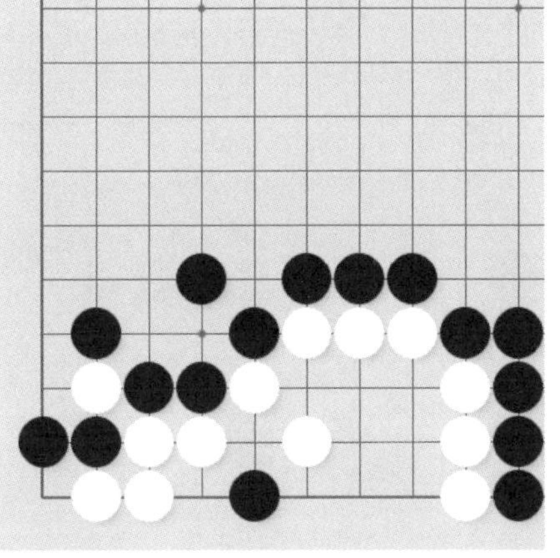

检查

7414

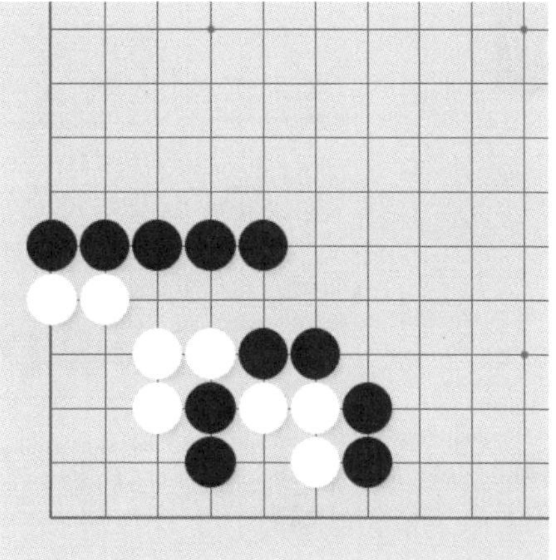

检查

7415

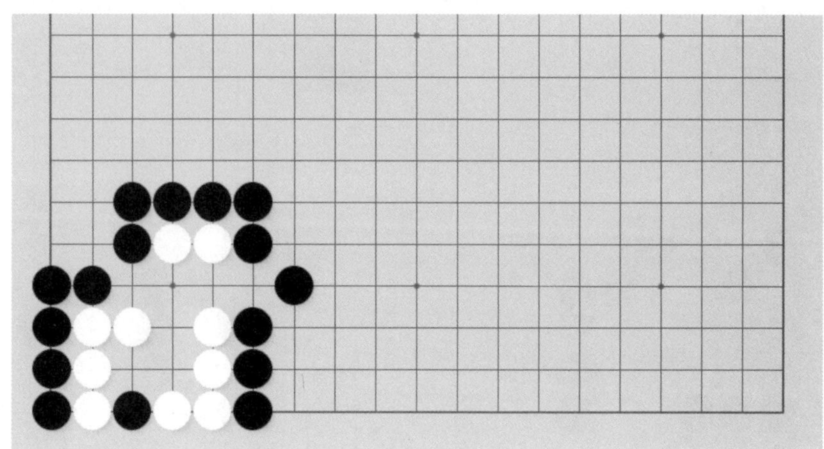

检查

7416

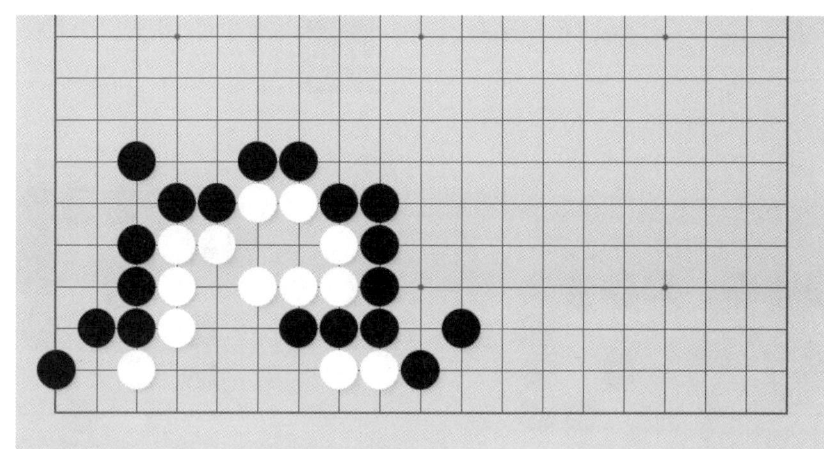

检查

7417

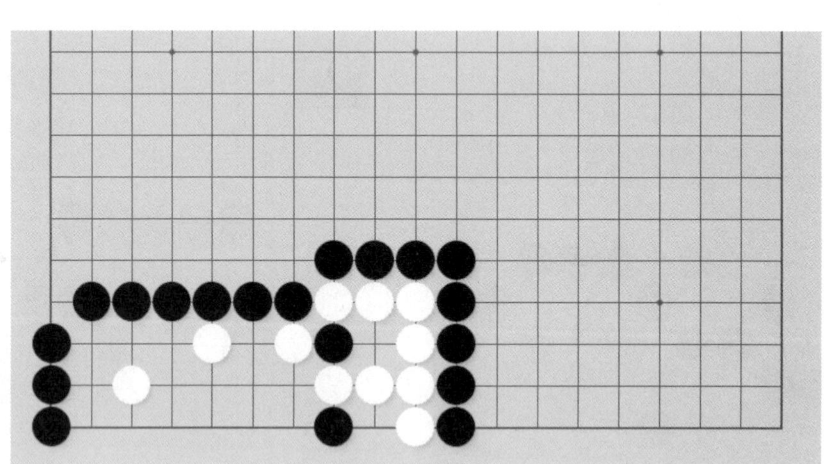

检查

7418

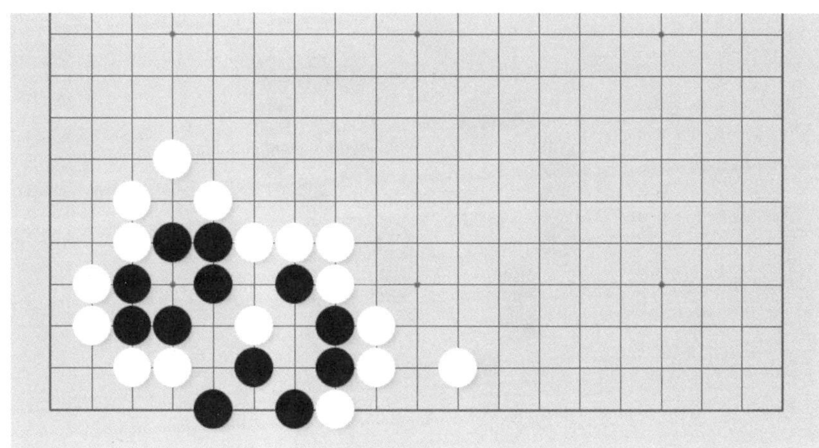

检查 □

7419

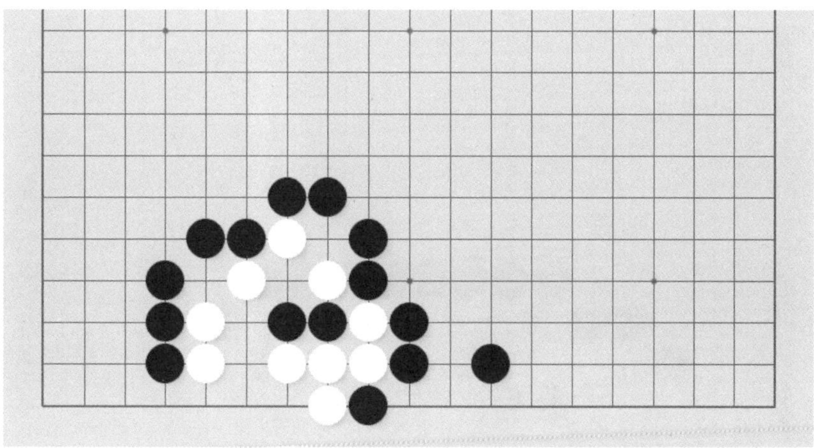

检查 □

7420

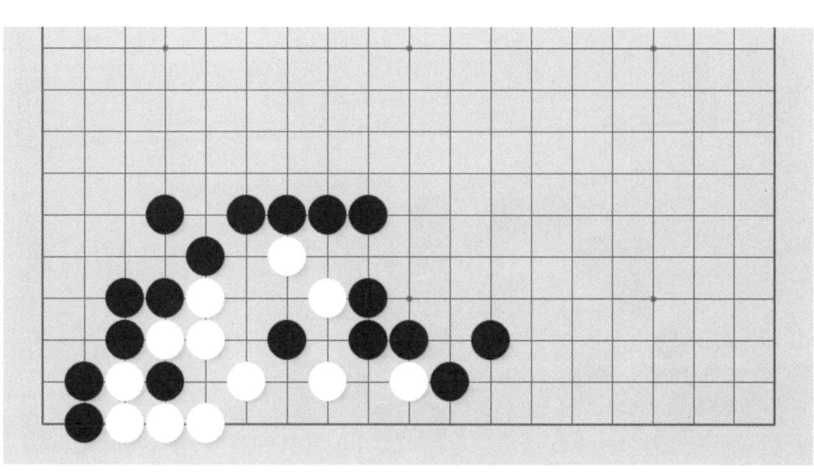

检查 □

7421

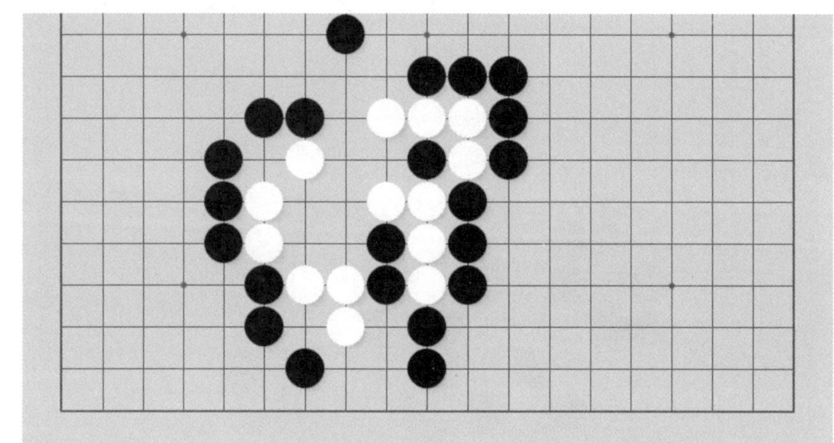

检查

7422

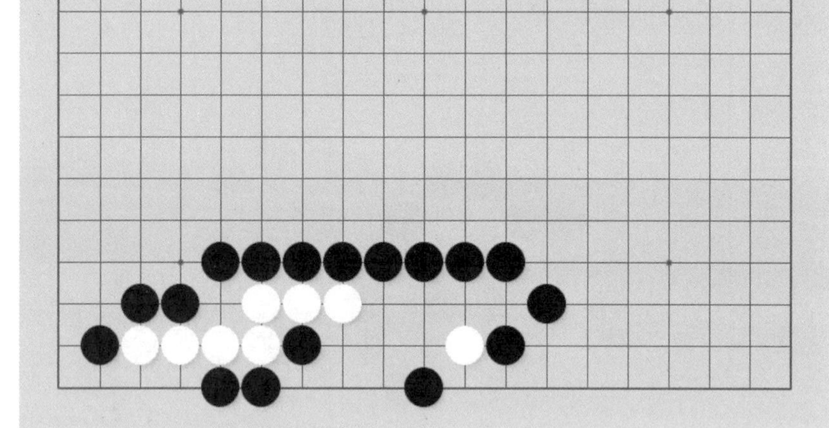

检查

7423

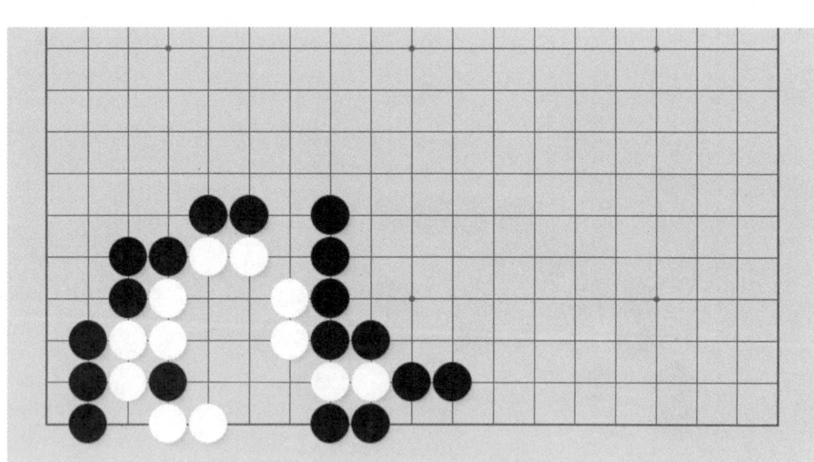

检查

424

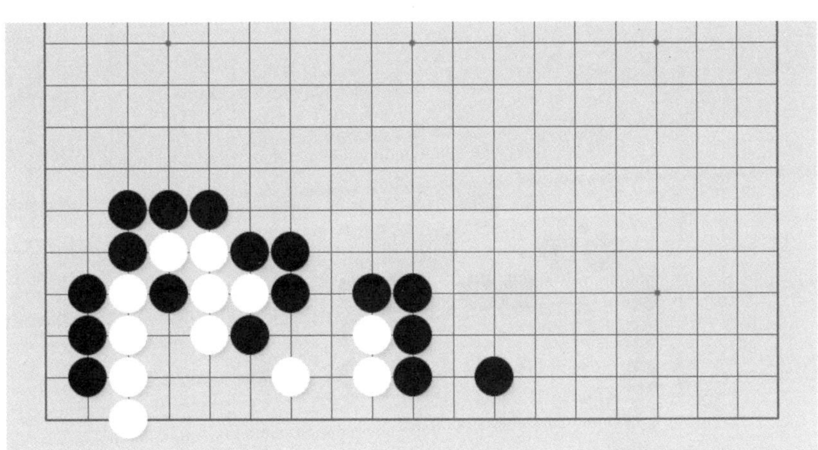

检查

425

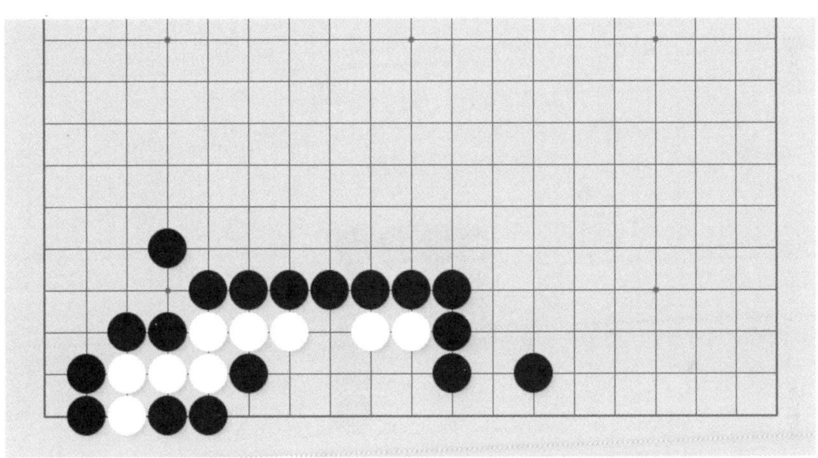

检查

426

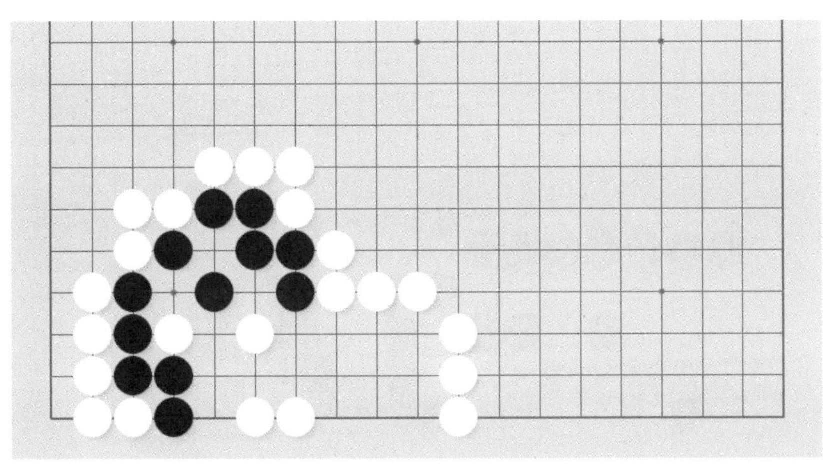

检查

7427

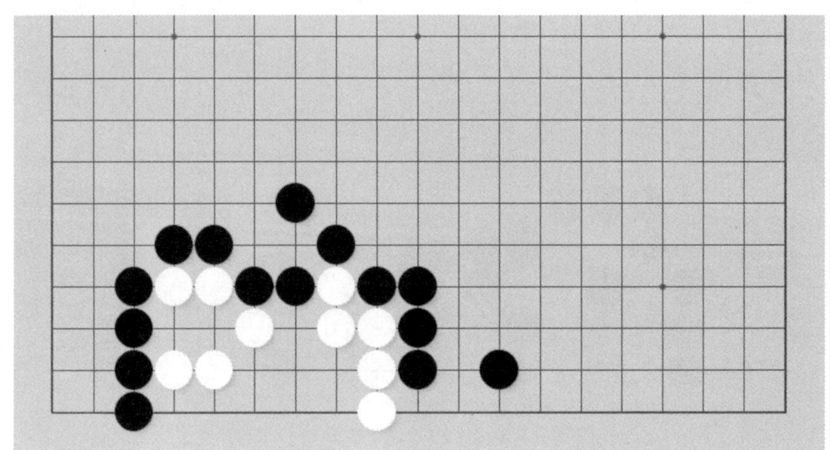

检查 □

7428

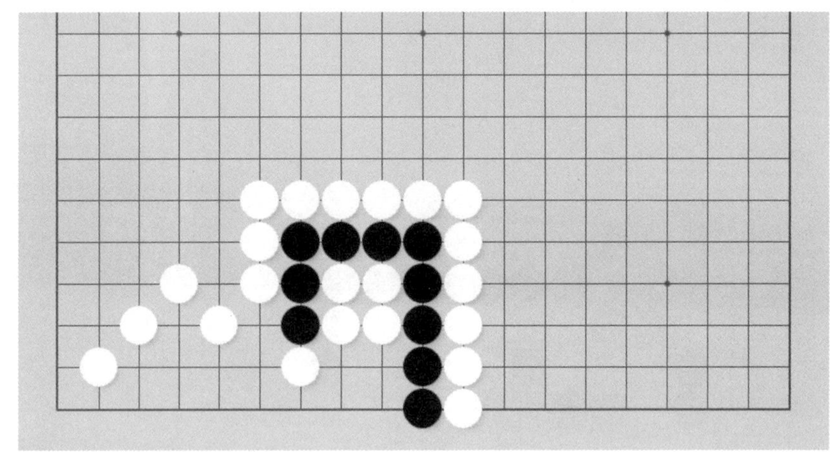

检查 □

7429

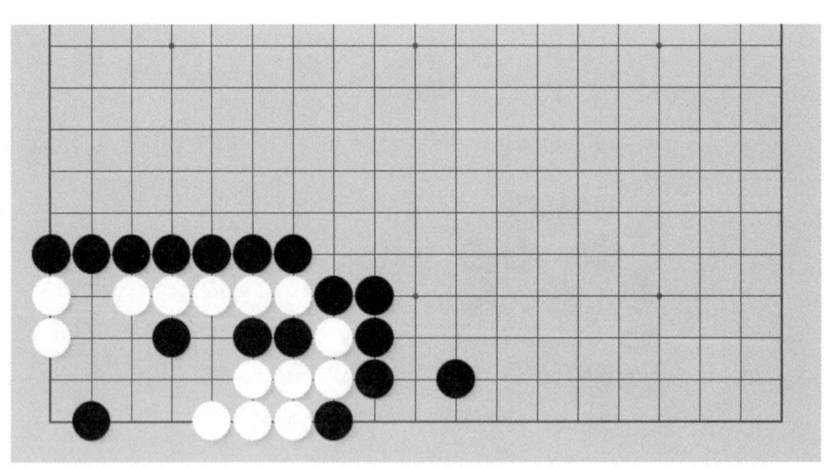

检查 □

7430

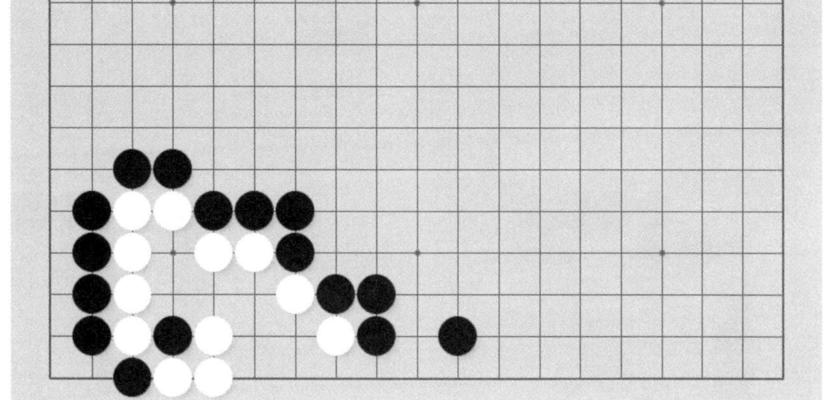

检查

对诘棋的比喻

我听过各式各样对诘棋的比喻，其中印象最深刻的是石博郁郎九段，他将诘棋比喻成盘上的推理小说：出庭的被告（比喻问题）若是罪状清晰，则应判定为有罪（比喻死棋或劫）；若是罪状无据，则无罪（比喻活棋）。这样的论点深受在大学就读法律系的我所喜爱。

——陈禧

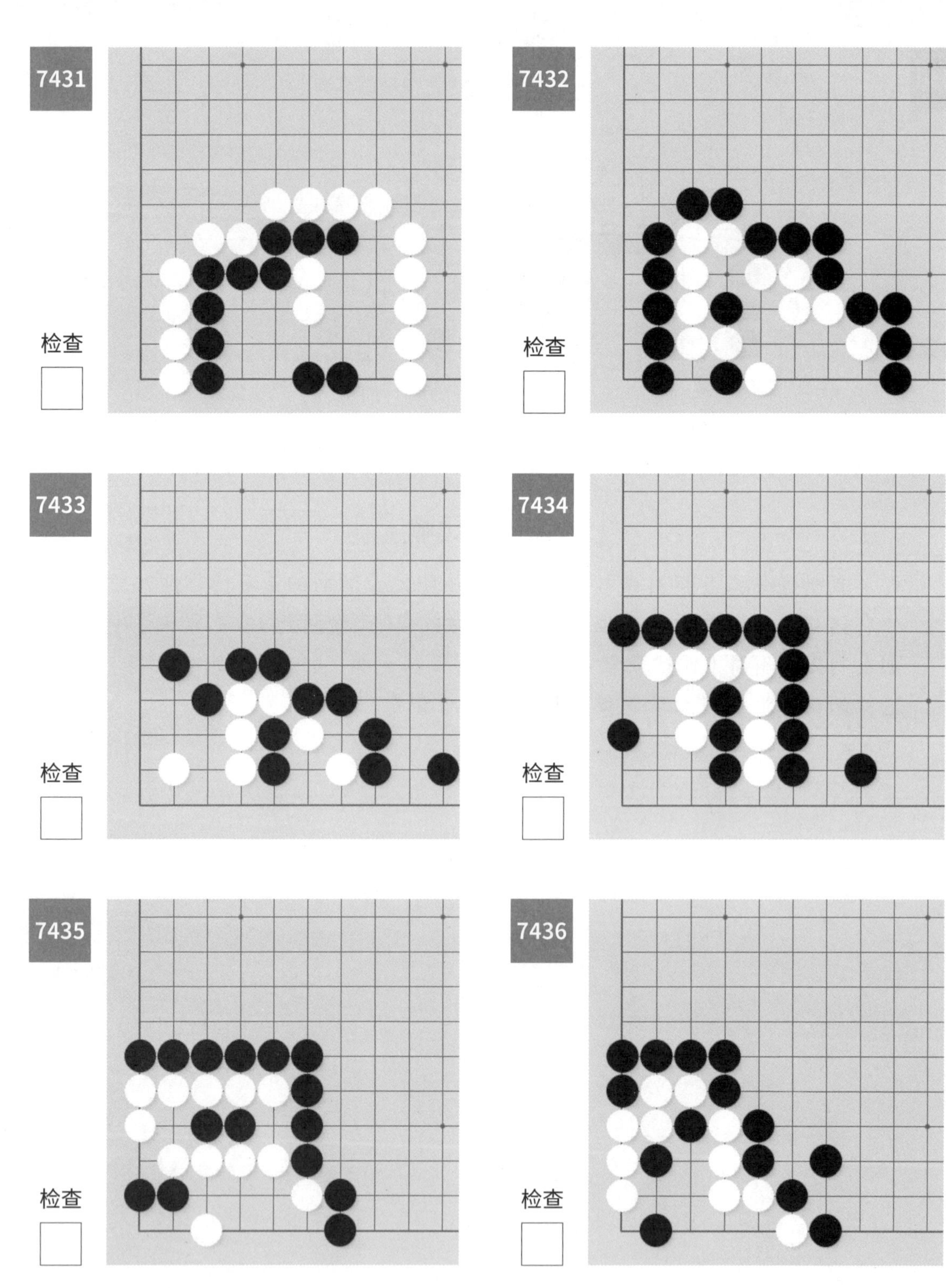
7431
检查
7432
检查
7433
检查
7434
检查
7435
检查
7436
检查

7437

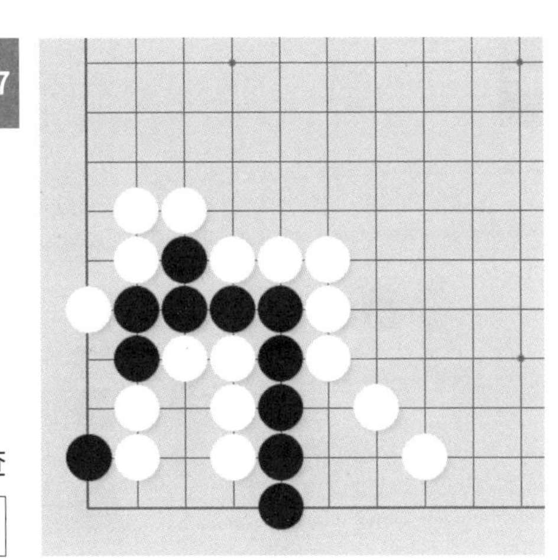

检查

7438

检查

7439

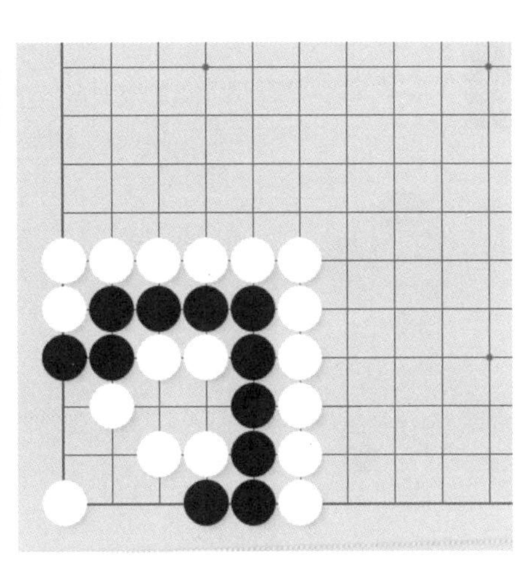

检查

7440

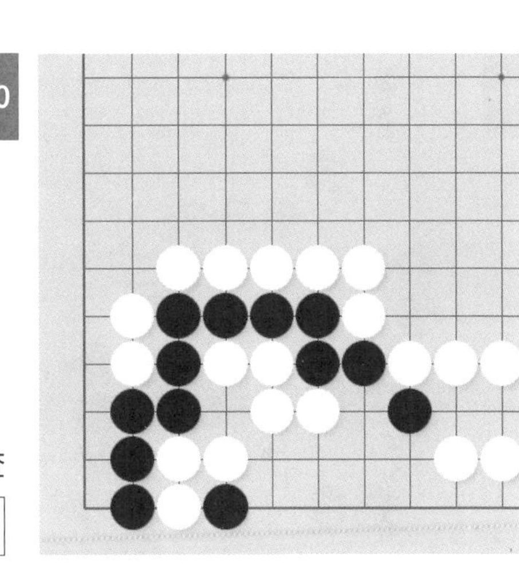

检查

7441

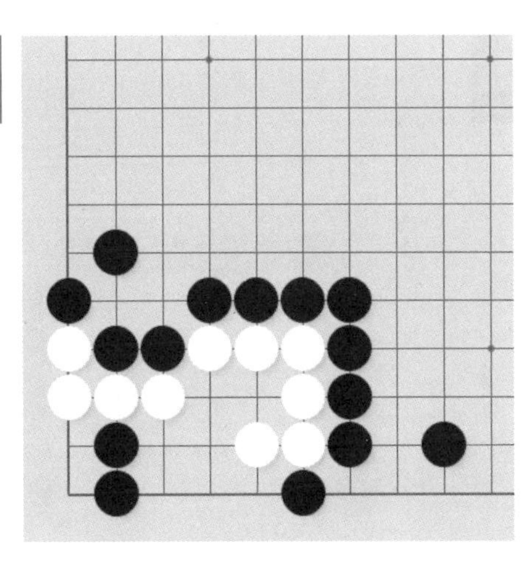

检查

7442

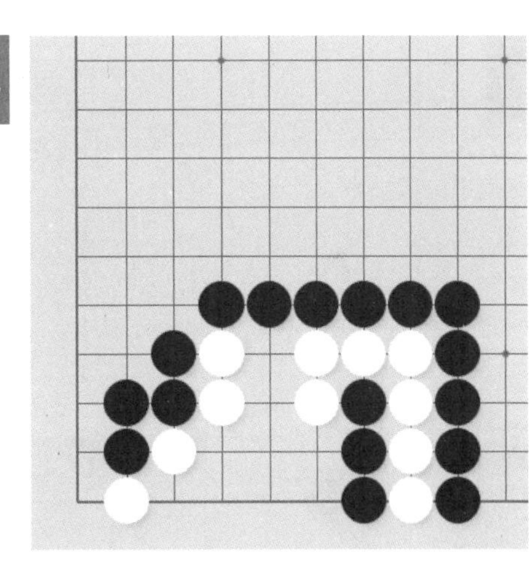

检查

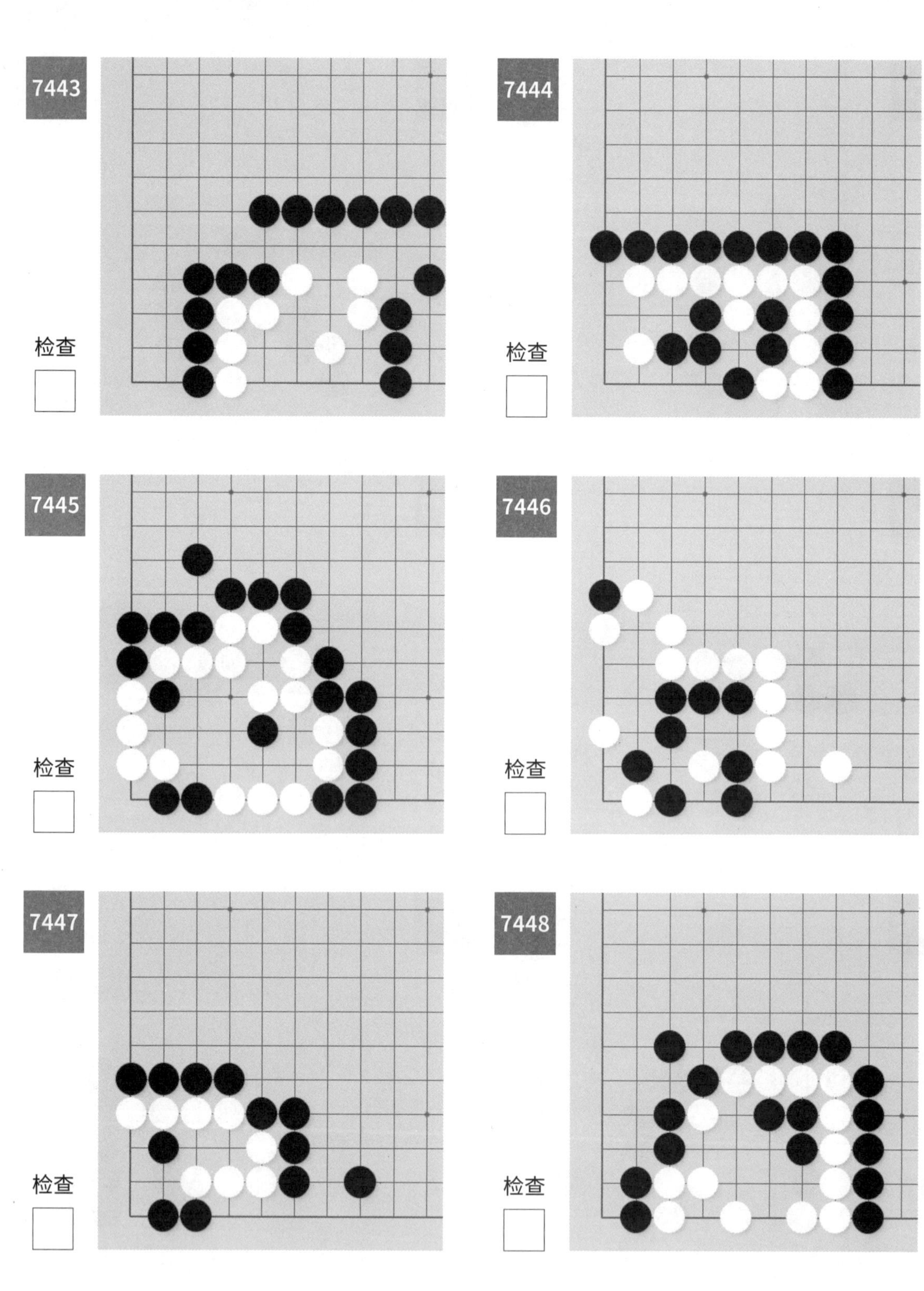
7443
检查
7444
检查
7445
检查
7446
检查
7447
检查
7448
检查

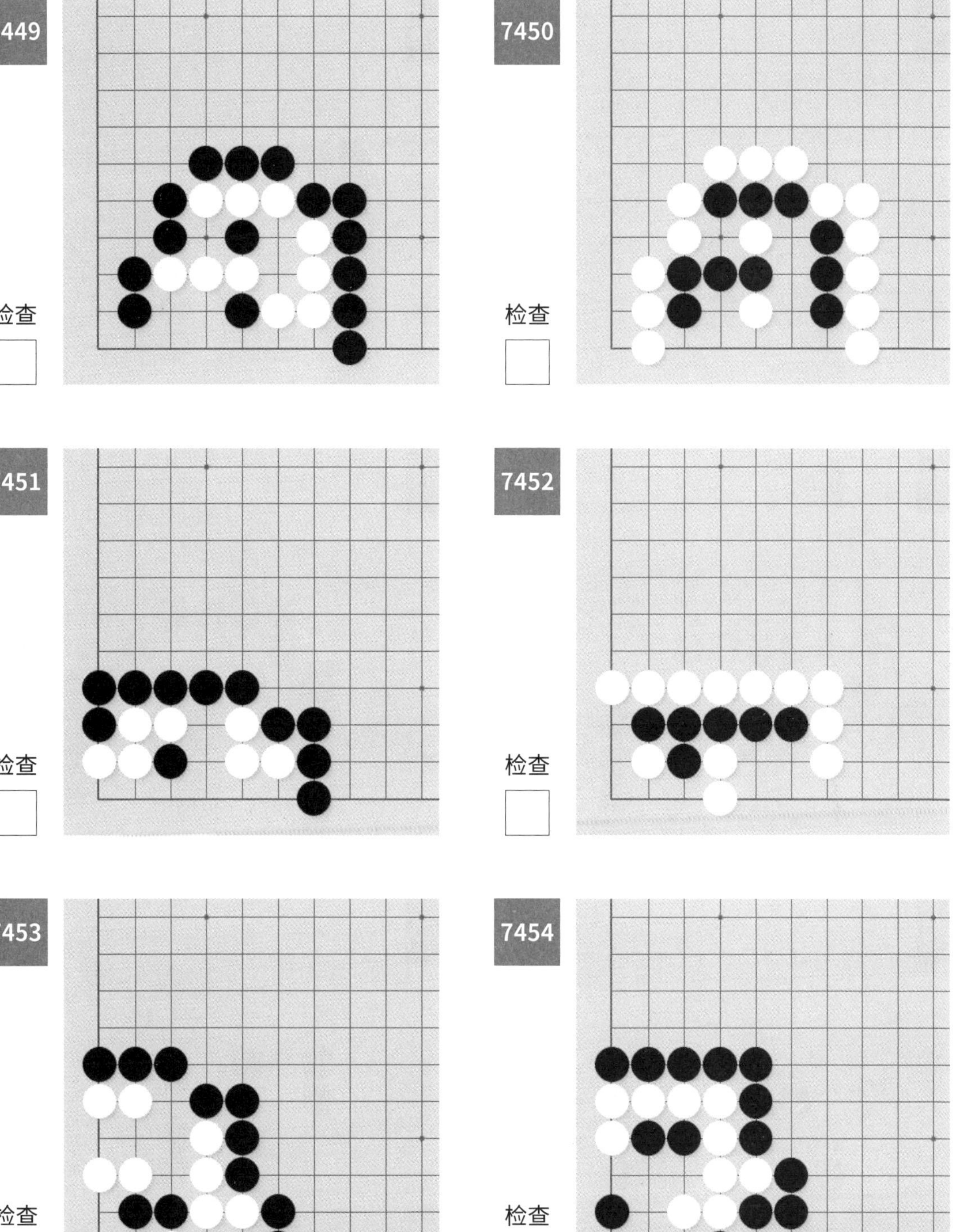
7449
检查
7450
检查
7451
检查
7452
检查
7453
检查
7454
检查

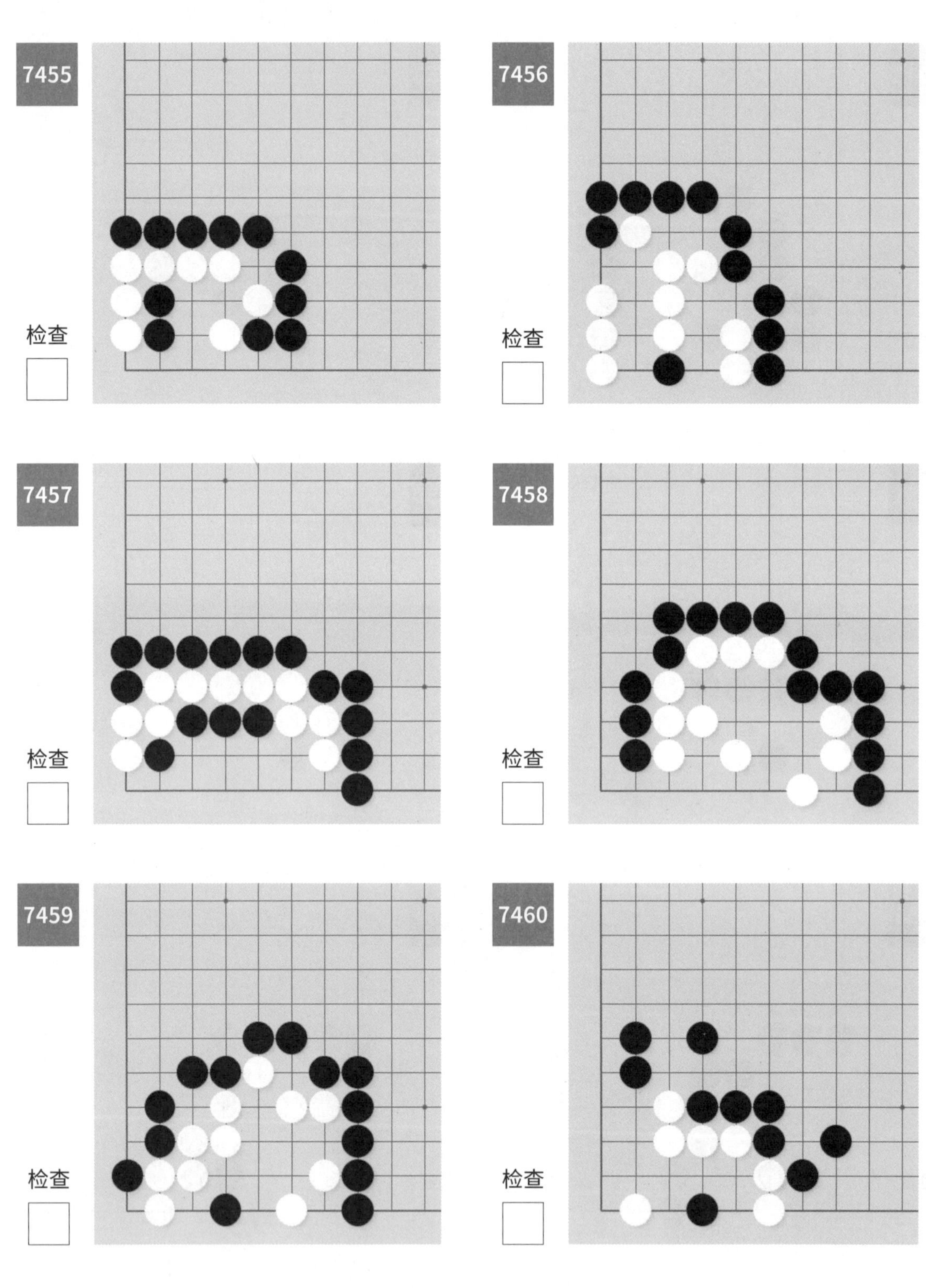
7455
检查
7456
检查
7457
检查
7458
检查
7459
检查
7460
检查

7461

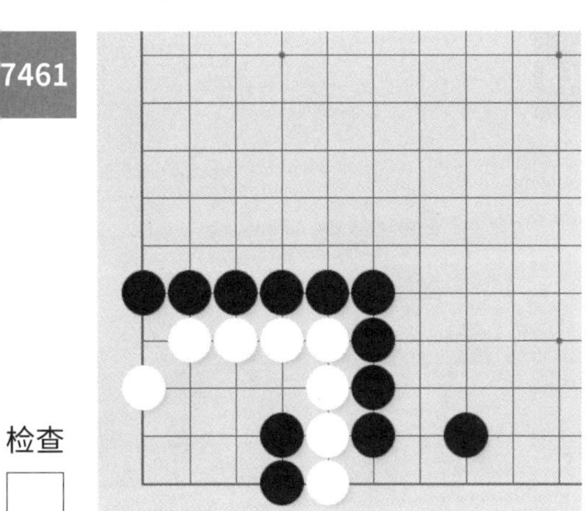

检查

7462

检查

7463

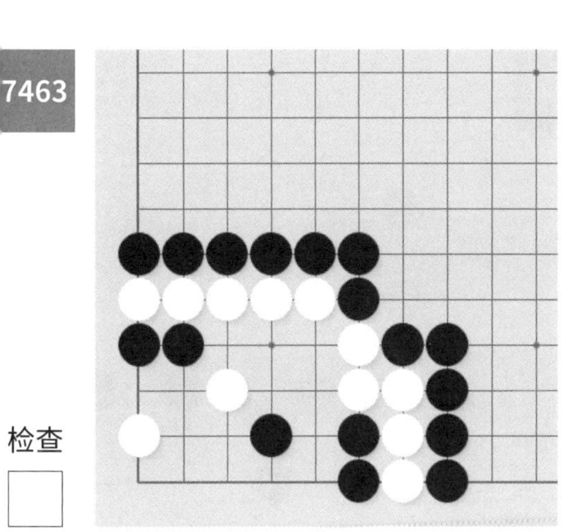

检查

7464

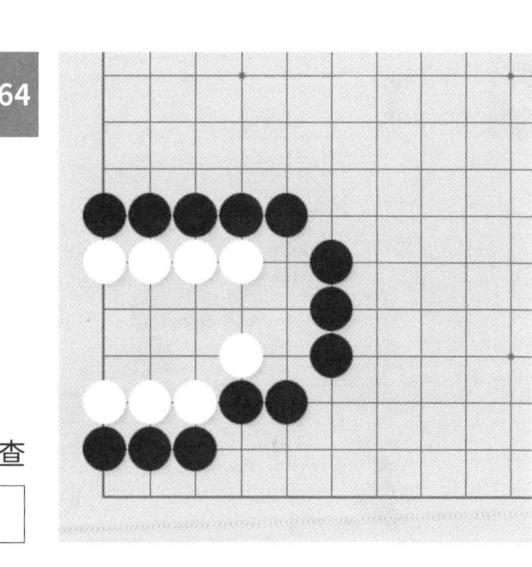

检查

7465

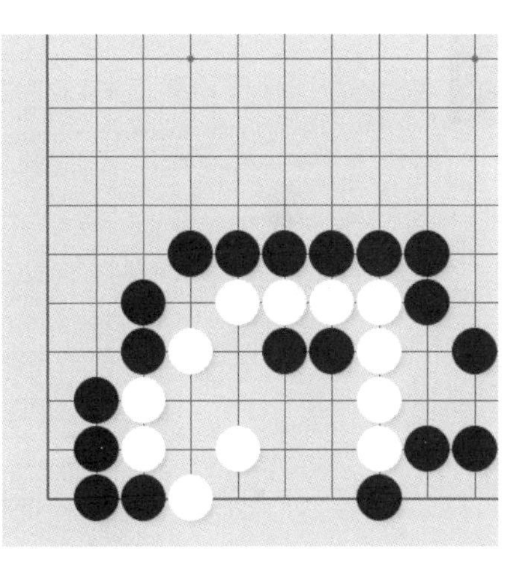

检查

7466

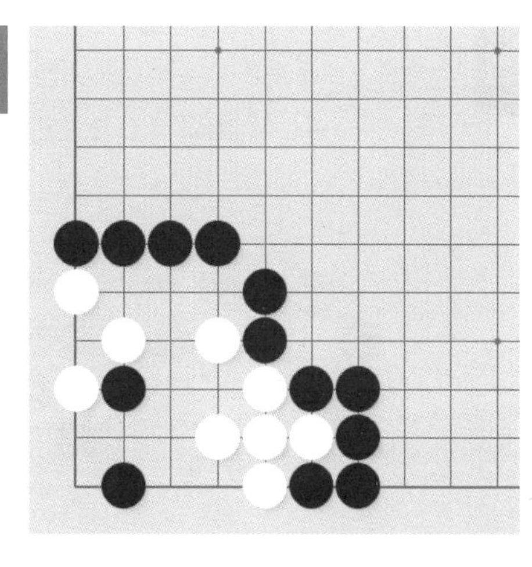

检查

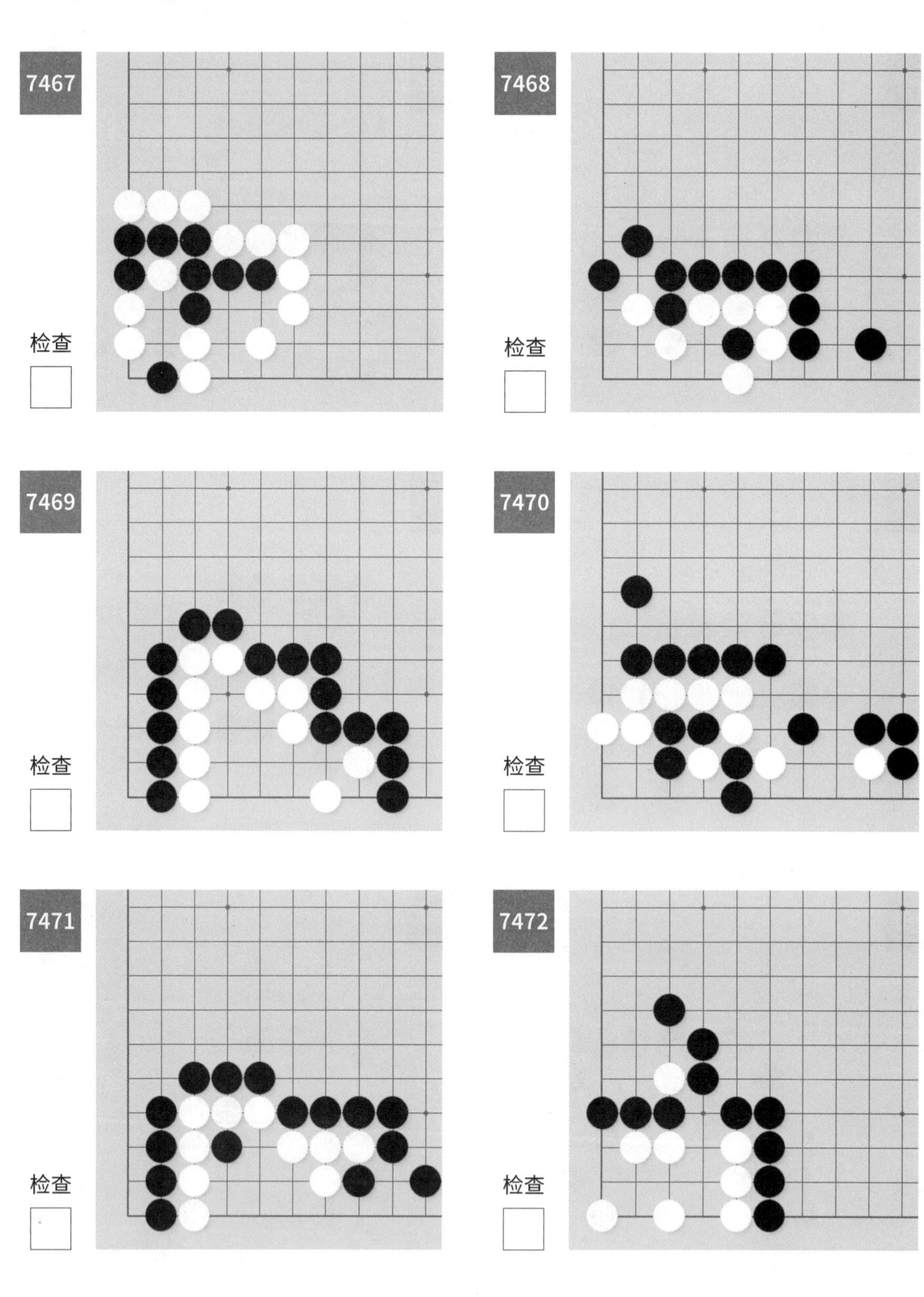
7467
检查
7468
检查
7469
检查
7470
检查
7471
检查
7472
检查

7473

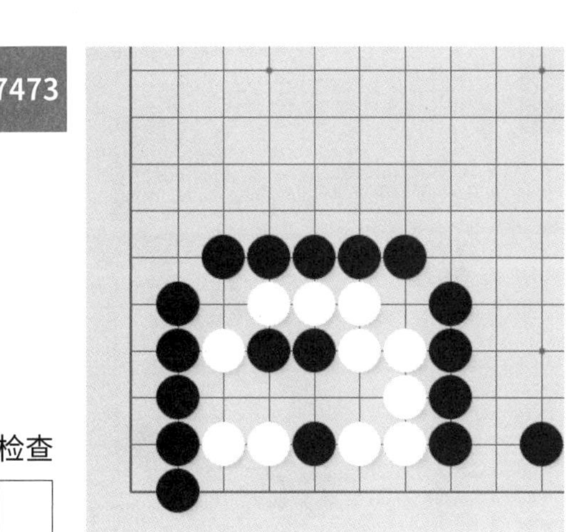

检查

7474

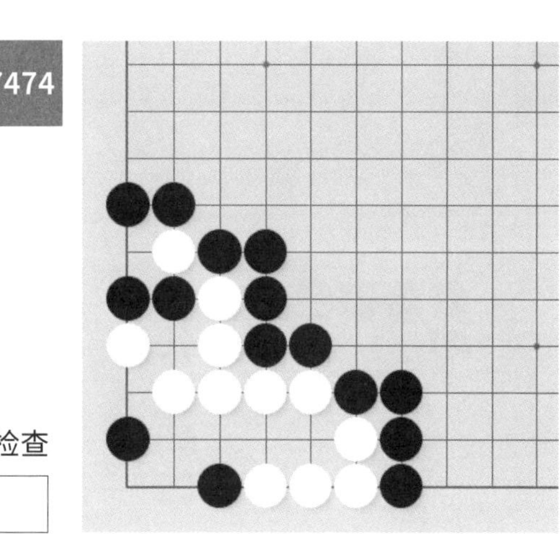

检查

7475

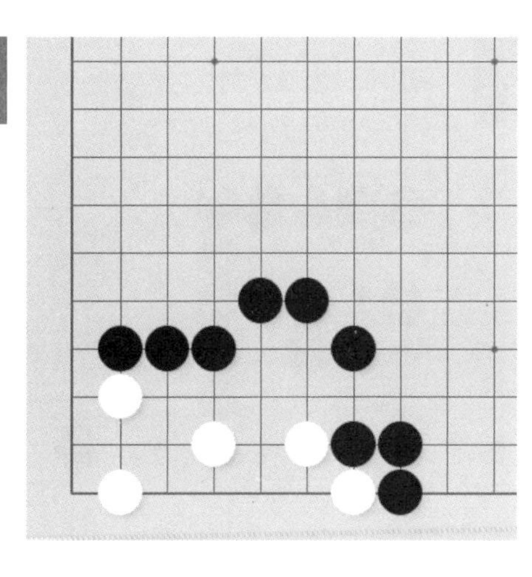

检查

7476

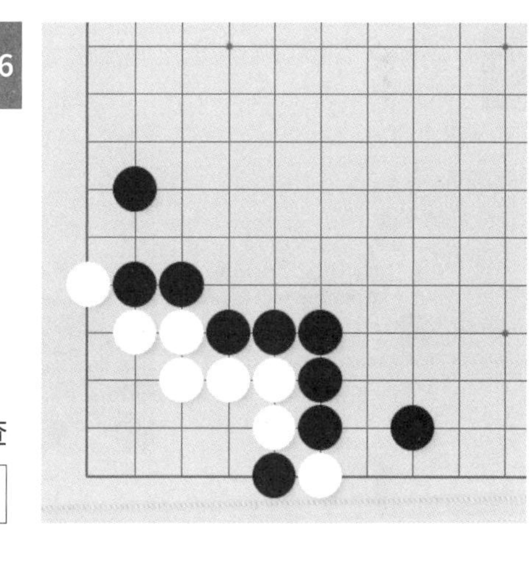

检查

7477

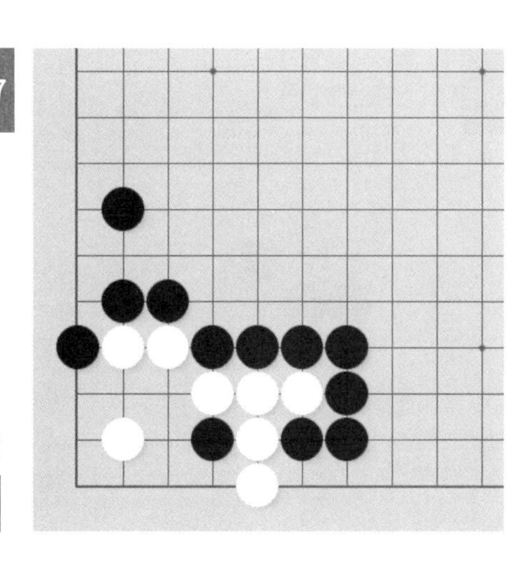

检查

7478

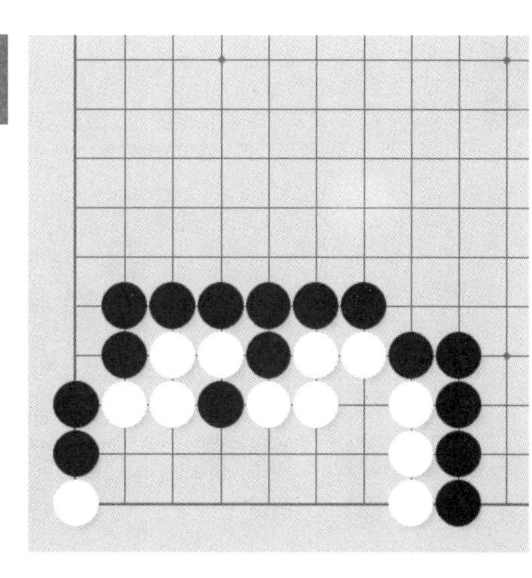

检查

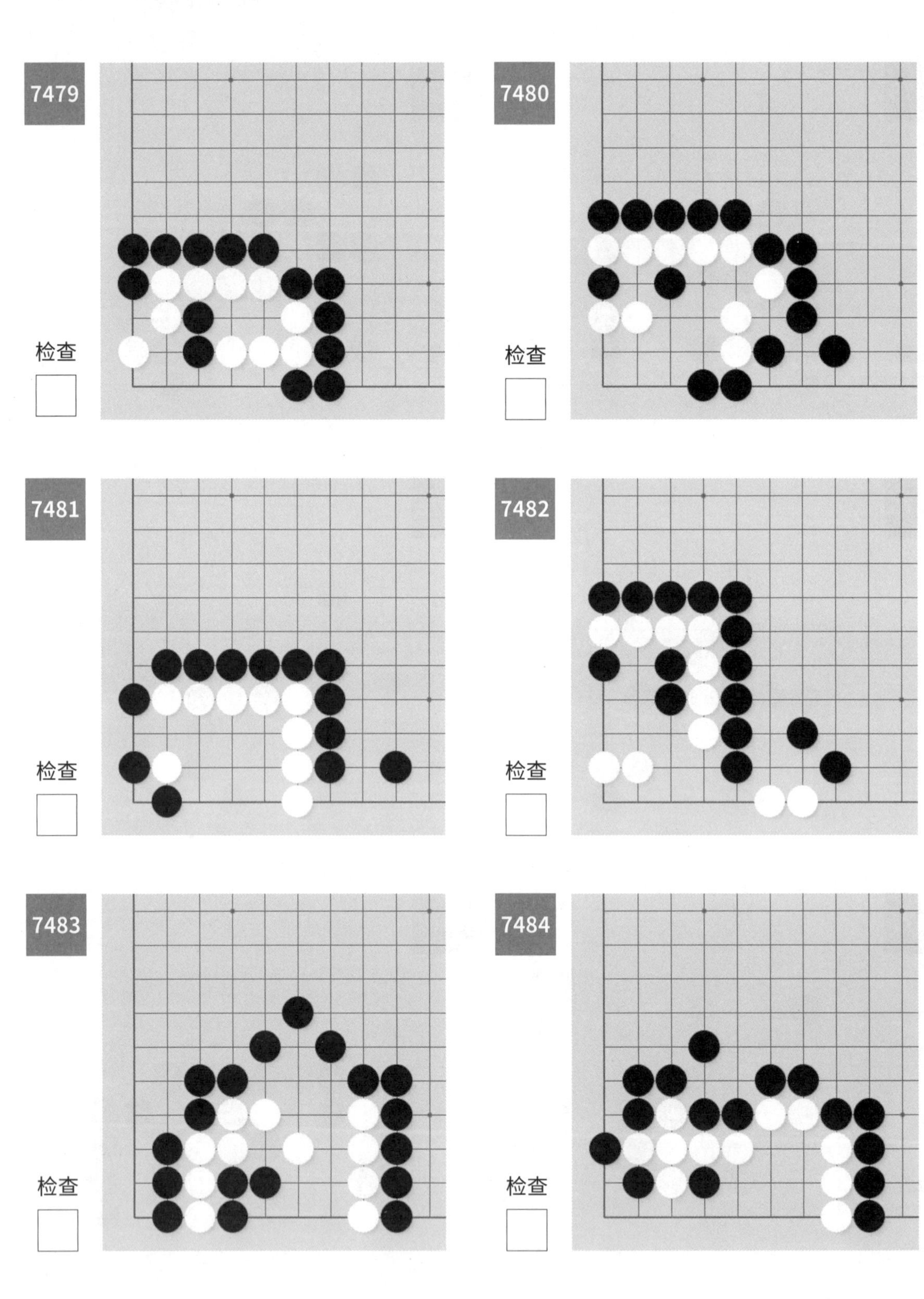
7479
检查
7480
检查
7481
检查
7482
检查
7483
检查
7484
检查

7485

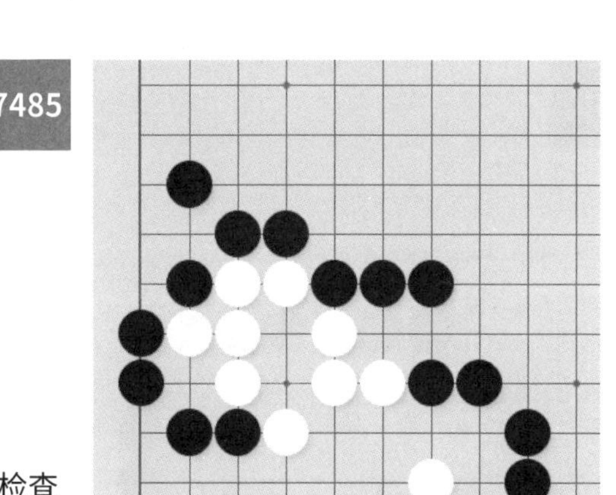

检查 □

7486

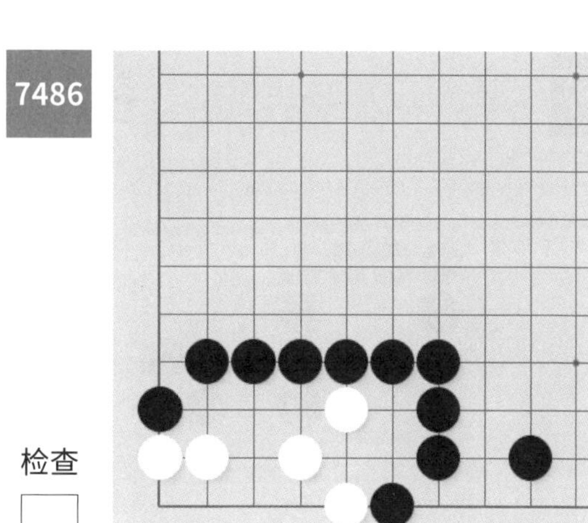

检查 □

7487

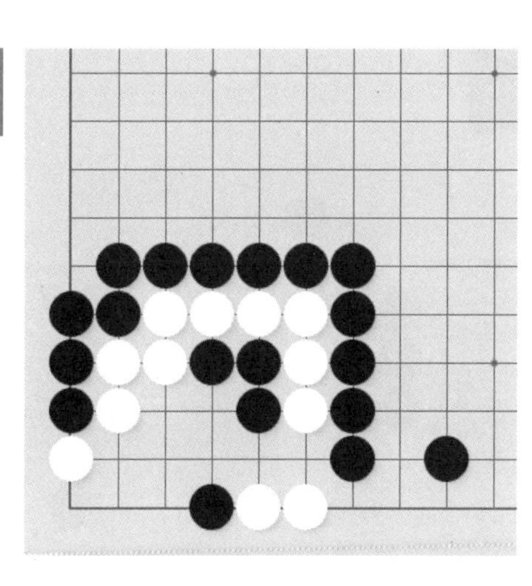

检查 □

7488

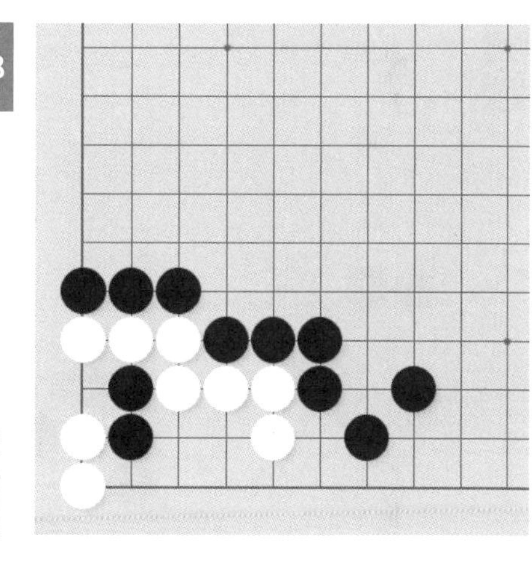

检查 □

7489

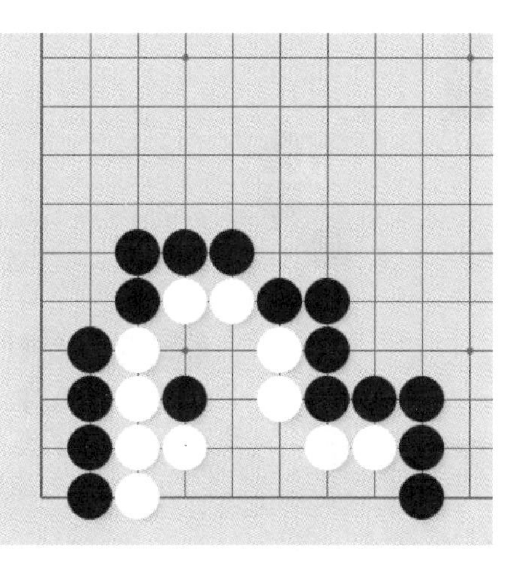

检查 □

7490

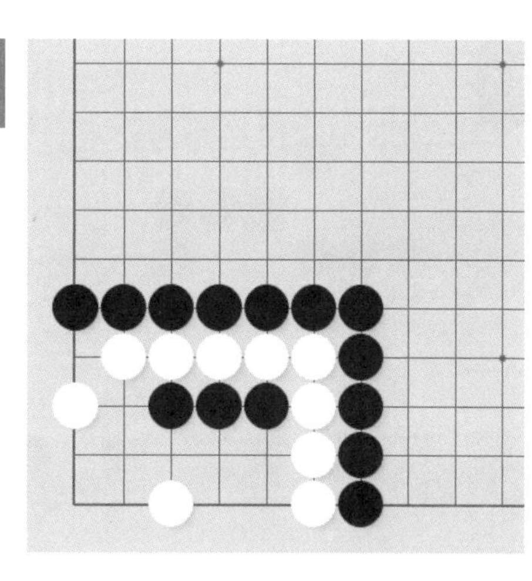

检查 □

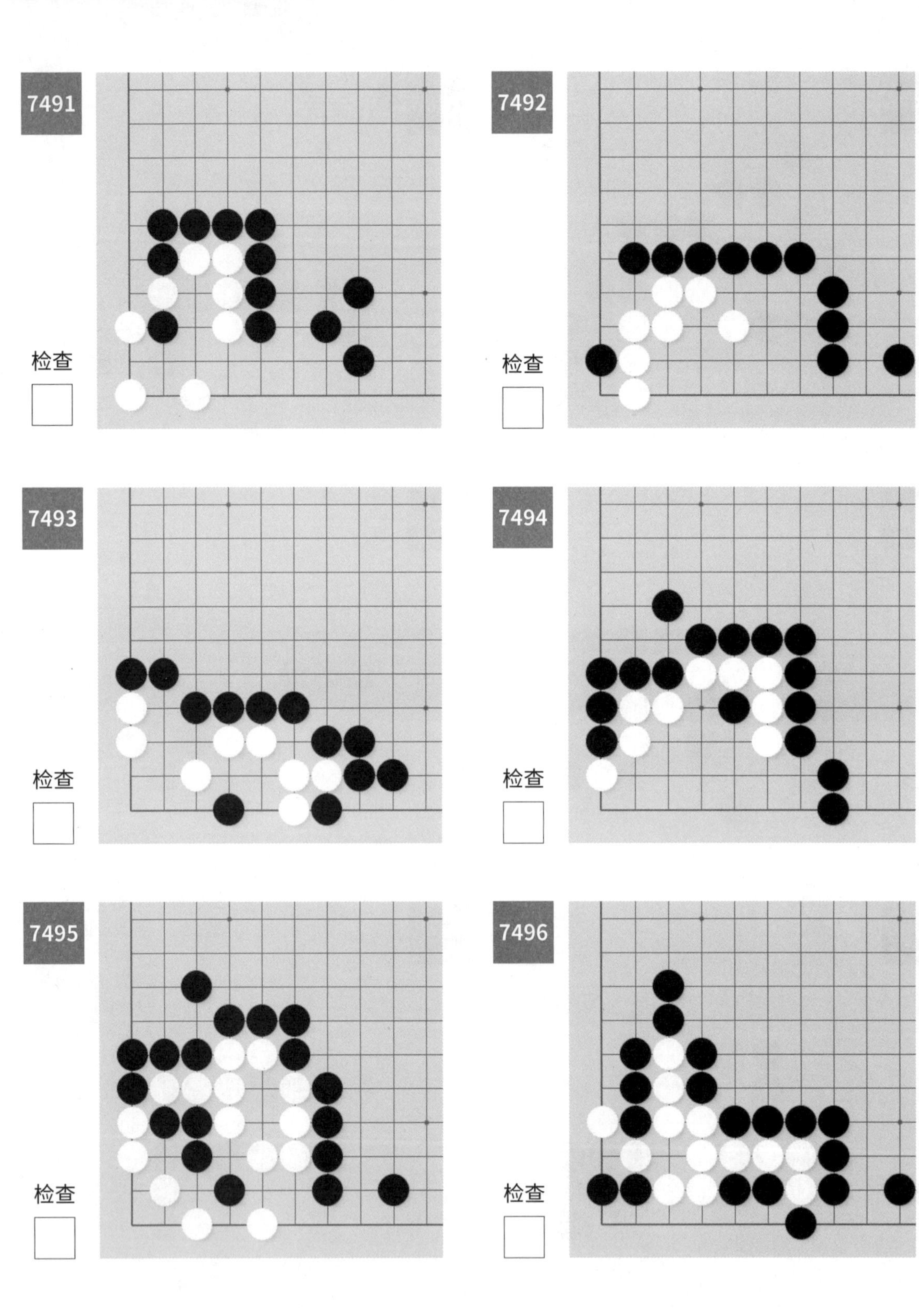
7491
检查
7492
检查
7493
检查
7494
检查
7495
检查
7496
检查

7497

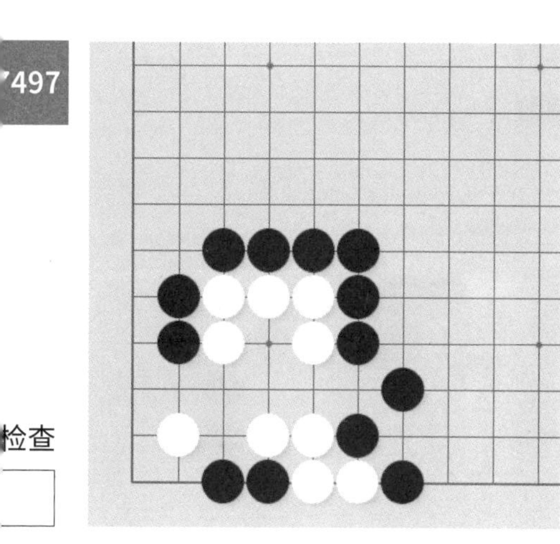

检查

7498

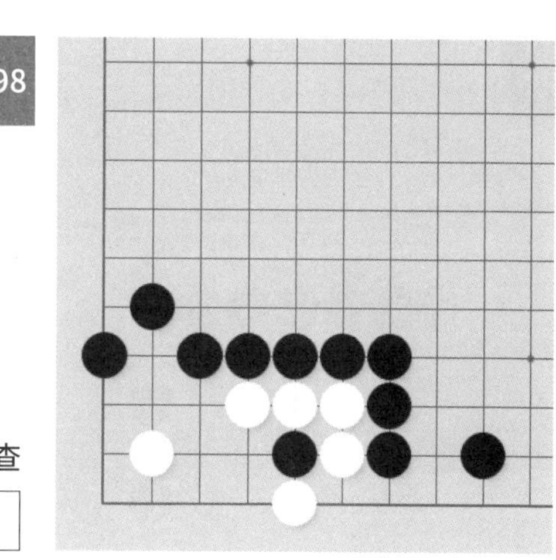

检查

7499

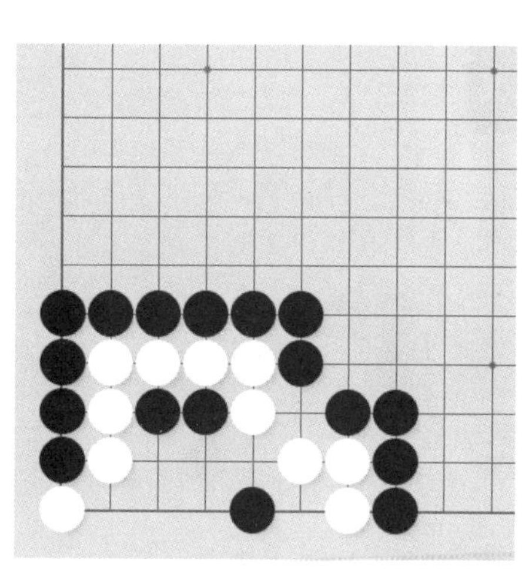

检查

7500

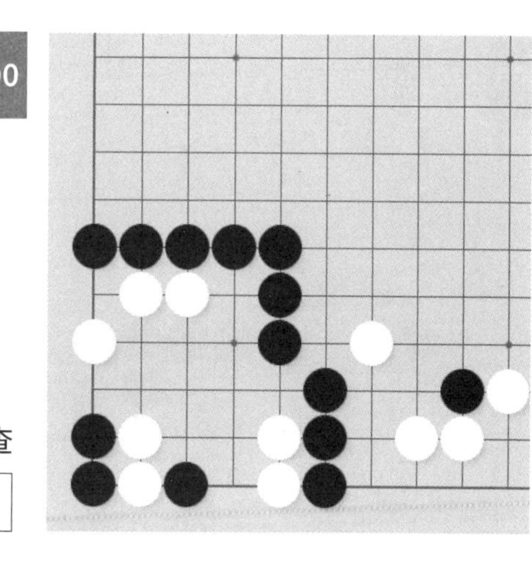

检查

7501

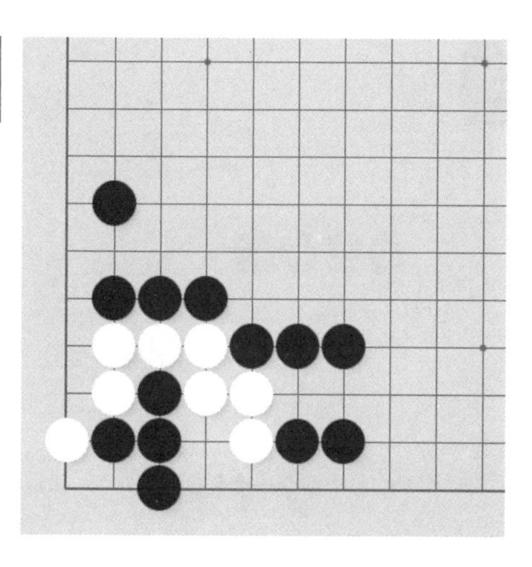

检查

7502

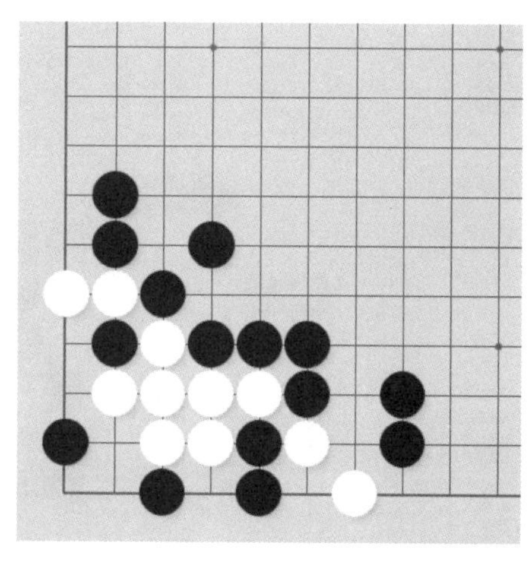

检查

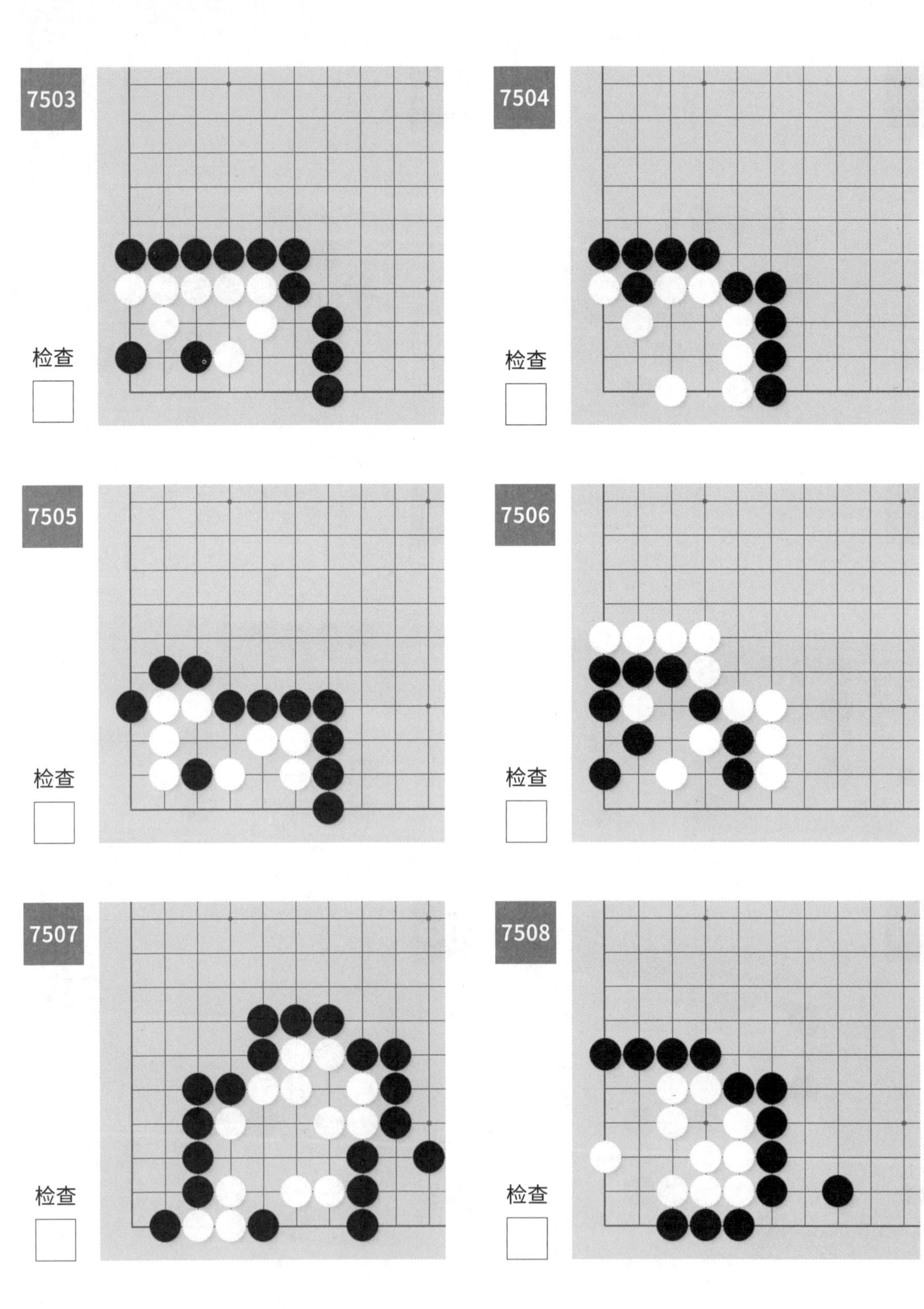
7503
检查
7504
检查
7505
检查
7506
检查
7507
检查
7508
检查

509

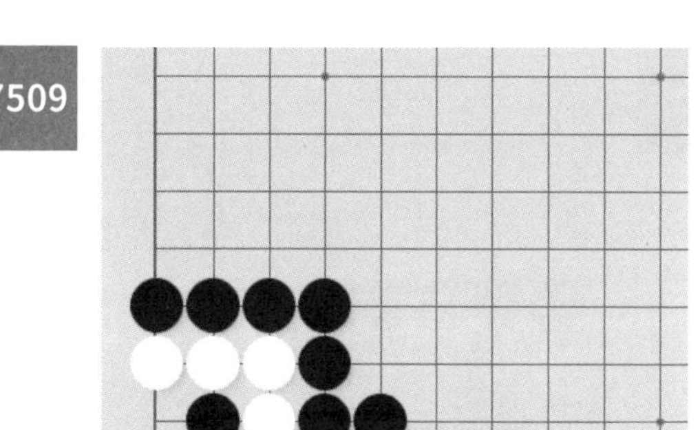

检查

7510

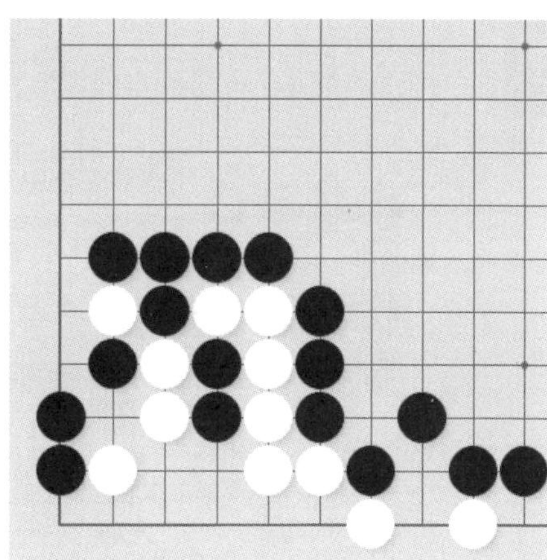

检查

511

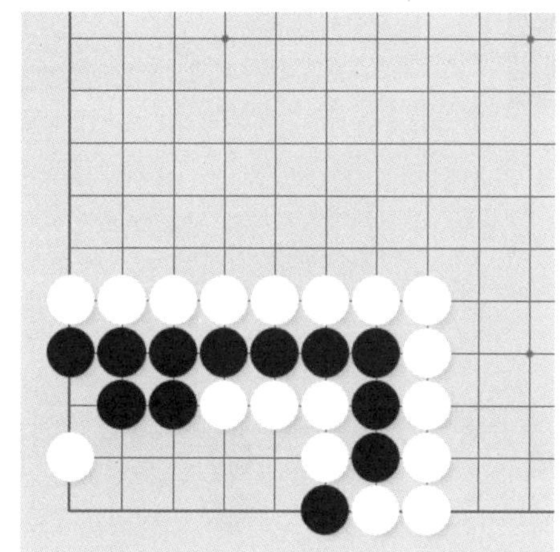

检查

7512

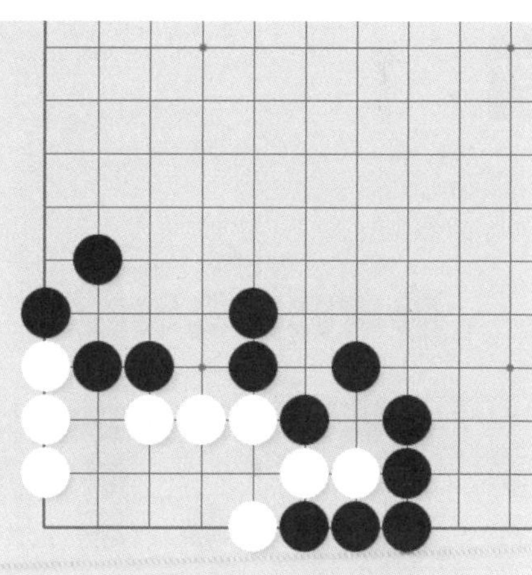

检查

513

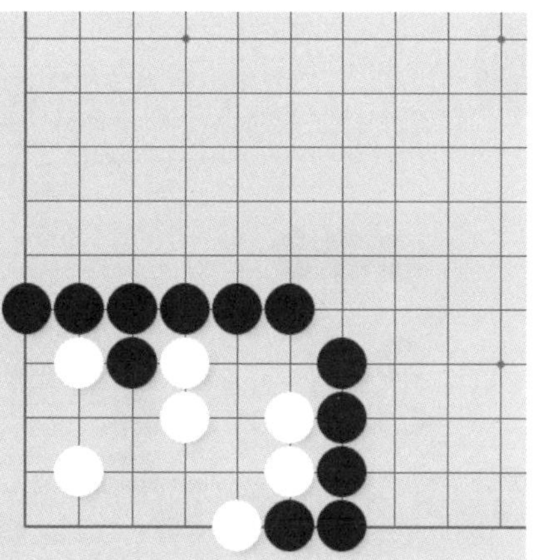

检查

7514

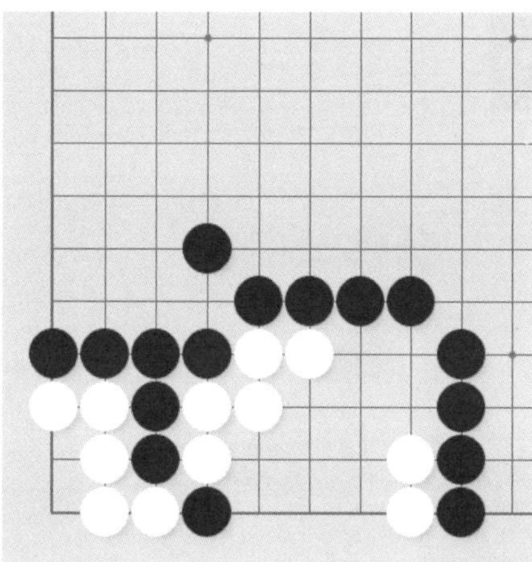

检查

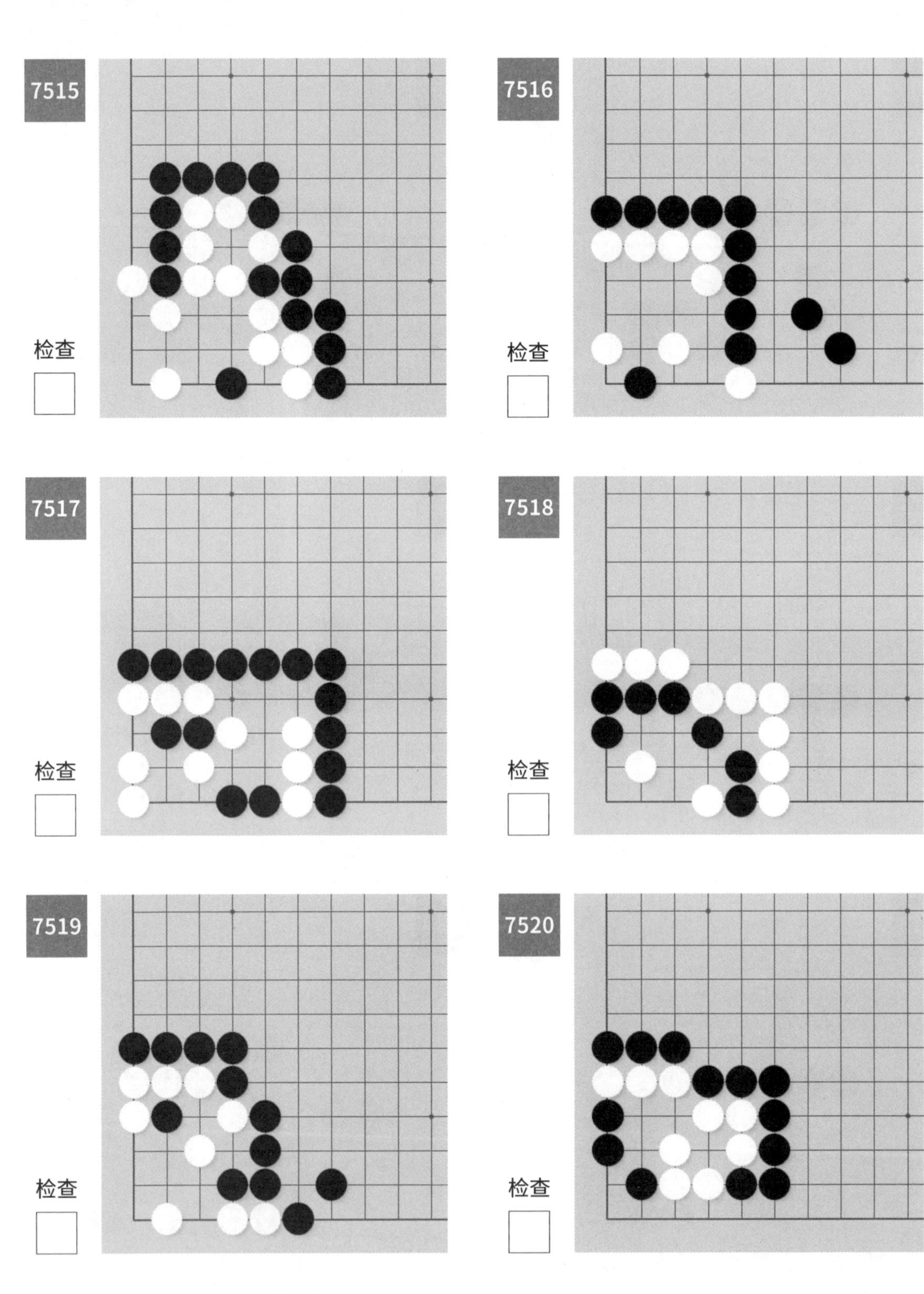
7515
检查
7516
检查
7517
检查
7518
检查
7519
检查
7520
检查

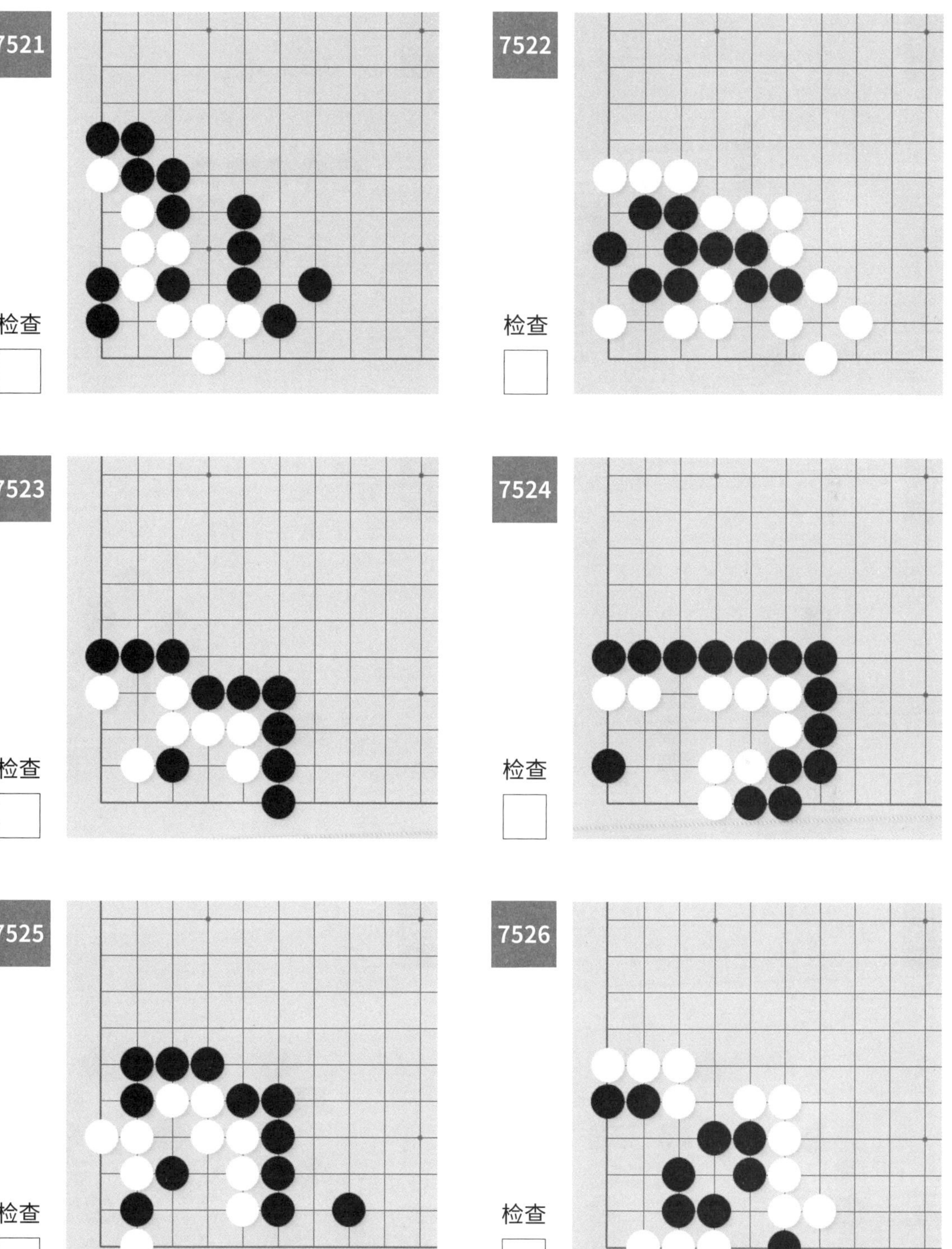
7521
检查
7522
检查
7523
检查
7524
检查
7525
检查
7526
检查

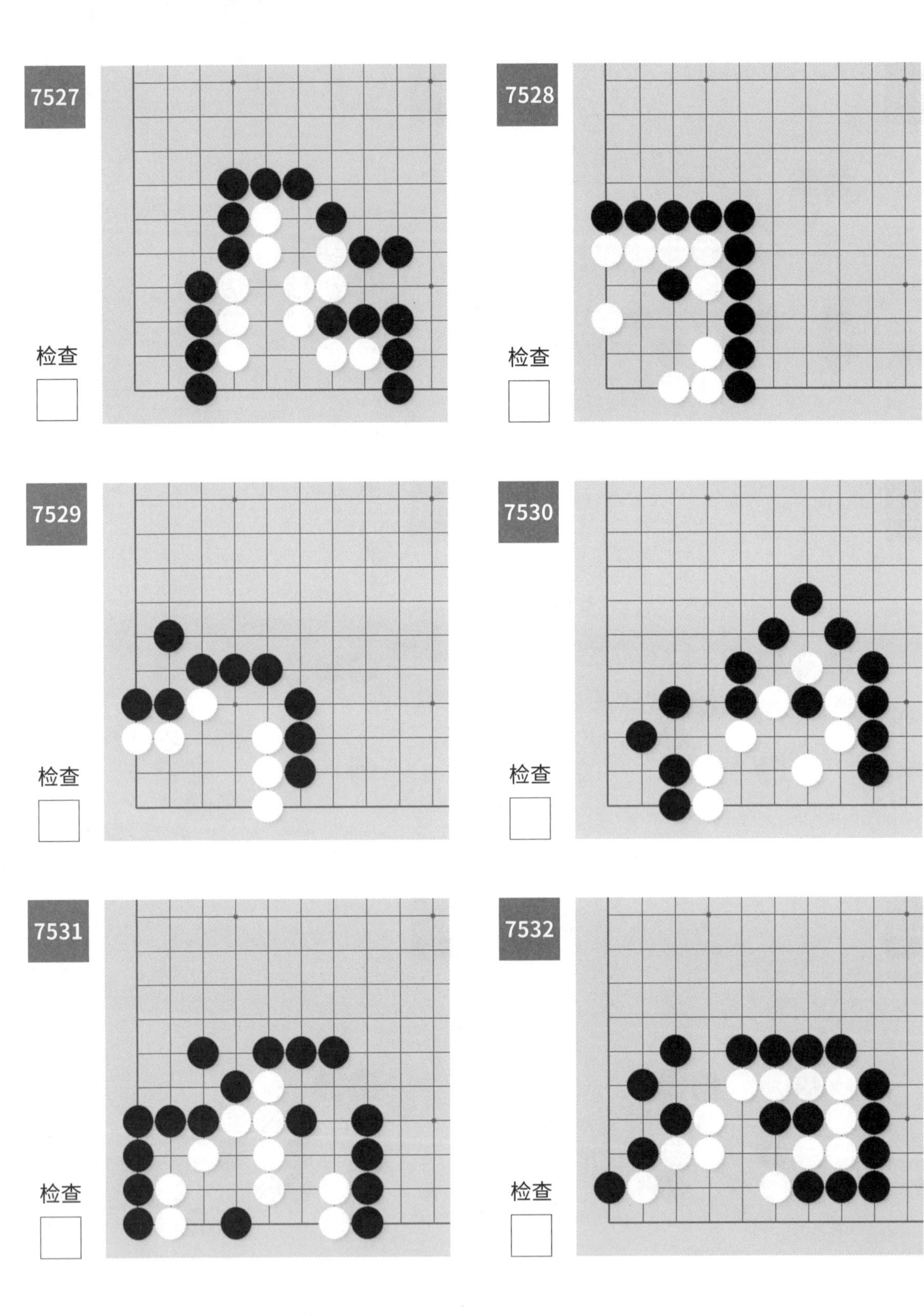
7527
检查
7528
检查
7529
检查
7530
检查
7531
检查
7532
检查

7533

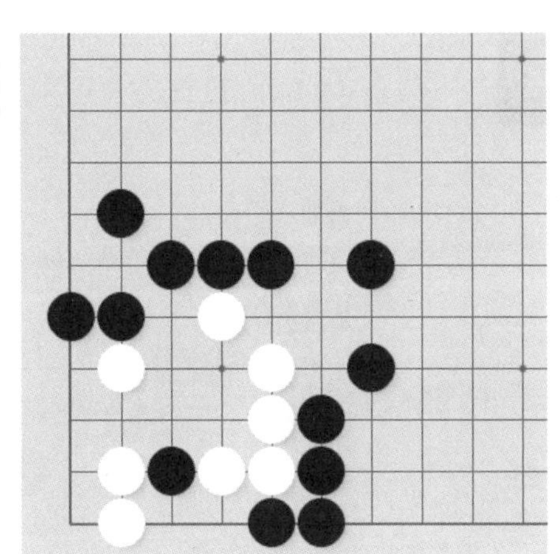

检查

7534

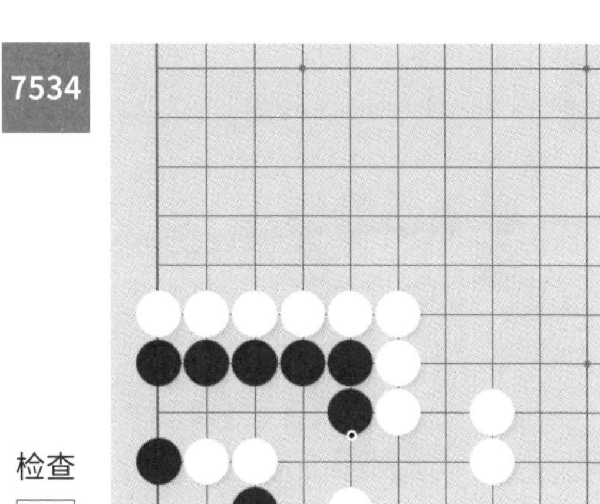

检查

7535

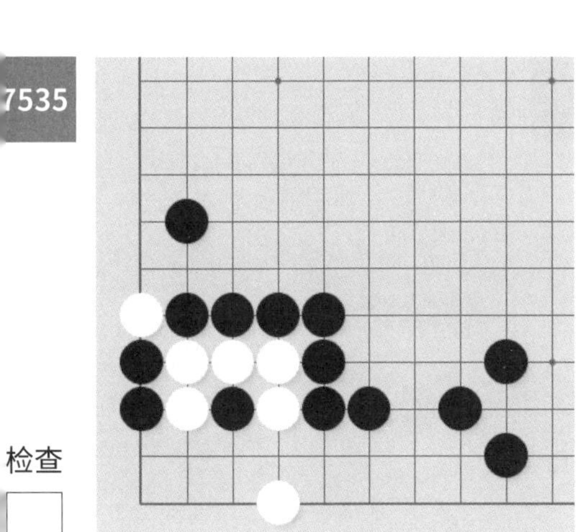

检查

7536

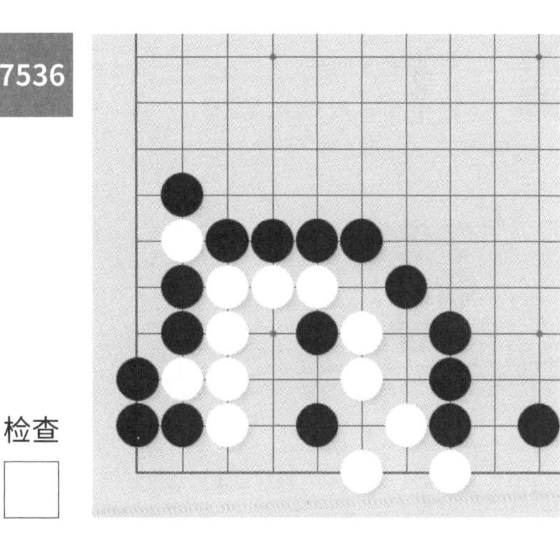

检查

7537

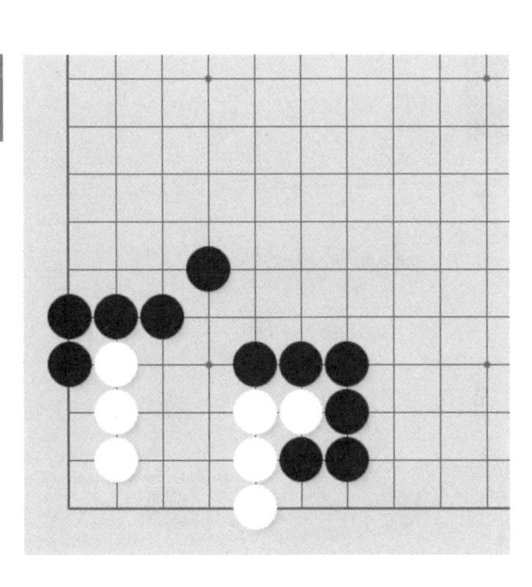

检查

7538

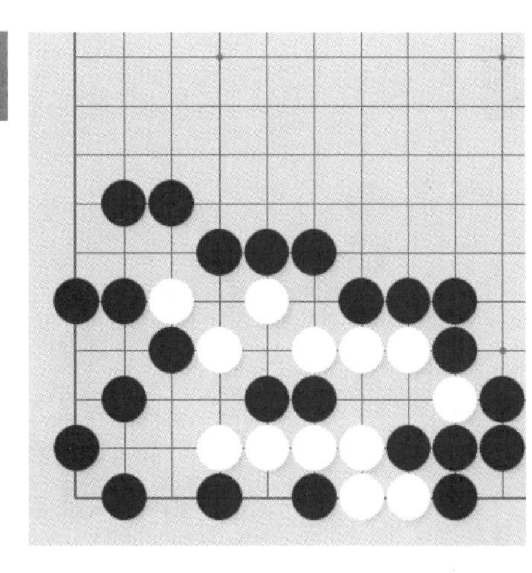

检查

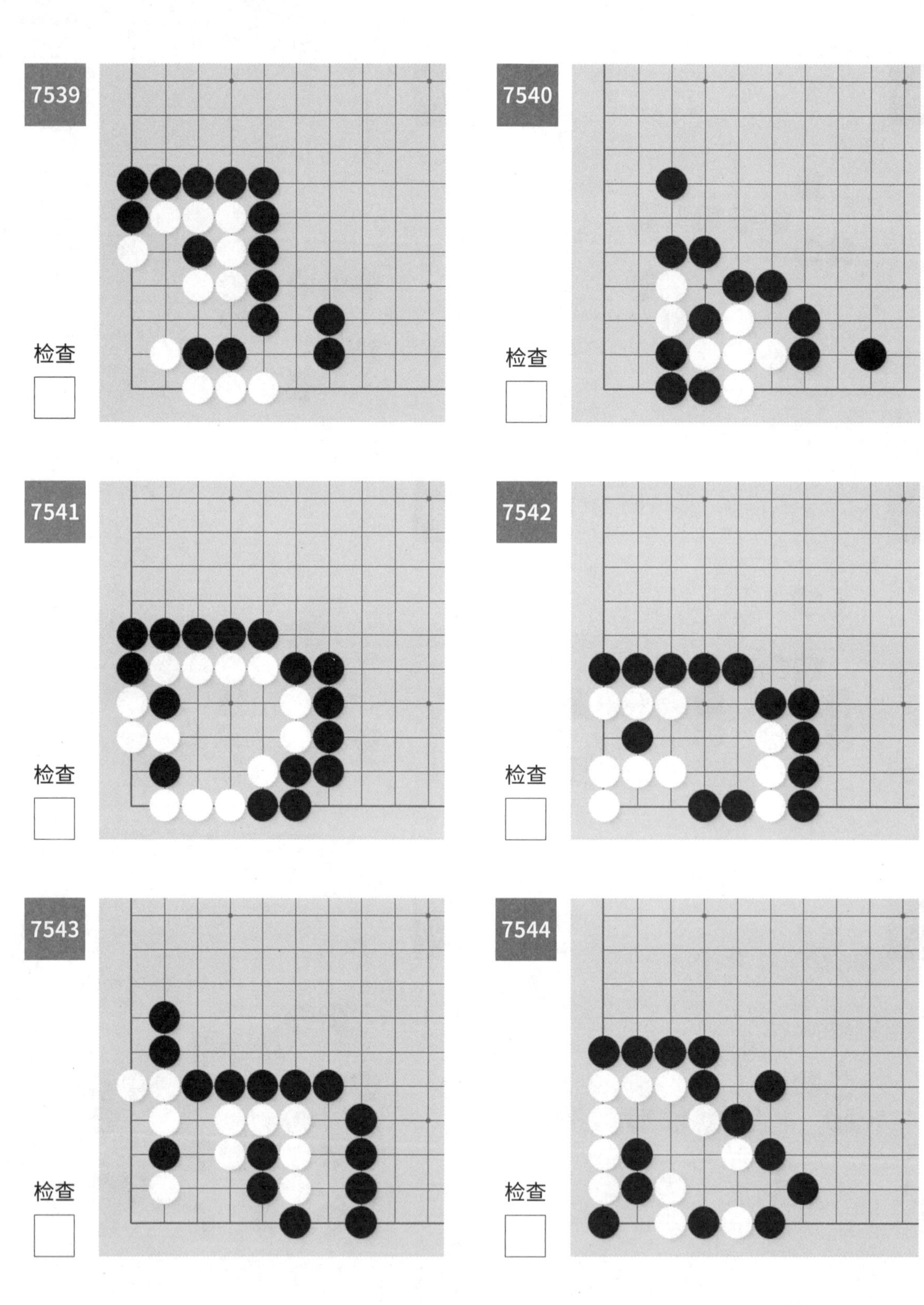
7539
检查
7540
检查
7541
检查
7542
检查
7543
检查
7544
检查

7545

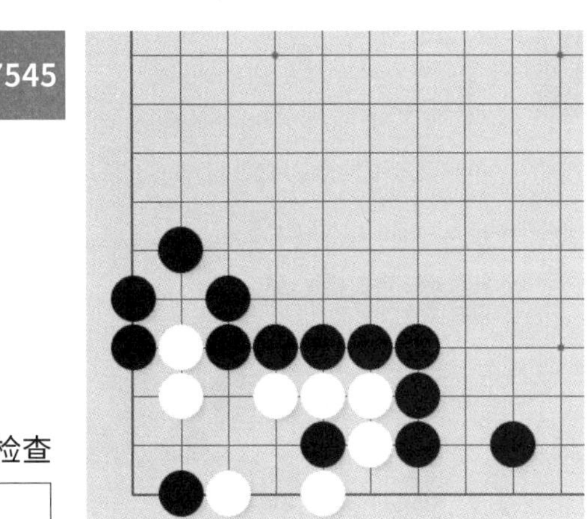

检查

7546

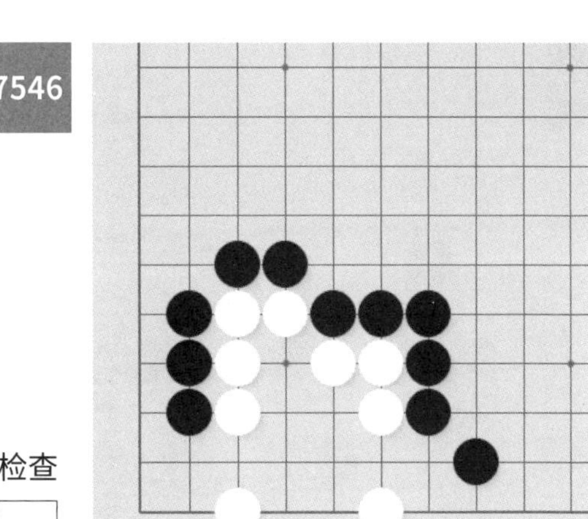

检查

7547

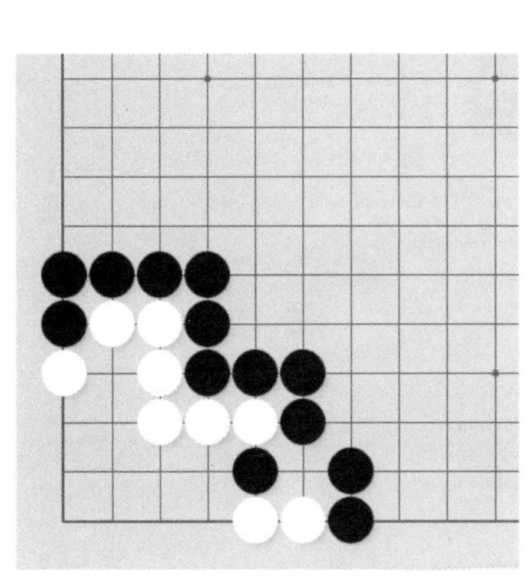

检查

7548

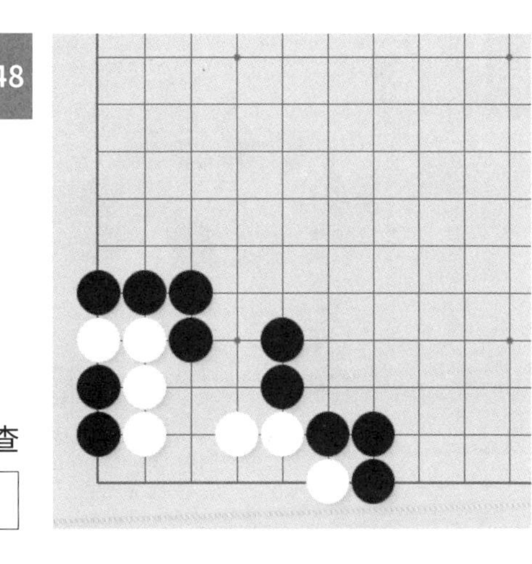

检查

7549

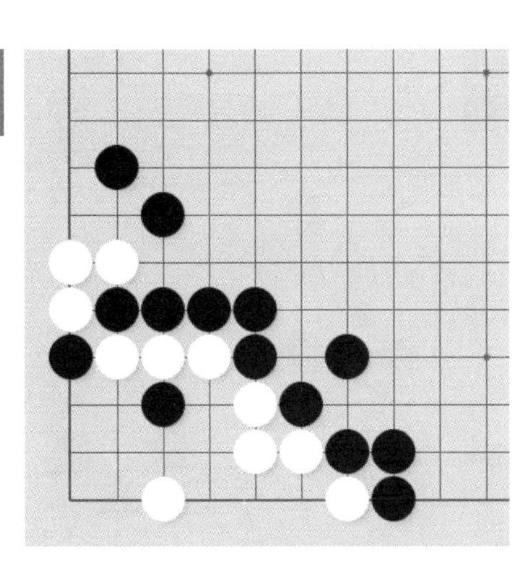

检查

7550

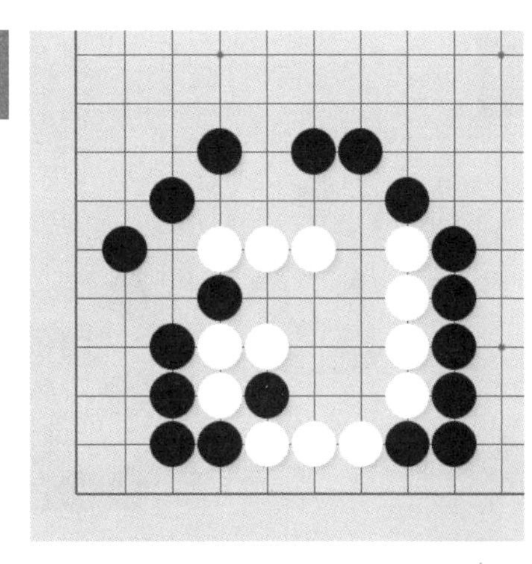

检查

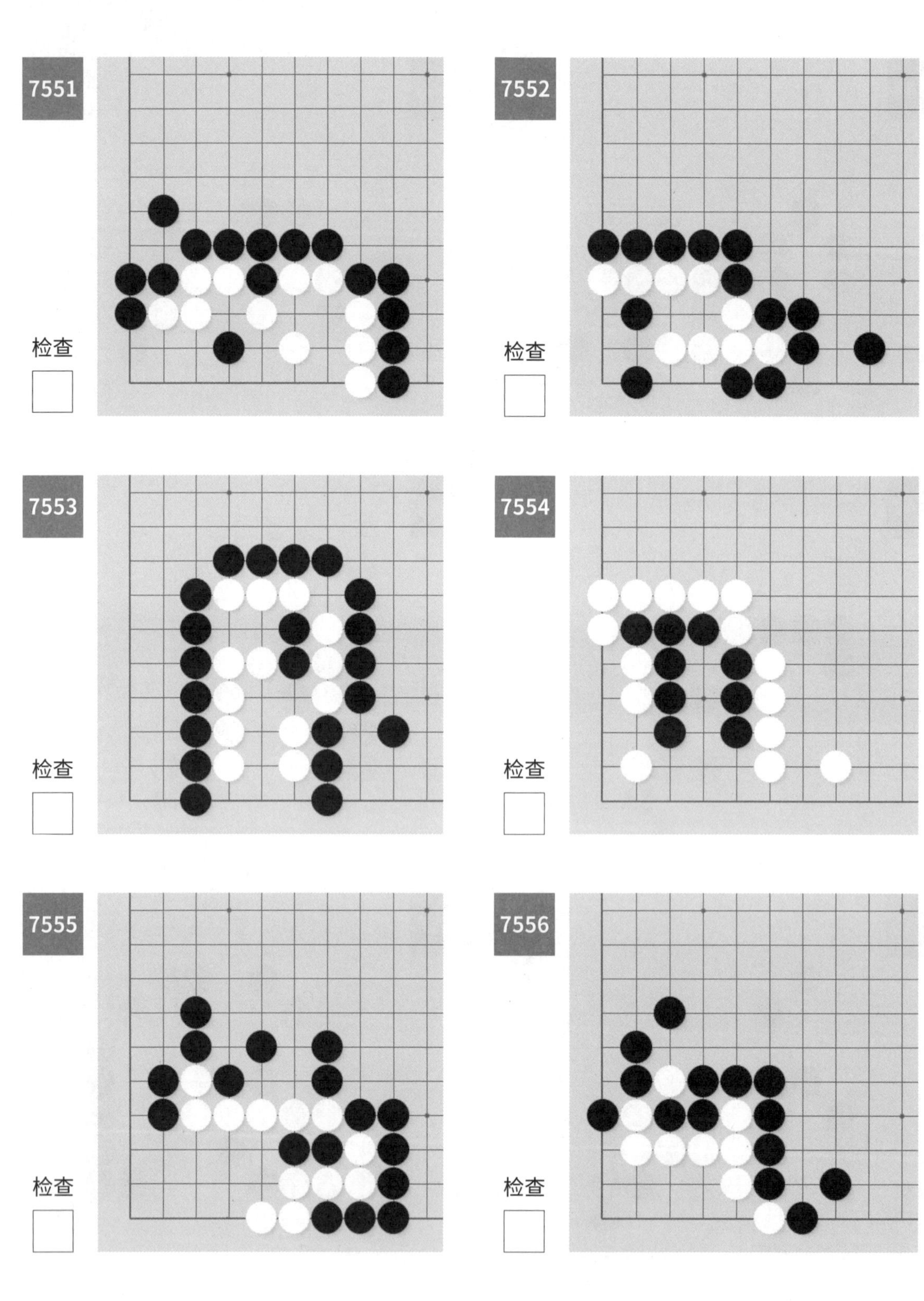
7551
检查
7552
检查
7553
检查
7554
检查
7555
检查
7556
检查

7557

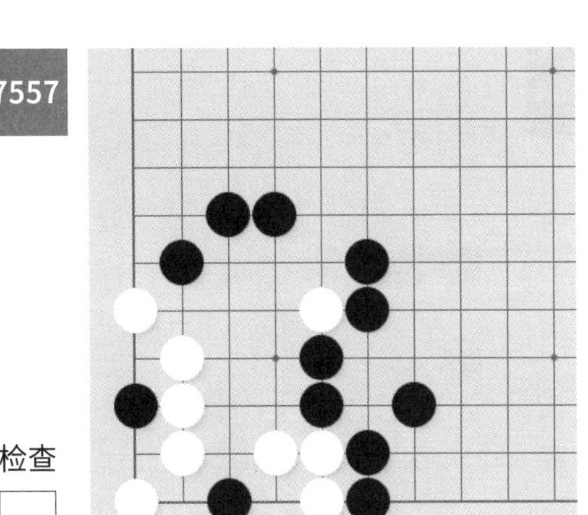

检查

7558

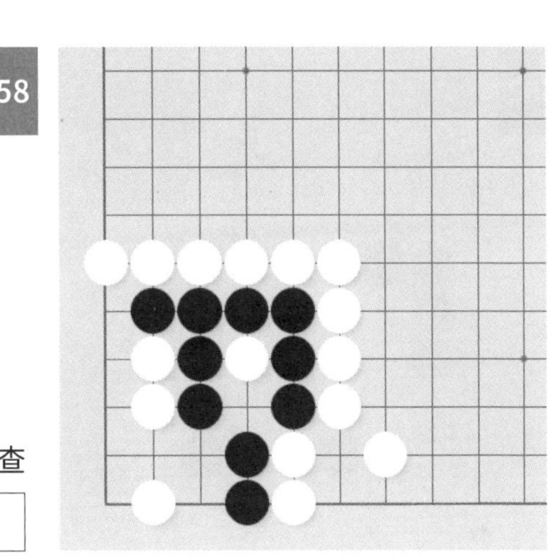

检查

7559

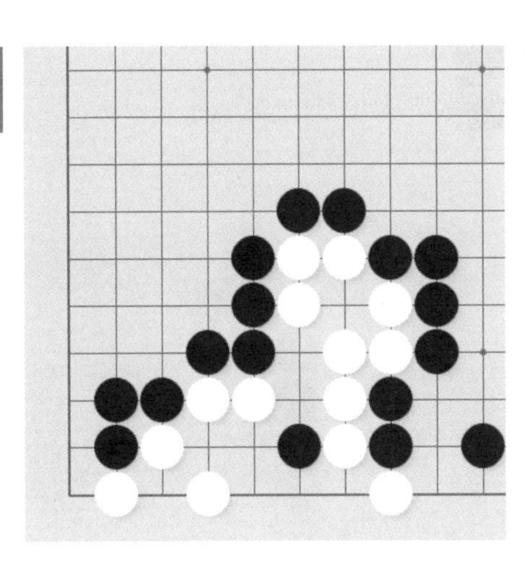

检查

7560

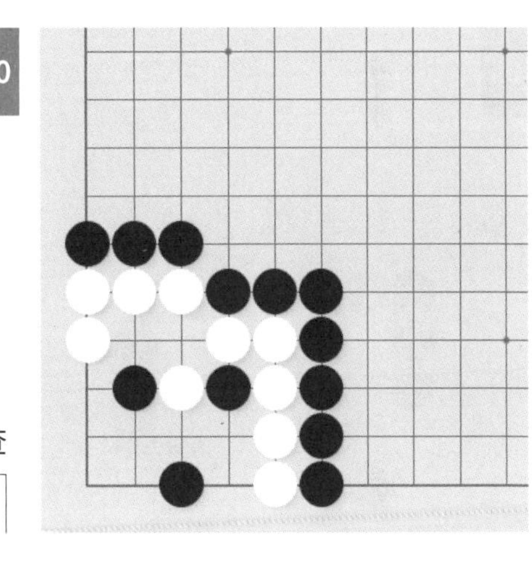

检查

7561

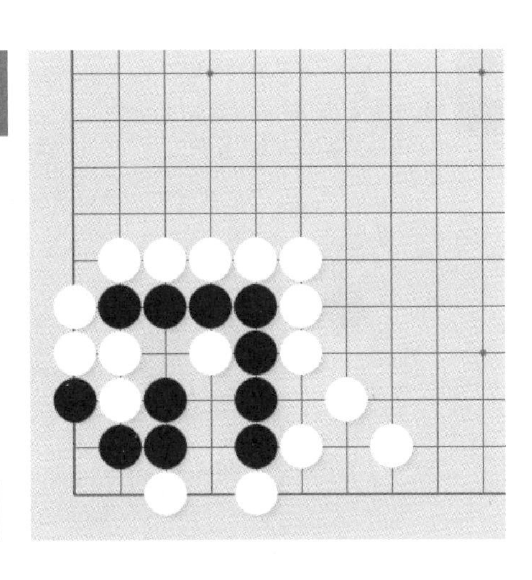

检查

7562

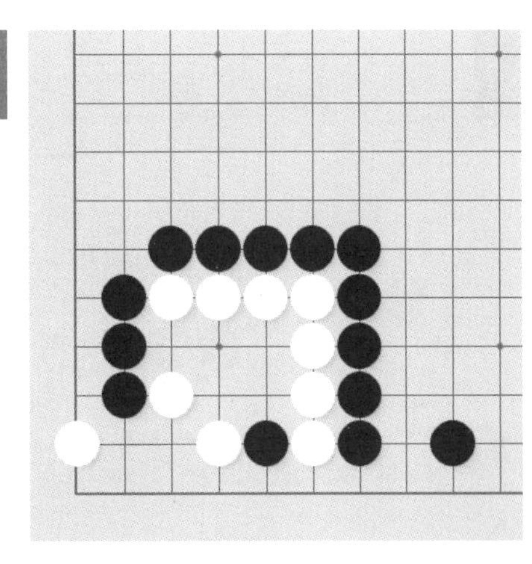

检查

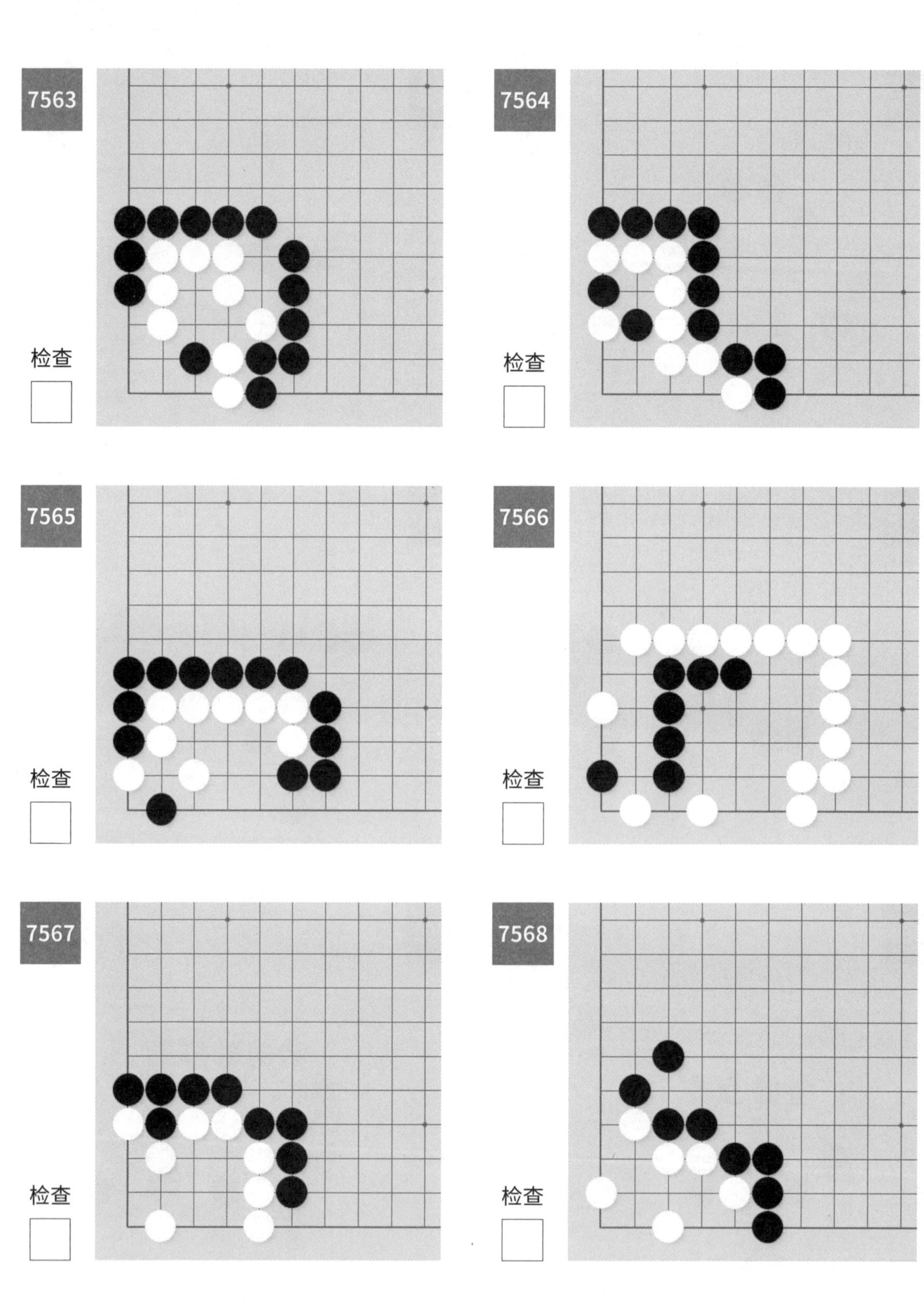
7563
检查
7564
检查
7565
检查
7566
检查
7567
检查
7568
检查

7569

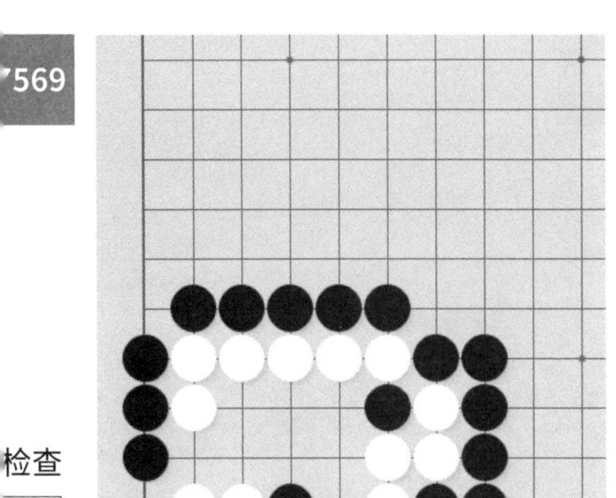

检查

7570

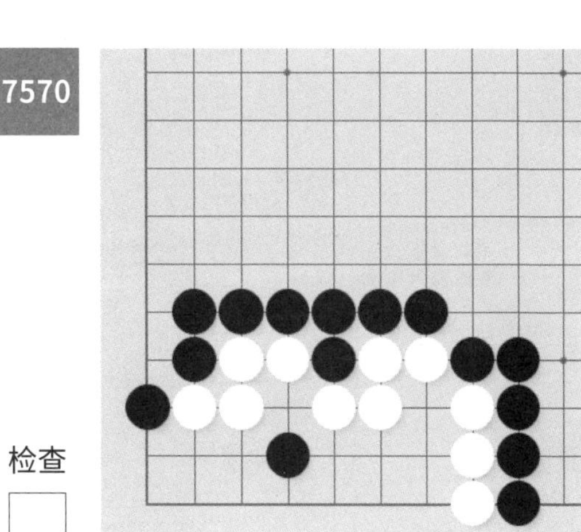

检查

7571

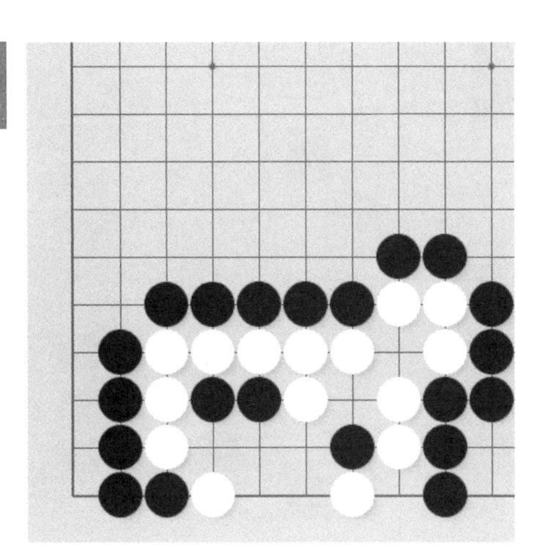

检查

7572

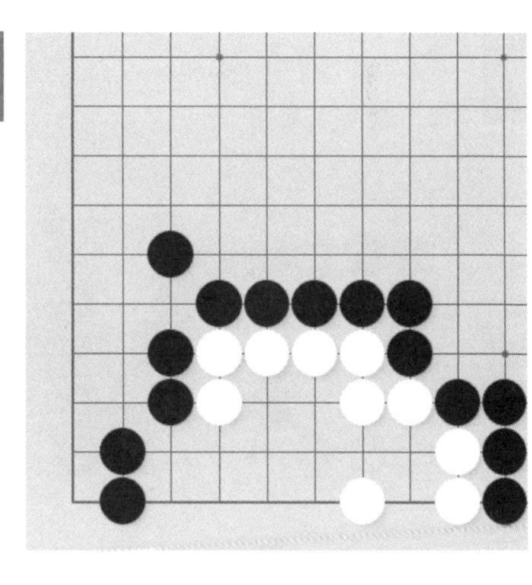

检查

7573

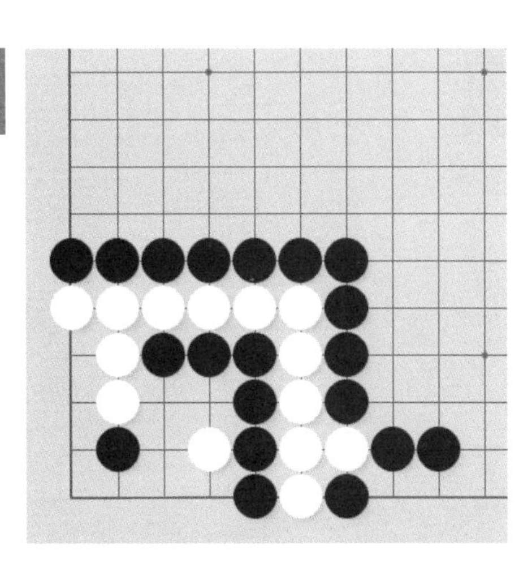

检查

7574

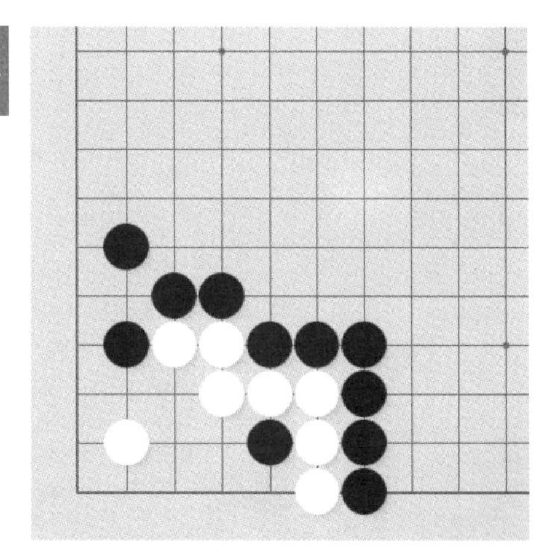

检查

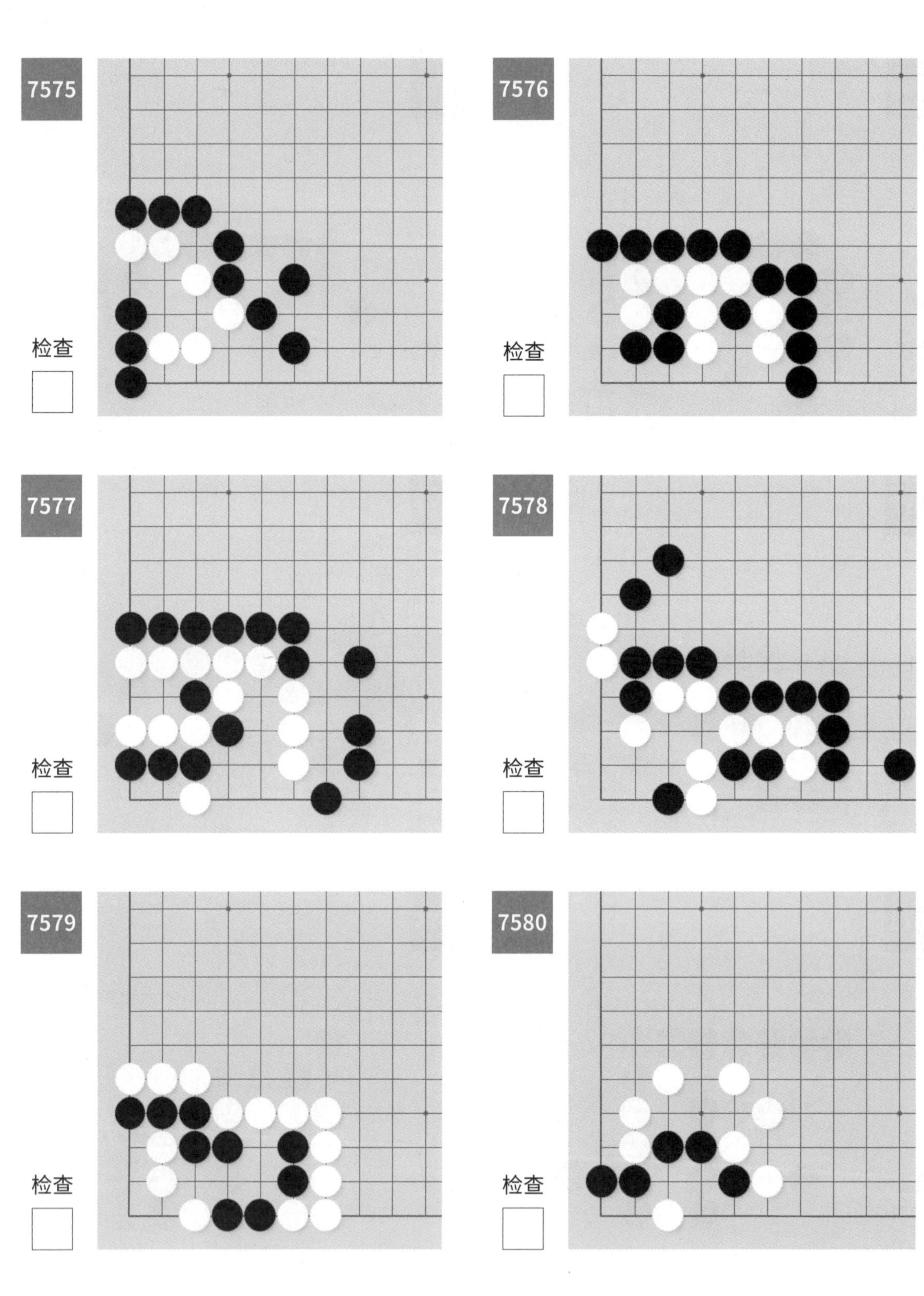
7575
检查
7576
检查
7577
检查
7578
检查
7579
检查
7580
检查

7581

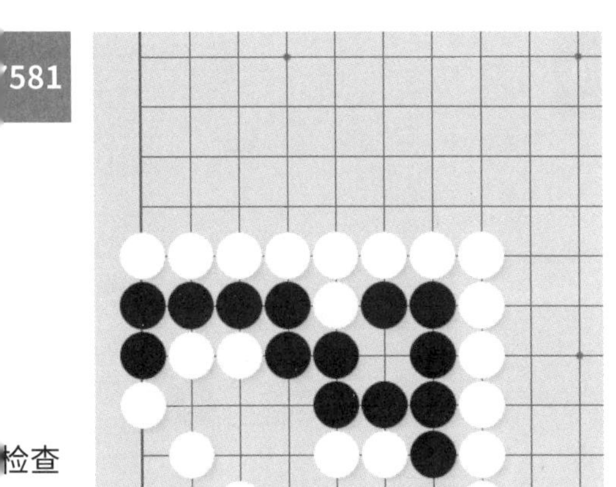

检查 □

7582

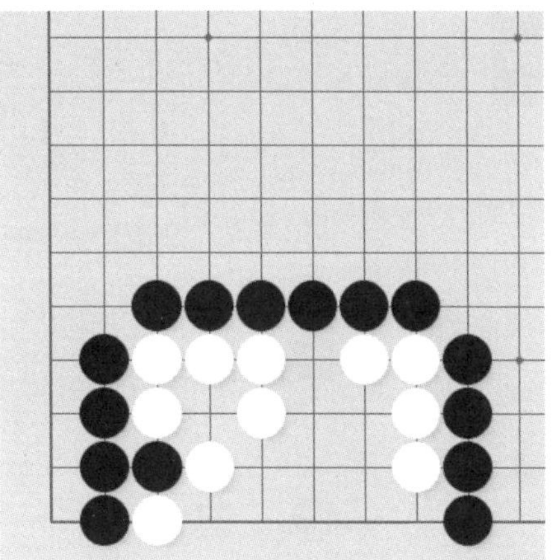

检查 □

7583

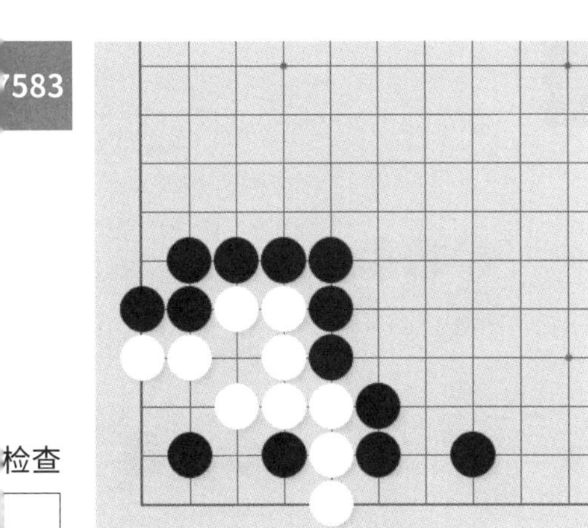

检查 □

7584

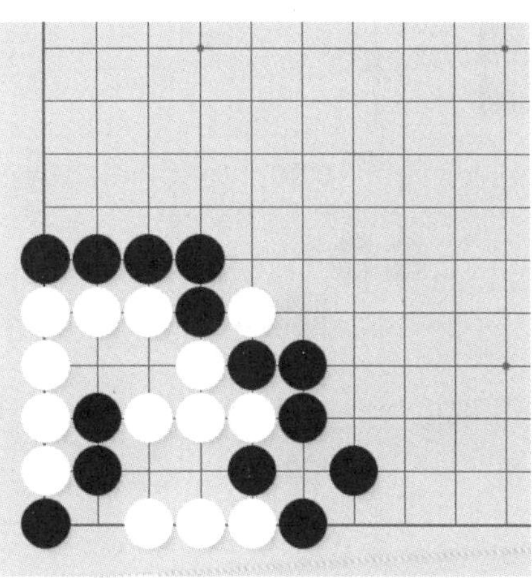

检查 □

7585

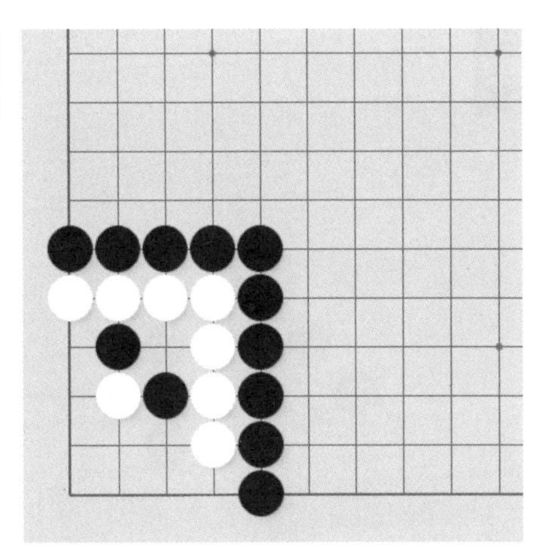

检查 □

7586

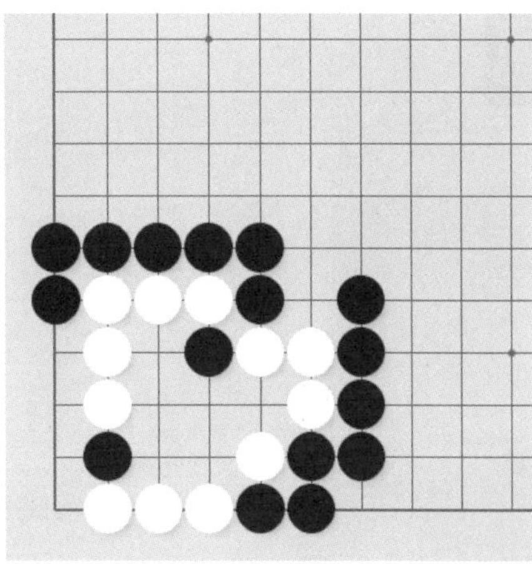

检查 □

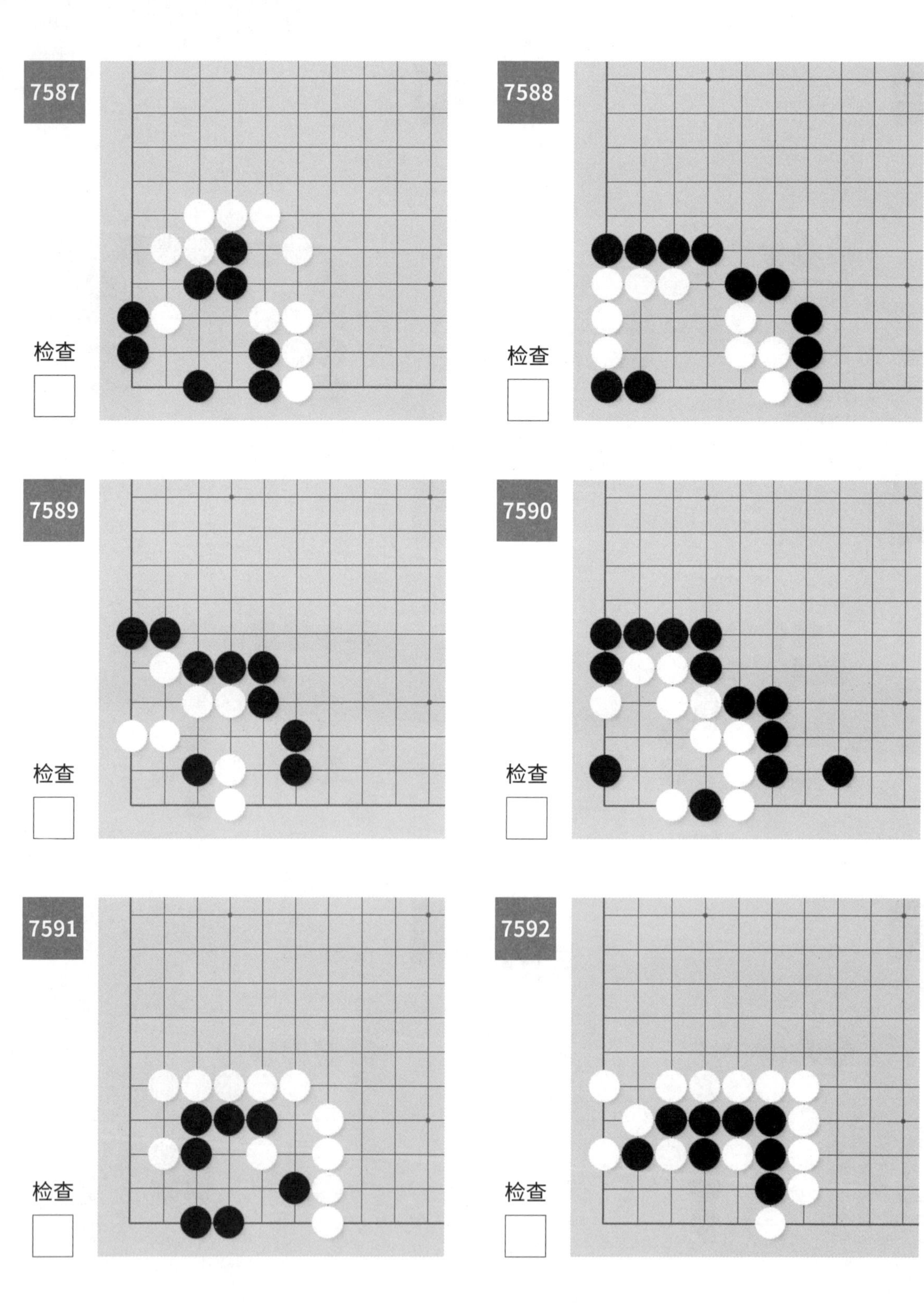
7587
检查
7588
检查
7589
检查
7590
检查
7591
检查
7592
检查

593

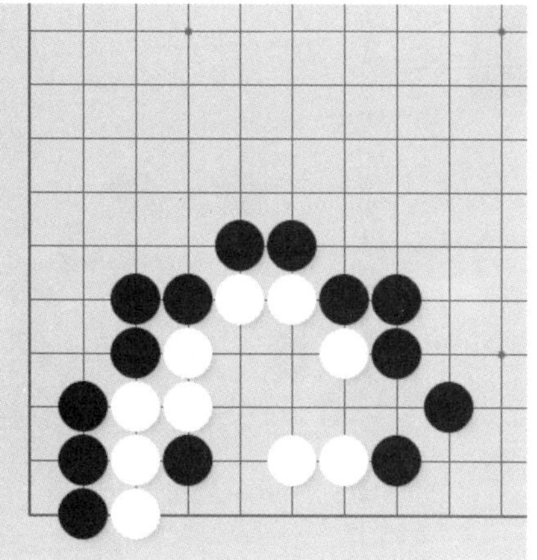

佥查

7594

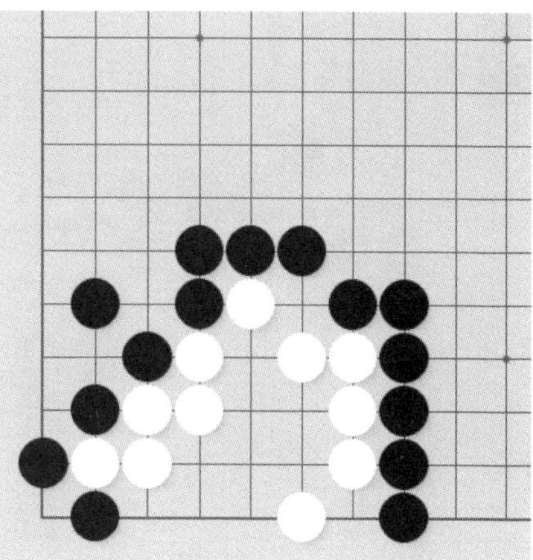

检查

595

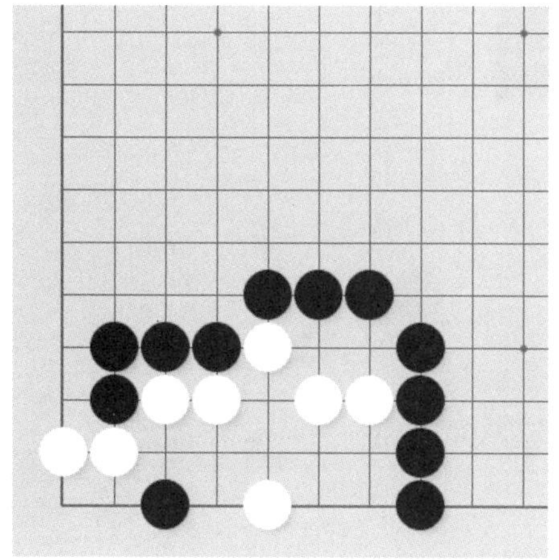

佥查

7596

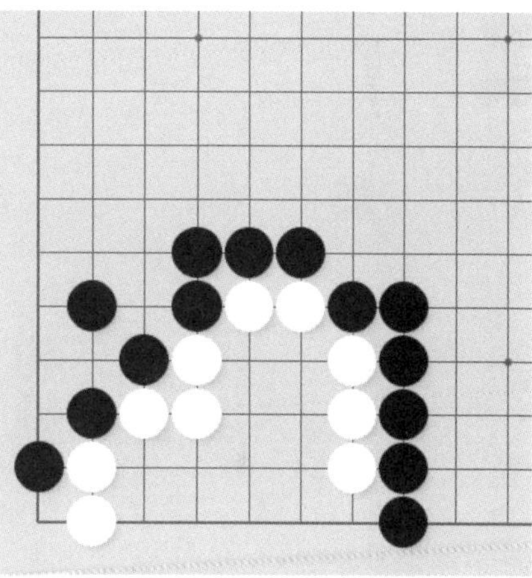

检查

597

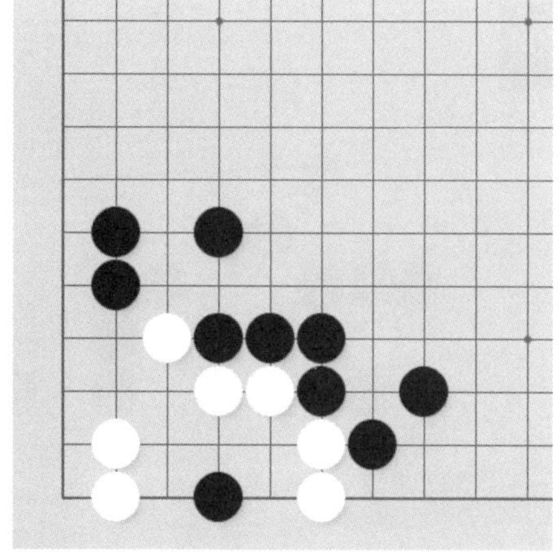

佥查

7598

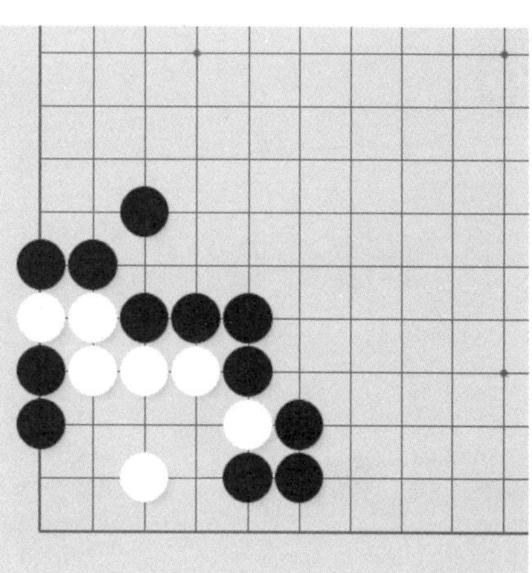

检查

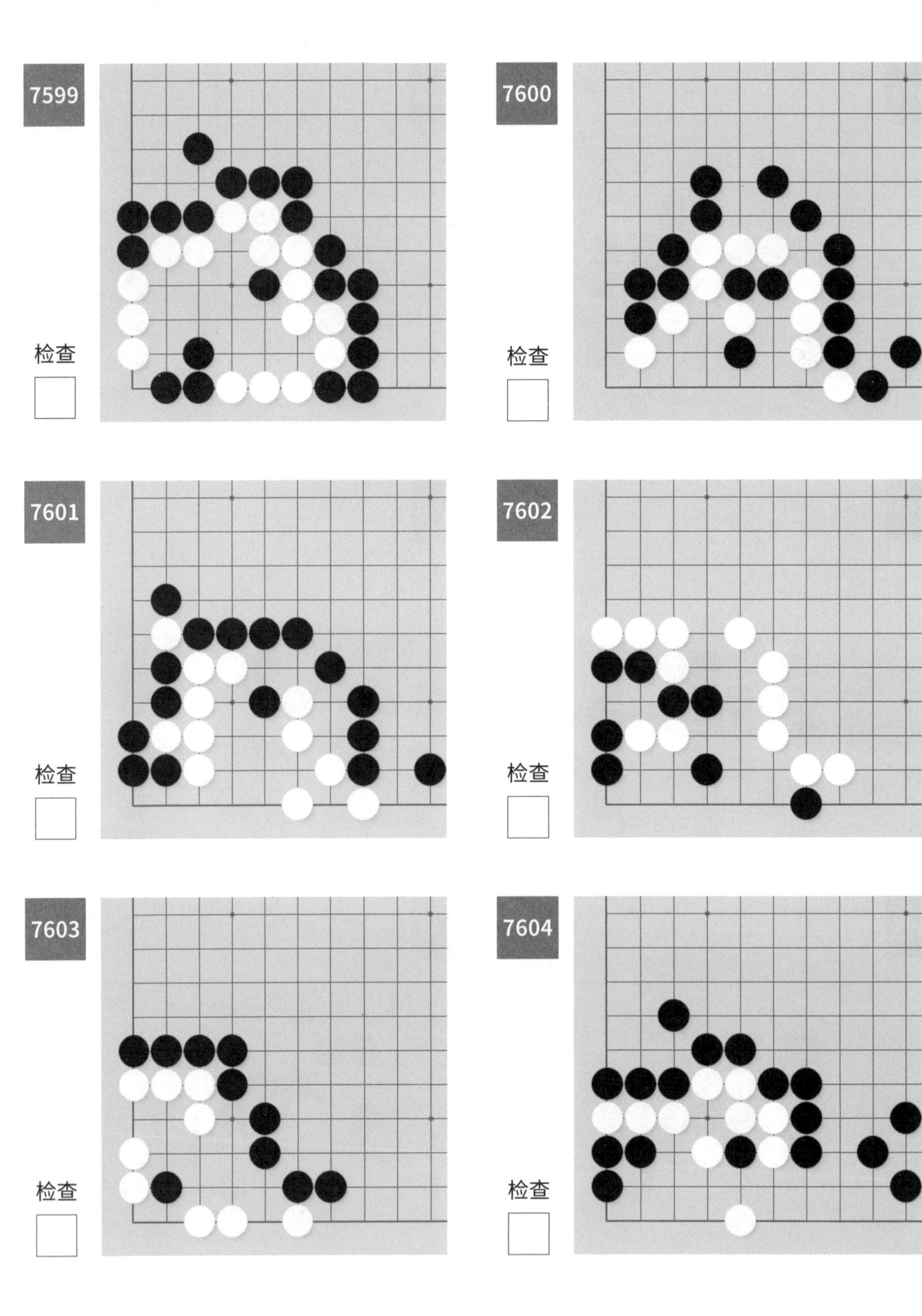
7599
检查
7600
检查
7601
检查
7602
检查
7603
检查
7604
检查

605

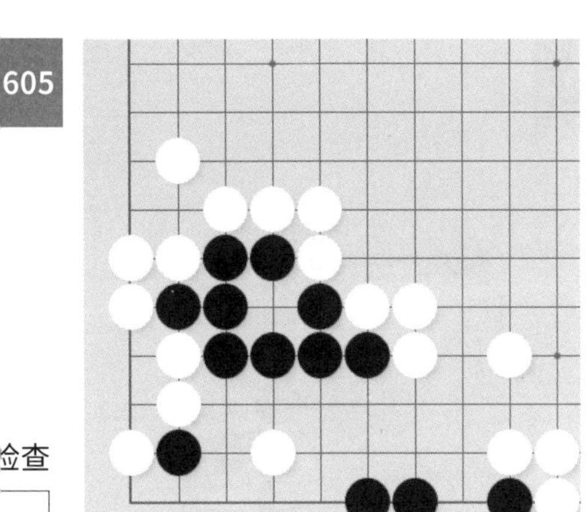

检查

7606

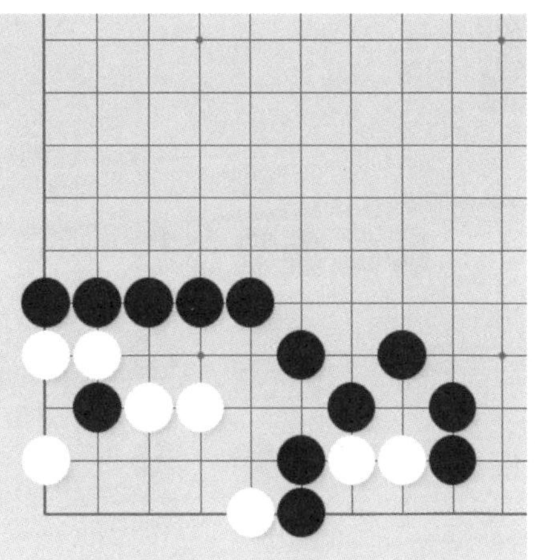

检查

607

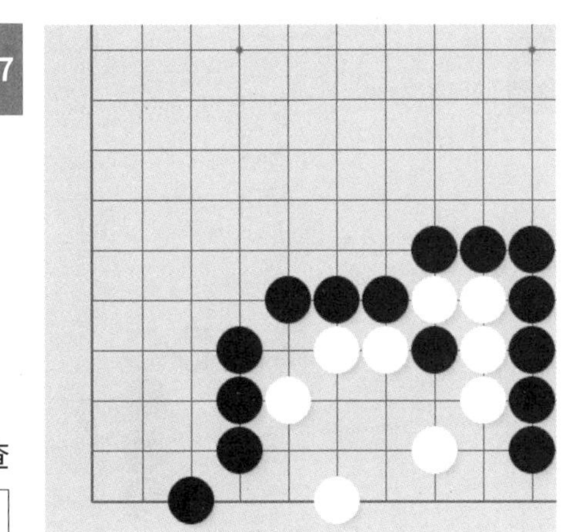

检查

7608

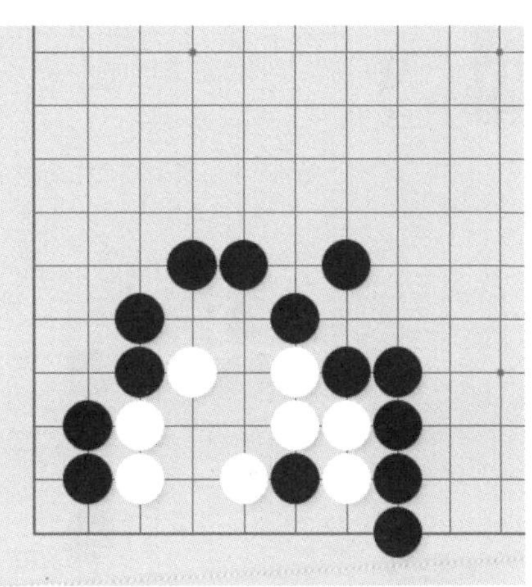

检查

609

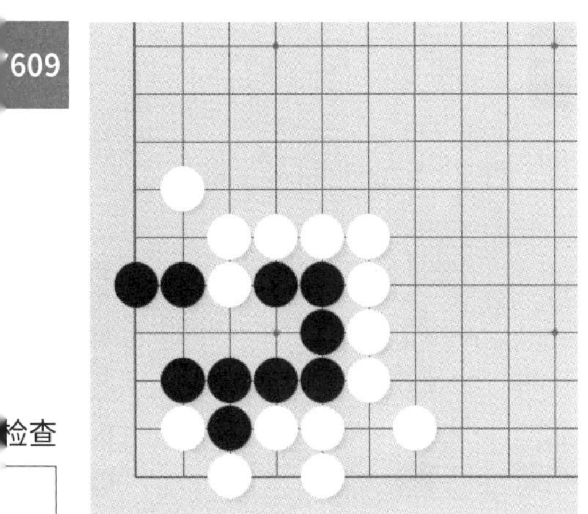

检查

7610

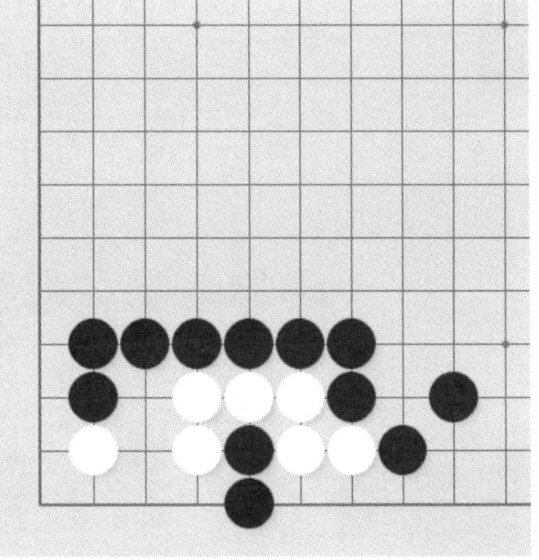

检查

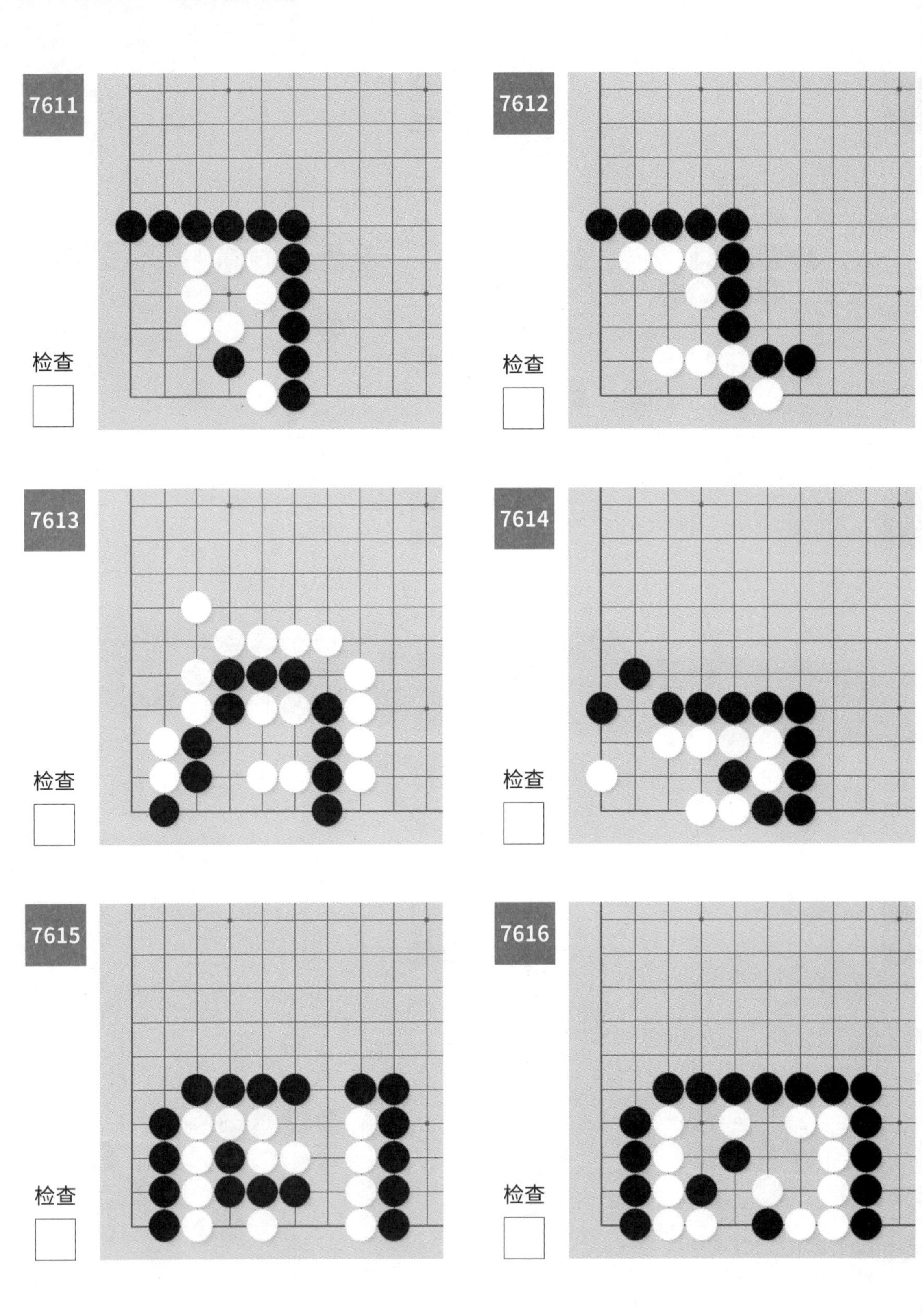
7611
检查
7612
检查
7613
检查
7614
检查
7615
检查
7616
检查

617

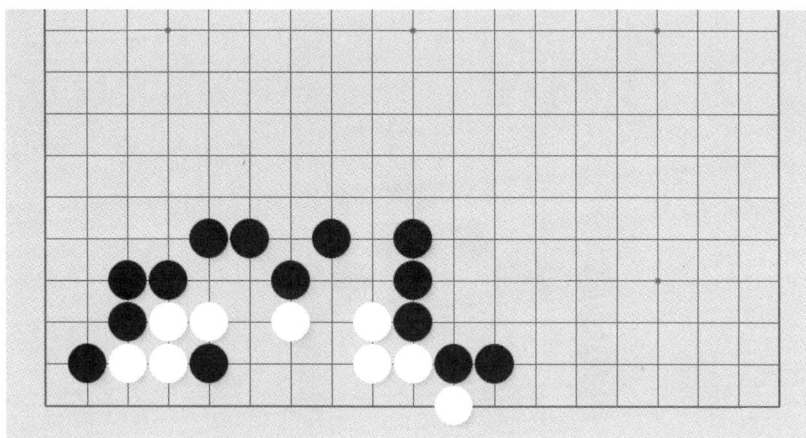

检查

618

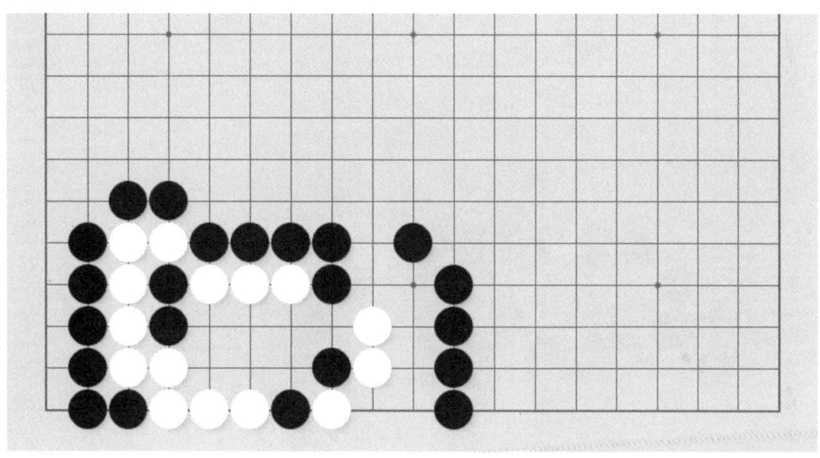

检查

619

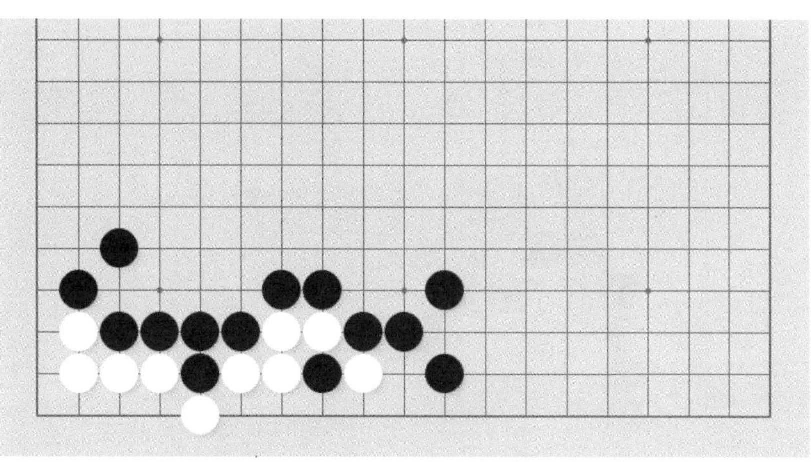

检查

7620

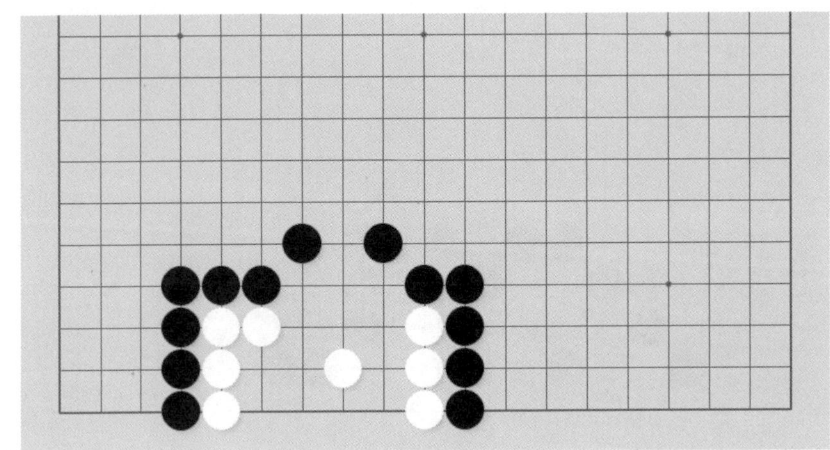

检查 □

7621

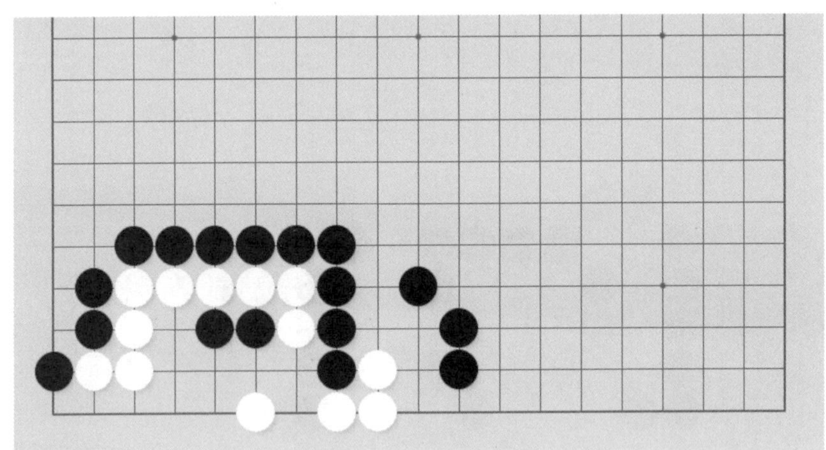

检查 □

7622

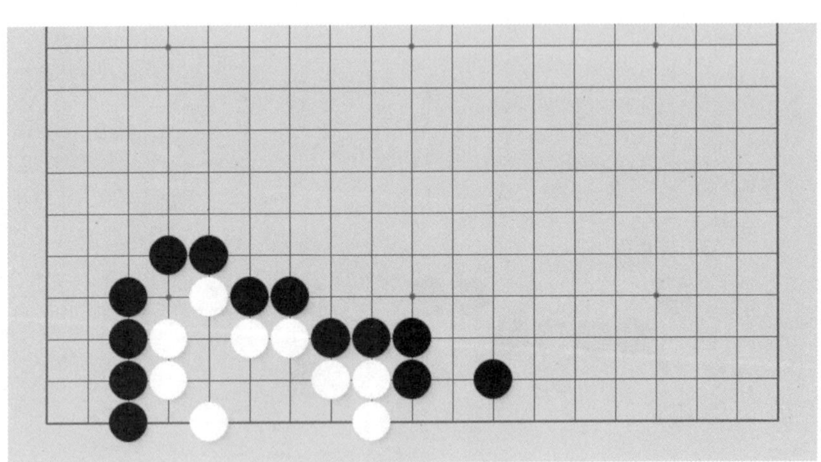

检查 □

623

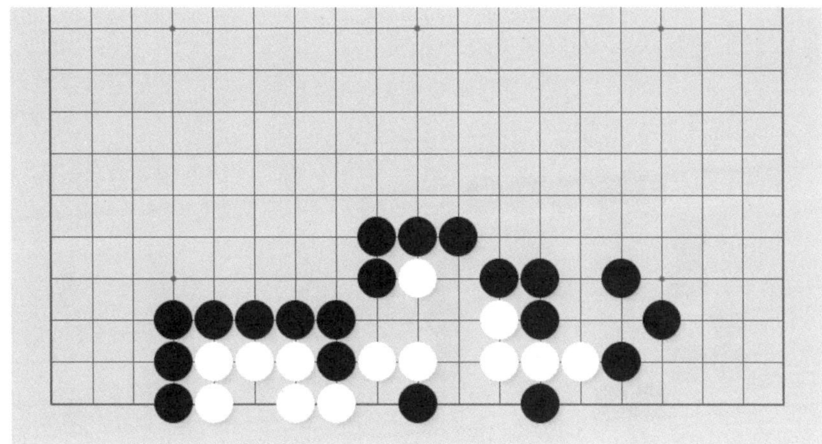

检查 □

624

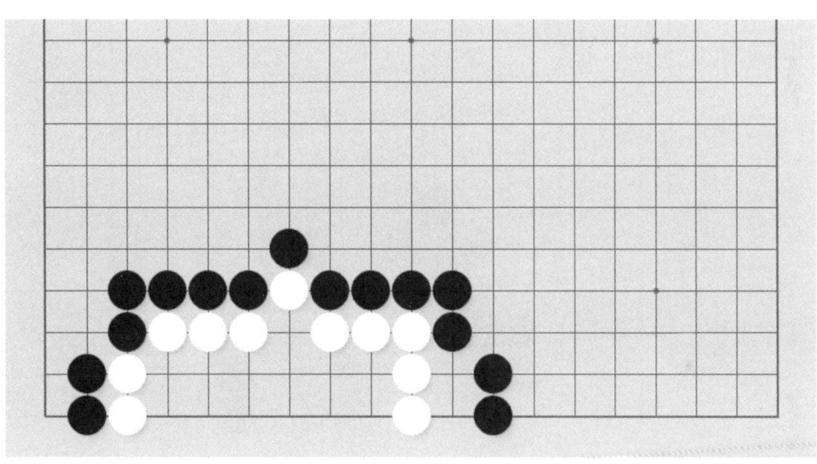

检查 □

625

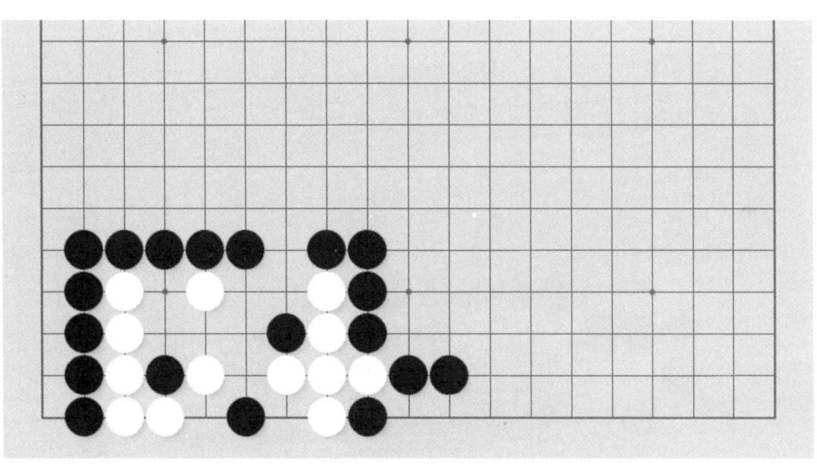

检查 □

7626

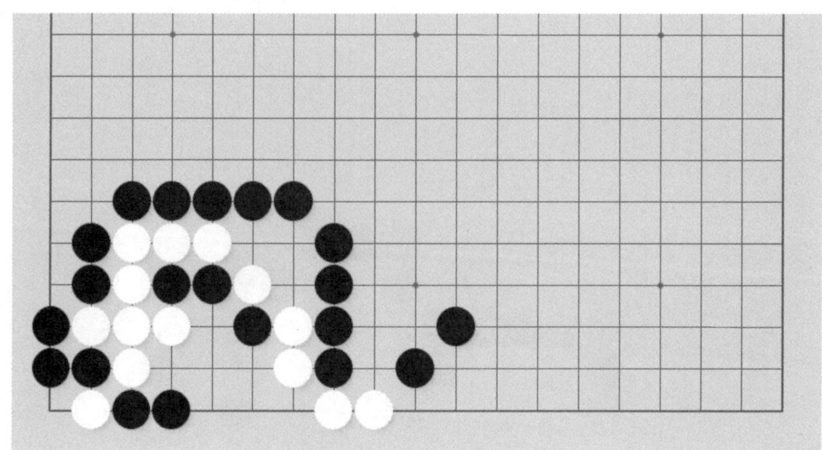

检查 □

7627

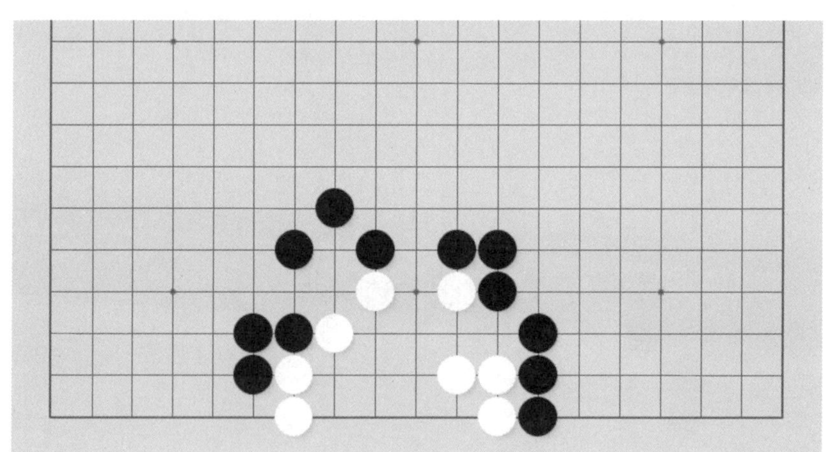

检查 □

7628

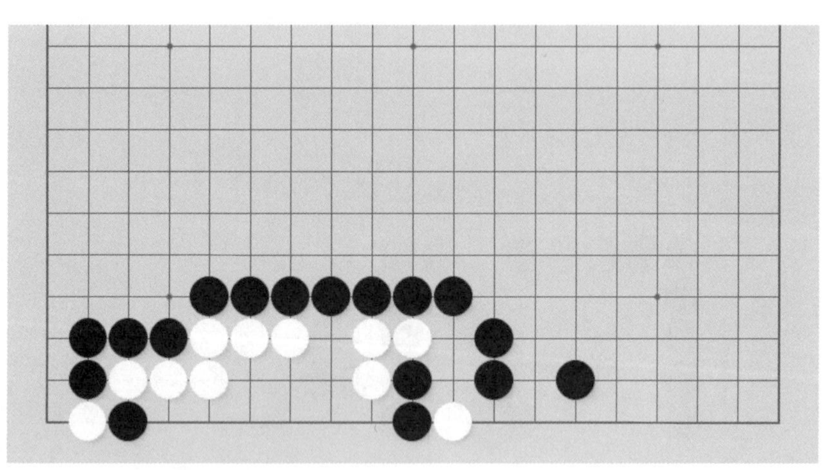

检查 □

7629

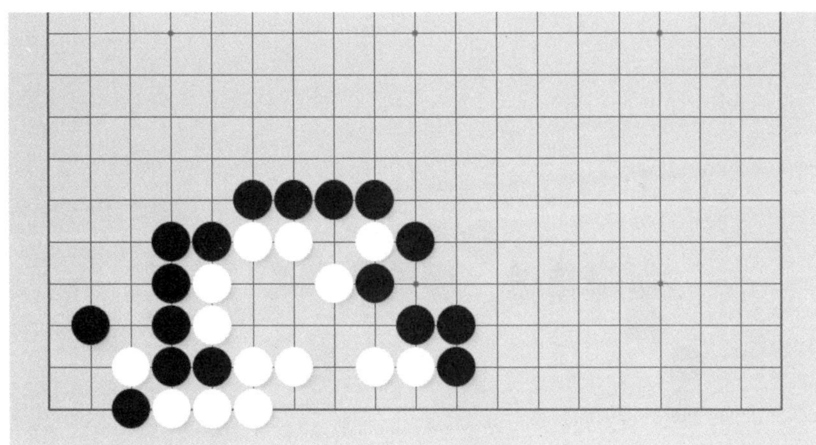

检查

7630

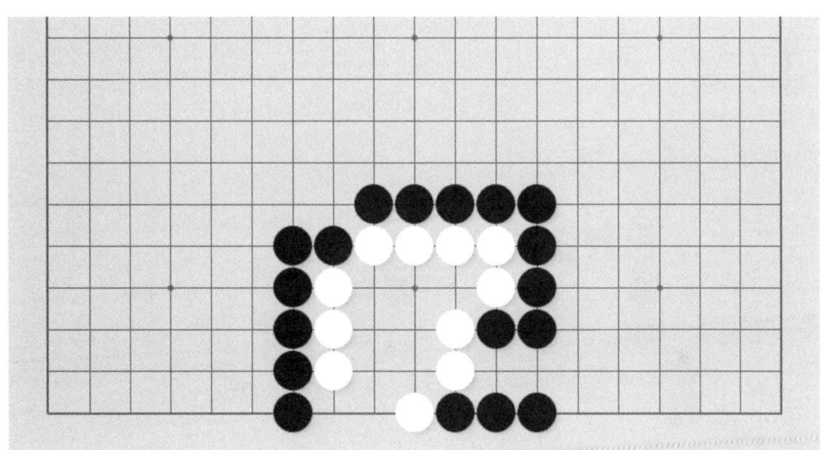

检查

7631

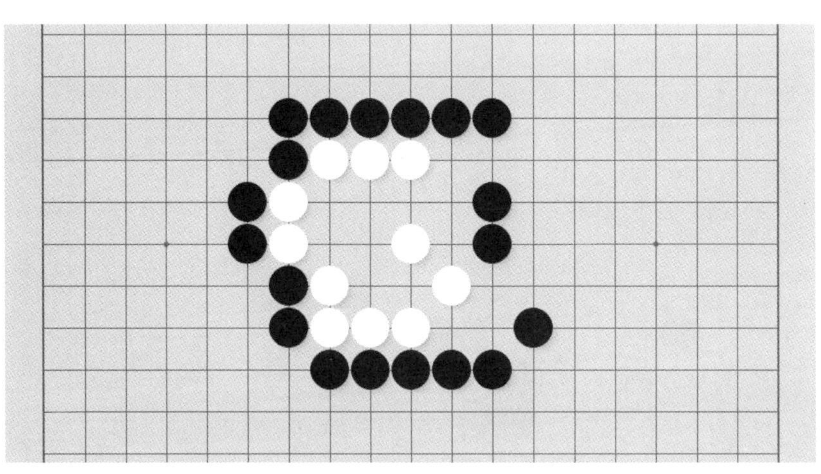

检查

7632

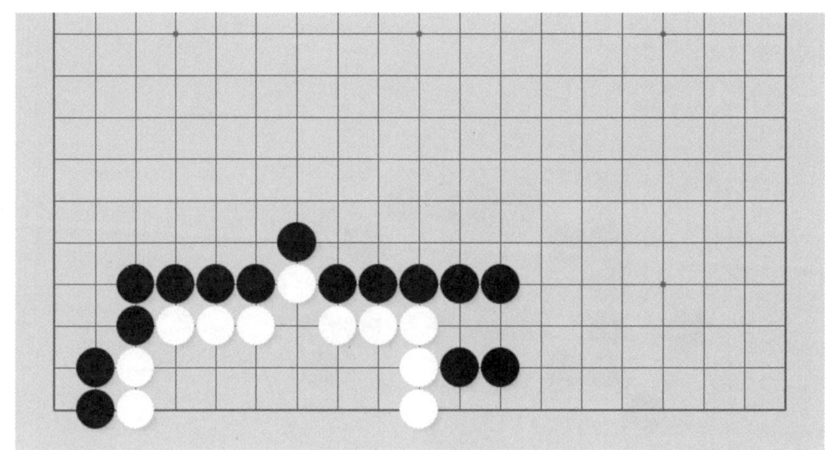

检查

7633

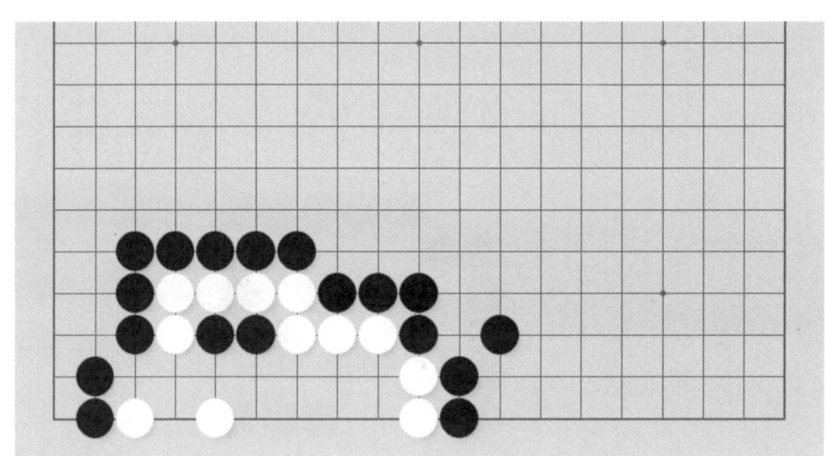

检查

7634

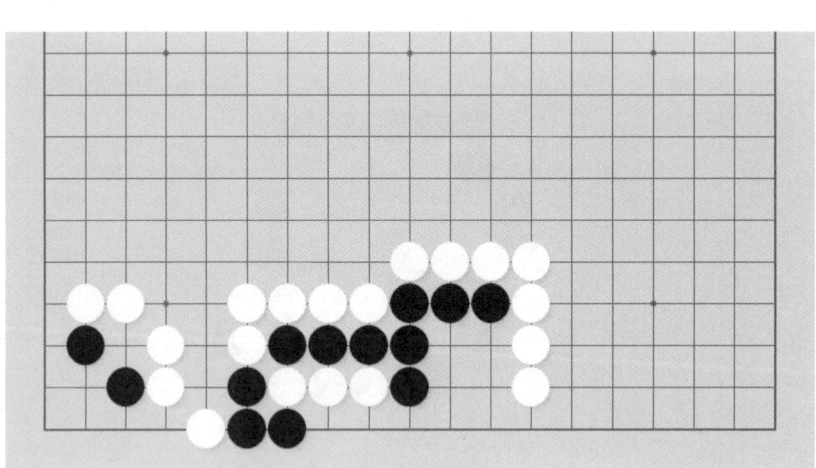

检查

7635

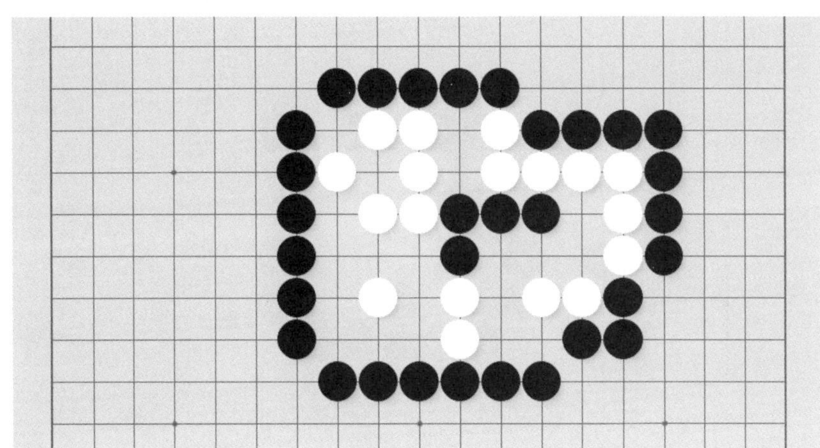

检查 □

7636

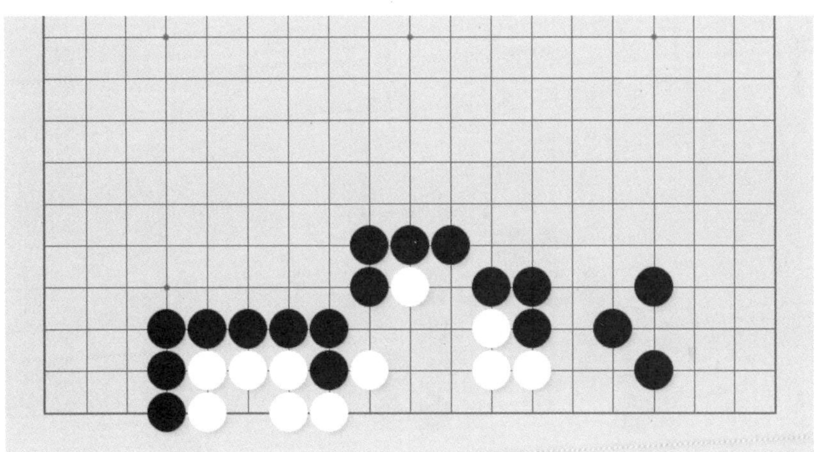

检查 □

7637

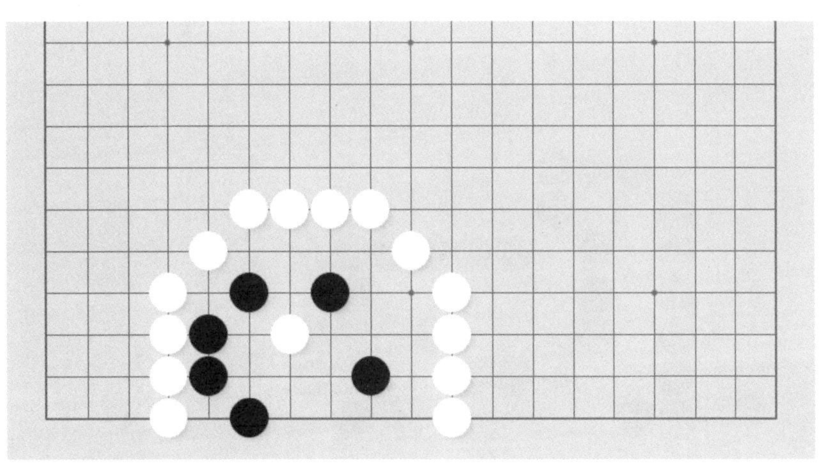

检查 □

7638

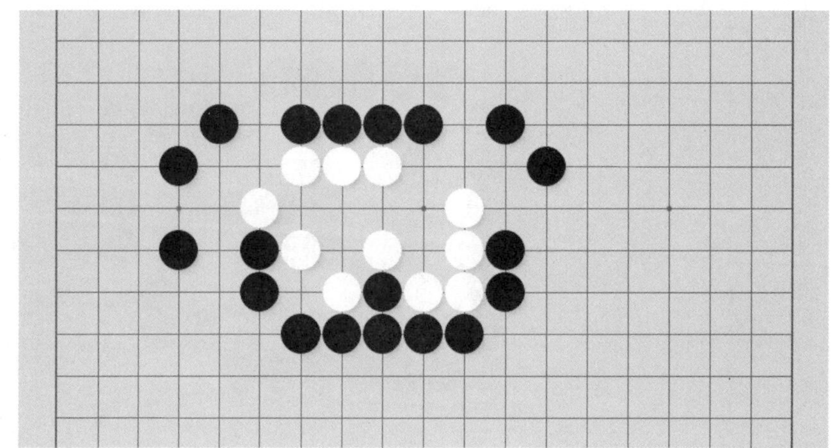

检查

7639

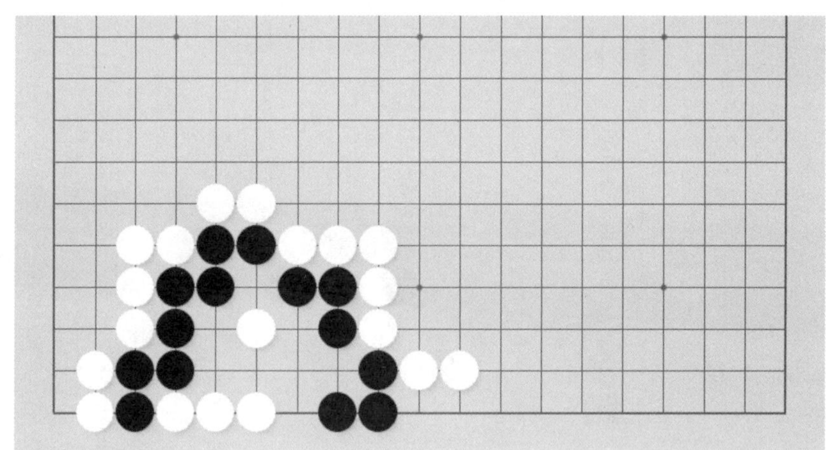

检查

7640

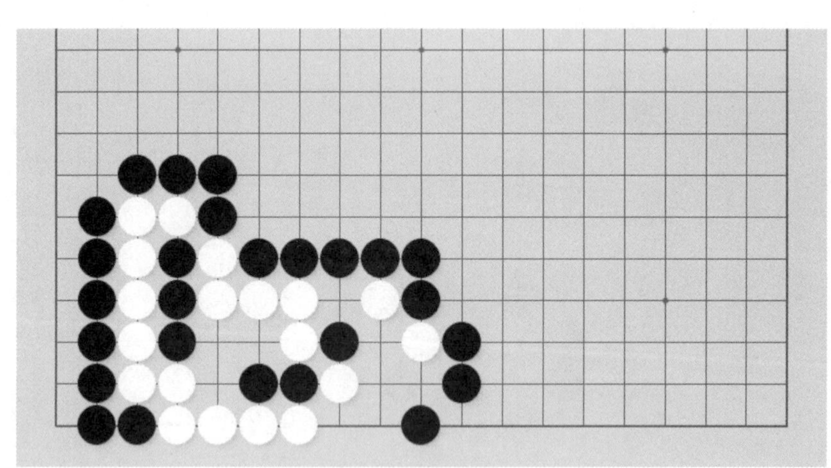

检查

7641

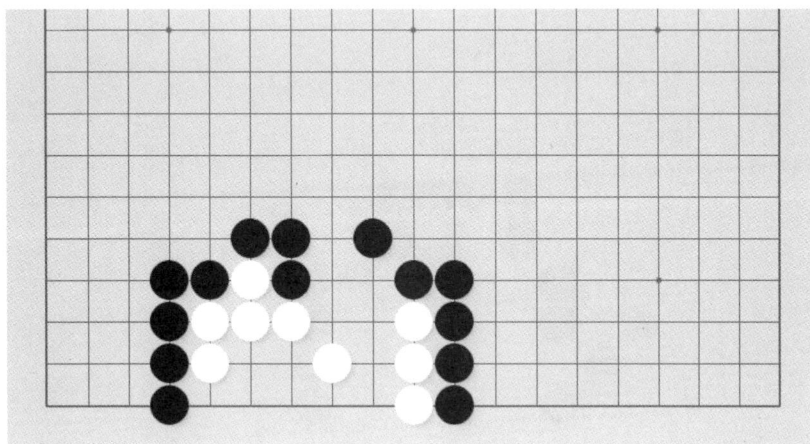

检查

7642

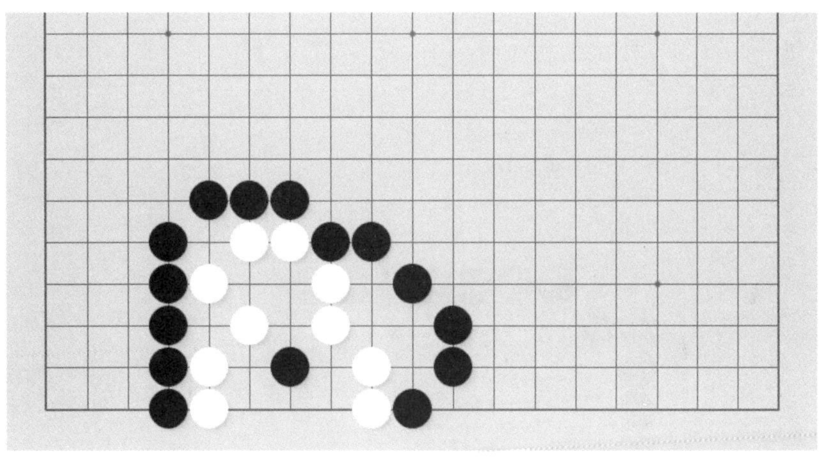

检查

7643

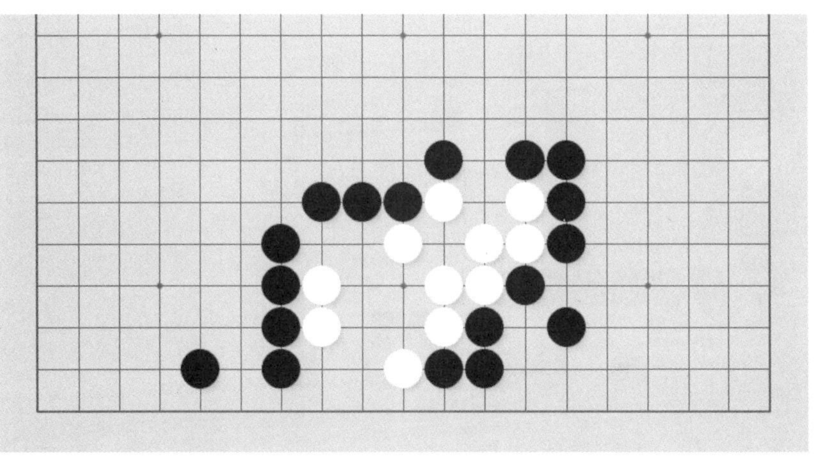

检查

7644

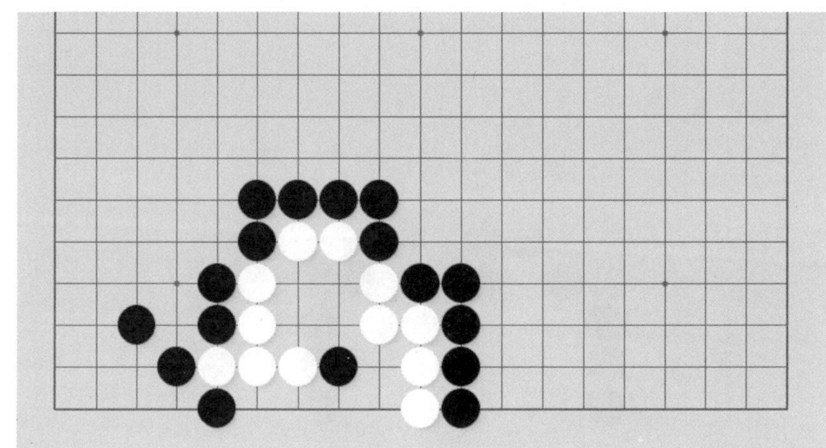

检查

7645

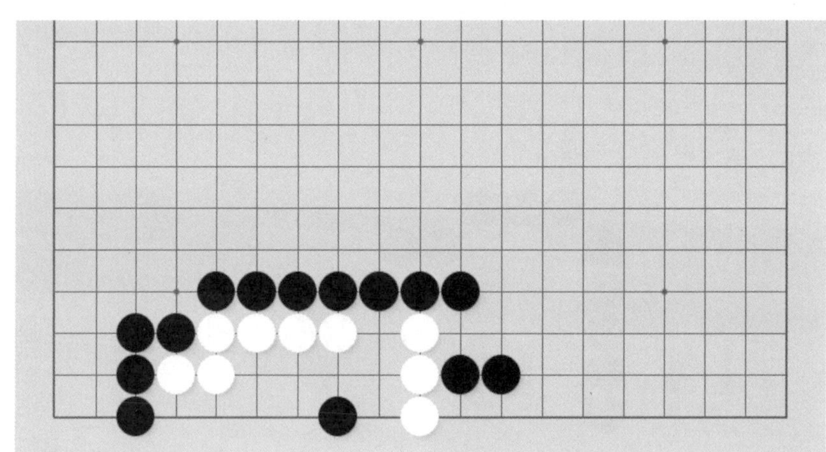

检查

7646

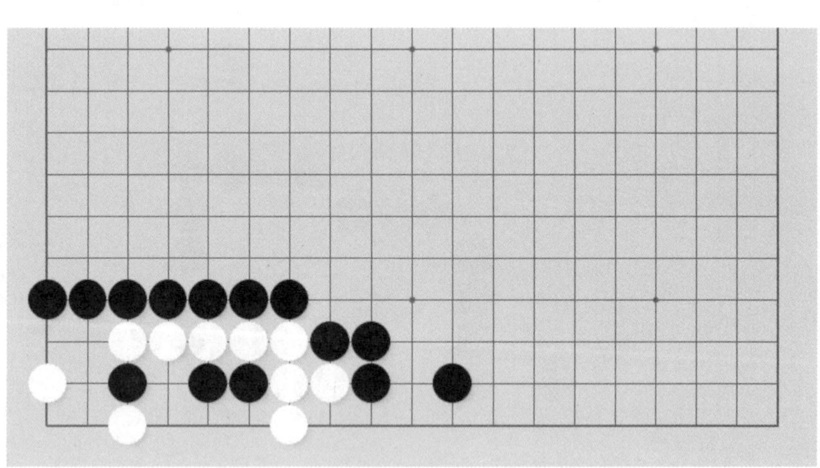

检查

647

检查

7648

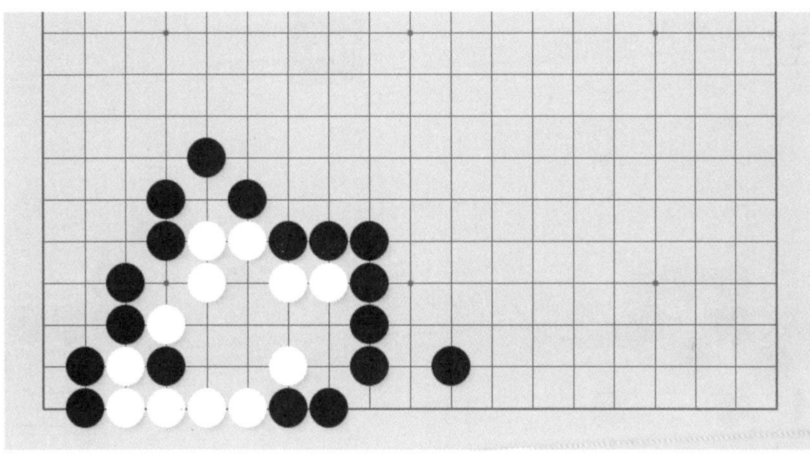

检查

中腹诘棋

诘棋根据创造于棋盘的位置，也有分成边角诘棋与中腹诘棋一说。

在诘棋题中，中腹诘棋相当罕见，而松浦吉洋九段是该创作领域的佼佼者。一般来说，中腹诘棋由于没有角的特殊性，比较不容易寻到出彩的手筋，但在松浦吉洋老师的大作《松风》中，每一道中腹题都是杰作，令人敬佩。

——陈禧

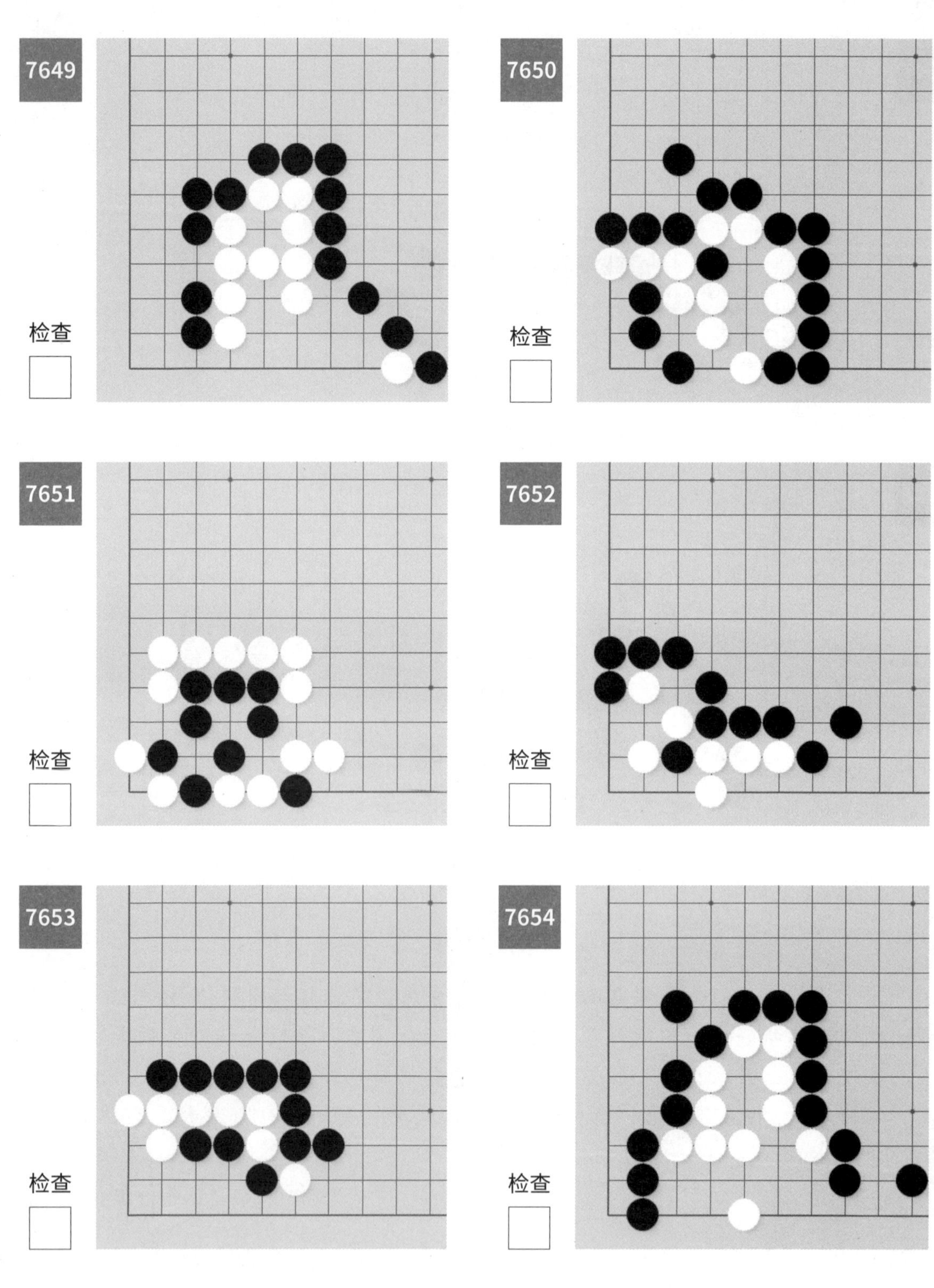
7649
检查
7650
检查
7651
检查
7652
检查
7653
检查
7654
检查

7655

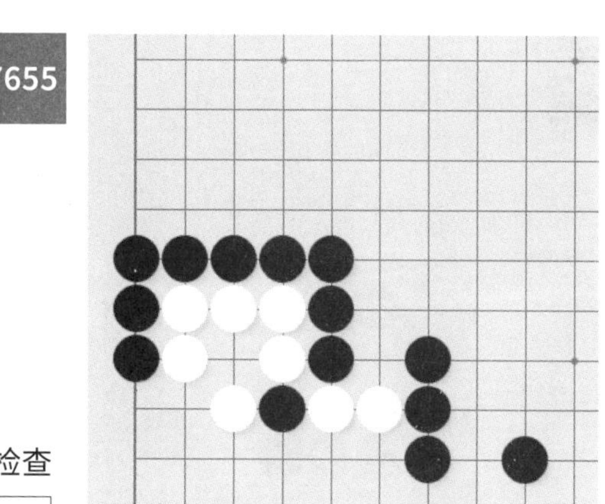

检查

7656

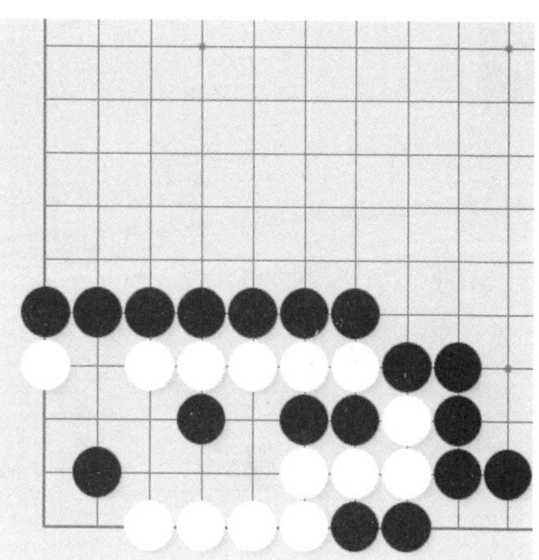

检查

7657

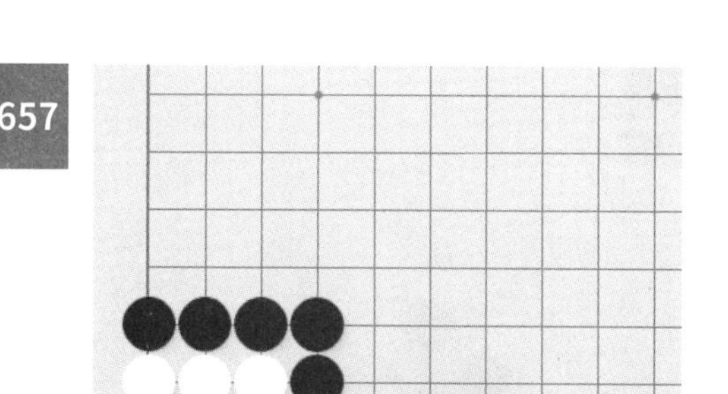

检查

7658

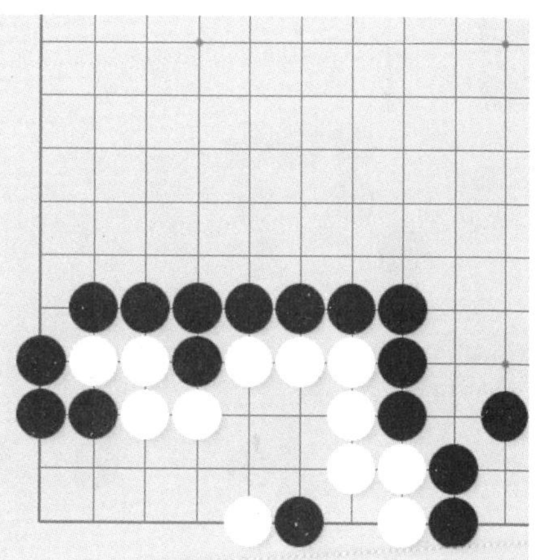

检查

7659

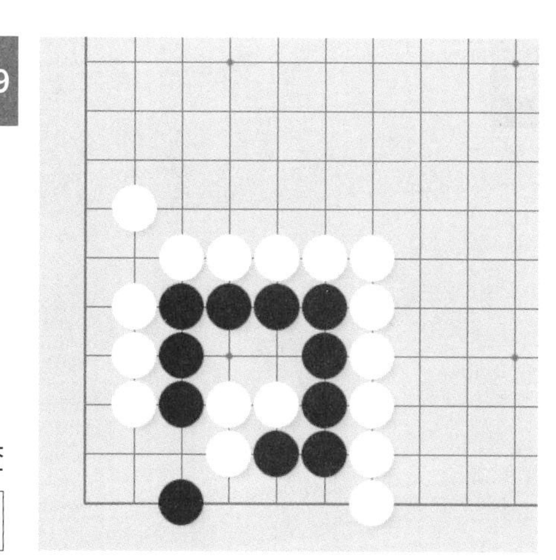

检查

7660

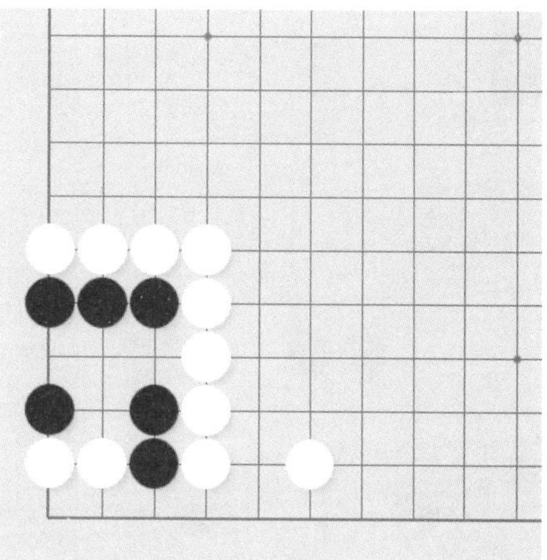

检查

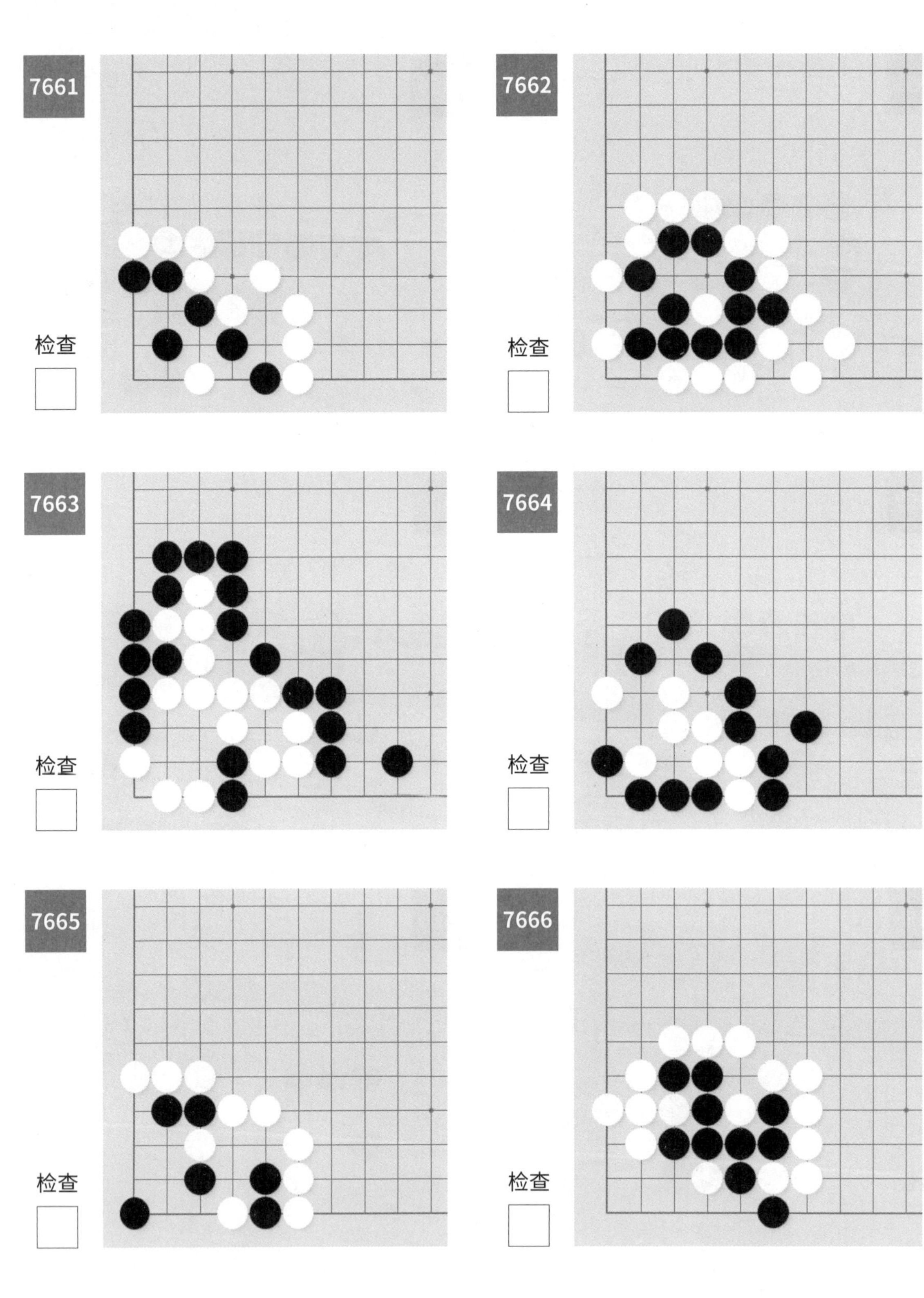
7661
检查
7662
检查
7663
检查
7664
检查
7665
检查
7666
检查

667

检查

7668

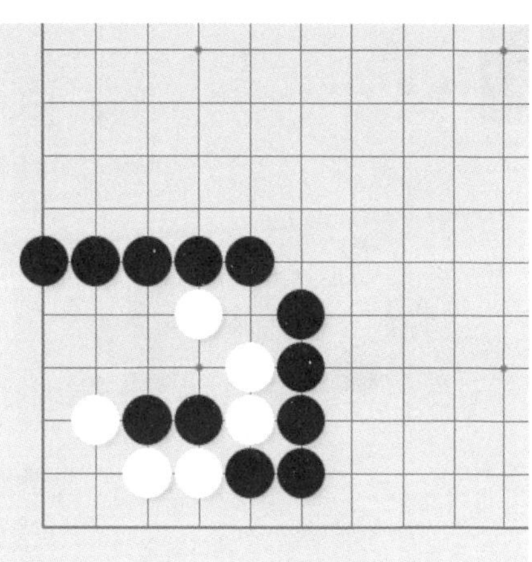

检查

669

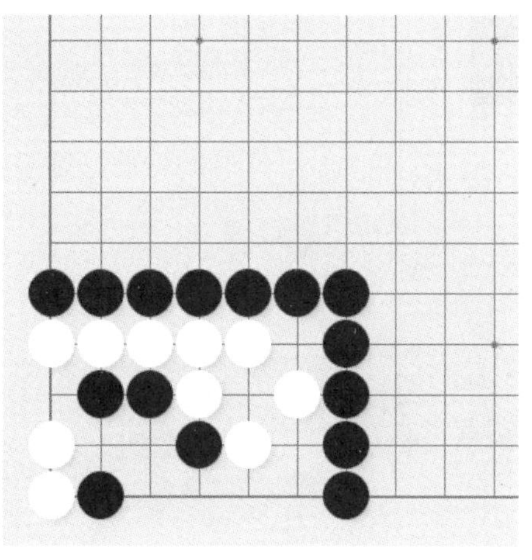

检查

7670

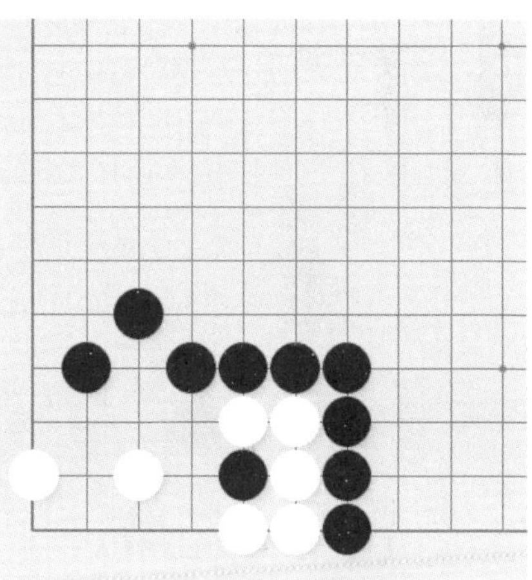

检查

671

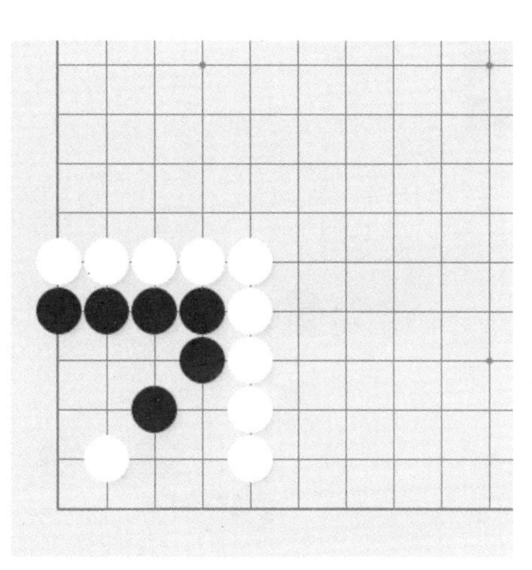

检查

7672

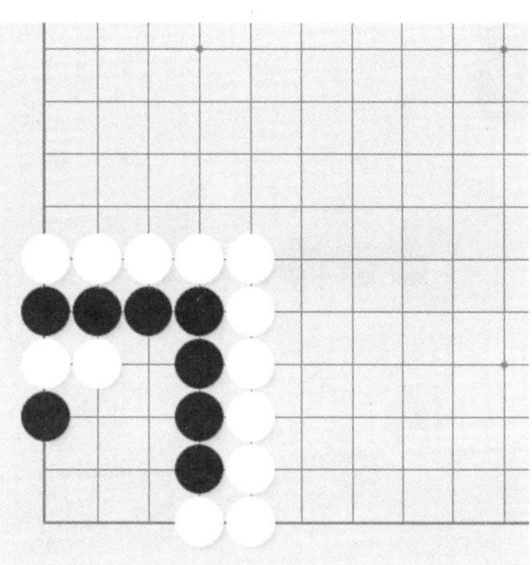

检查

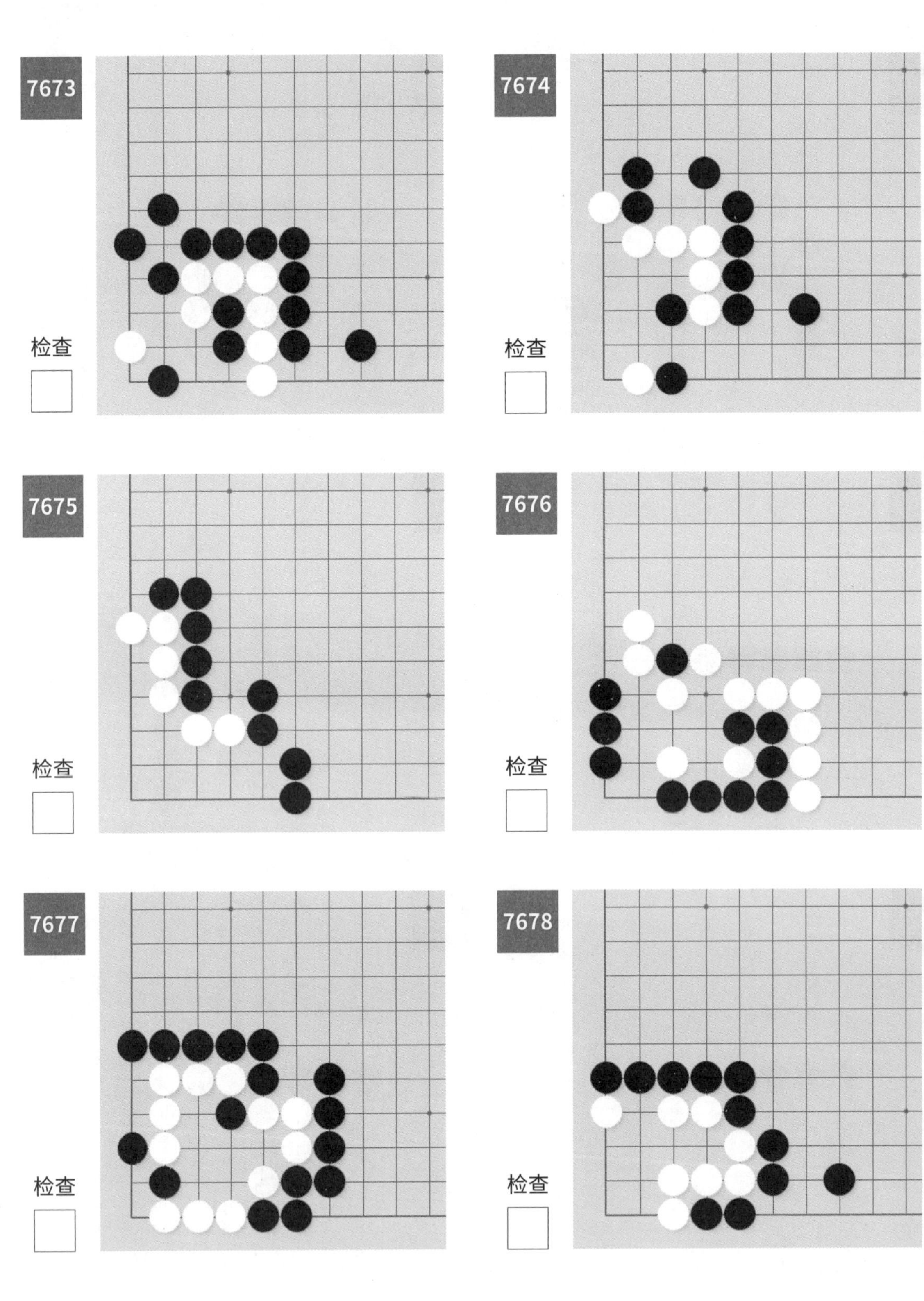
7673
检查
7674
检查
7675
检查
7676
检查
7677
检查
7678
检查

679

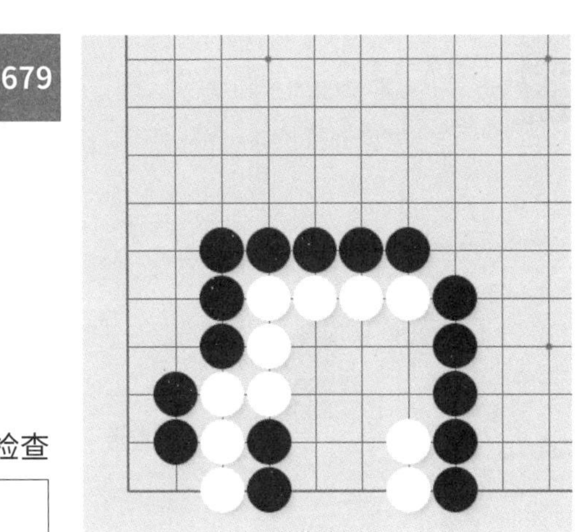

检查

7680

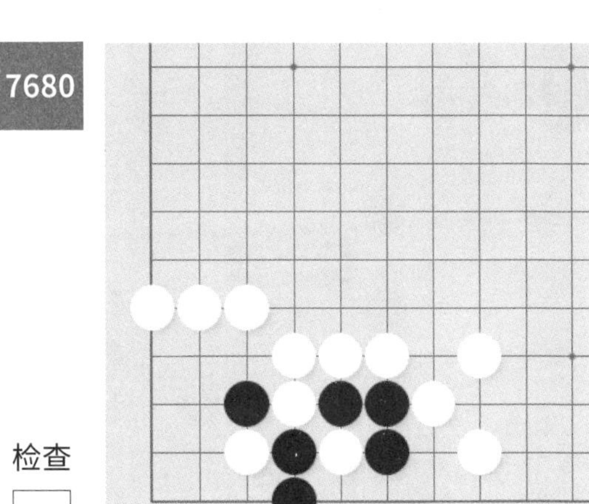

检查

681

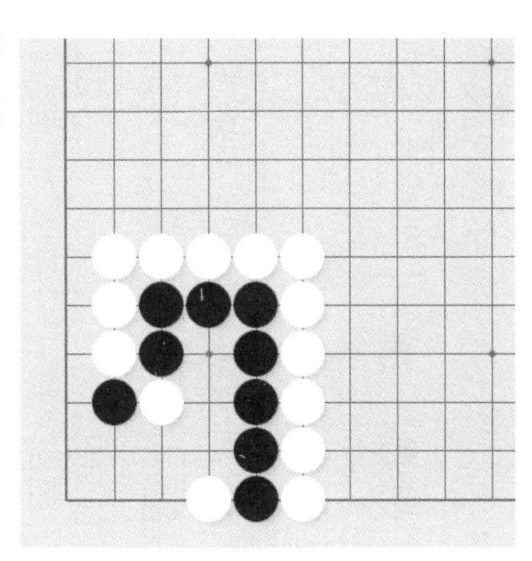

检查

7682

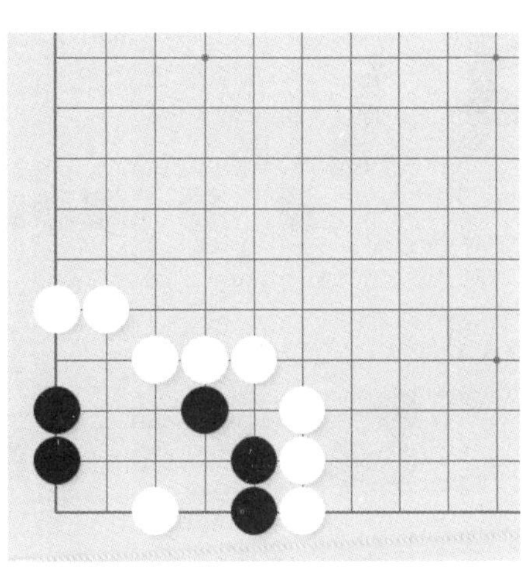

检查

683

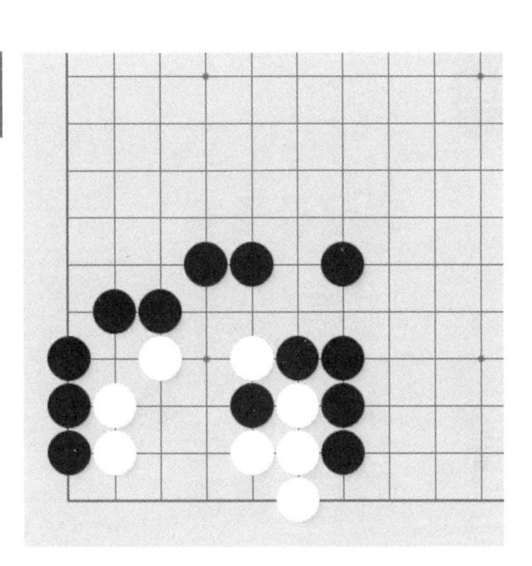

检查

7684

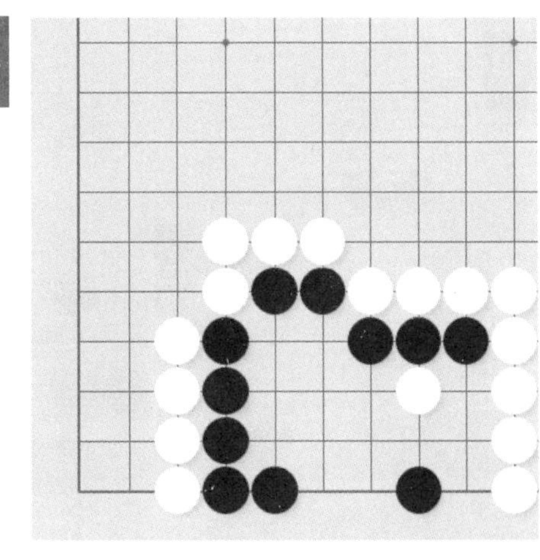

检查

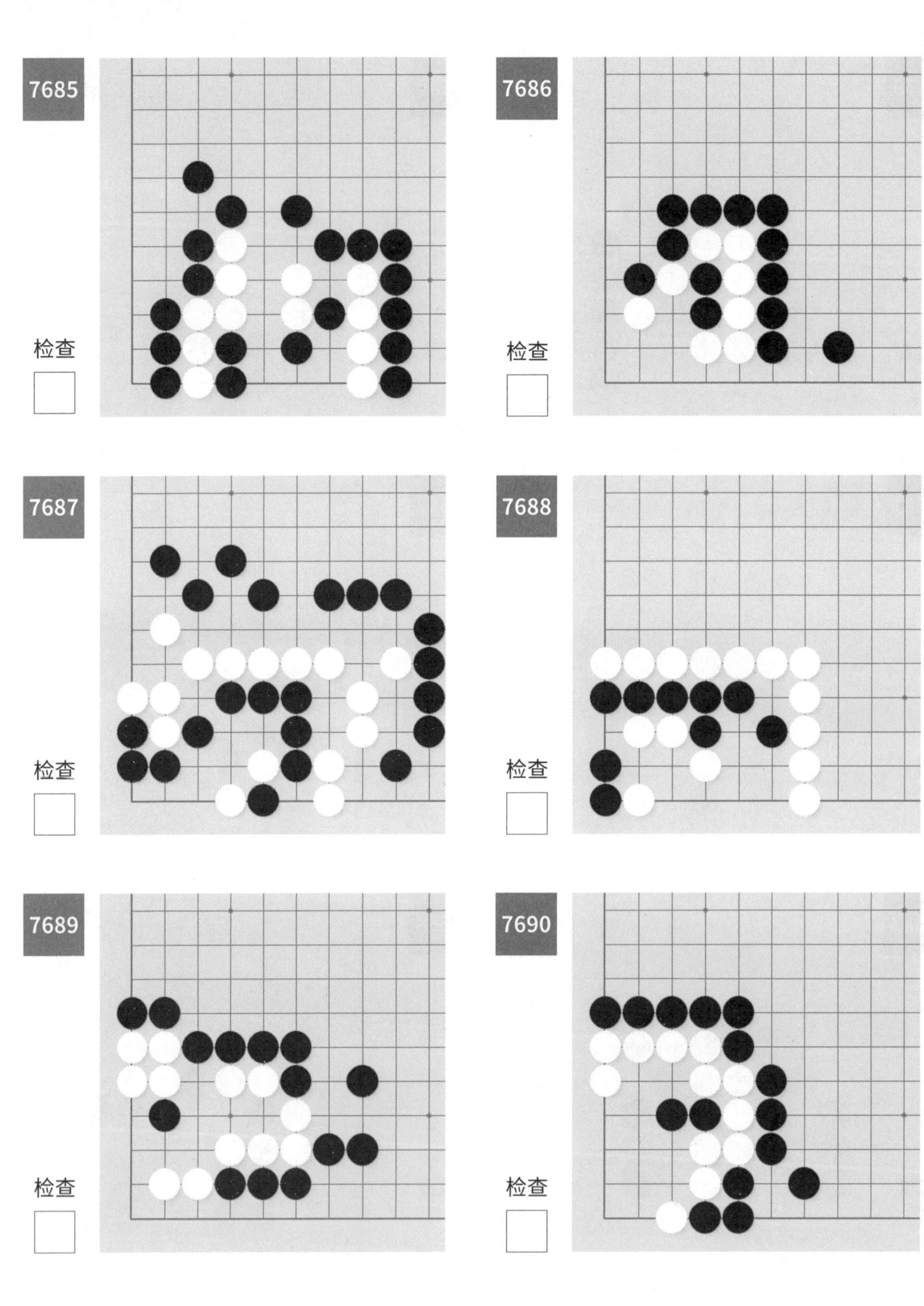
7685
检查
7686
检查
7687
检查
7688
检查
7689
检查
7690
检查

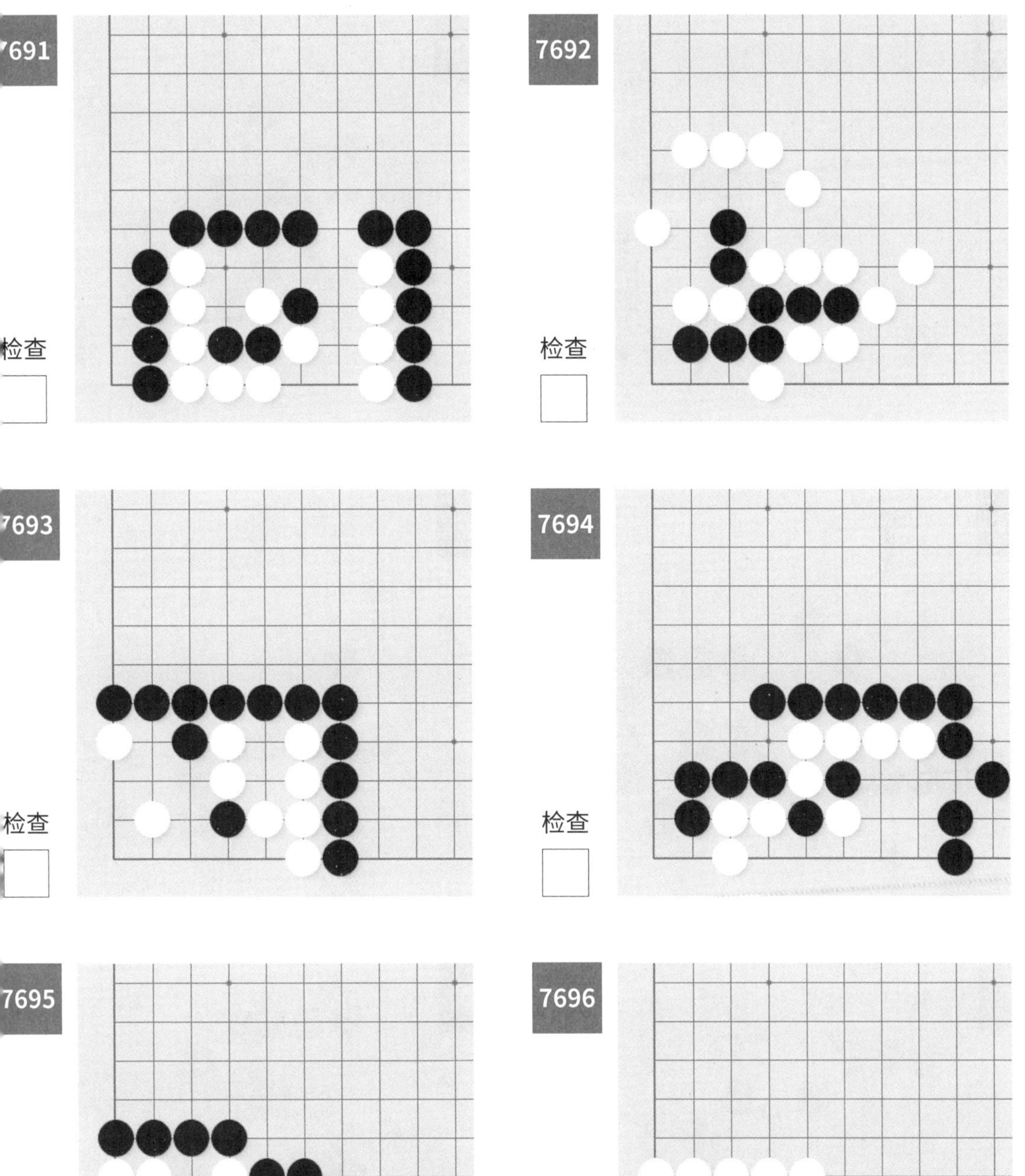

7691
检查
7692
检查
7693
检查
7694
检查
7695
检查
7696
检查

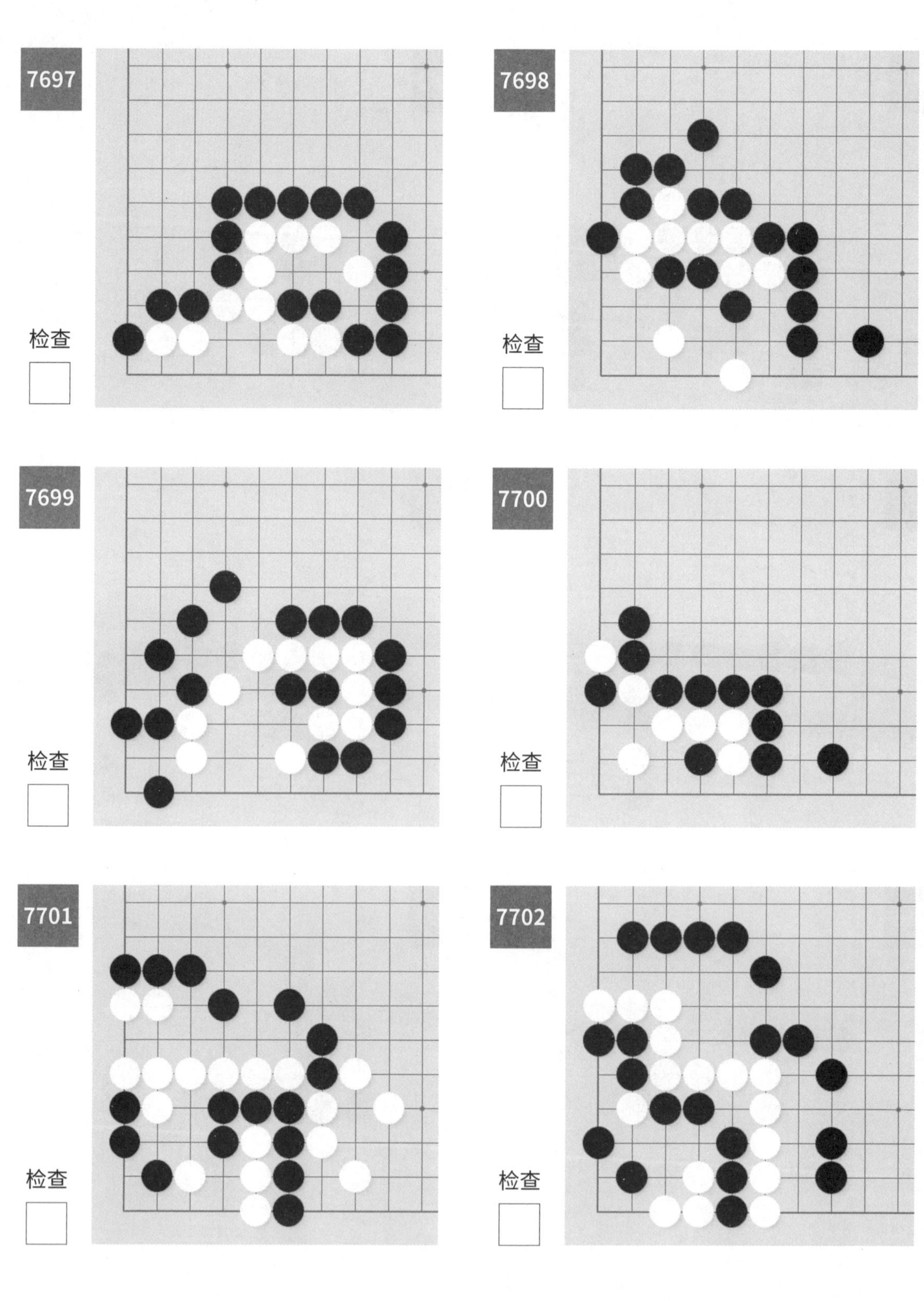
7697
检查
7698
检查
7699
检查
7700
检查
7701
检查
7702
检查

7703

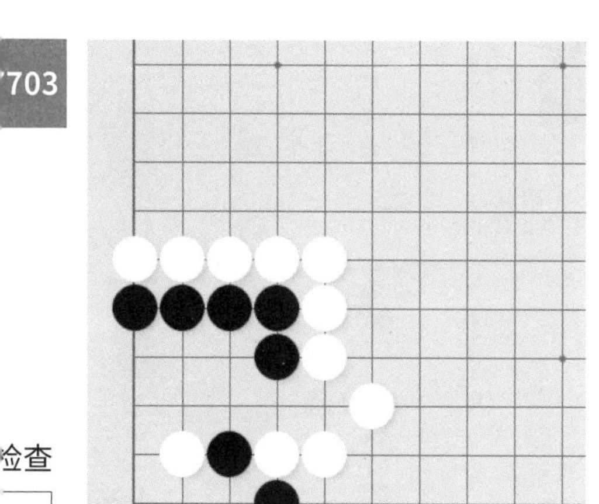

检查 □

7704

检查 □

7705

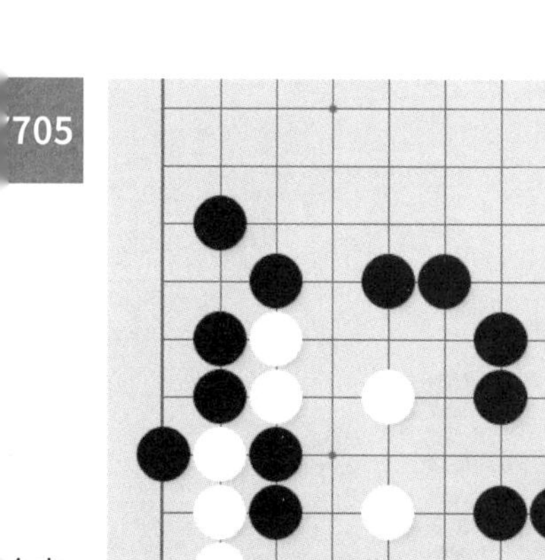

检查 □

7706

检查 □

7707

检查 □

7708

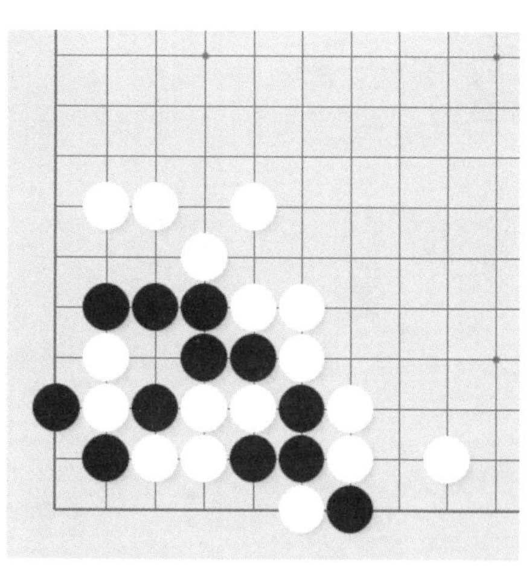

检查 □

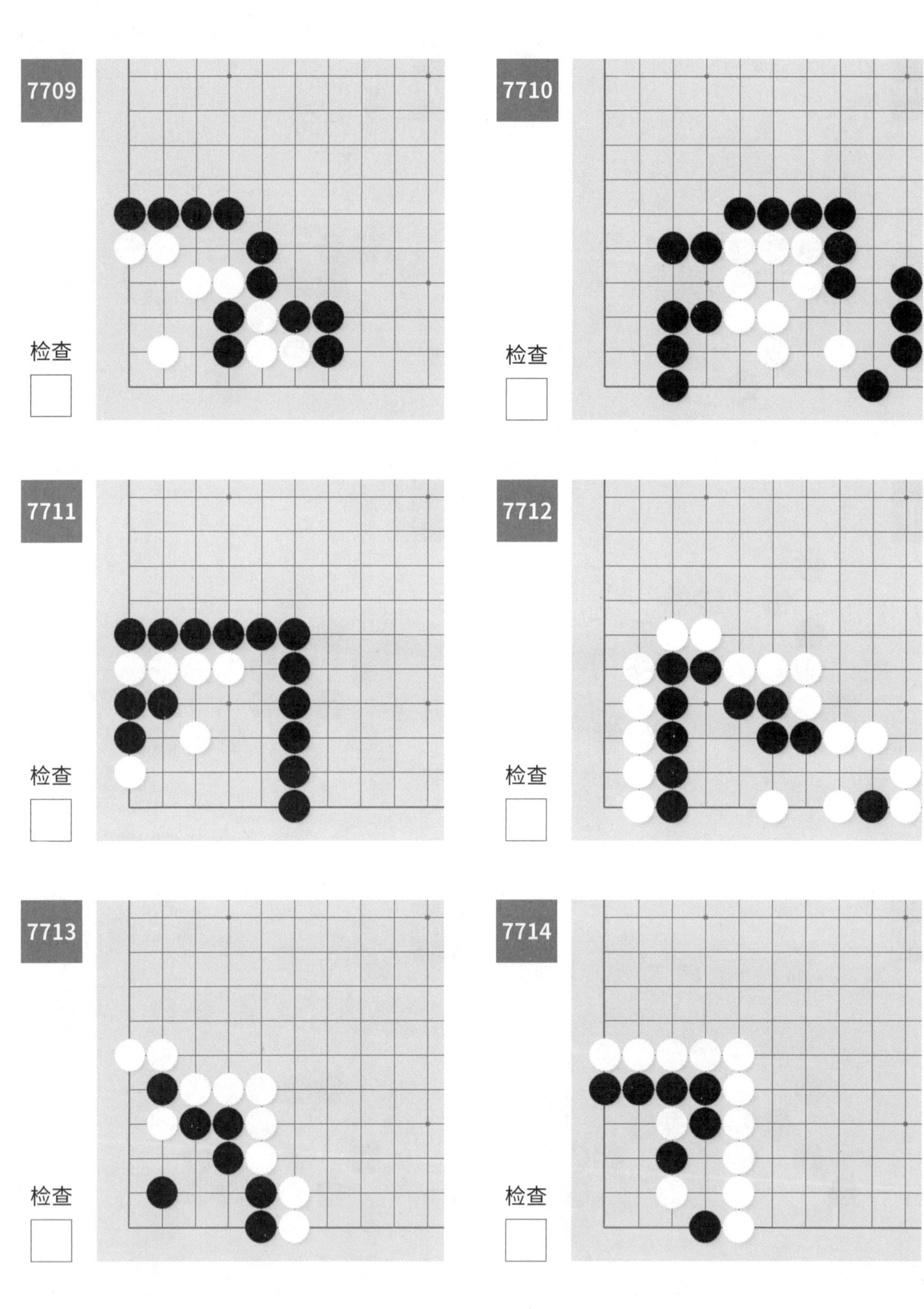
7709
检查
7710
检查
7711
检查
7712
检查
7713
检查
7714
检查

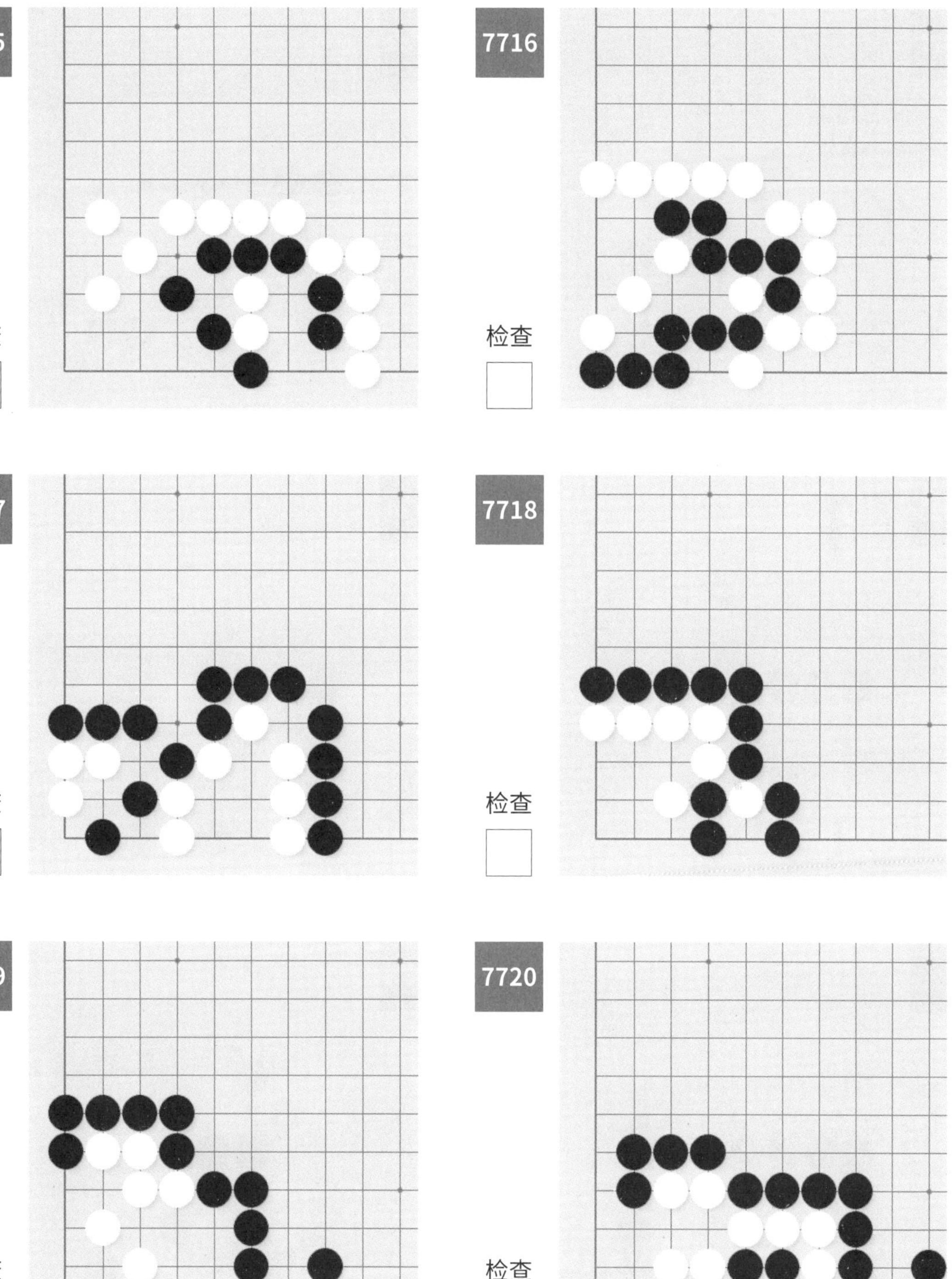

7715
检查
7716
检查
7717
检查
7718
检查
7719
检查
7720
检查

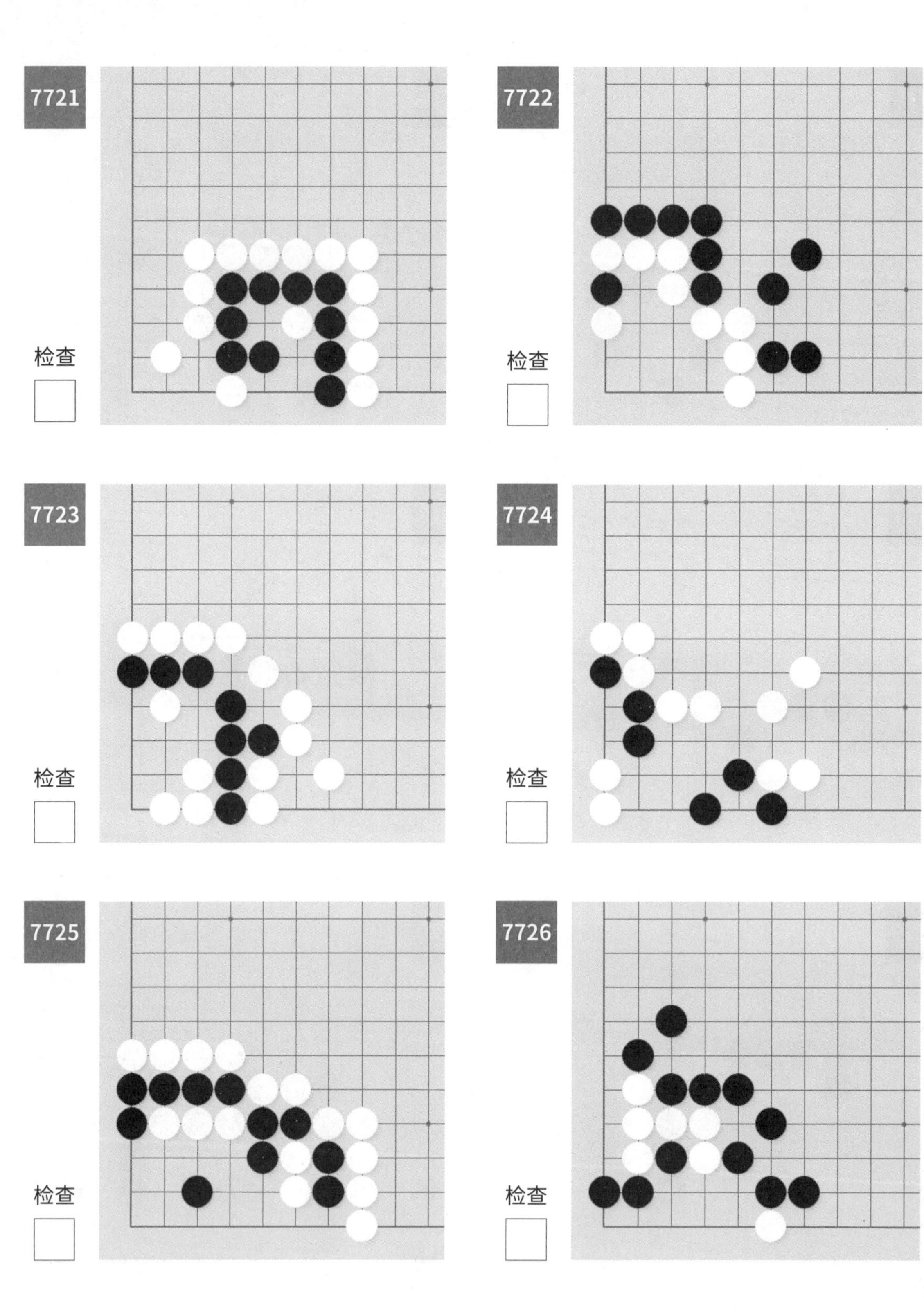
7721
检查
7722
检查
7723
检查
7724
检查
7725
检查
7726
检查

7727

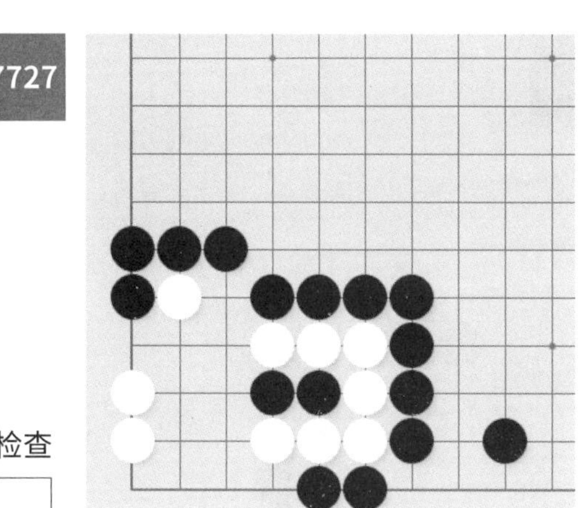

检查

7728

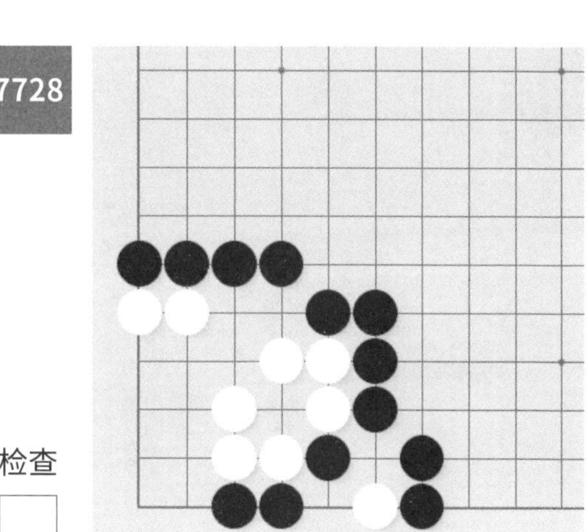

检查

7729

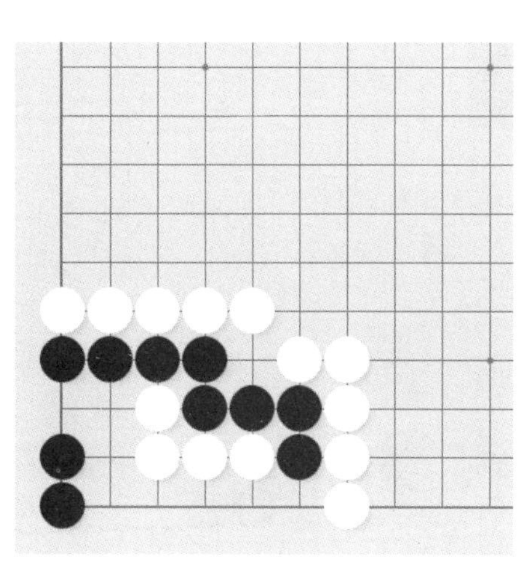

检查

7730

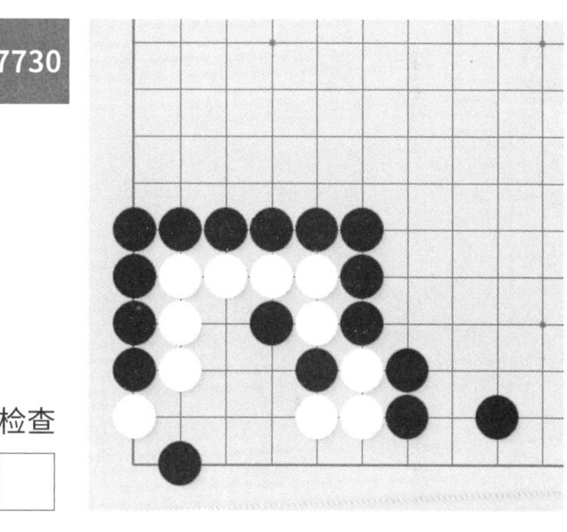

检查

7731

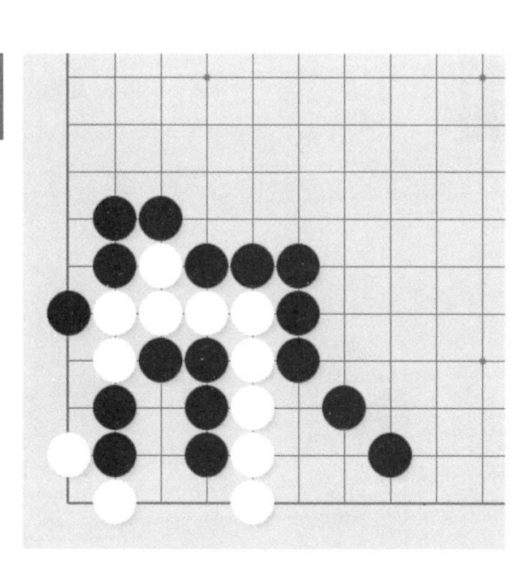

检查

7732

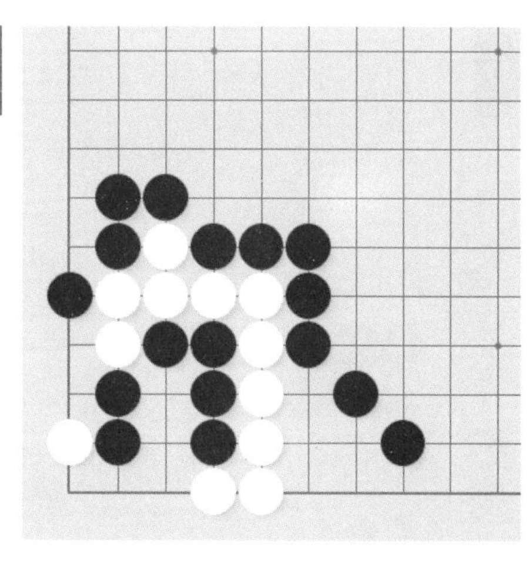

检查

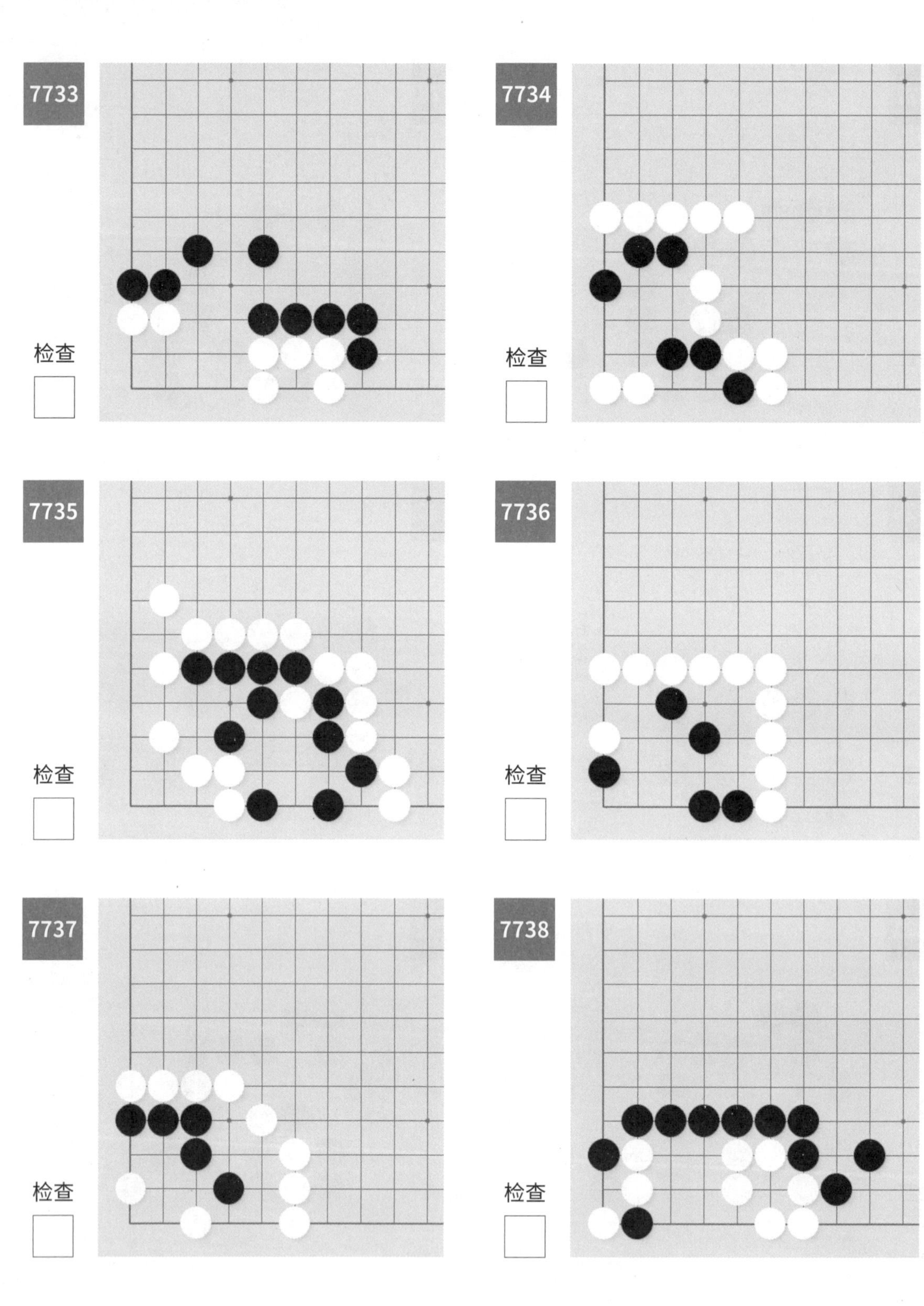
7733
检查
7734
检查
7735
检查
7736
检查
7737
检查
7738
检查

7739

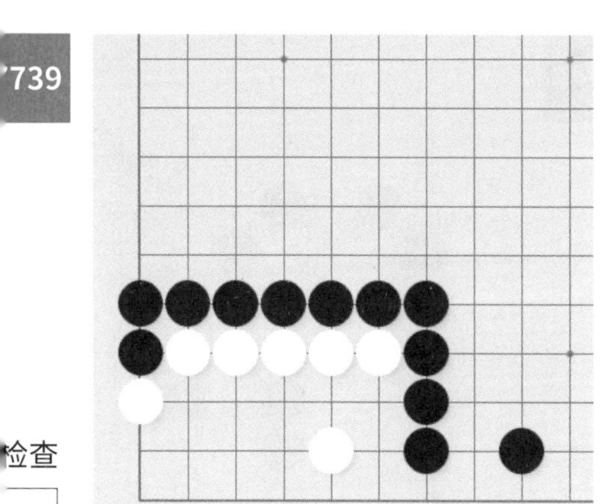

检查

7740

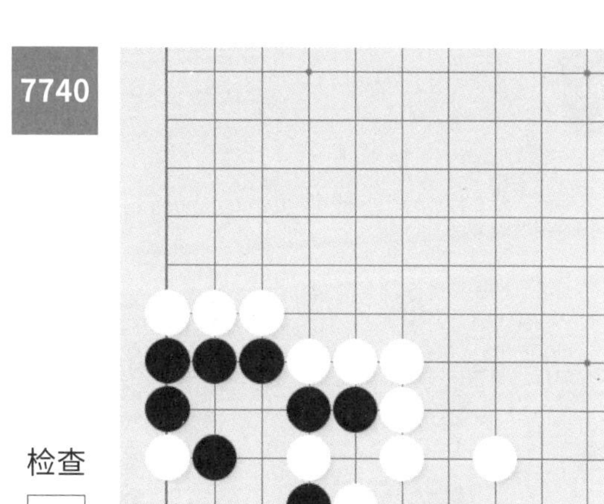

检查

7741

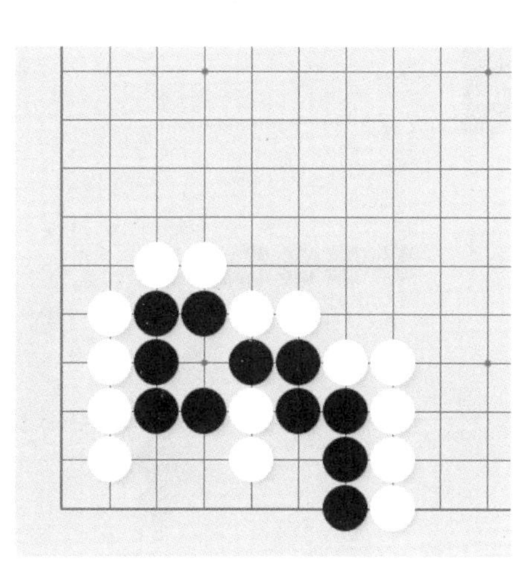

检查

7742

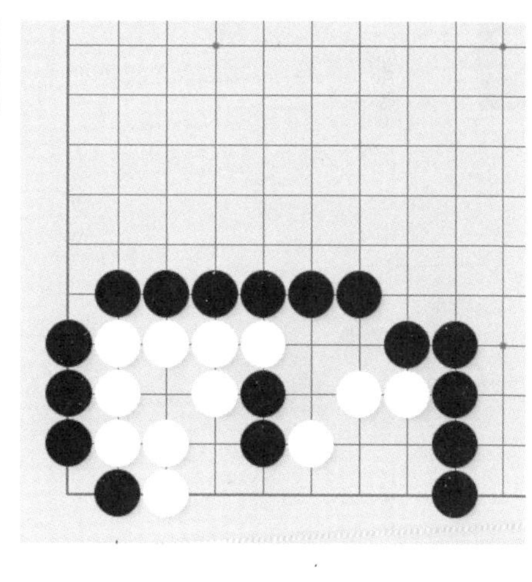

检查

7743

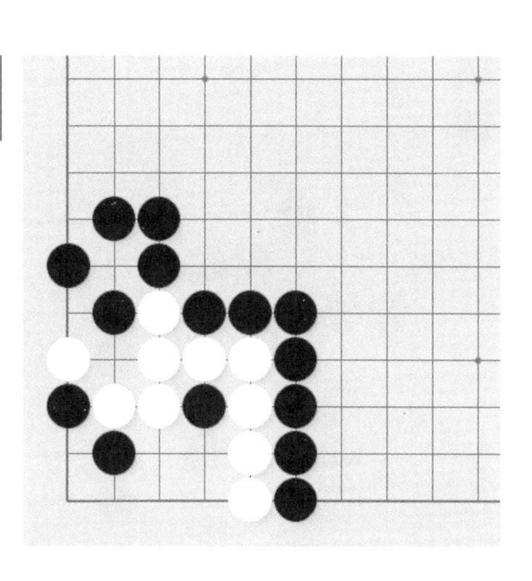

检查

7744

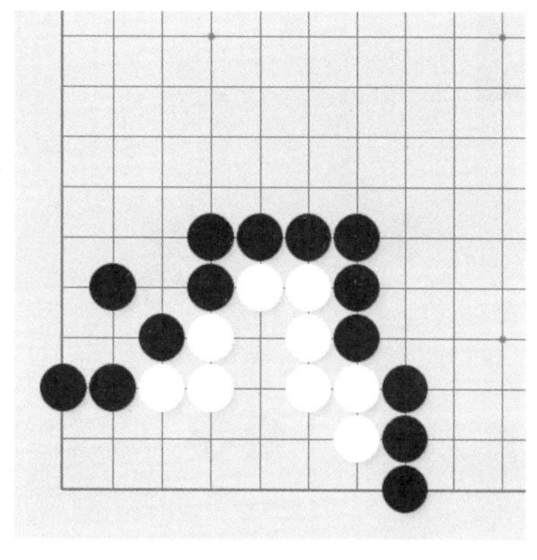

检查

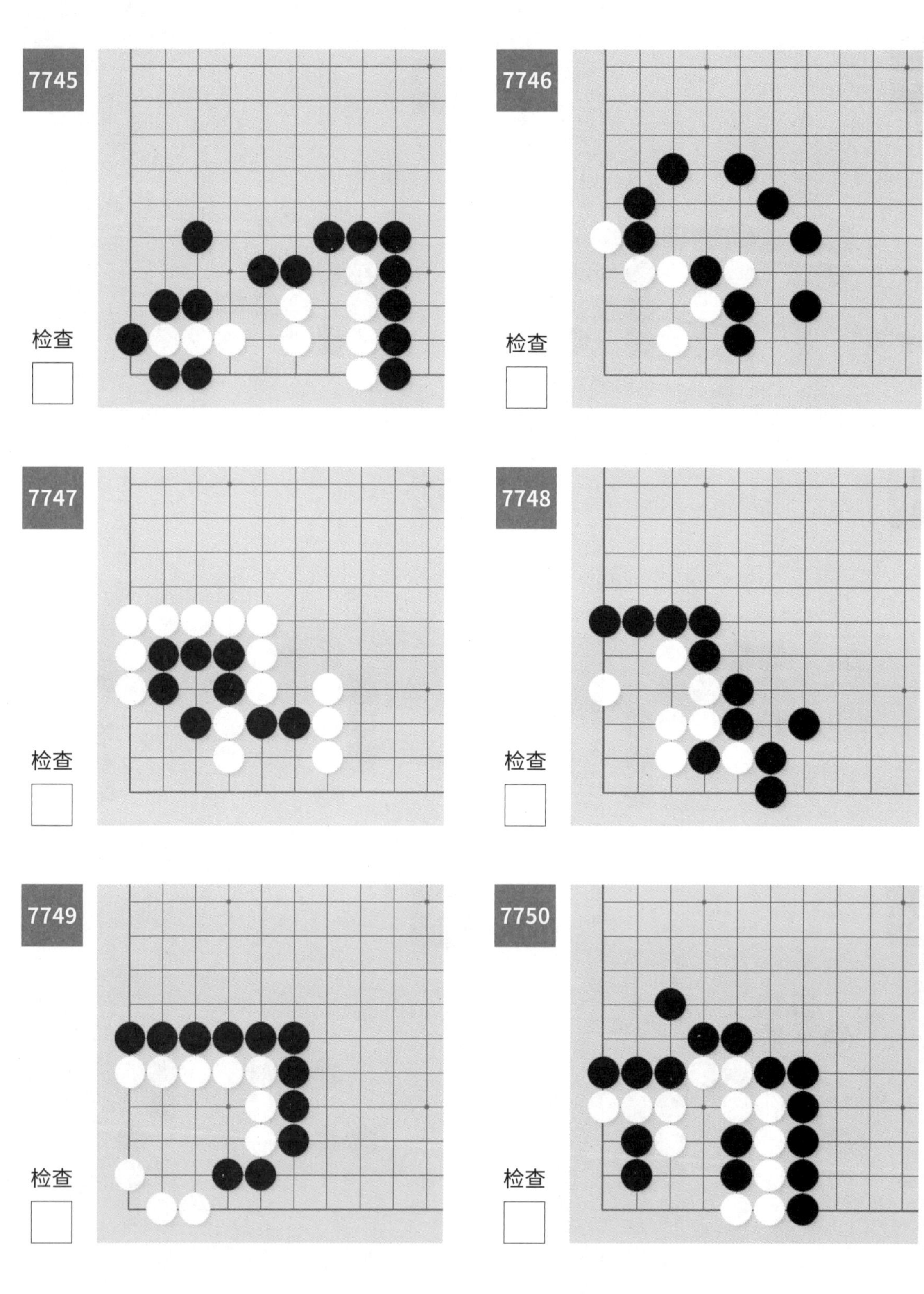
7745
检查
7746
检查
7747
检查
7748
检查
7749
检查
7750
检查

751

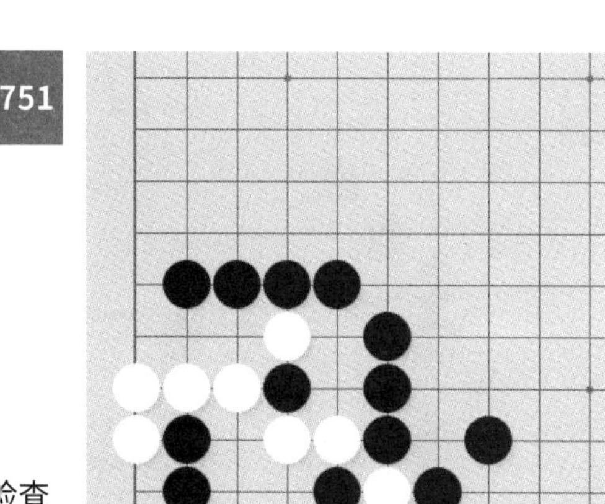

佥查

7752

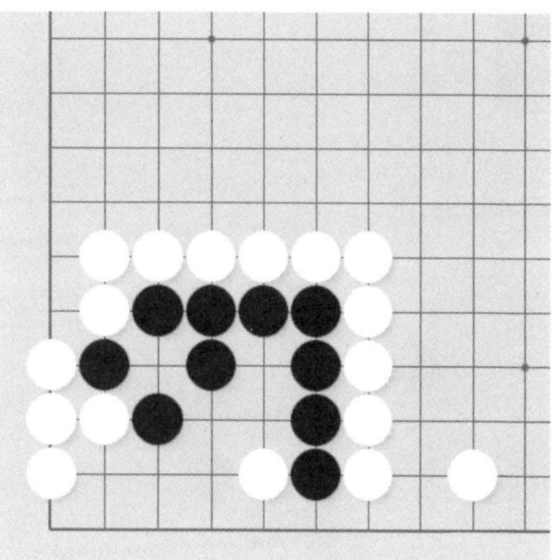

检查

753

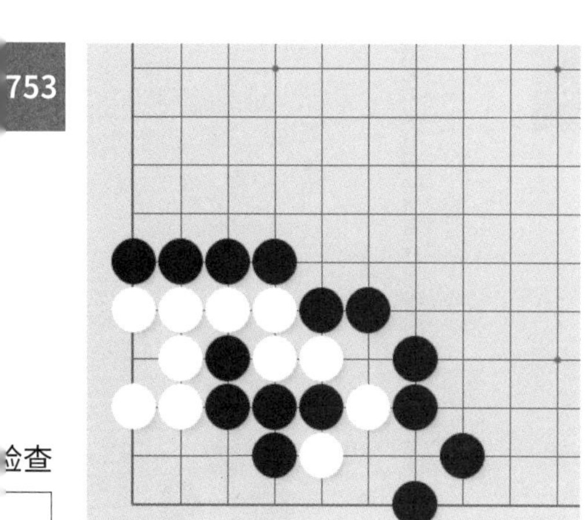

佥查

7754

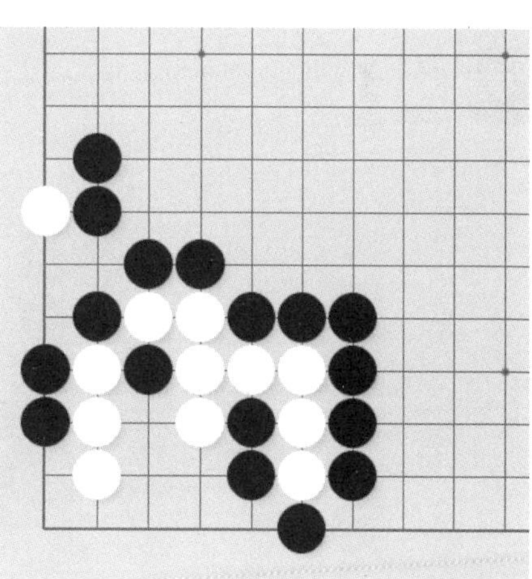

检查

755

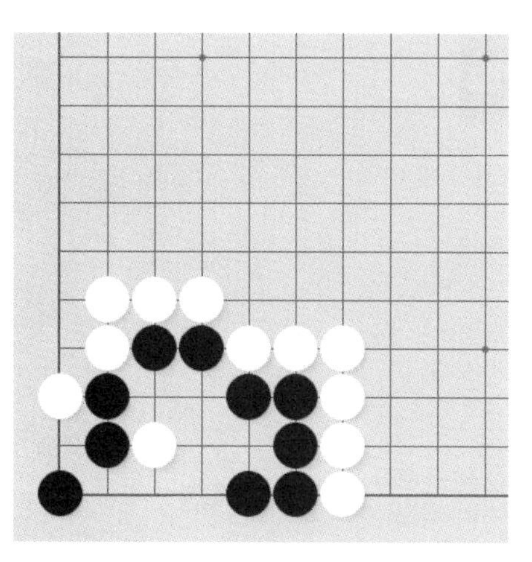

佥查

7756

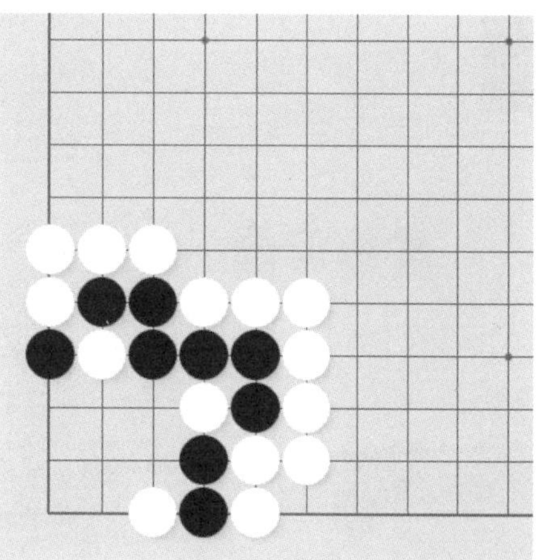

检查

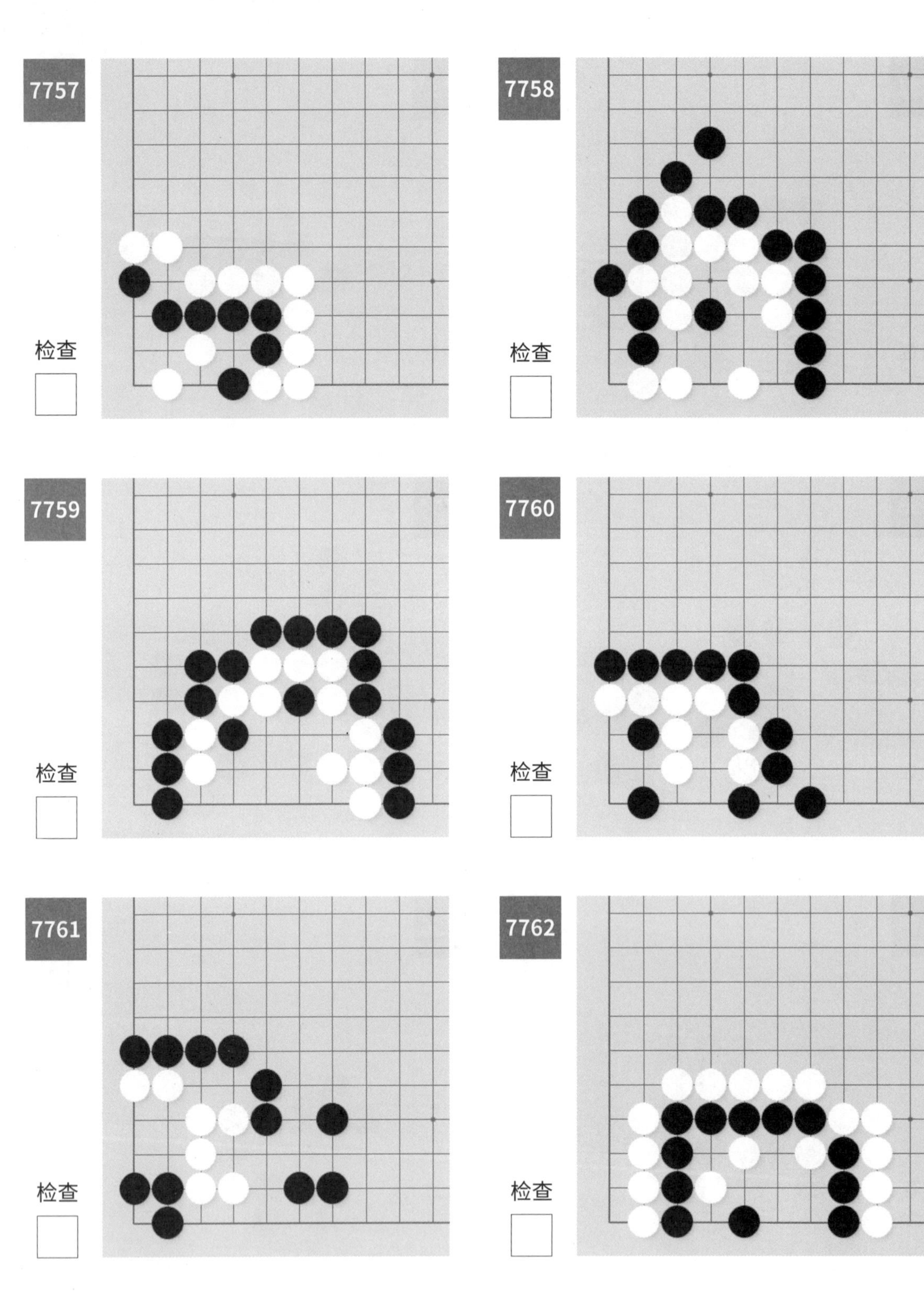
7757
检查
7758
检查
7759
检查
7760
检查
7761
检查
7762
检查

763

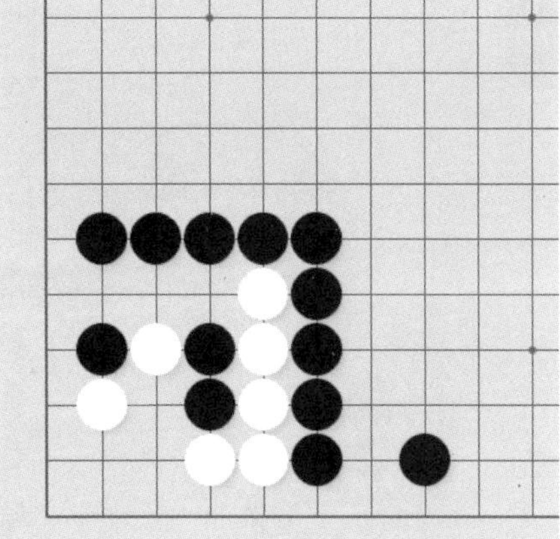

检查 □

7764

检查 □

765

检查 □

7766

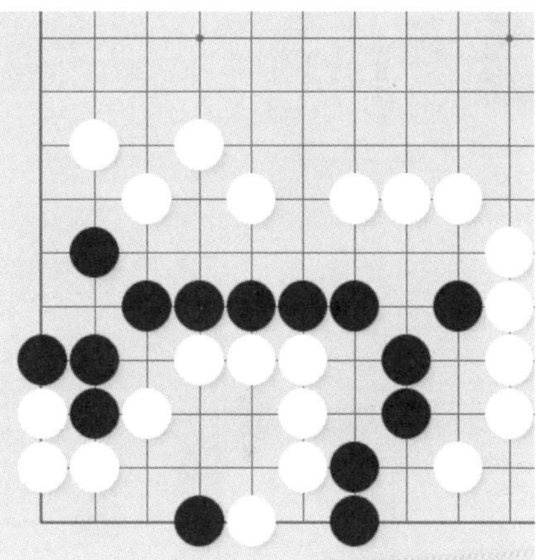

检查 □

767

检查 □

7768

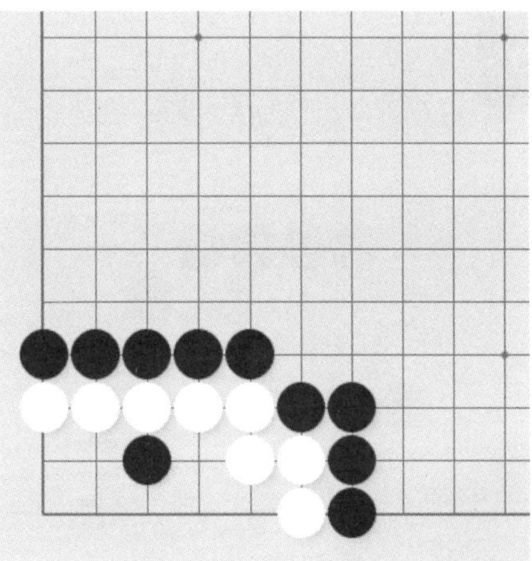

检查 □

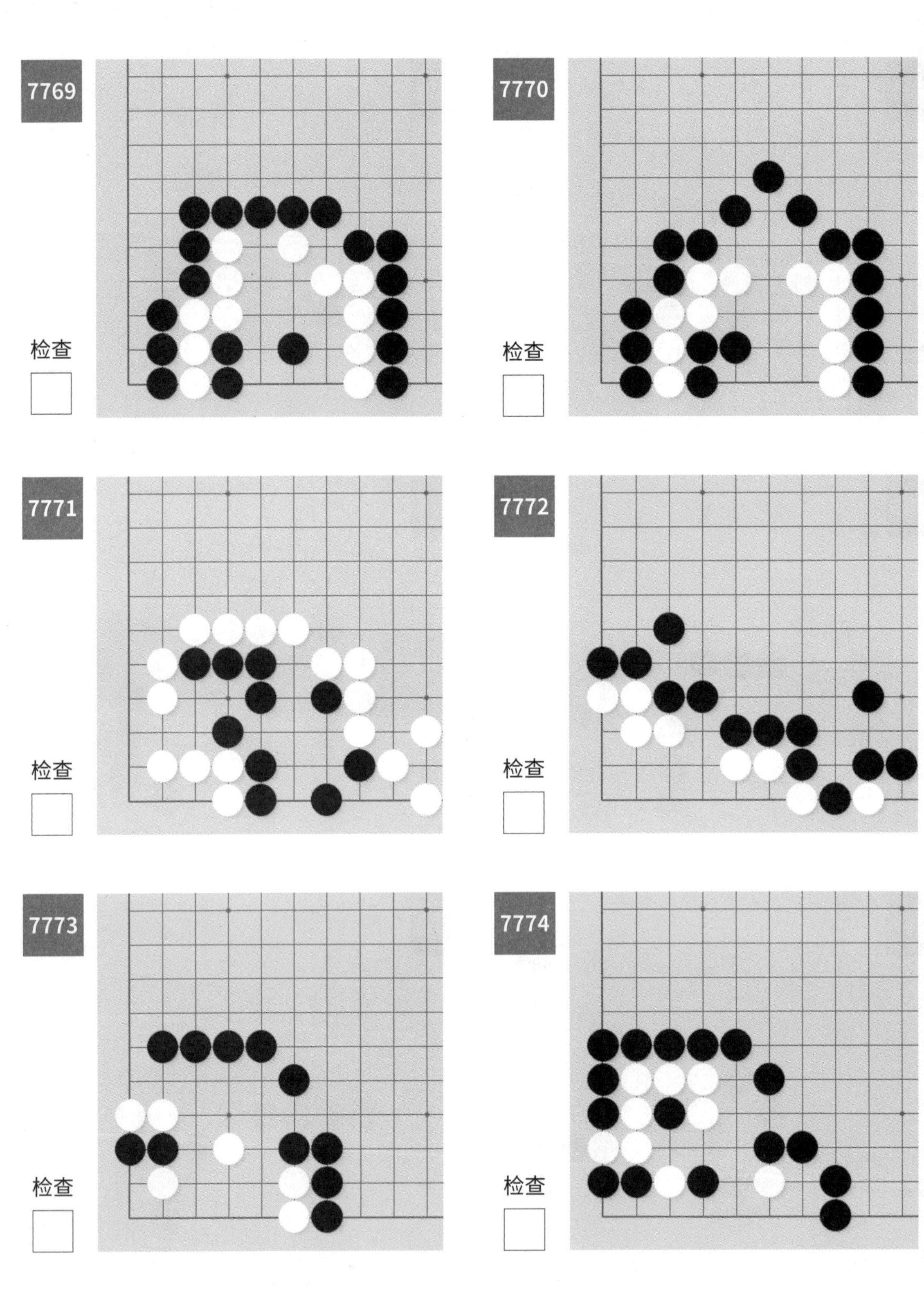
7769
检查
7770
检查
7771
检查
7772
检查
7773
检查
7774
检查

775

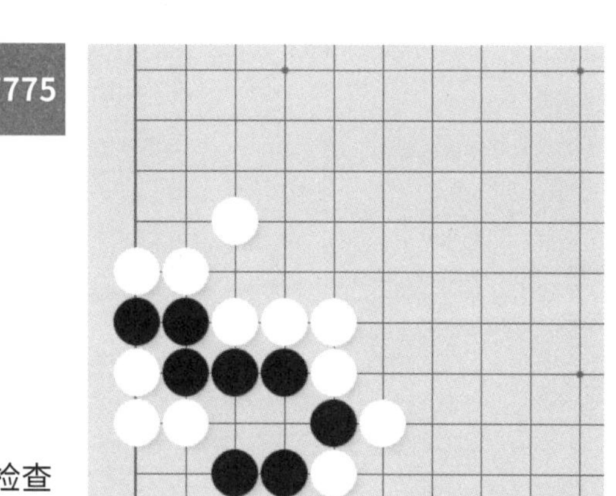

检查 □

7776

检查 □

777

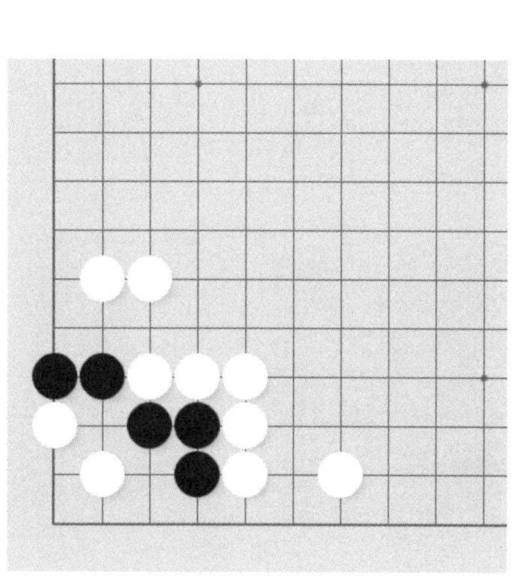

检查 □

7778

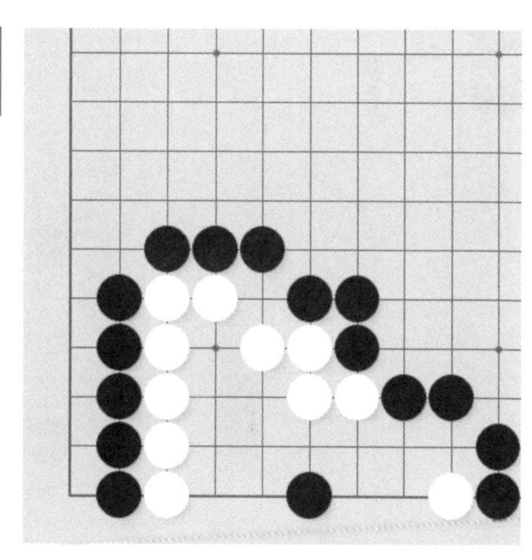

检查 □

779

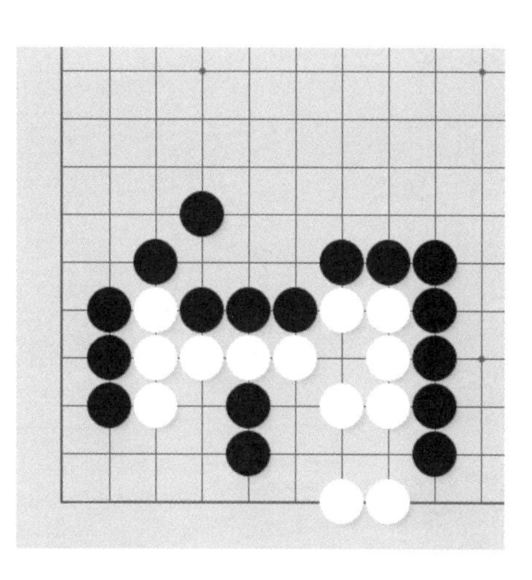

检查 □

7780

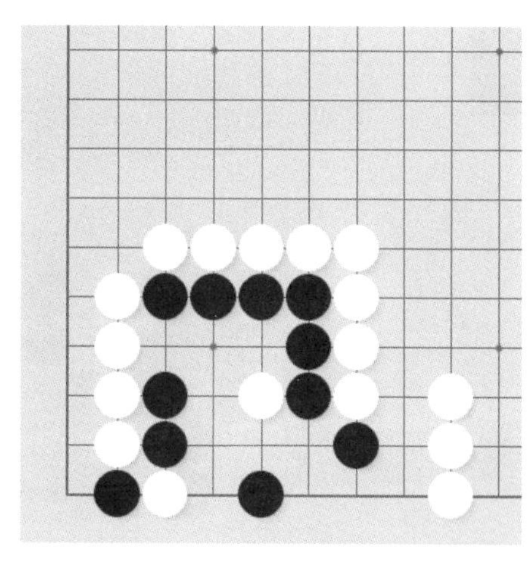

检查 □

7781

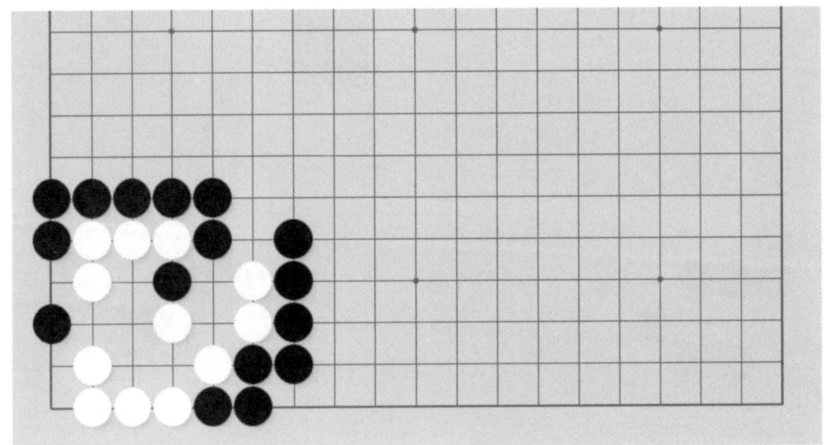

检查

7782

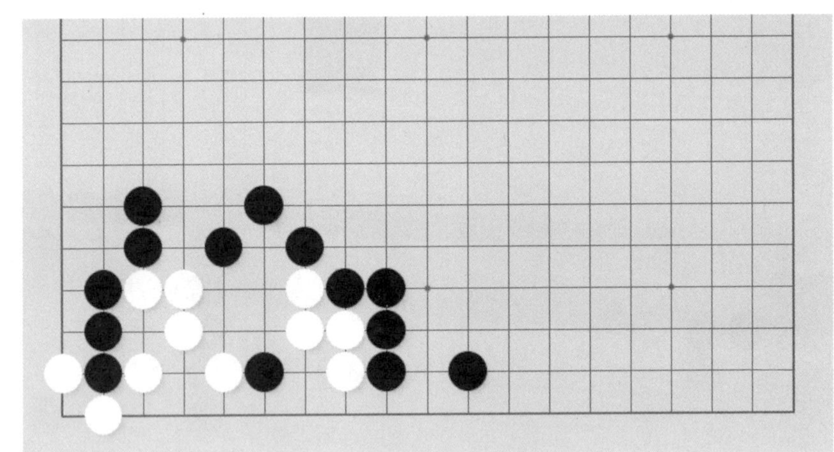

检查

7783

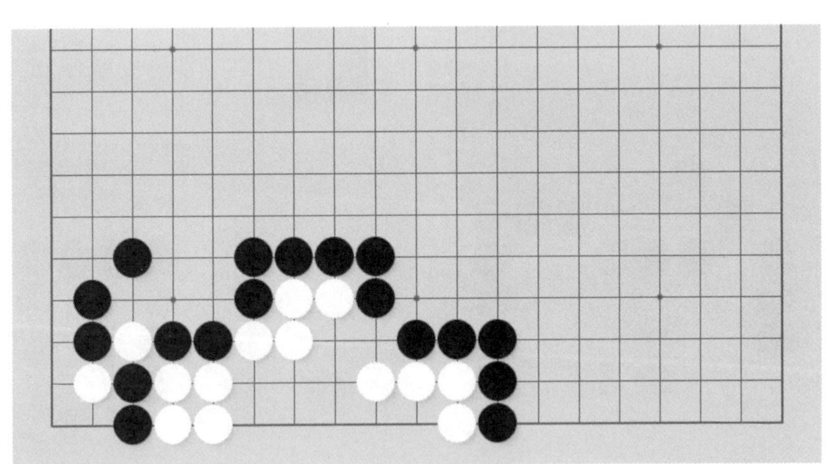

检查

784

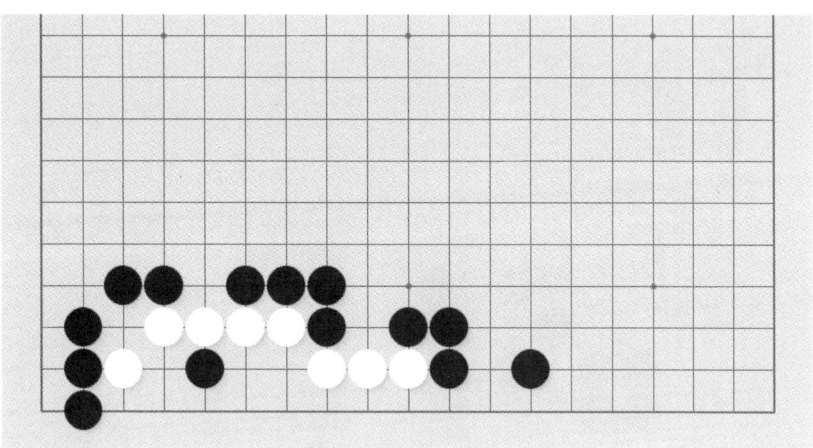

检查

785

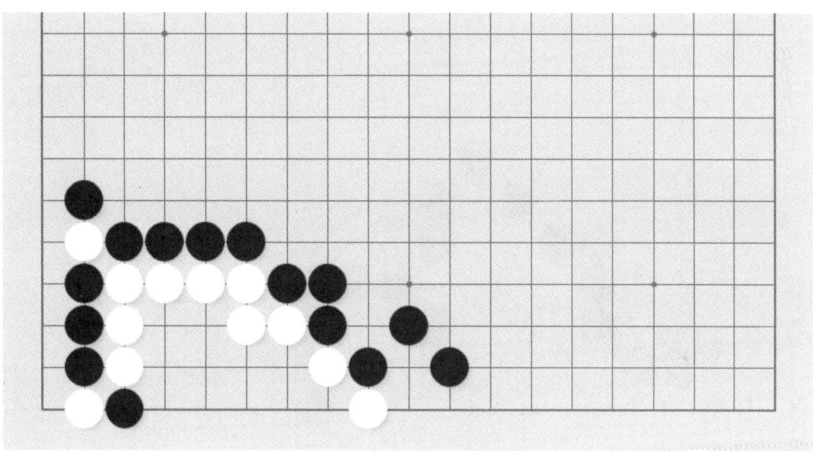

检查

786

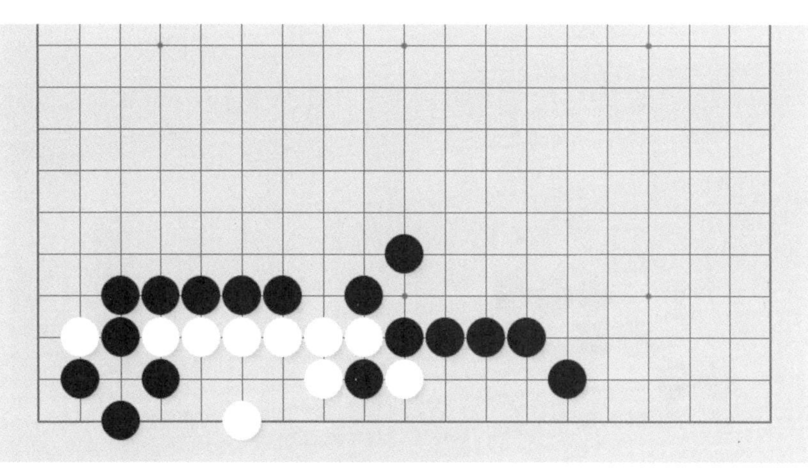

检查

7787

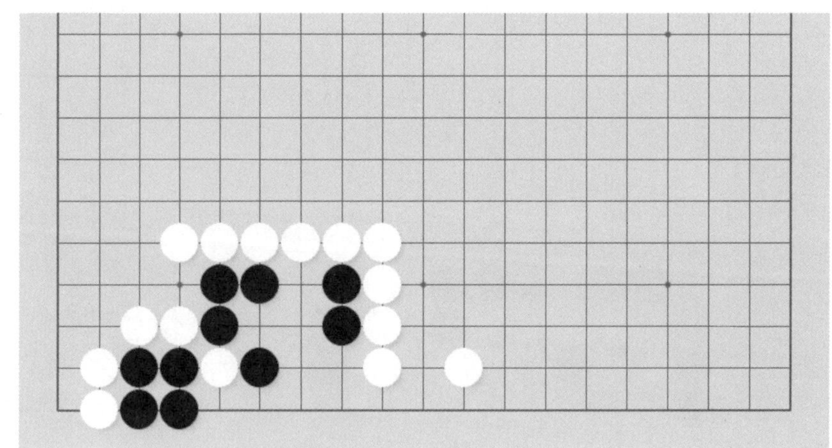

检查

7788

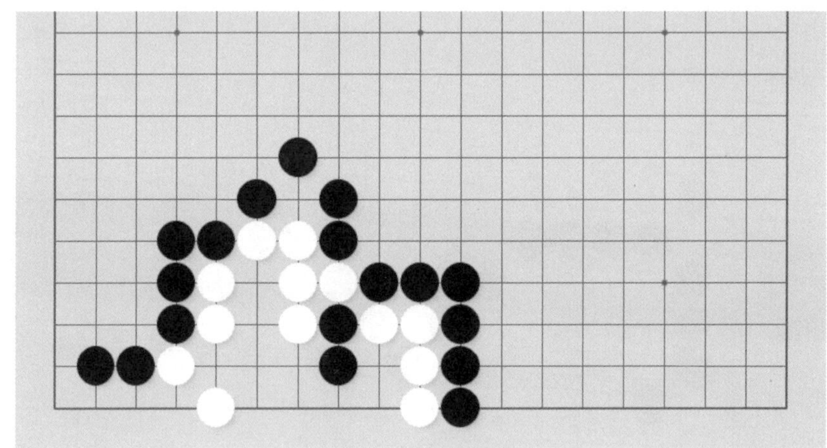

检查

7789

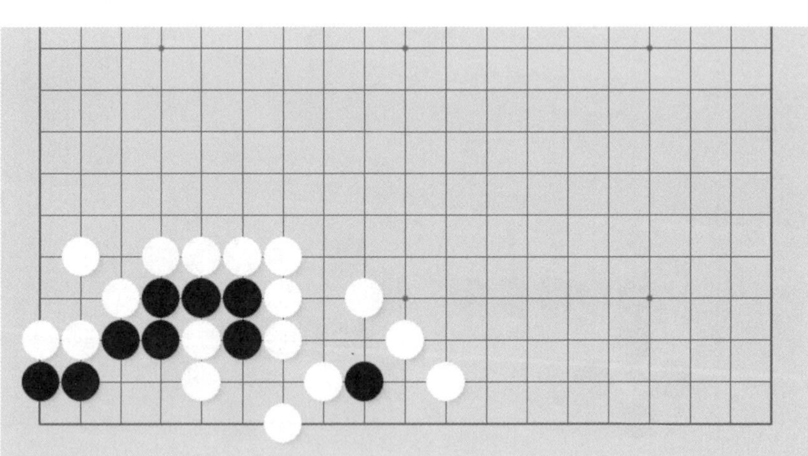

检查

7790

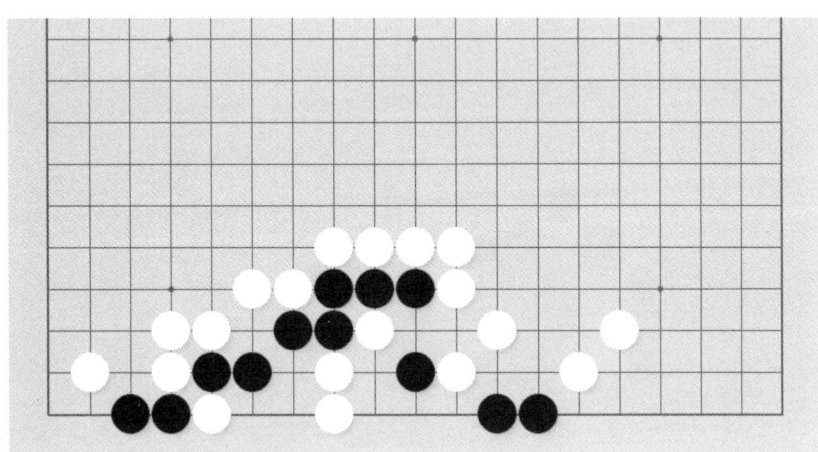

检查

7791

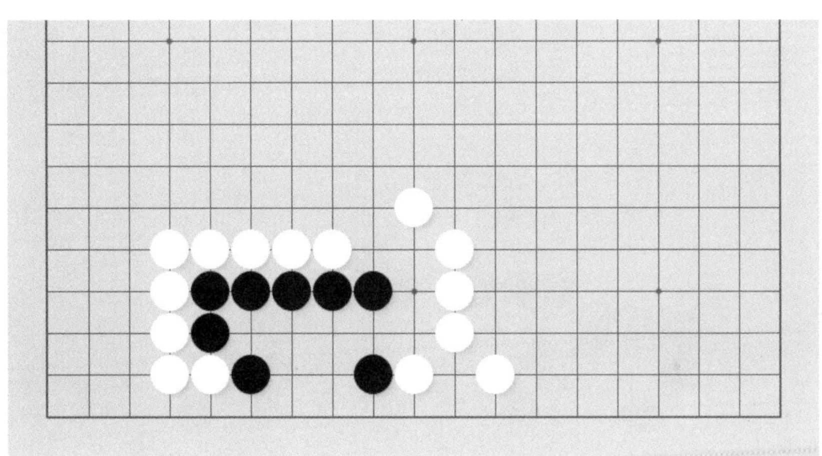

检查

7792

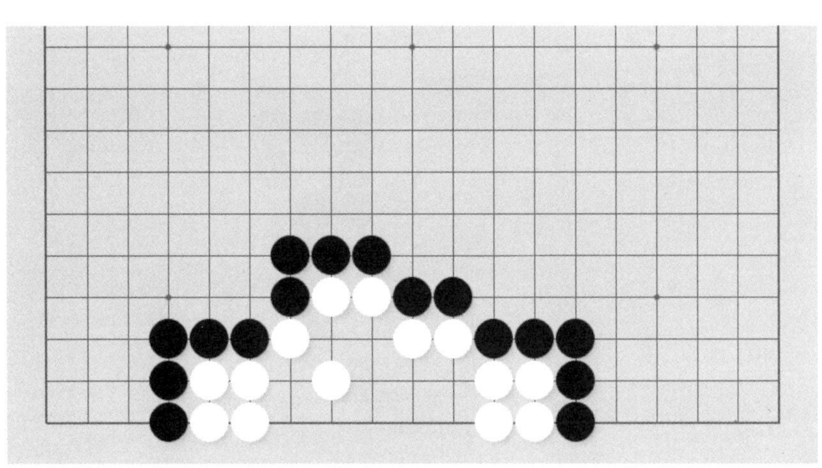

检查

7793

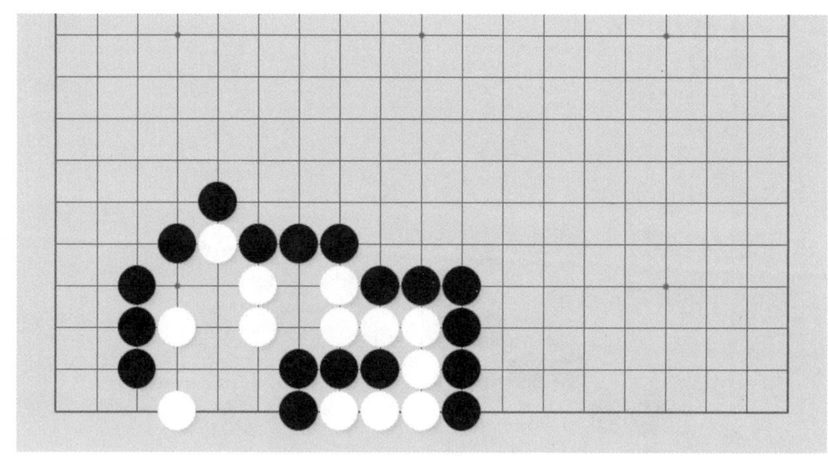

检查

7794

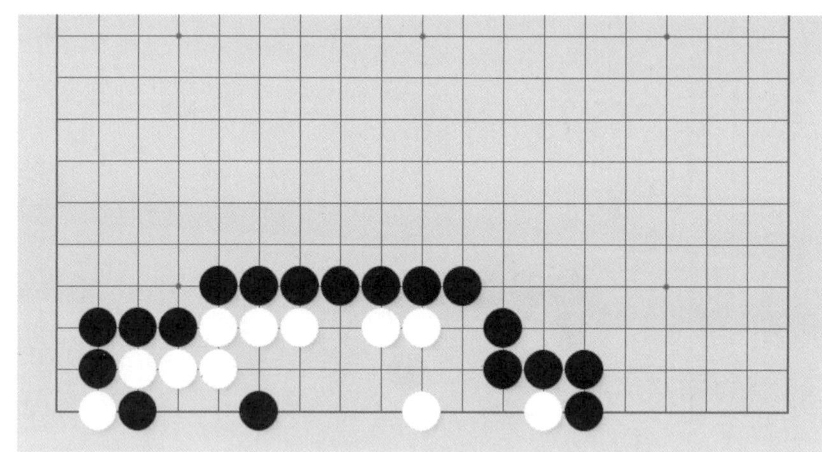

检查

7795

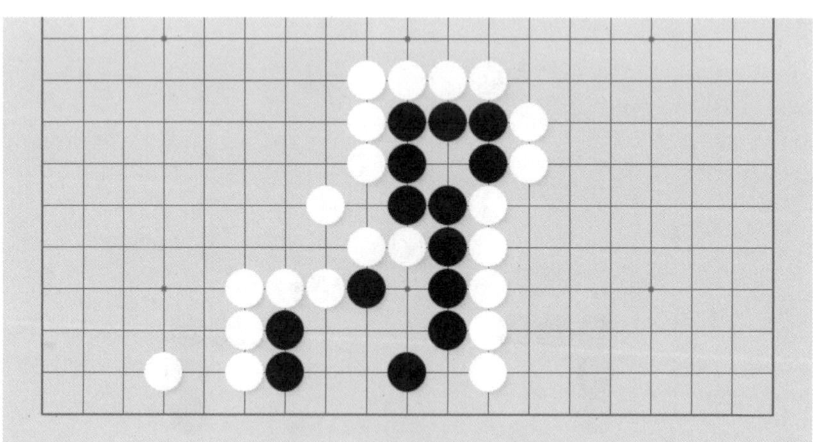

检查

796

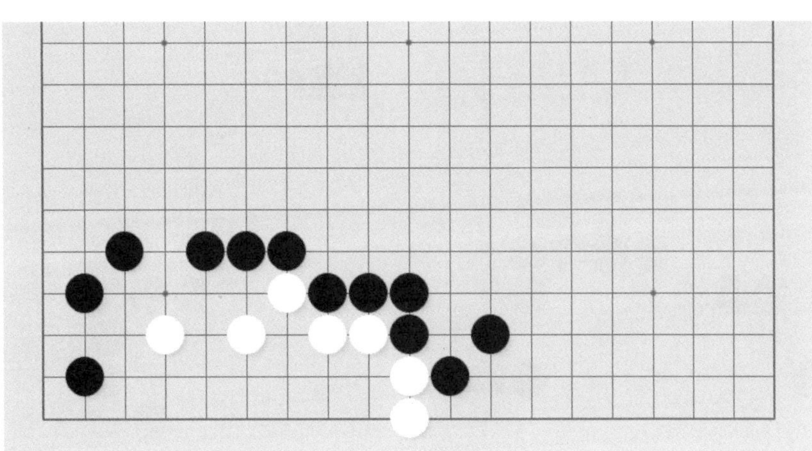

检查

浪花

我人生中的第一本诘棋选集叫作《浪花》，是和好友胡啸城（本书作者之一）一起合作完成的，共有 136 题，有中英双译本。

当时非常感动，没想到能将自己的作品编纂成精选集，并搭配富有文学意境的文字。啸城直接将我的题目升华到另一个档次，万分感谢！

——陈禧

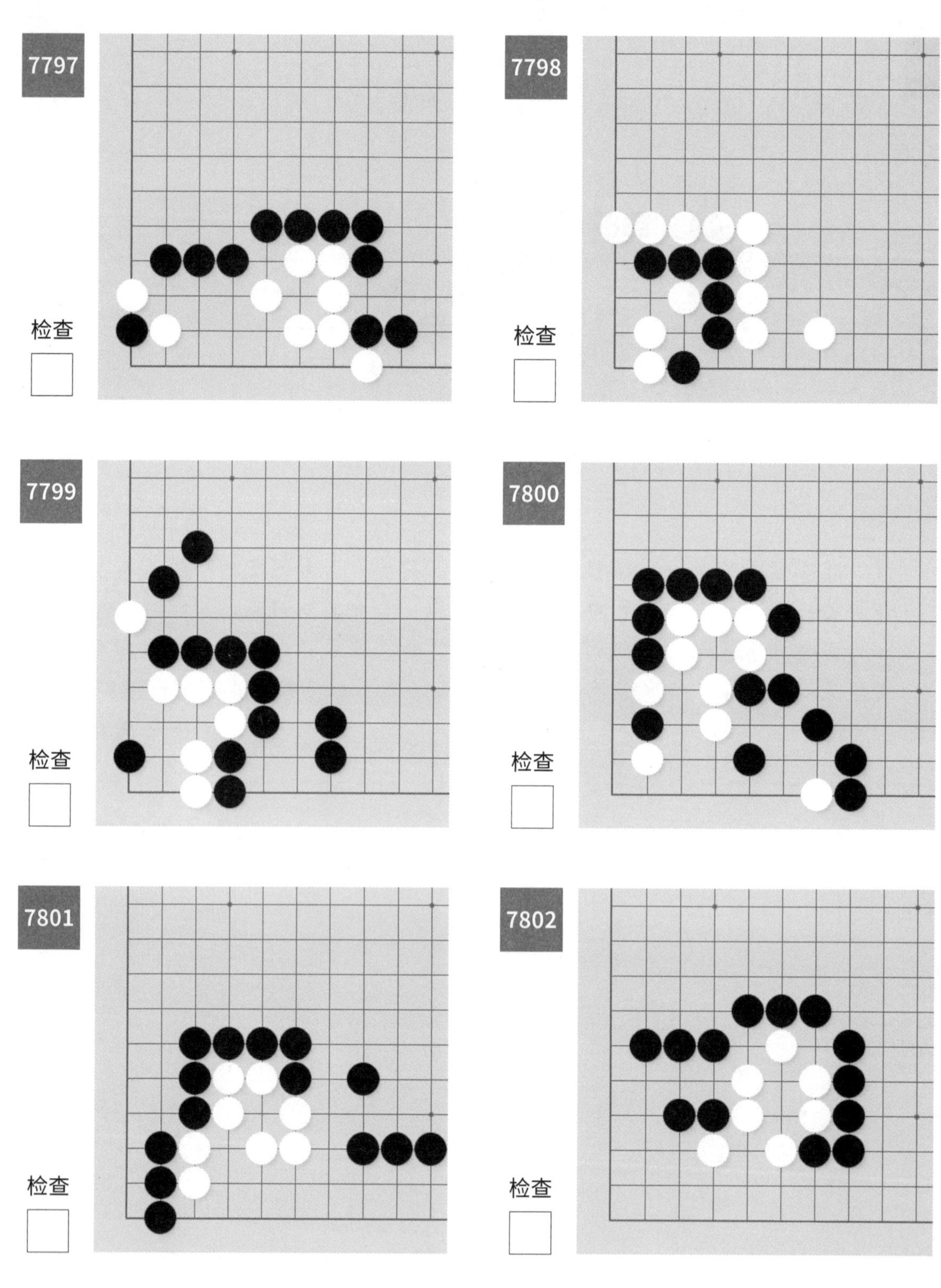
7797
检查
7798
检查
7799
检查
7800
检查
7801
检查
7802
检查

803

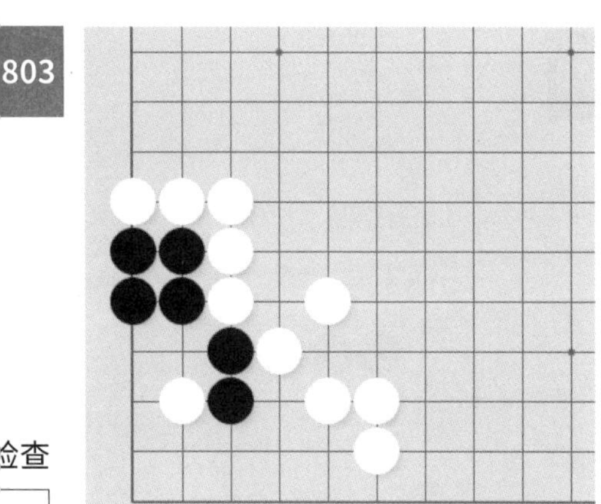

检查 □

7804

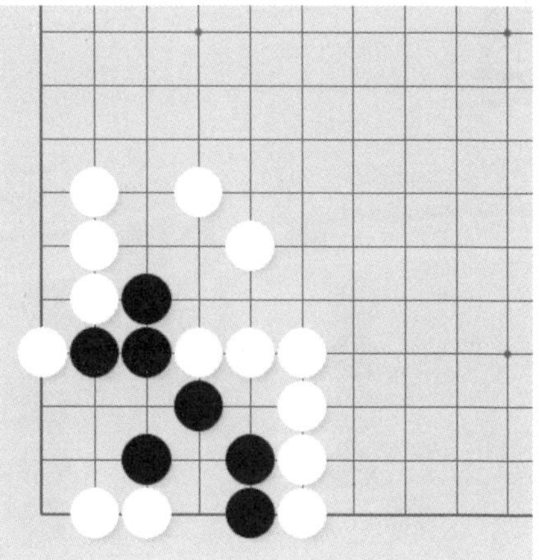

检查 □

805

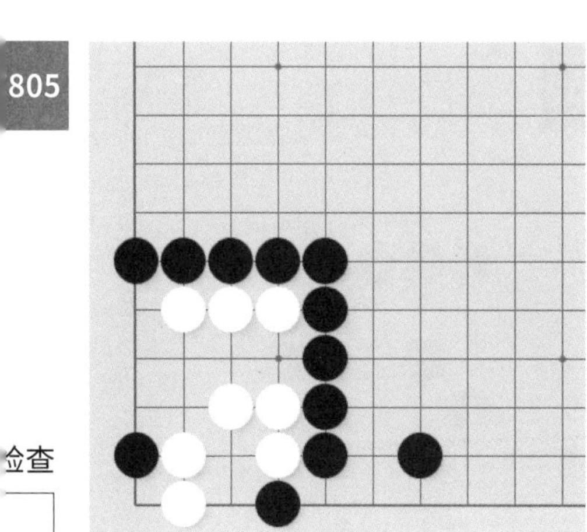

检查 □

7806

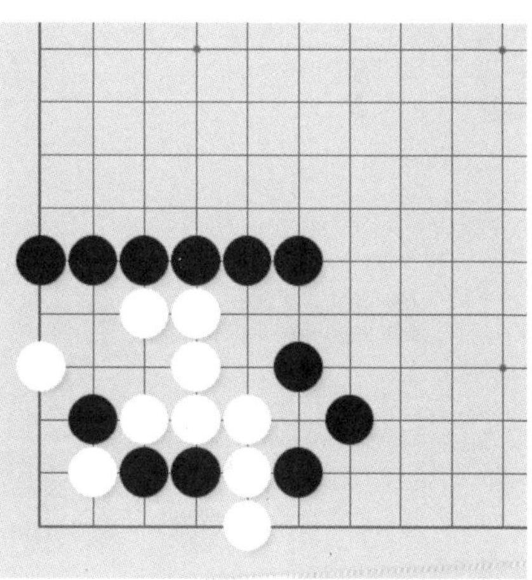

检查 □

807

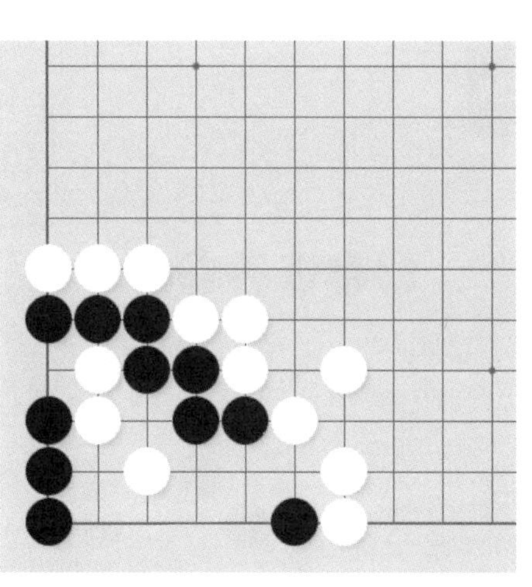

检查 □

7808

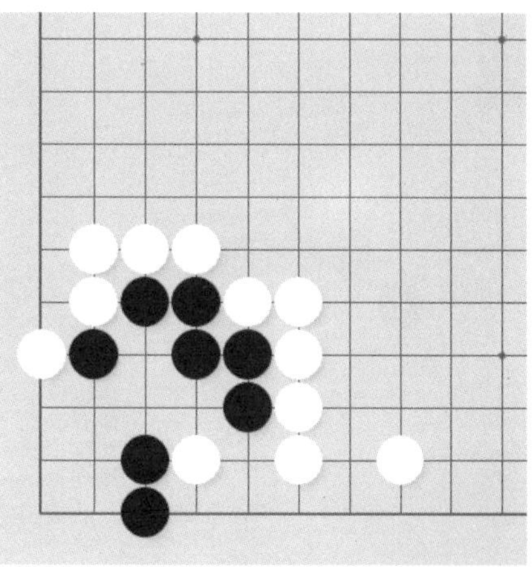

检查 □

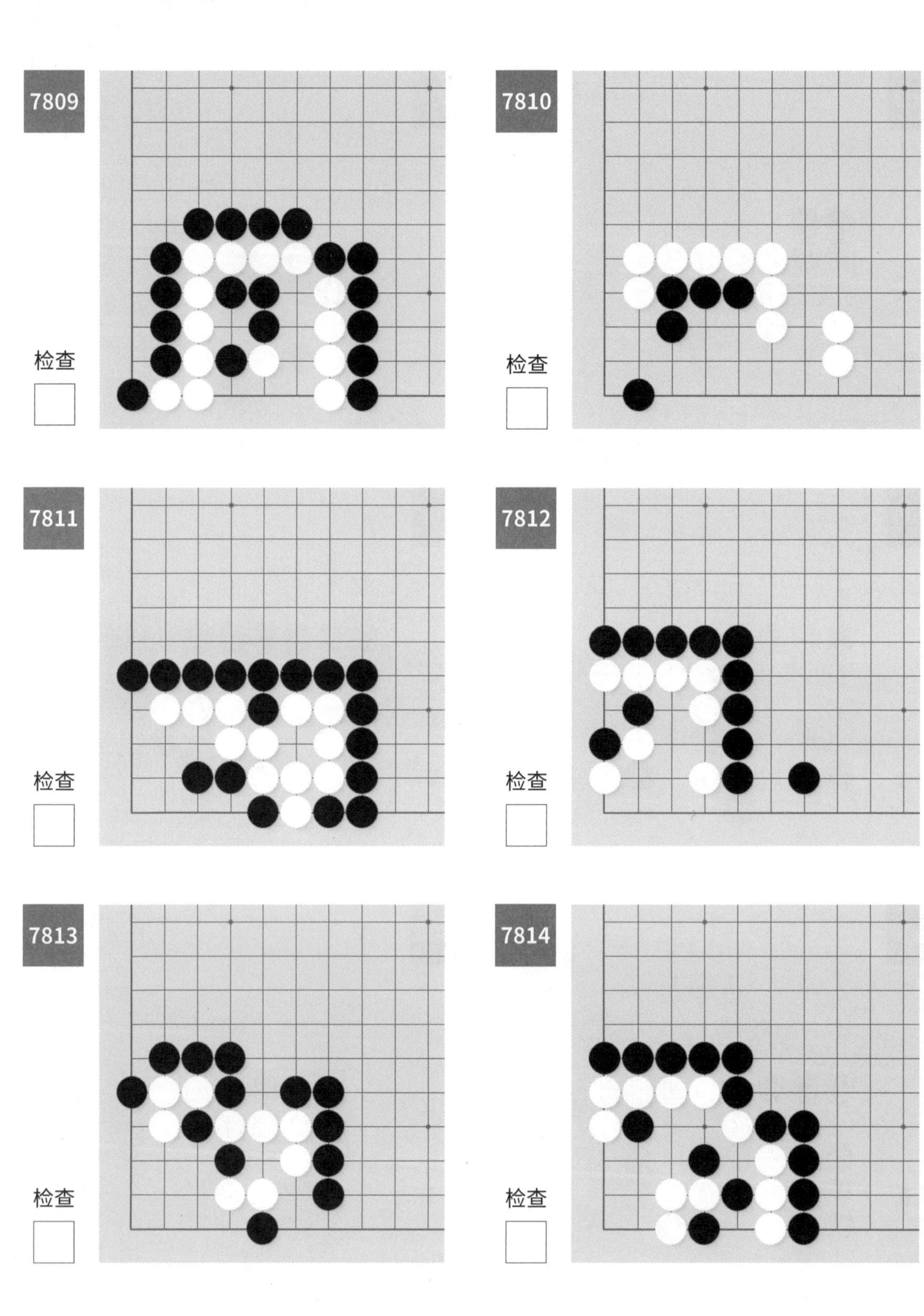
7809
检查
7810
检查
7811
检查
7812
检查
7813
检查
7814
检查

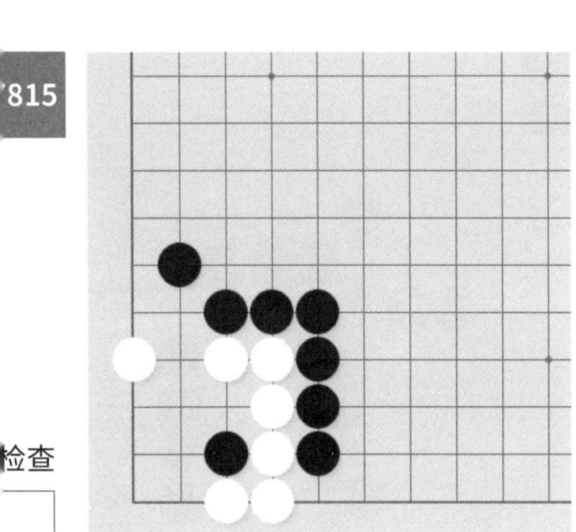

815

检查

7816

检查

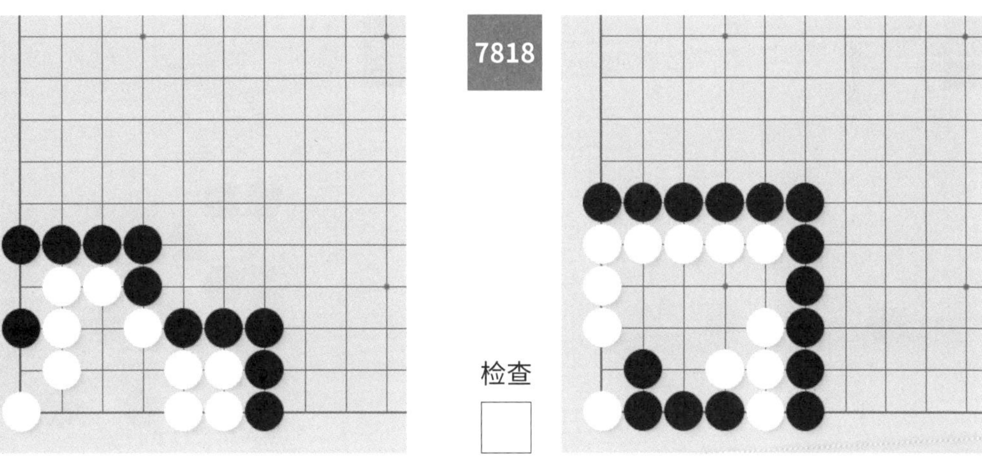

817

检查

7818

检查

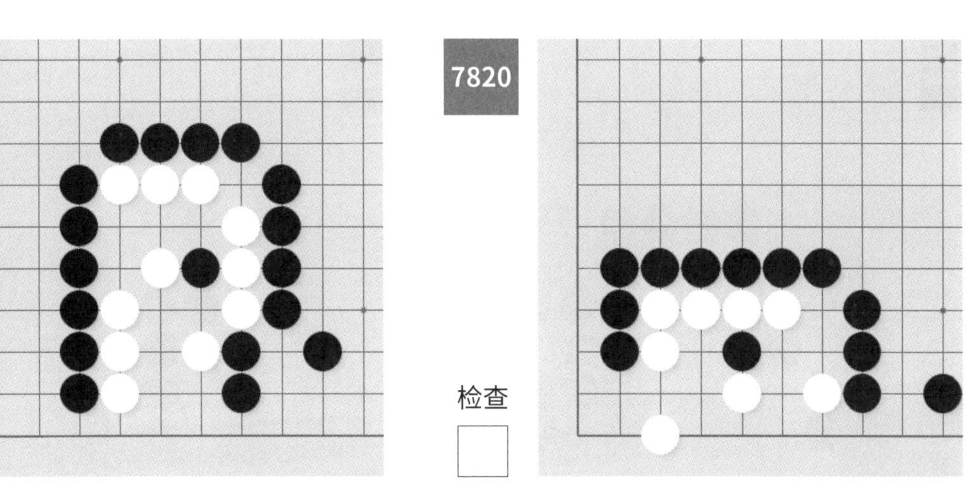

819

检查

7820

检查

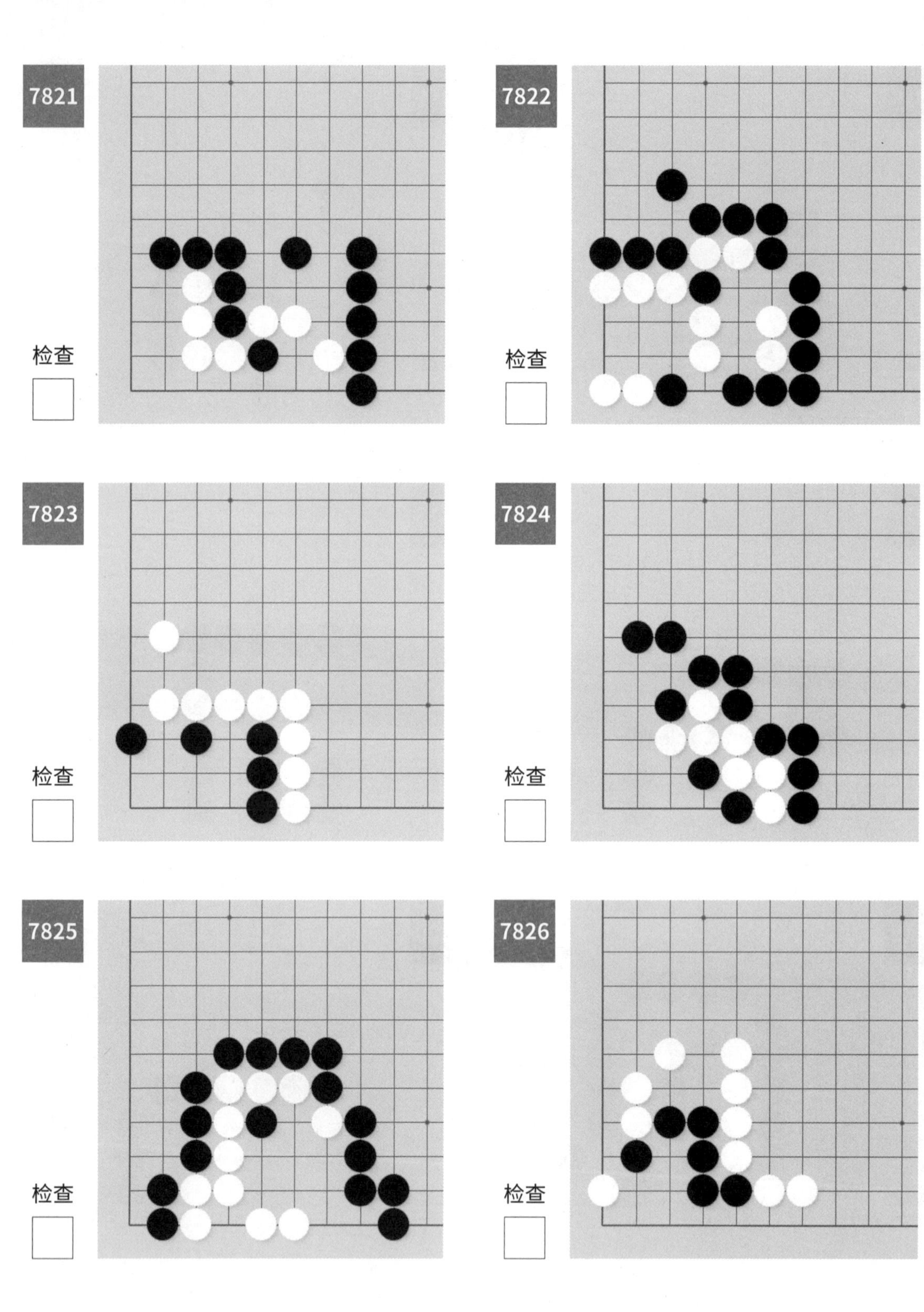
7821
检查
7822
检查
7823
检查
7824
检查
7825
检查
7826
检查

827

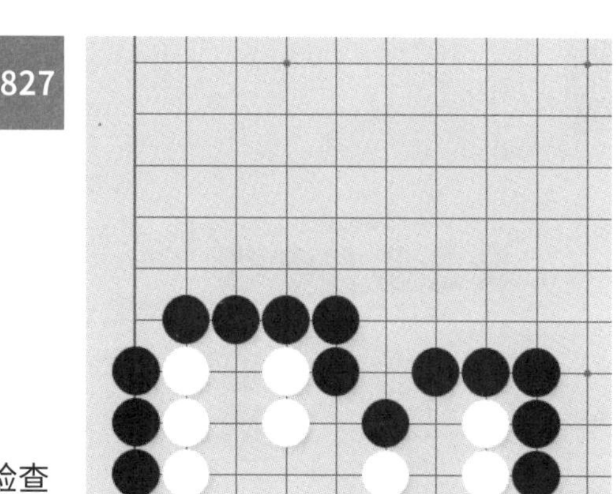

检查

7828

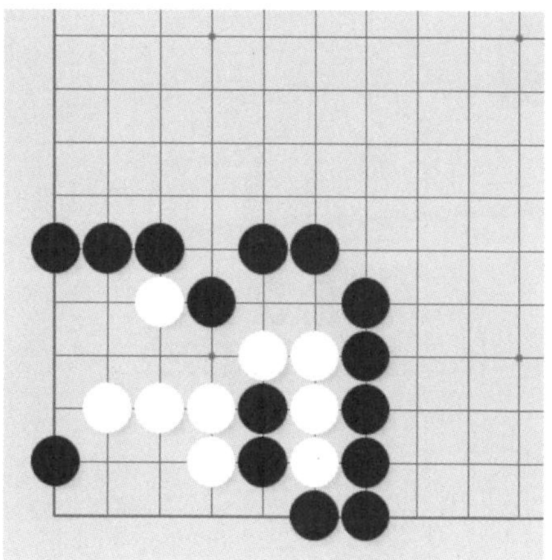

检查

829

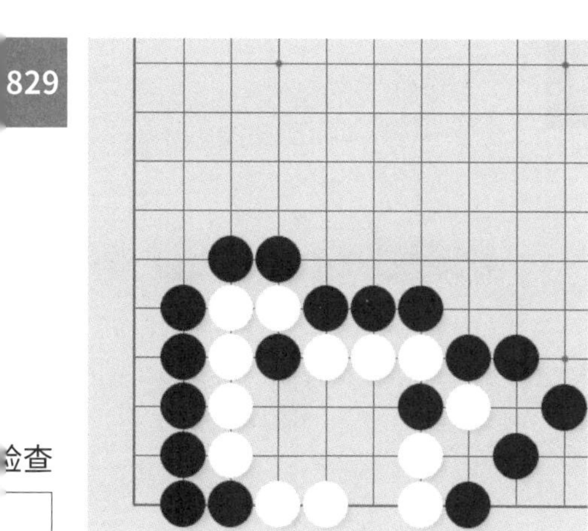

检查

7830

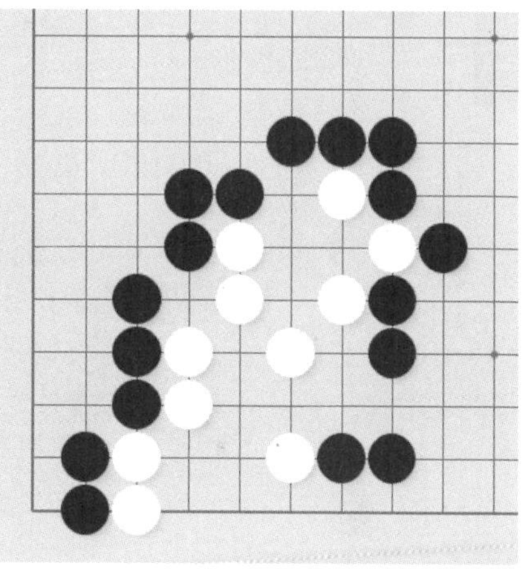

检查

831

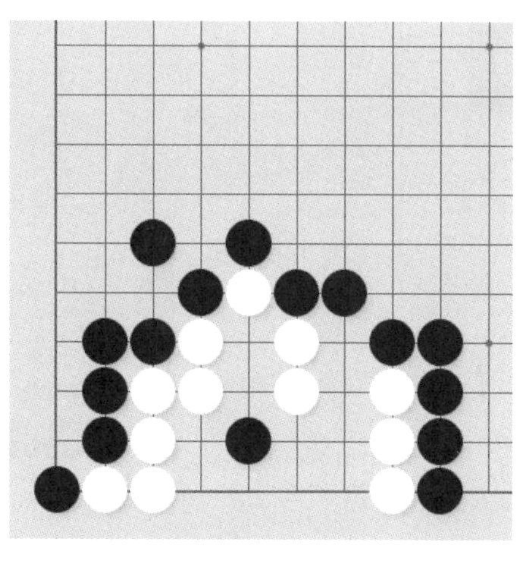

检查

7832

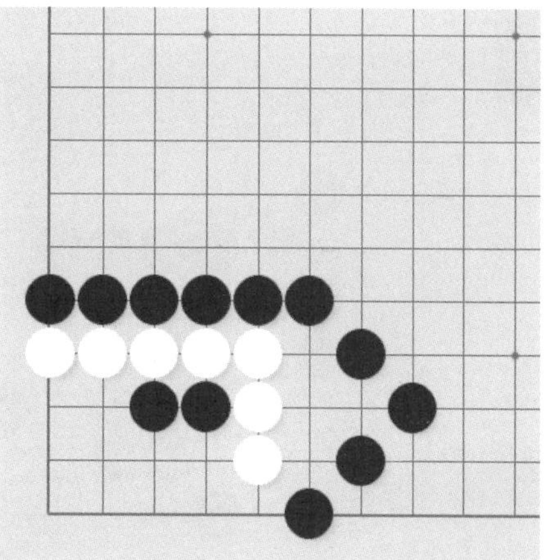

检查

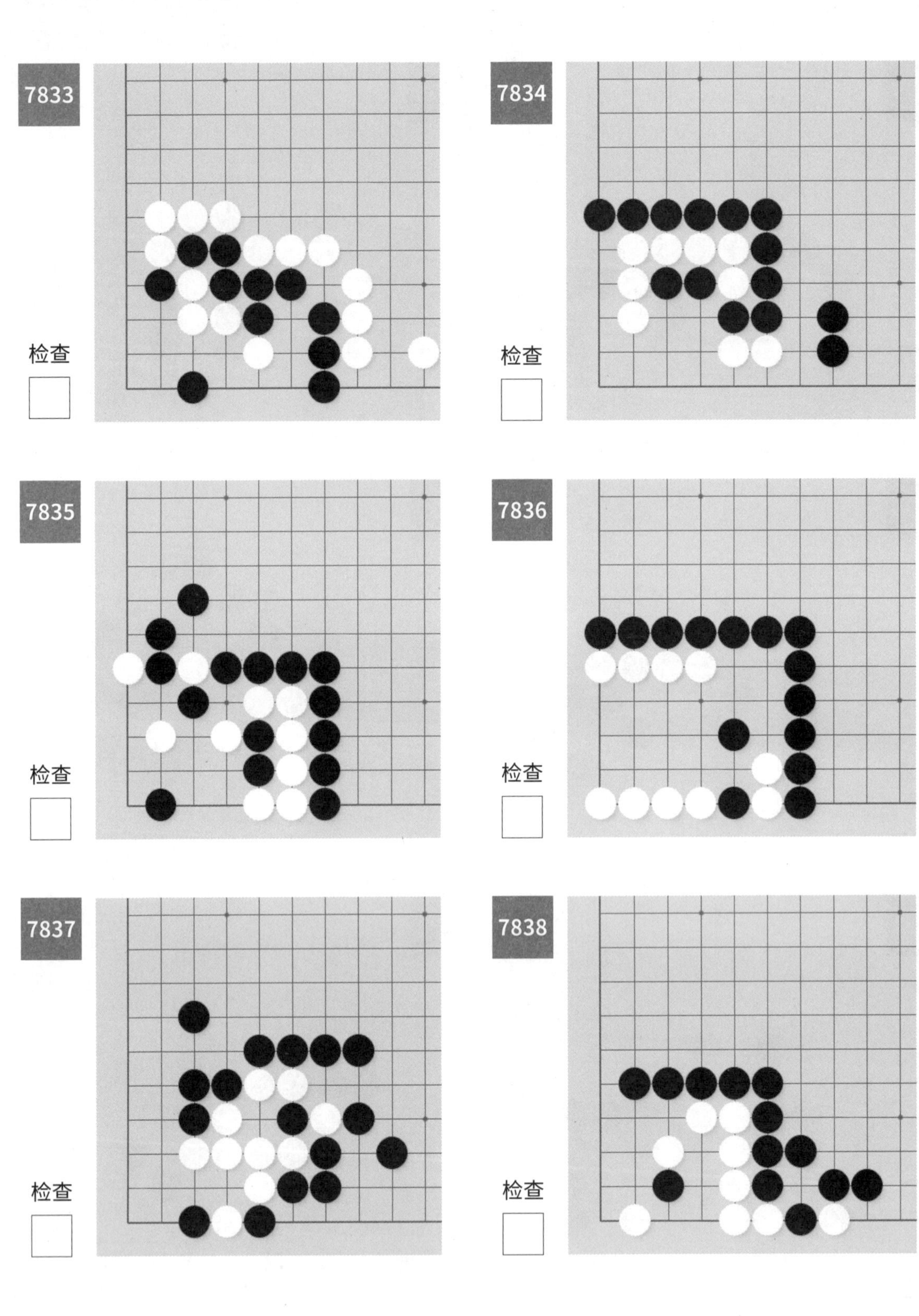
7833
检查
7834
检查
7835
检查
7836
检查
7837
检查
7838
检查

7839

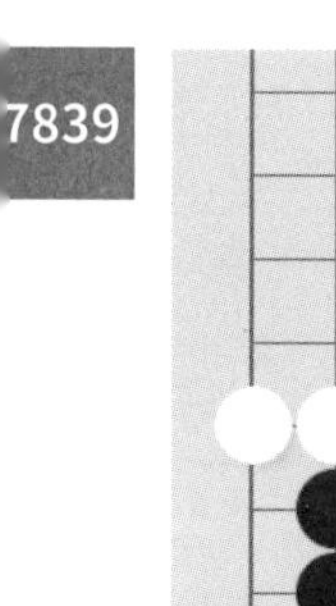

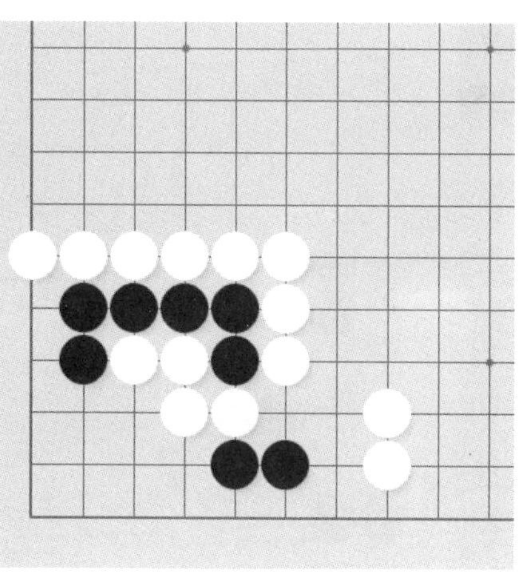

检查 □

7840

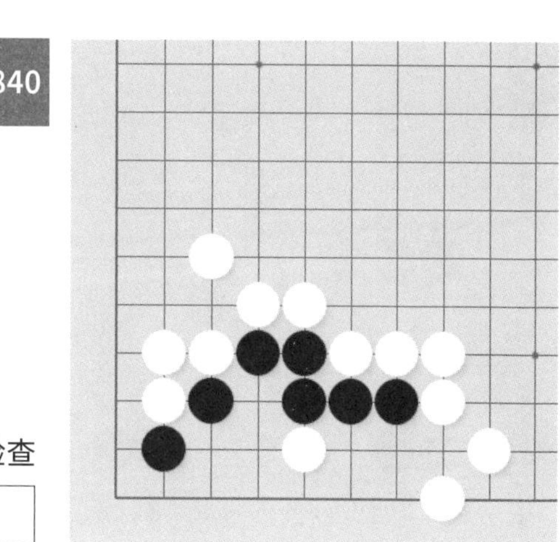

检查 □

7841

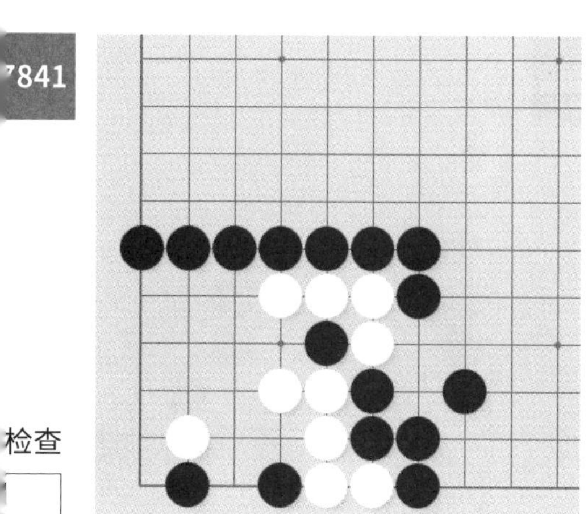

检查 □

7842

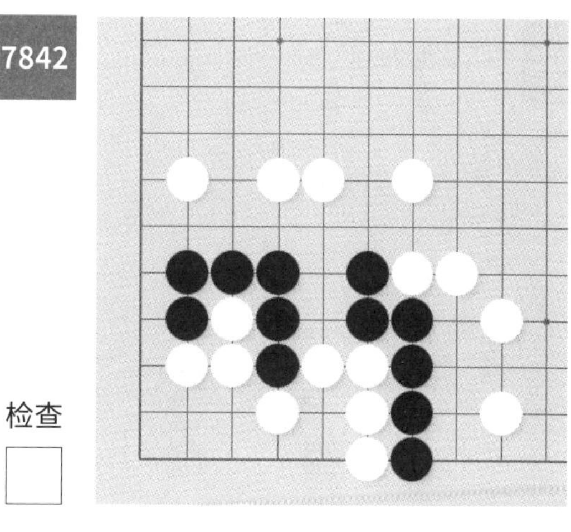

检查 □

7843

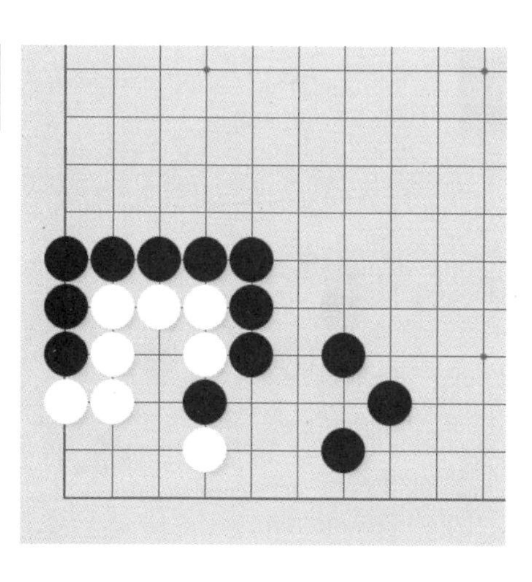

检查 □

7844

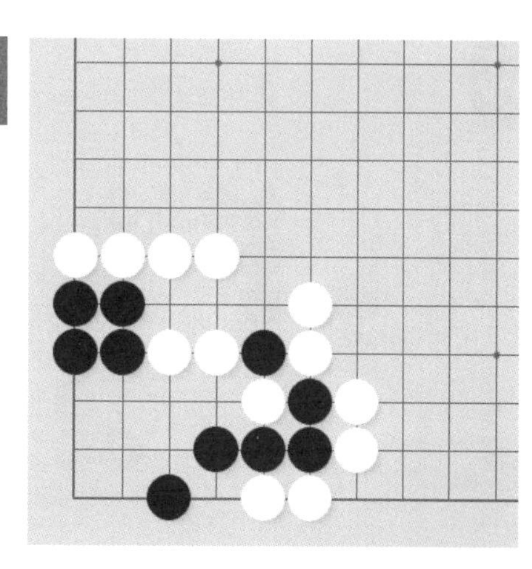

检查 □

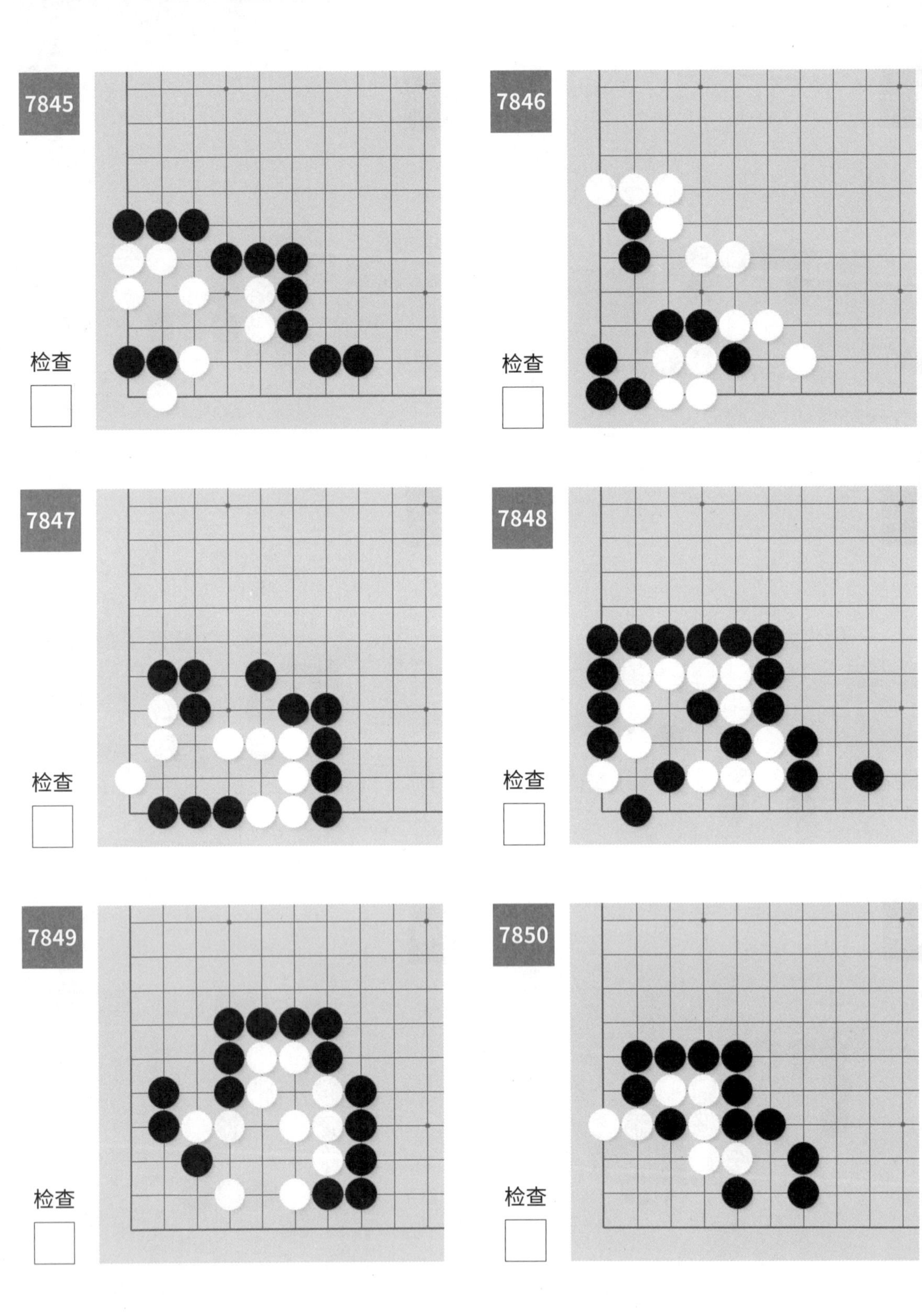
7845
检查
7846
检查
7847
检查
7848
检查
7849
检查
7850
检查

851

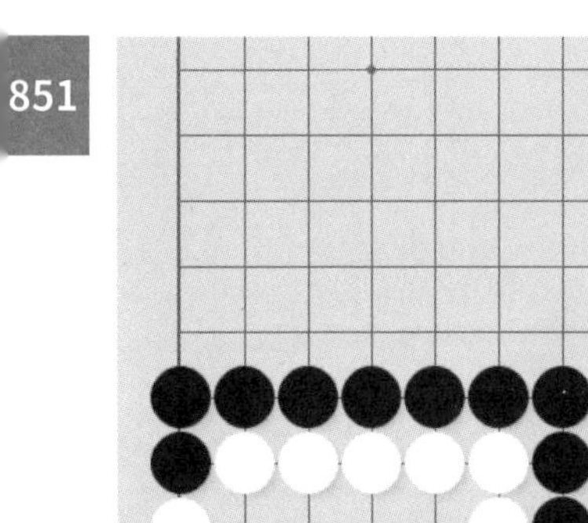

检查

7852

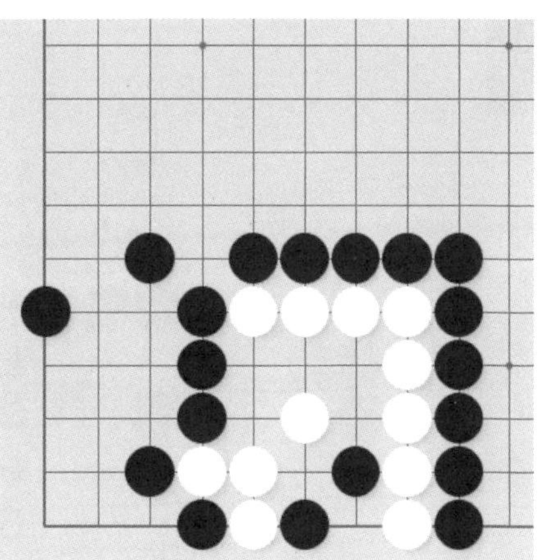

检查

853

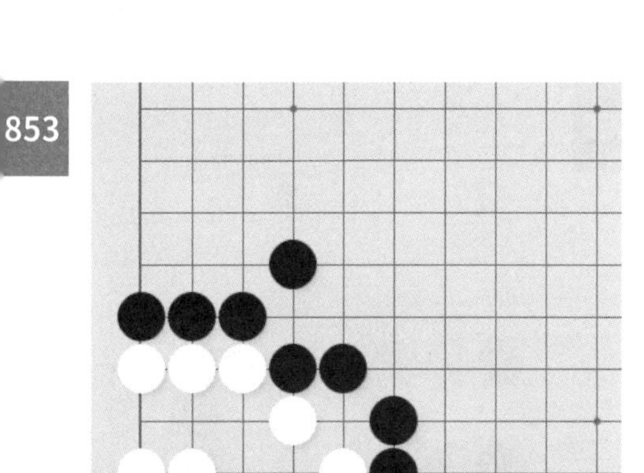

检查

7854

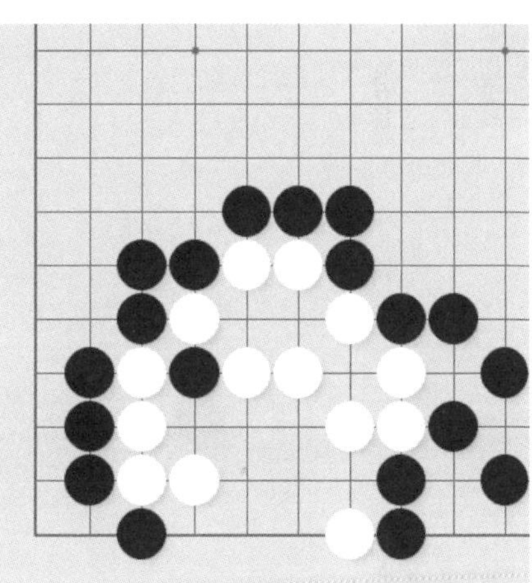

检查

855

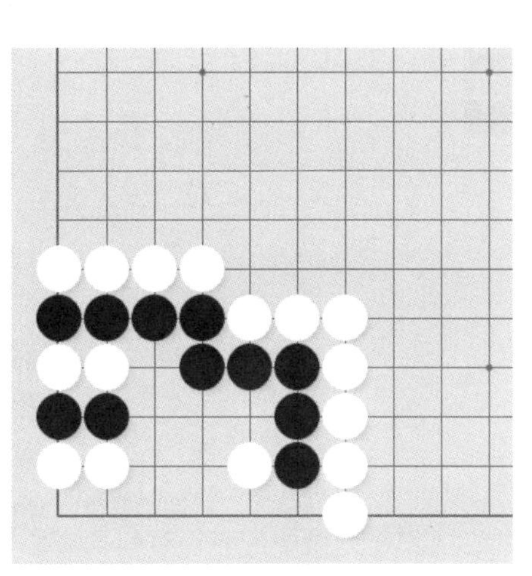

检查

7856

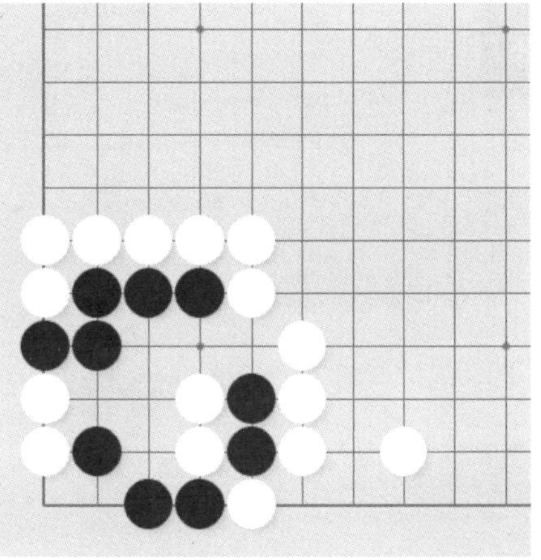

检查

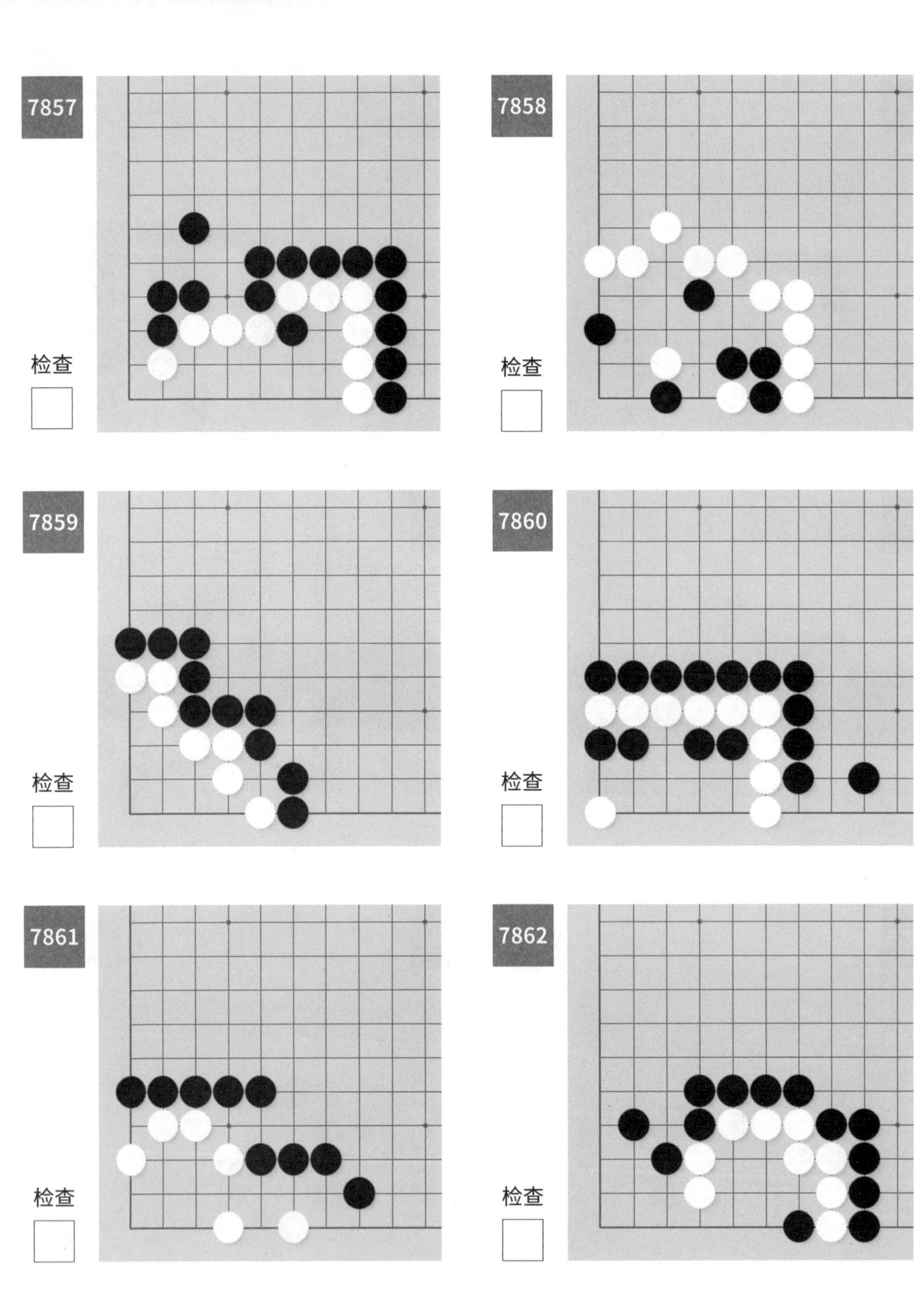
7857
检查
7858
检查
7859
检查
7860
检查
7861
检查
7862
检查

863

检查

7864

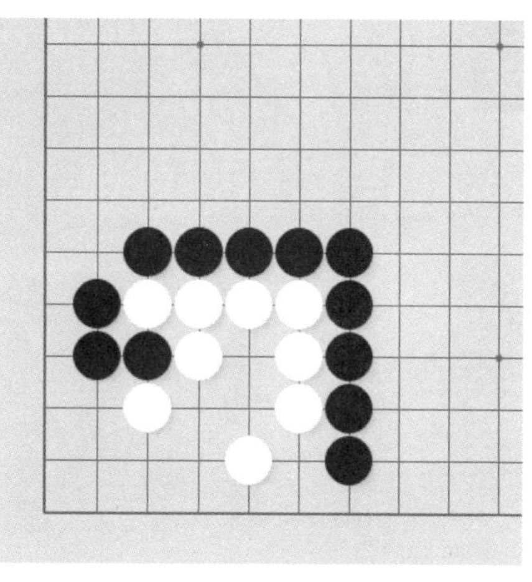

检查

865

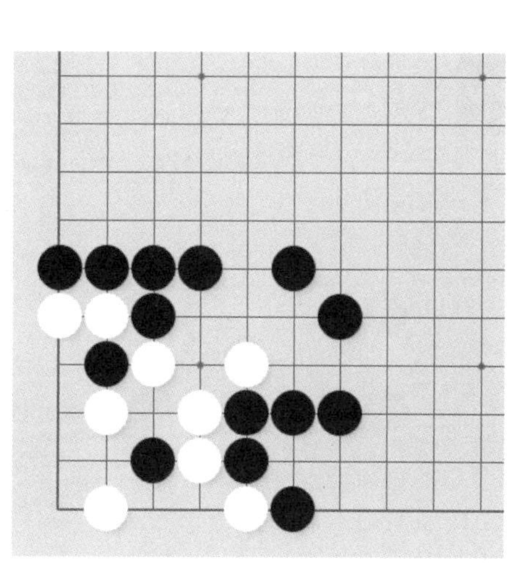

检查

7866

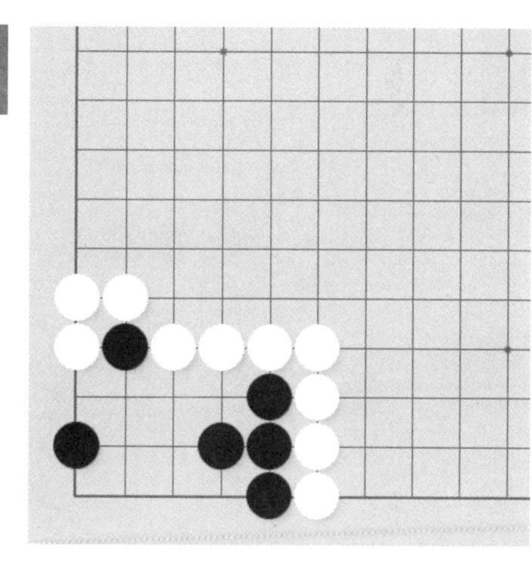

检查

867

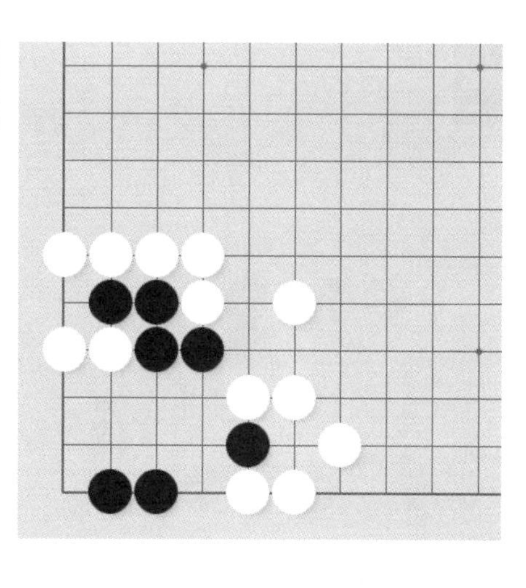

检查

7868

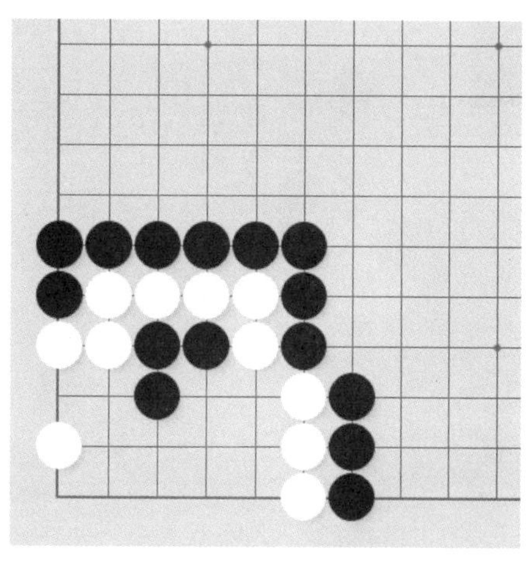

检查

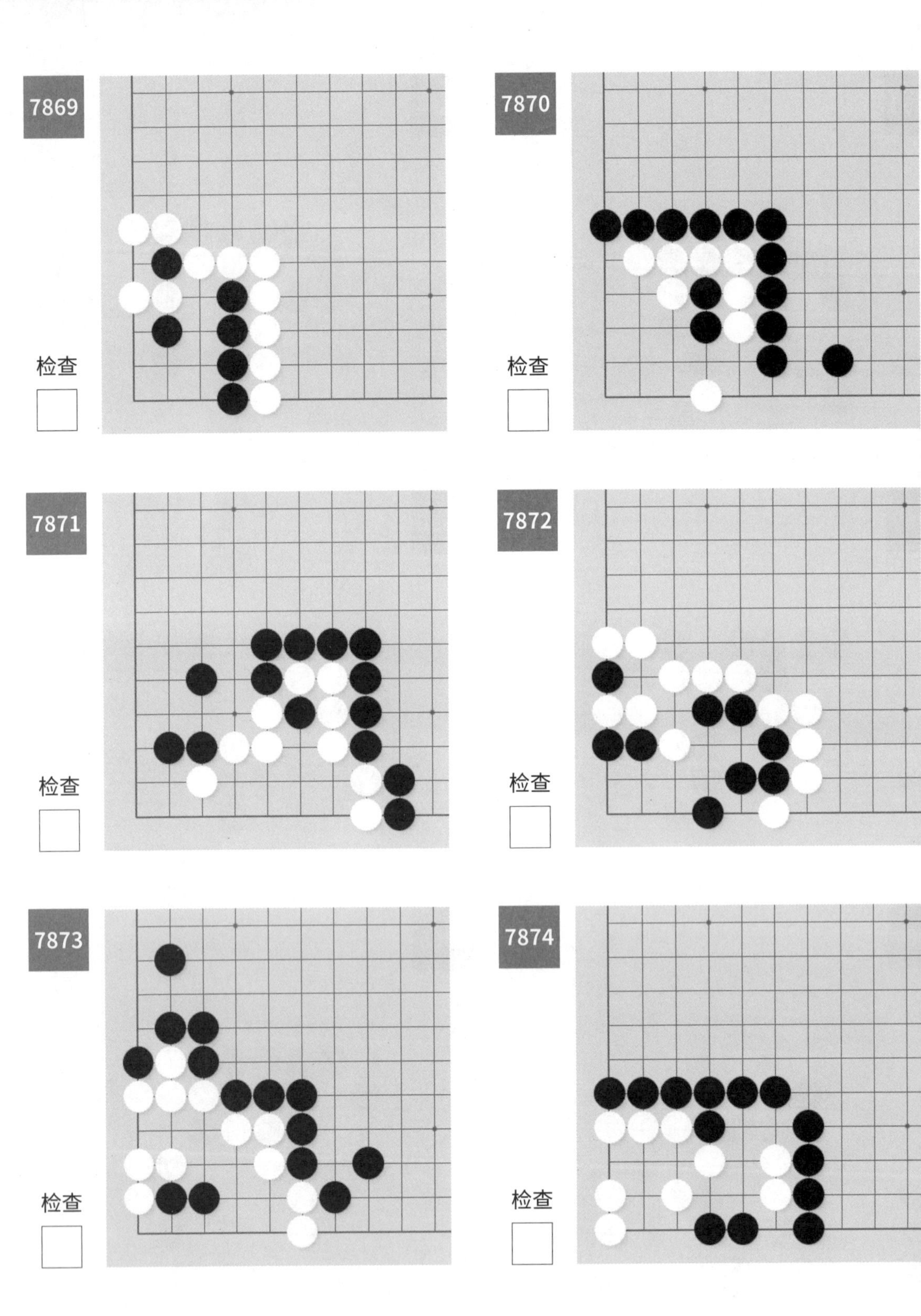
7869
检查
7870
检查
7871
检查
7872
检查
7873
检查
7874
检查

7875
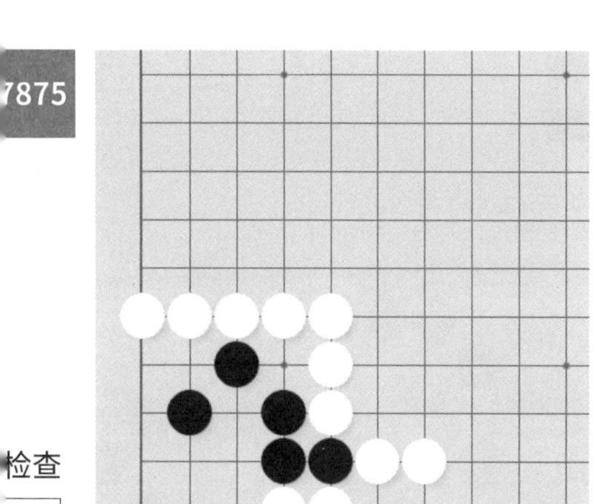
检查

7876
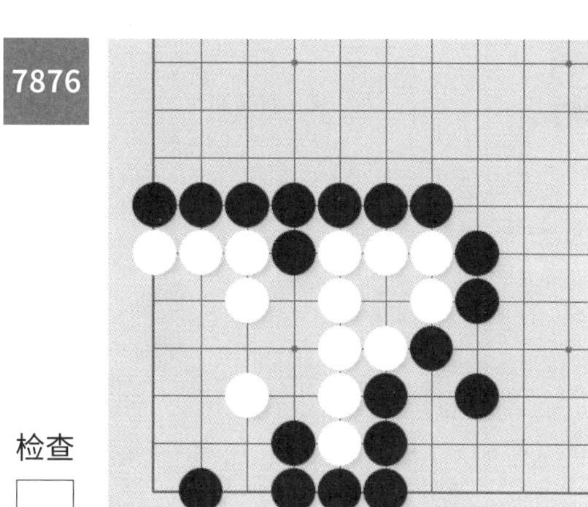
检查

7877
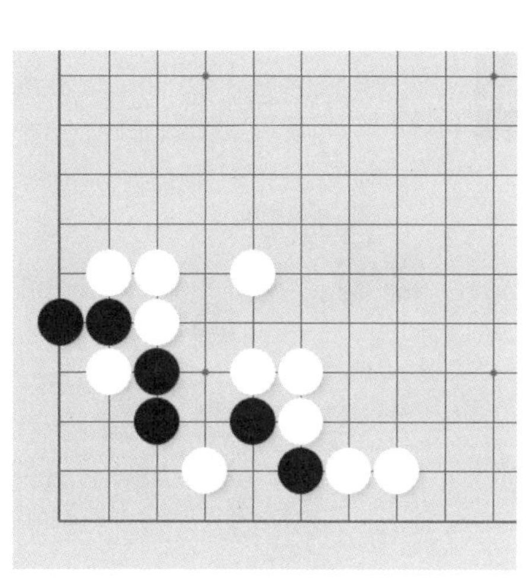
检查

7878
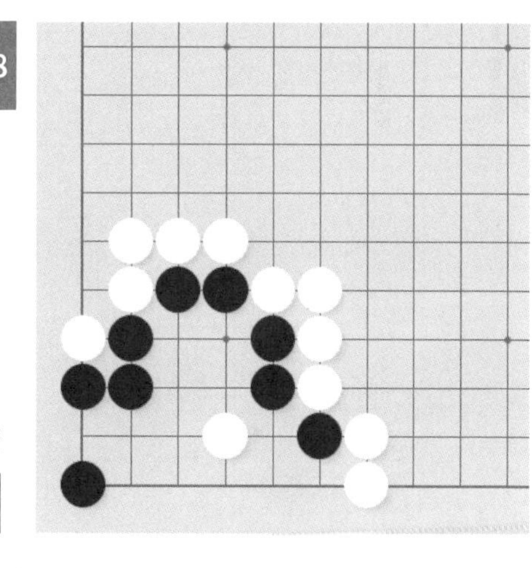
检查

7879
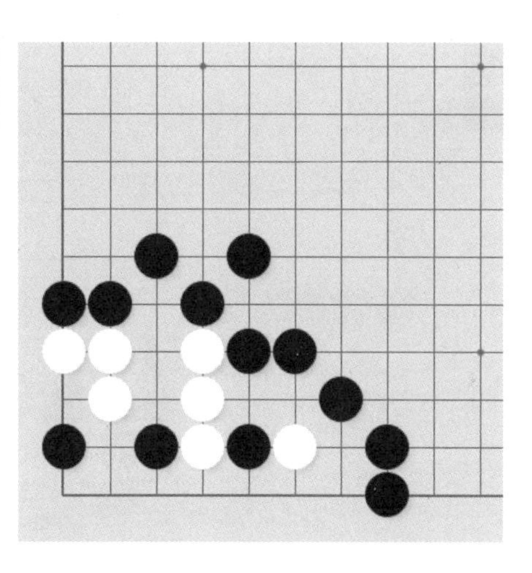
检查

7880
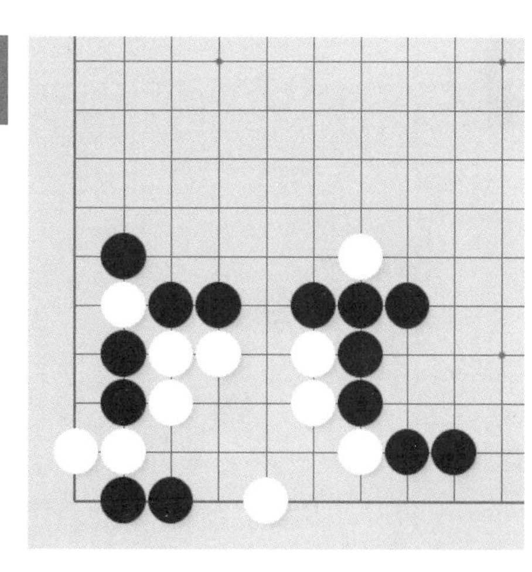
检查

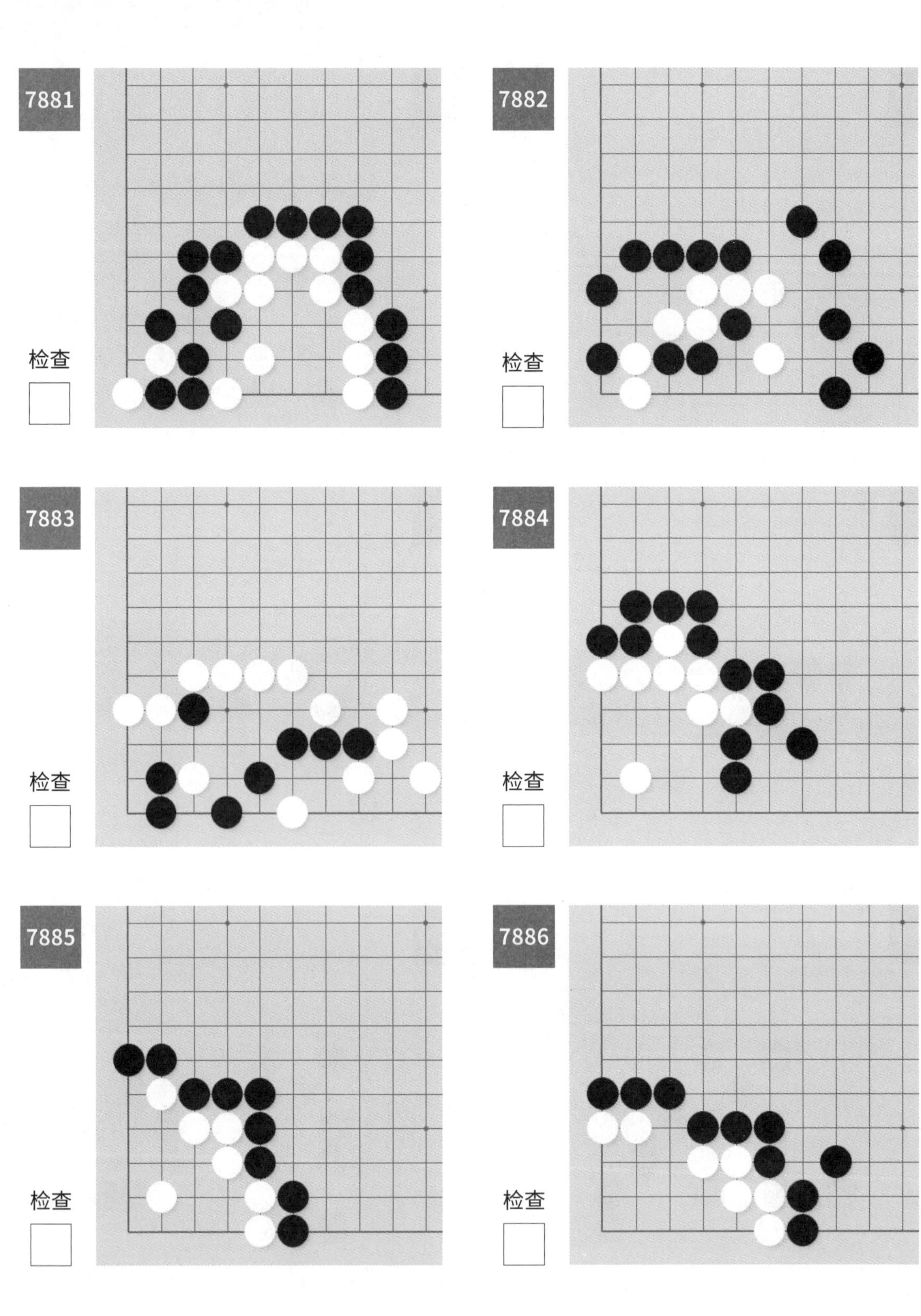
7881
检查
7882
检查
7883
检查
7884
检查
7885
检查
7886
检查

887

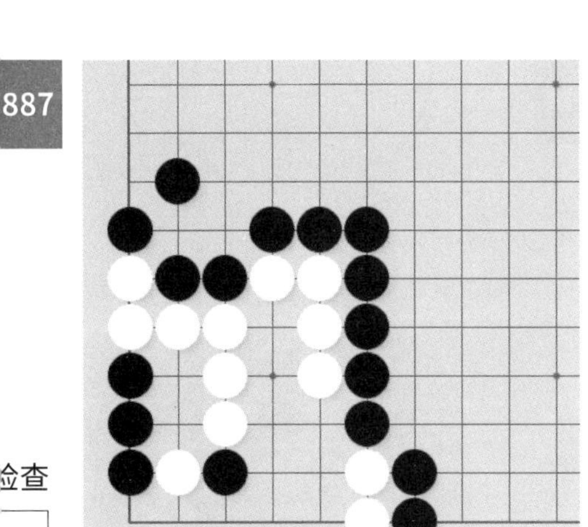

检查

7888

检查

889

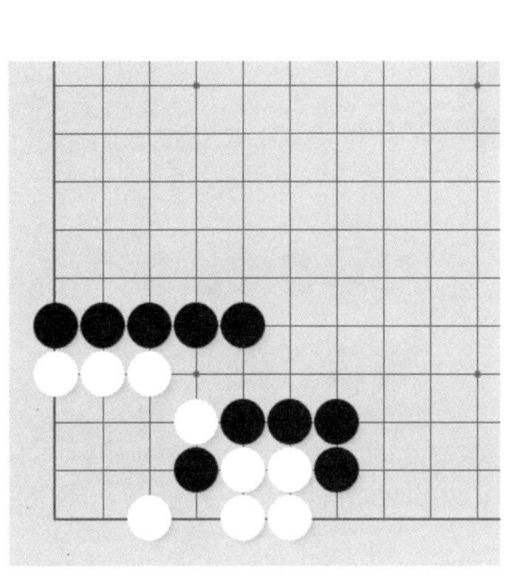

检查

7890

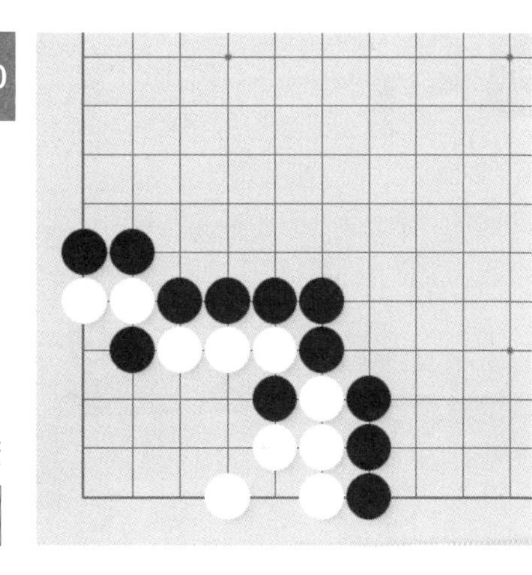

检查

891

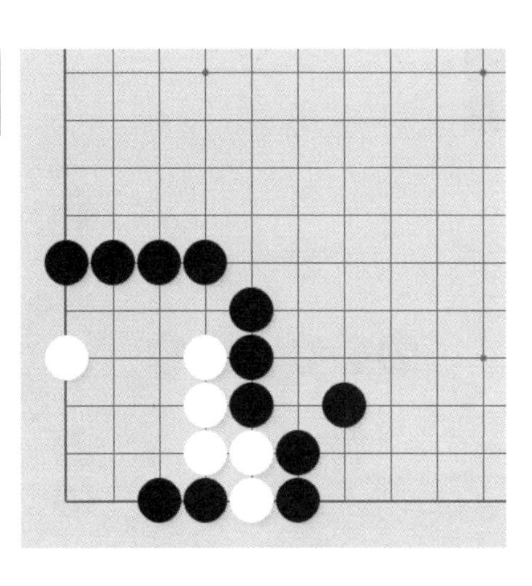

检查

7892

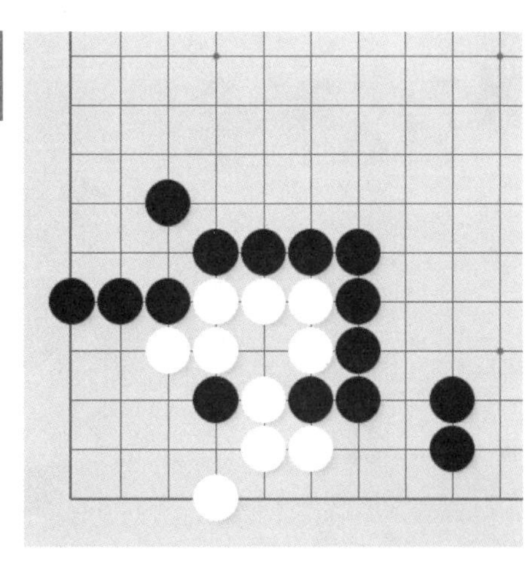

检查

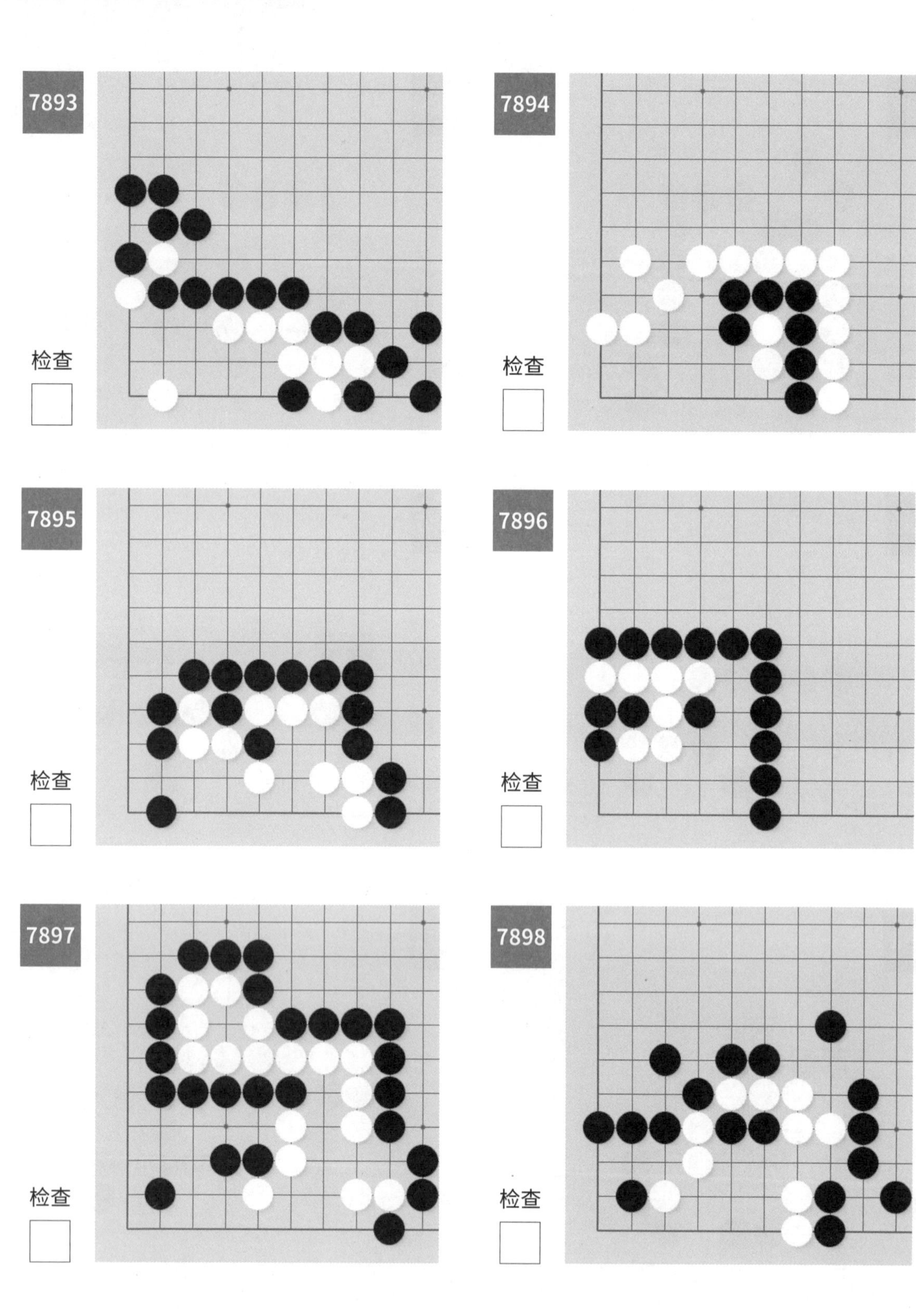
7893
检查
7894
检查
7895
检查
7896
检查
7897
检查
7898
检查

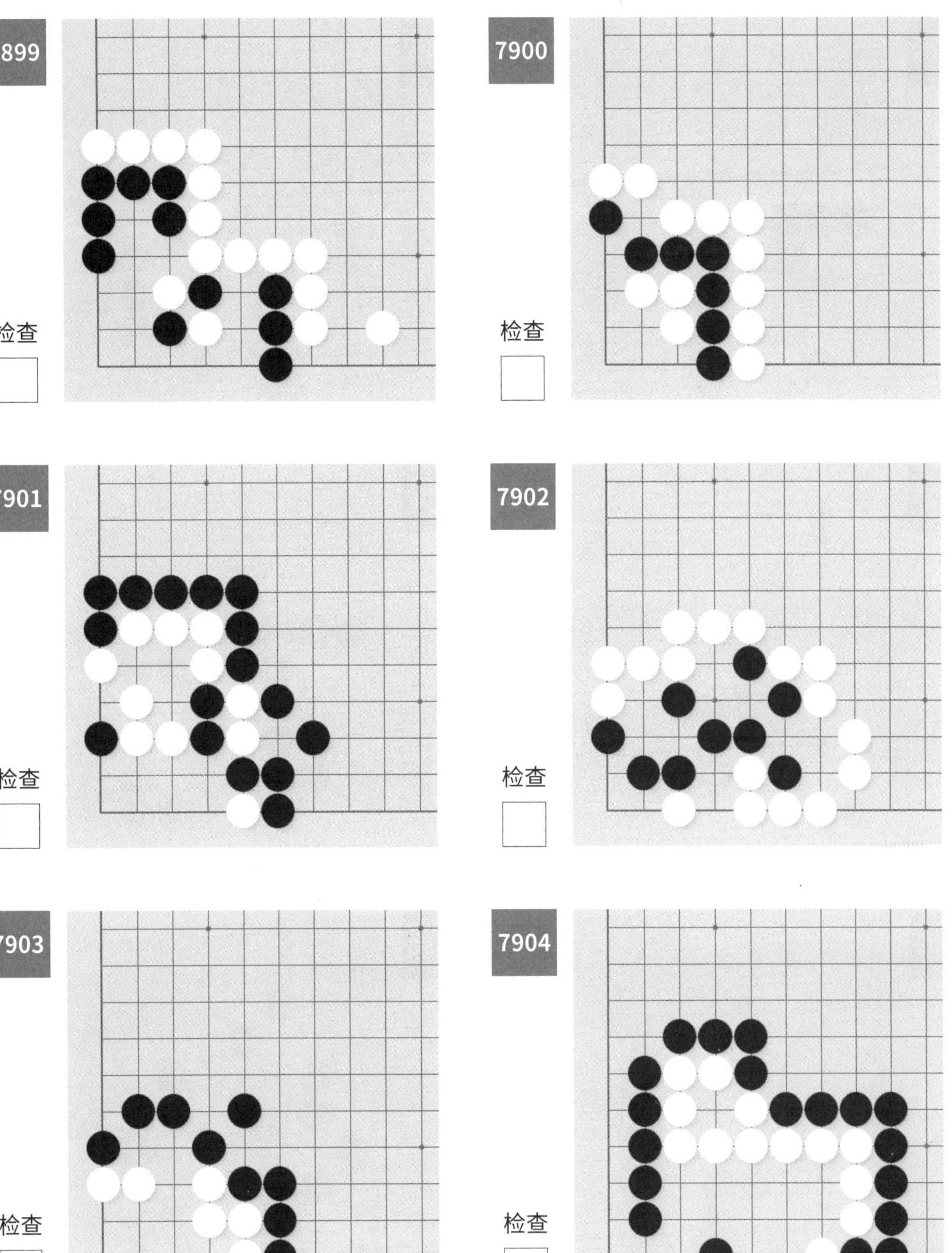
7899
检查
7900
检查
7901
检查
7902
检查
7903
检查
7904
检查

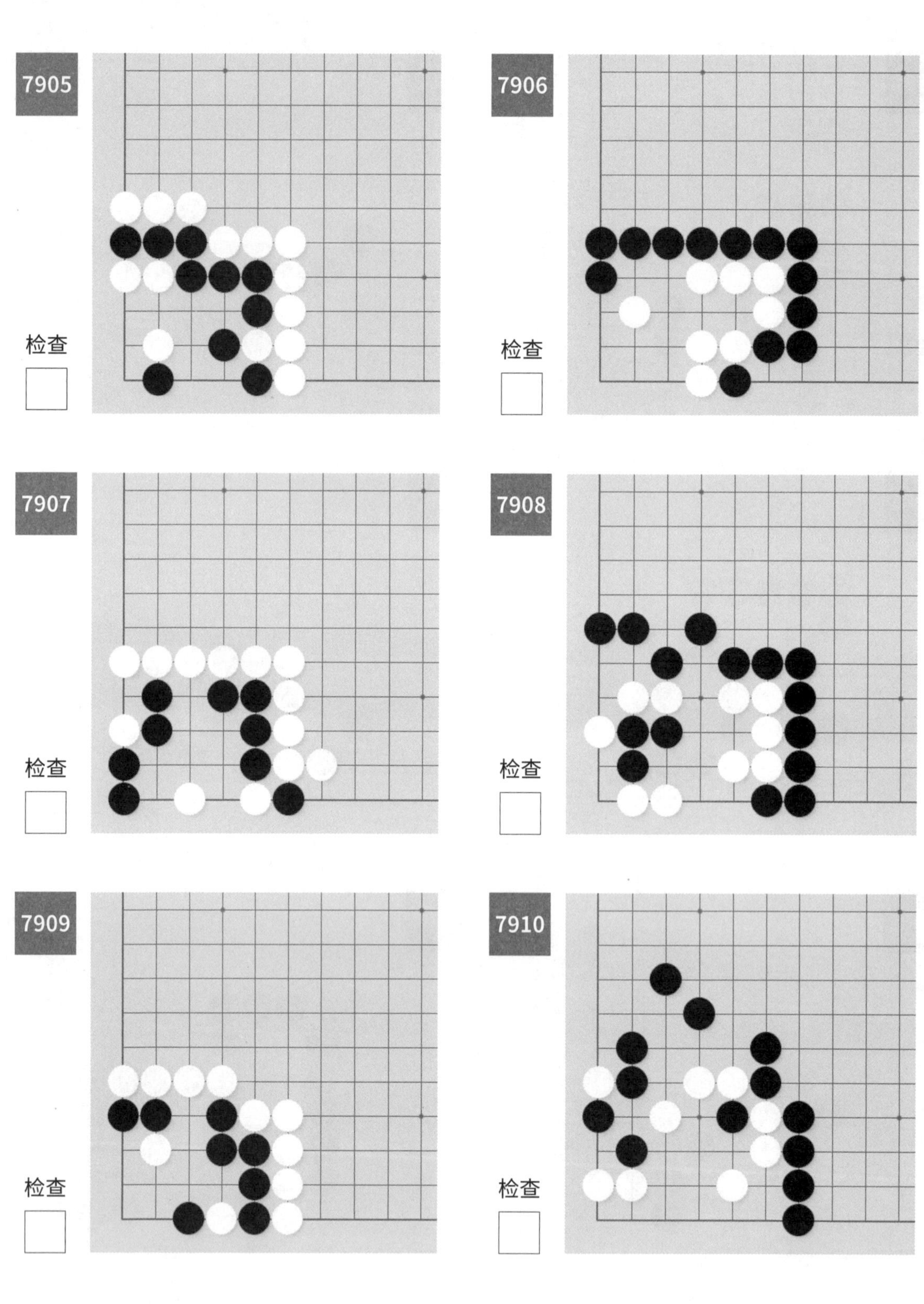
7905
检查
7906
检查
7907
检查
7908
检查
7909
检查
7910
检查

7911

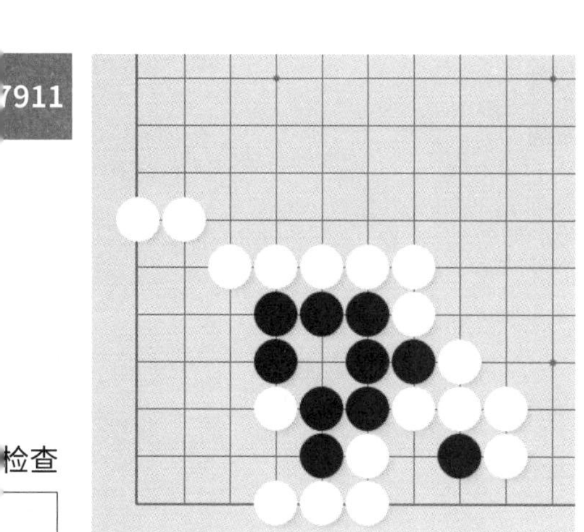

检查

7912

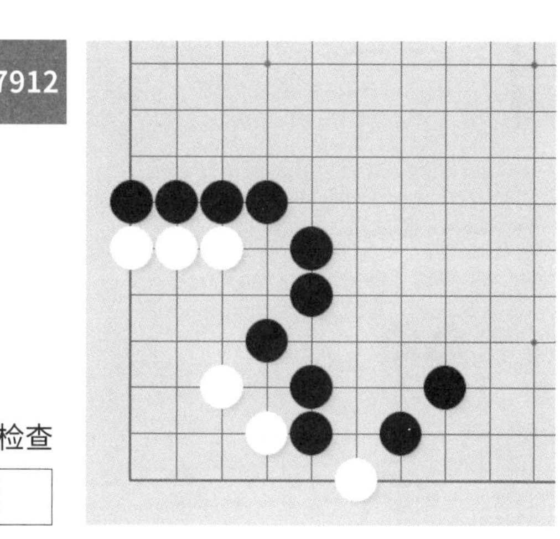

检查

7913

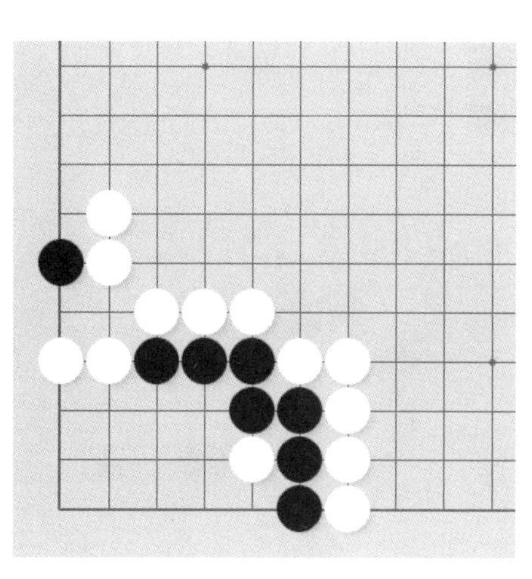

检查

7914

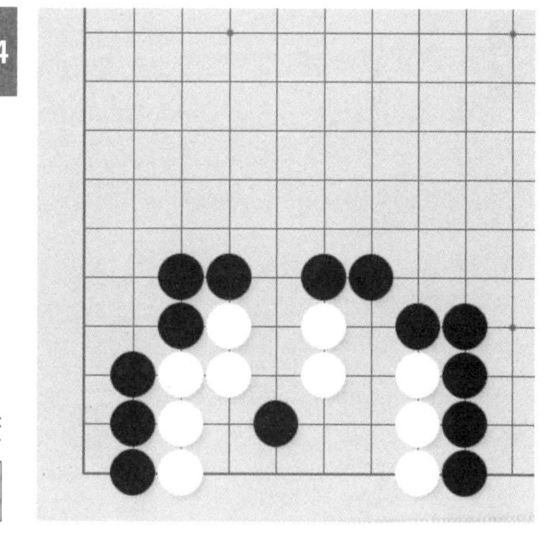

检查

7915

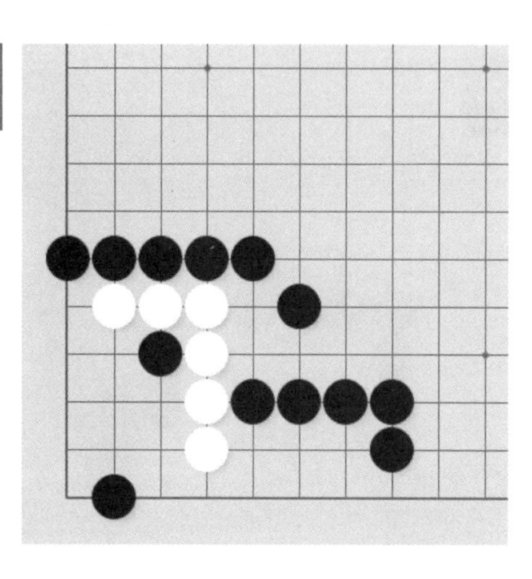

检查

7916

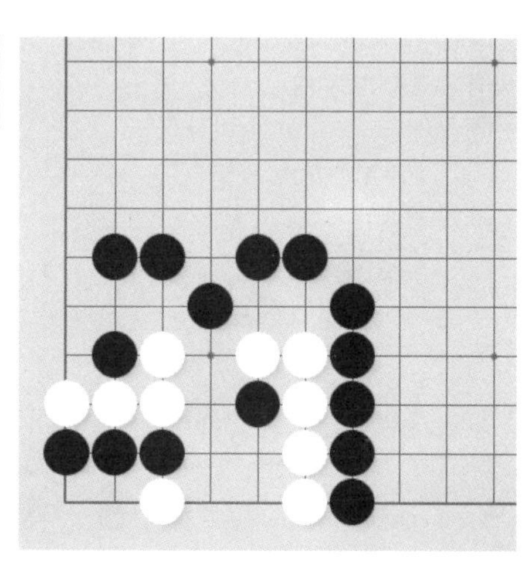

检查

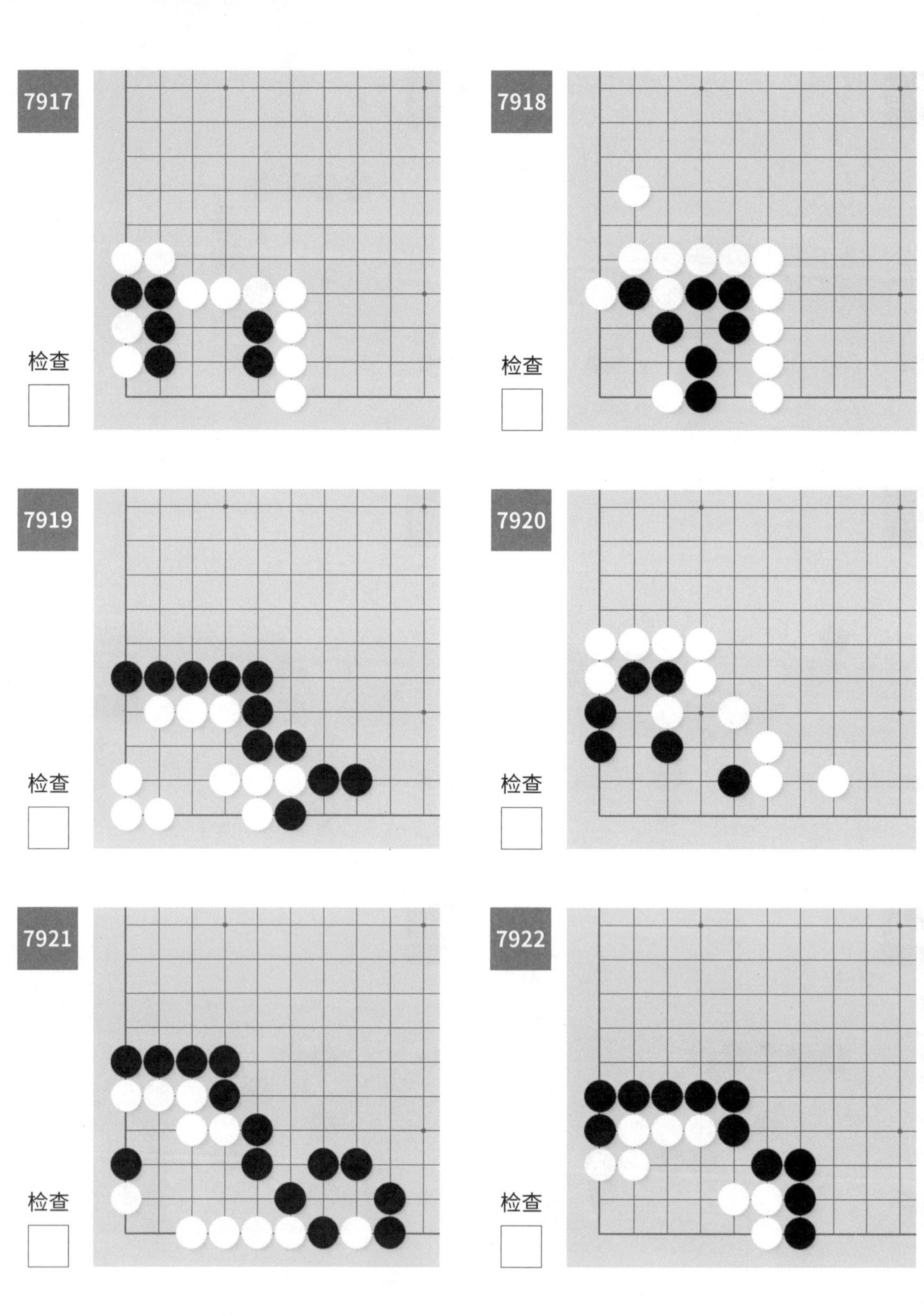
7917
检查
7918
检查
7919
检查
7920
检查
7921
检查
7922
检查

923

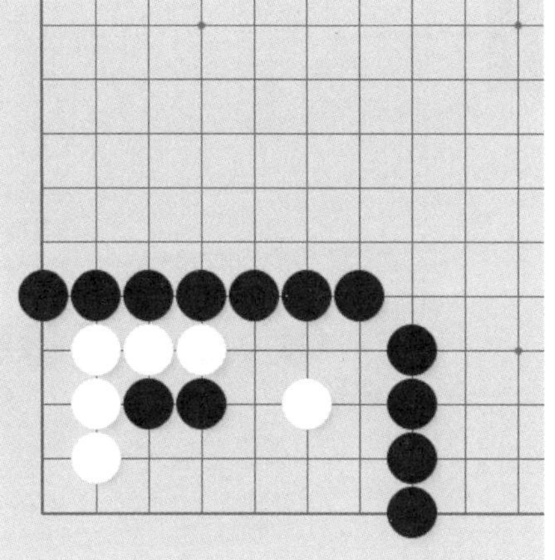

检查

7924

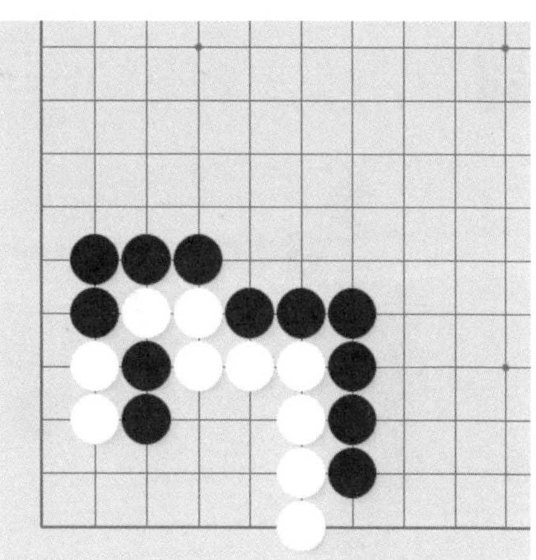

检查

925

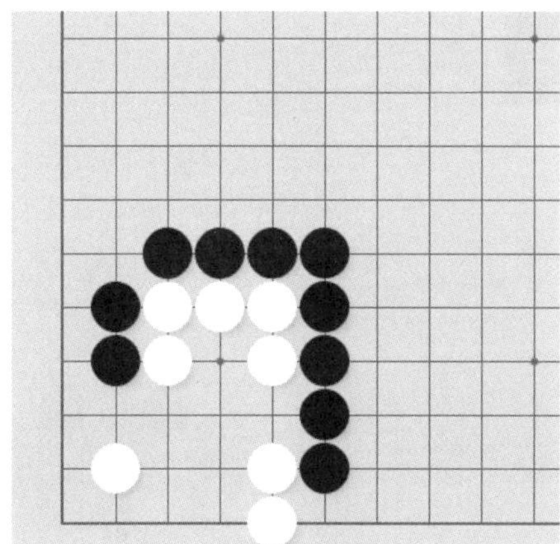

检查

7926

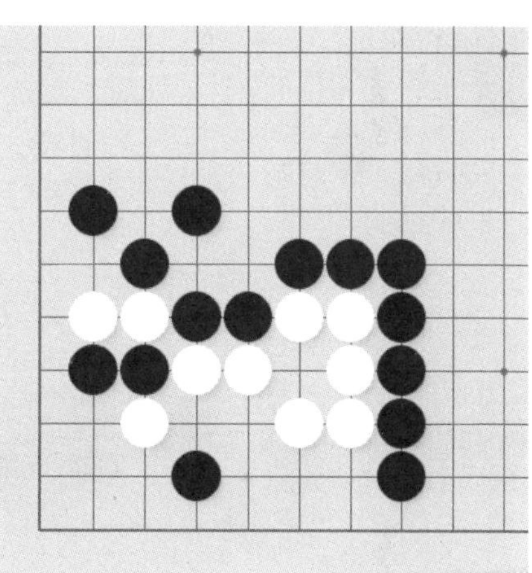

检查

927

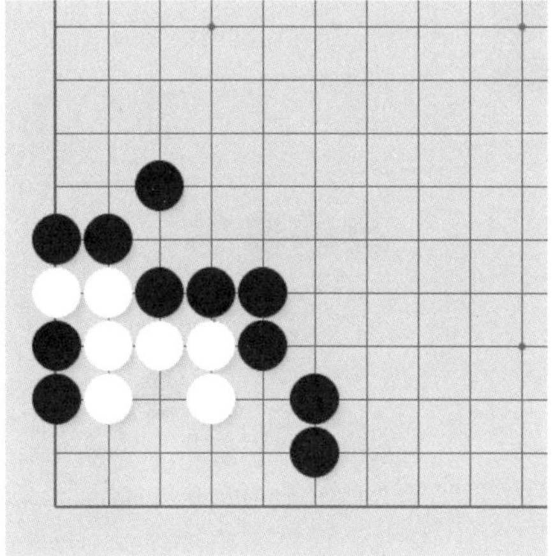

检查

7928

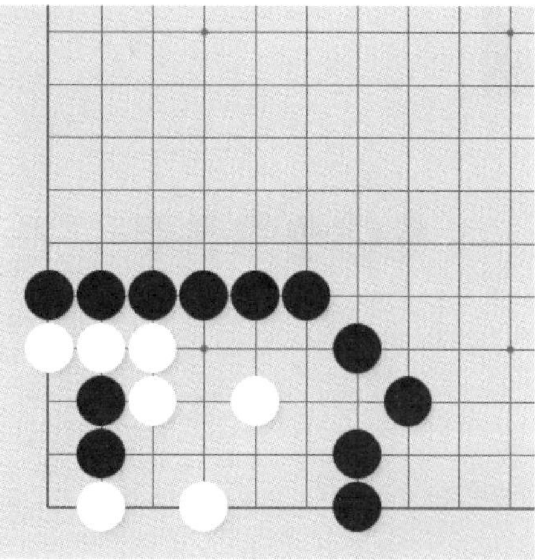

检查

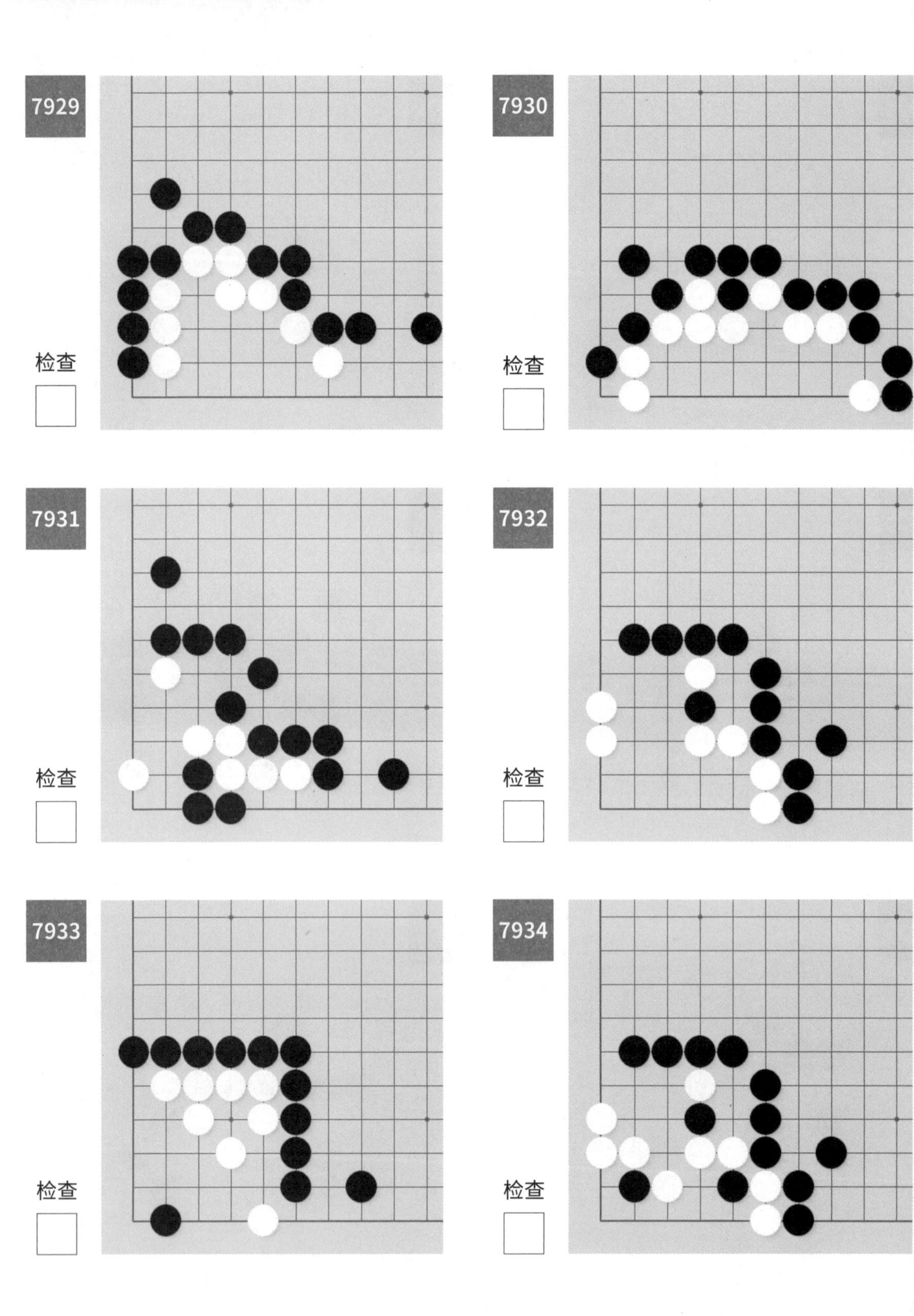
7929
检查
7930
检查
7931
检查
7932
检查
7933
检查
7934
检查

935

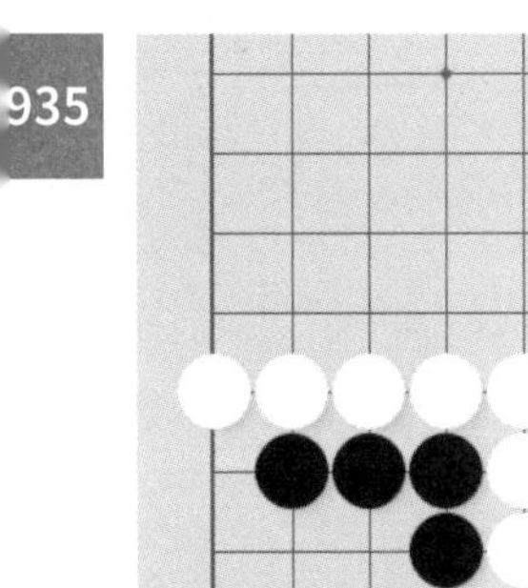

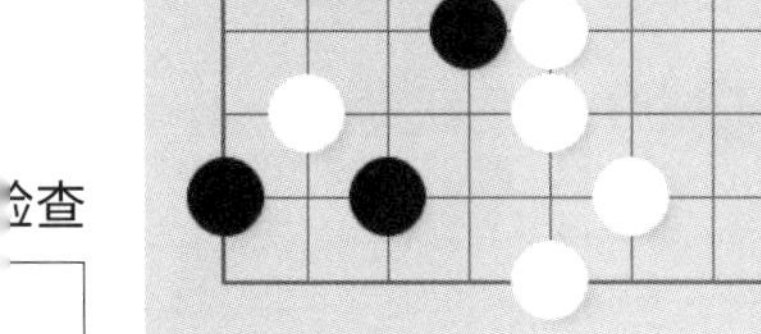

检查

7936

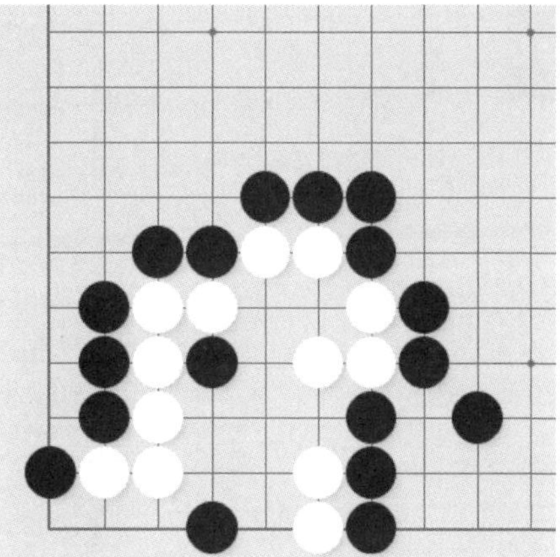

检查

937

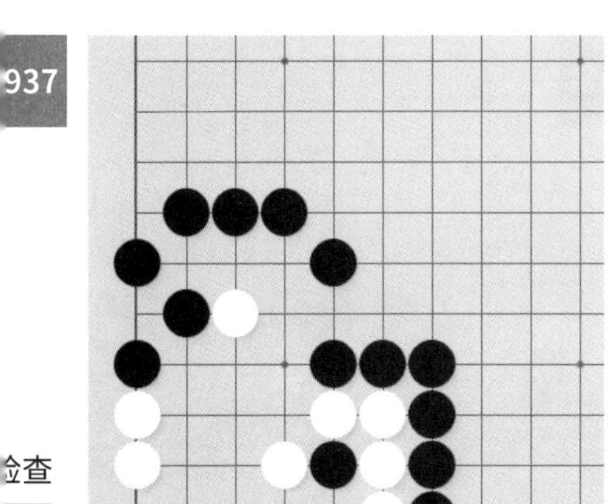

检查

7938

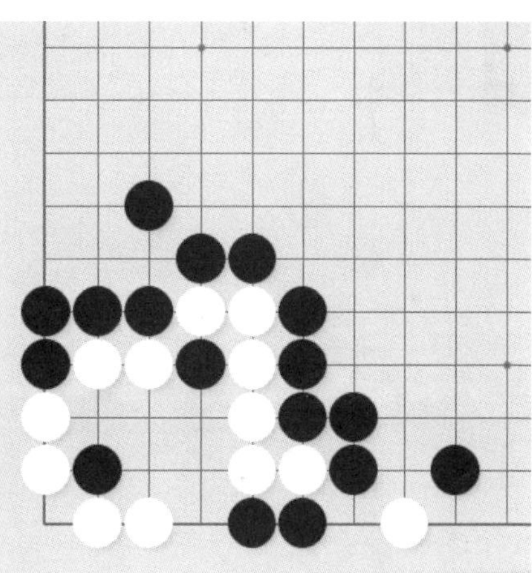

检查

939

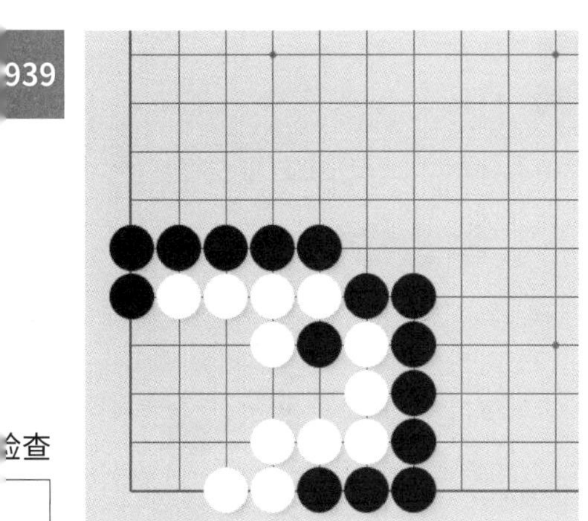

检查

7940

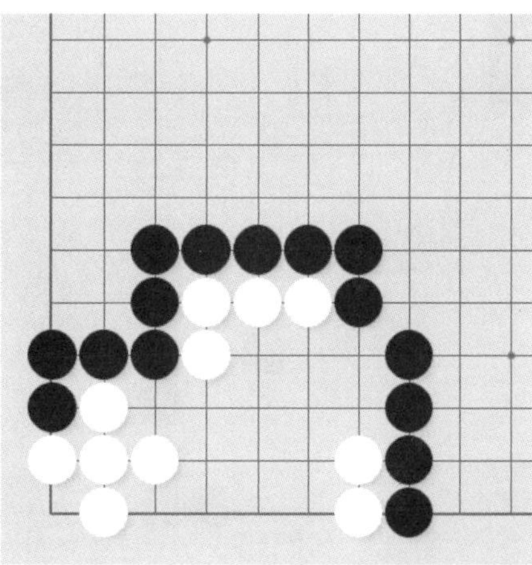

检查

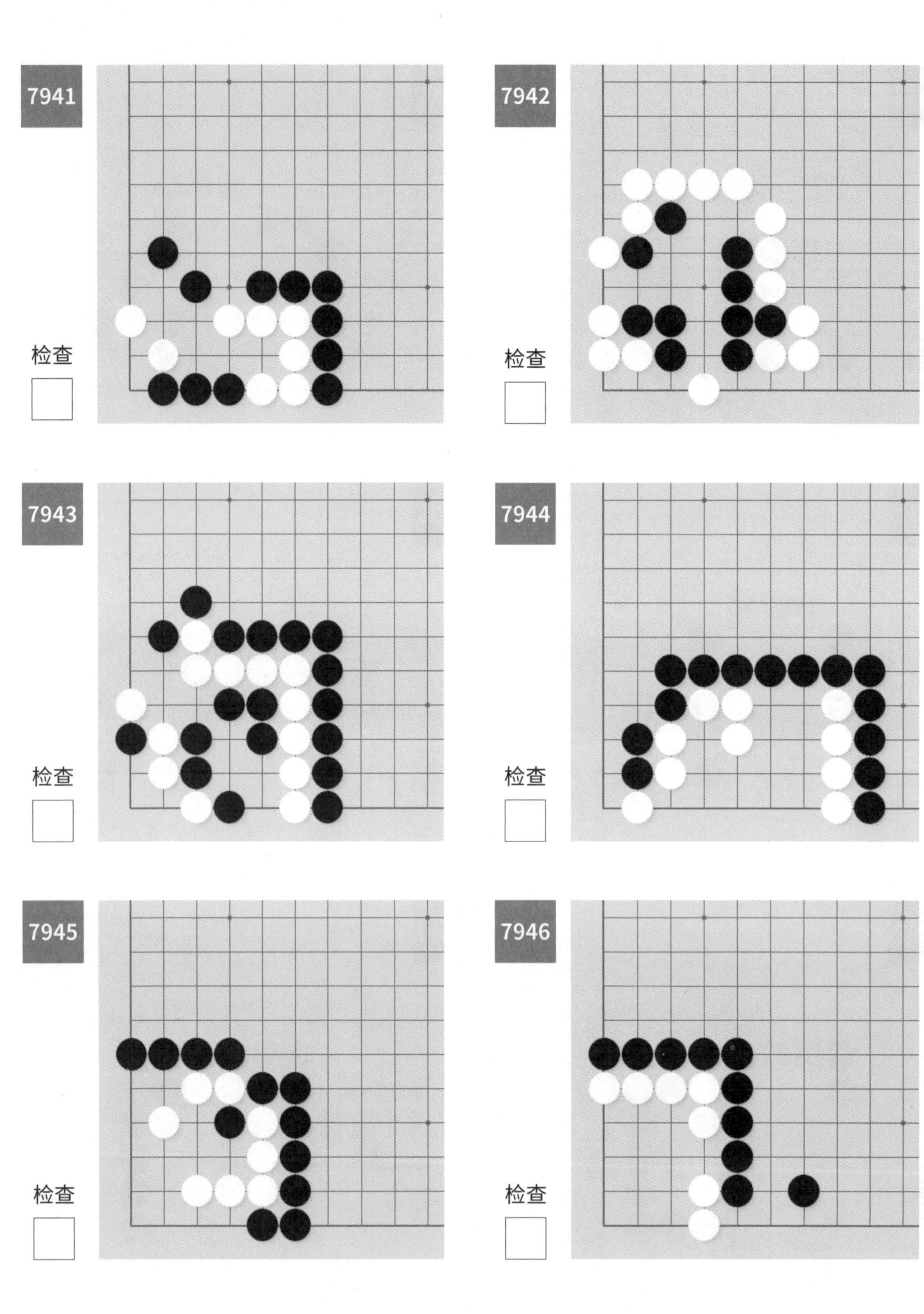
7941
检查
7942
检查
7943
检查
7944
检查
7945
检查
7946
检查

947

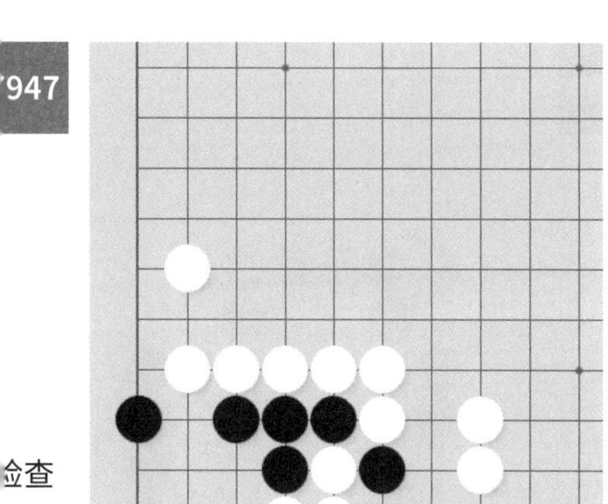

检查

7948

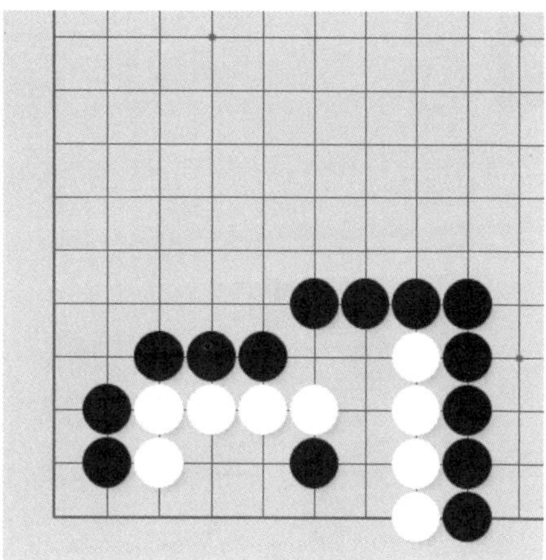

检查

949

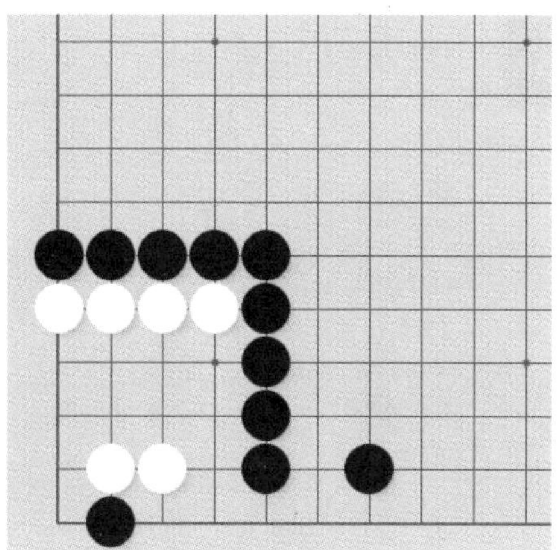

检查

7950

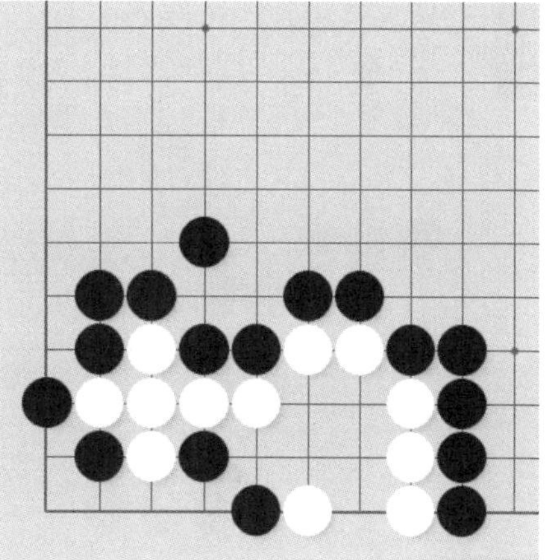

检查

951

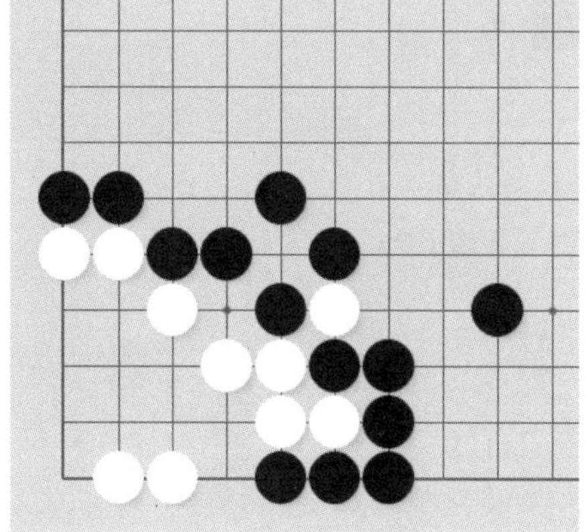

检查

7952

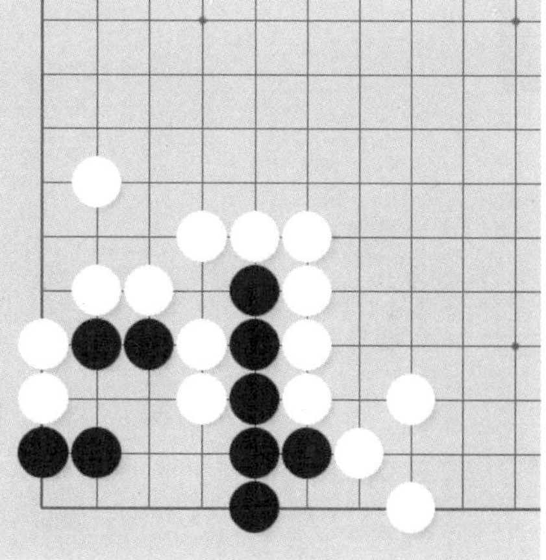

检查

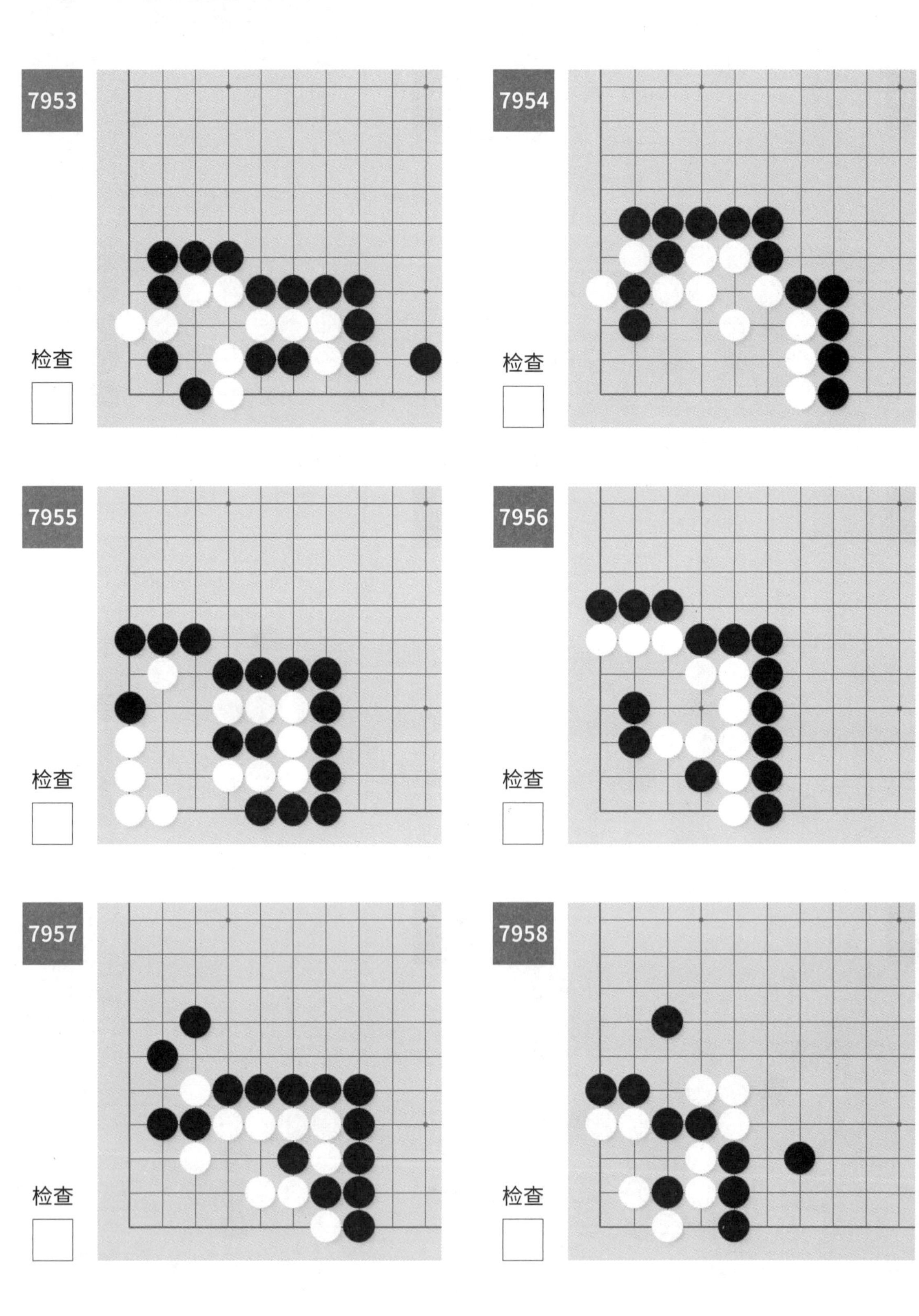
7953
检查
7954
检查
7955
检查
7956
检查
7957
检查
7958
检查

7959

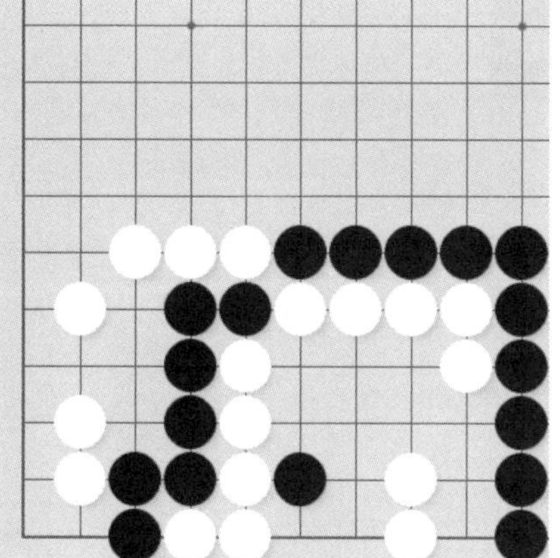

检查

7960

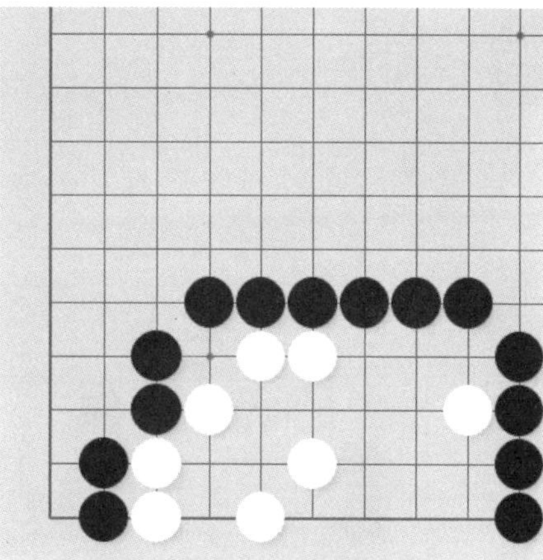

检查

7961

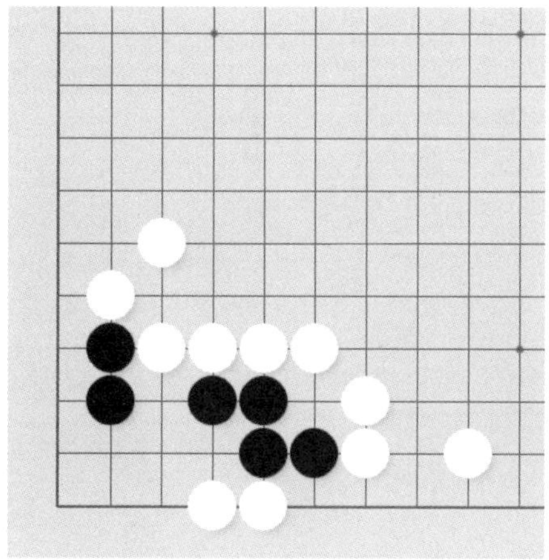

检查

7962

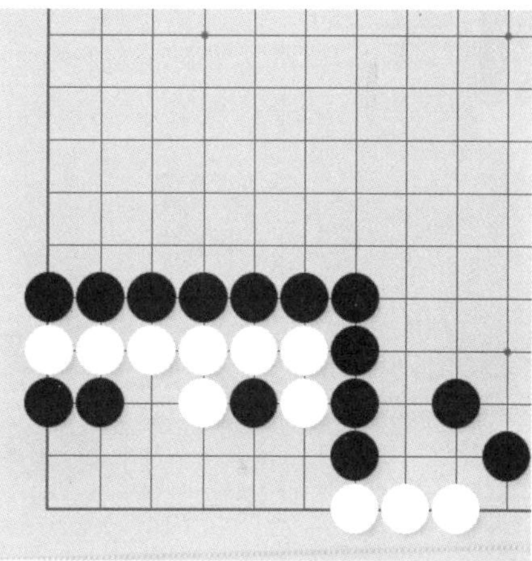

检查

7963

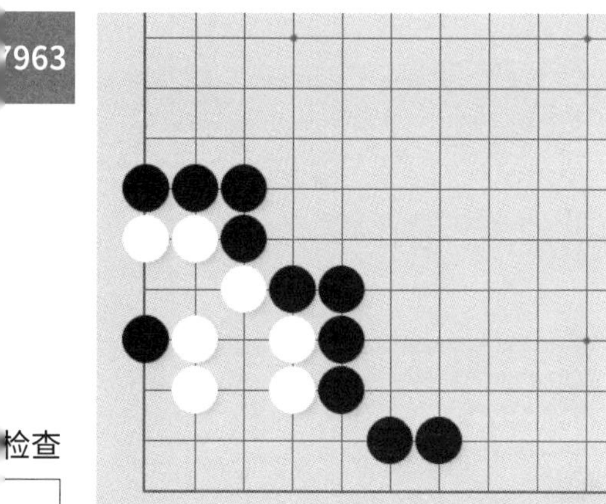

检查

7964

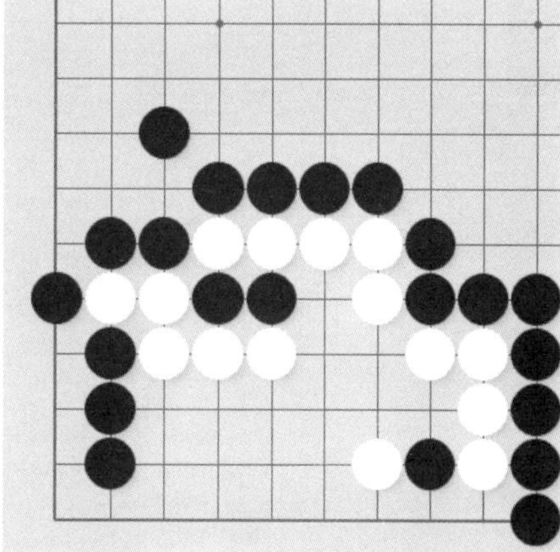

检查

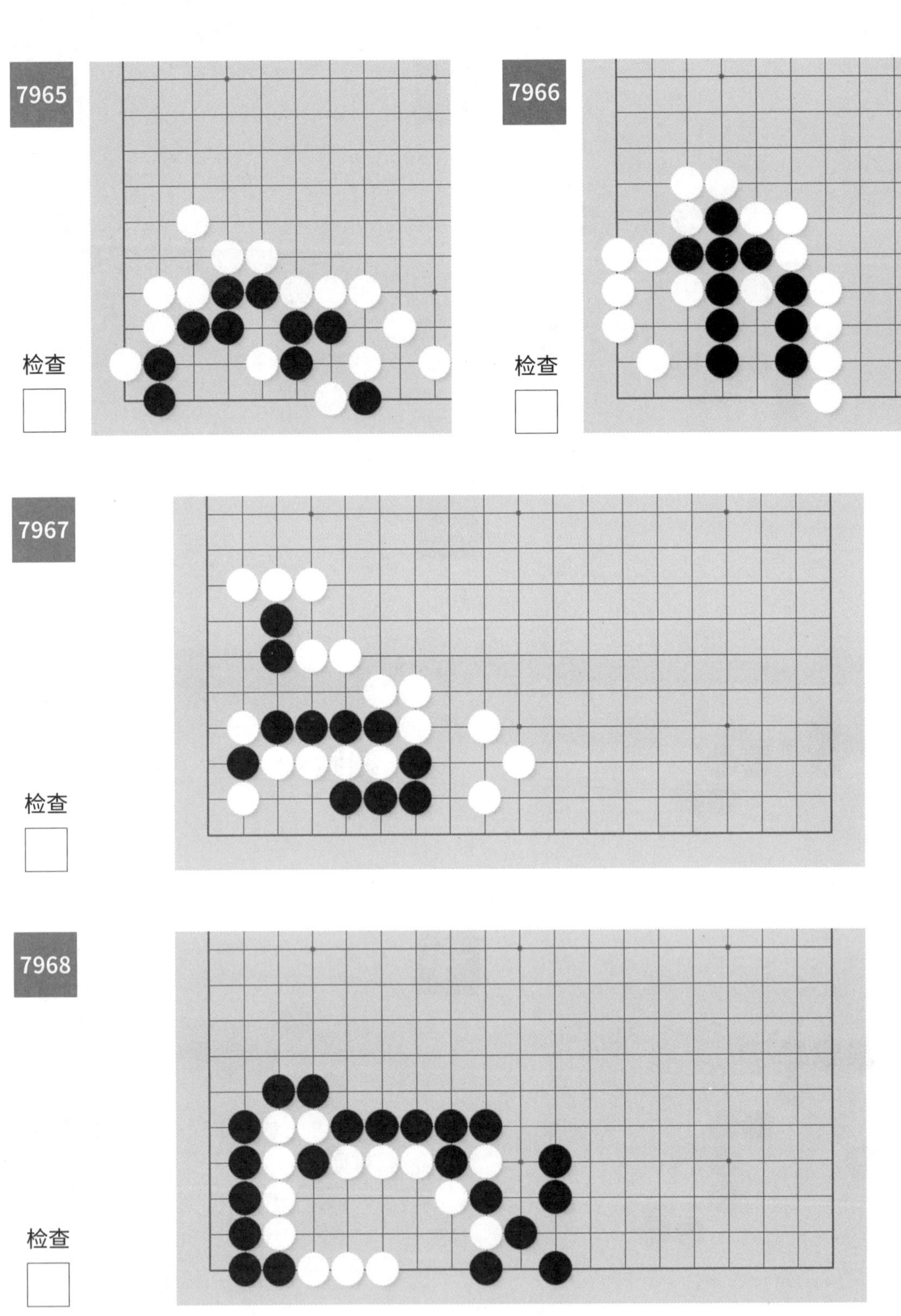
7965
检查
7966
检查
7967
检查
7968
检查

7969

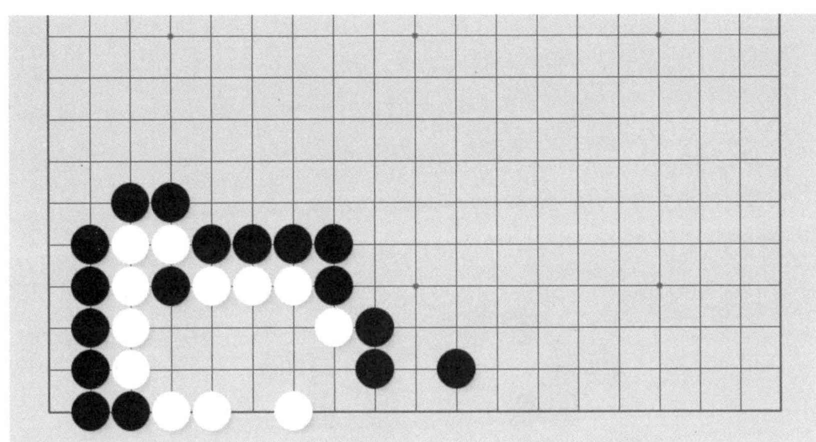

检查 □

7970

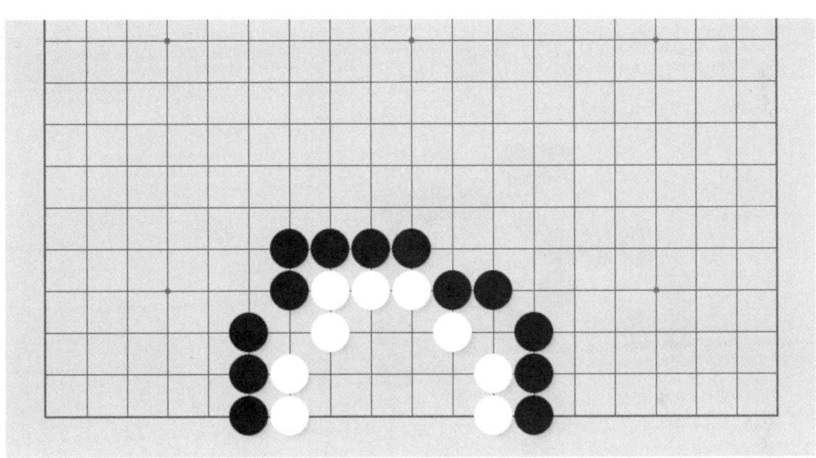

检查 □

7971

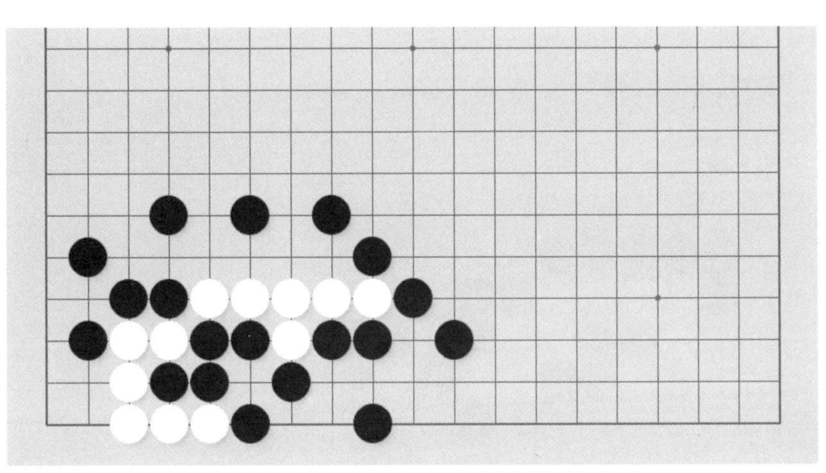

检查 □

7972

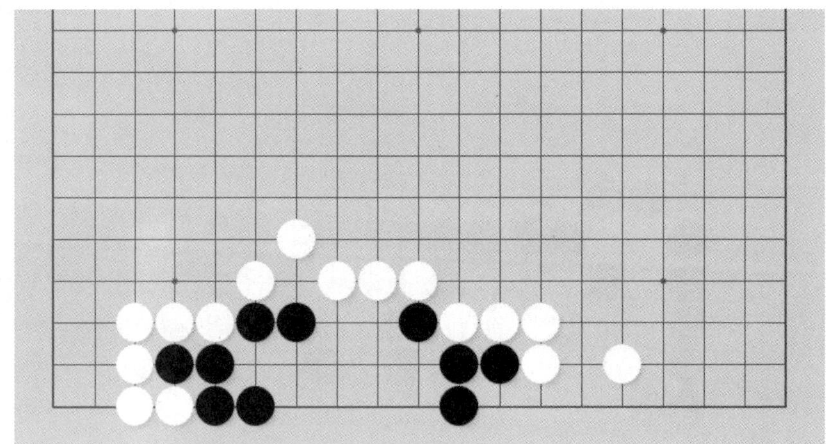

检查

7973

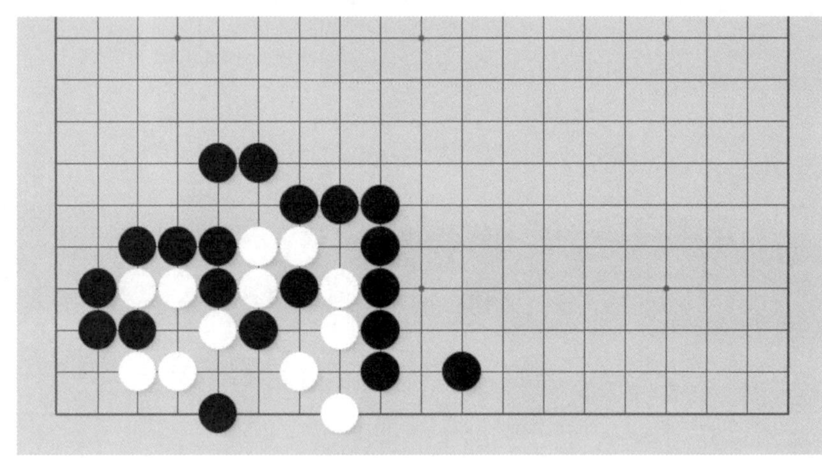

检查

7974

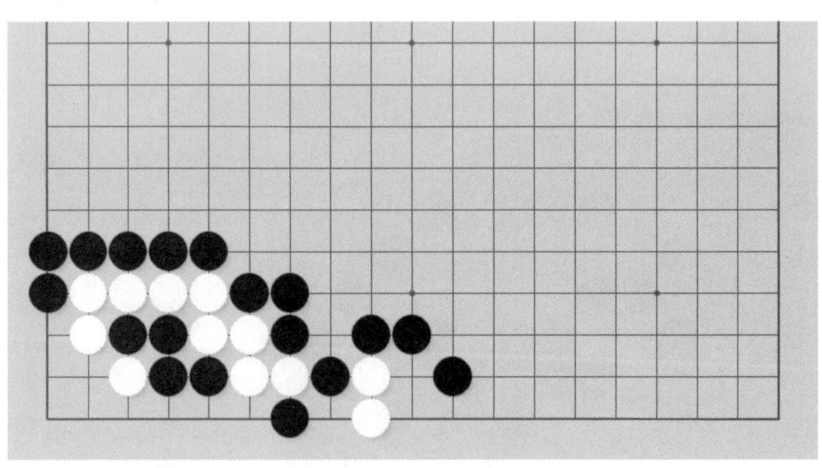

检查

7975

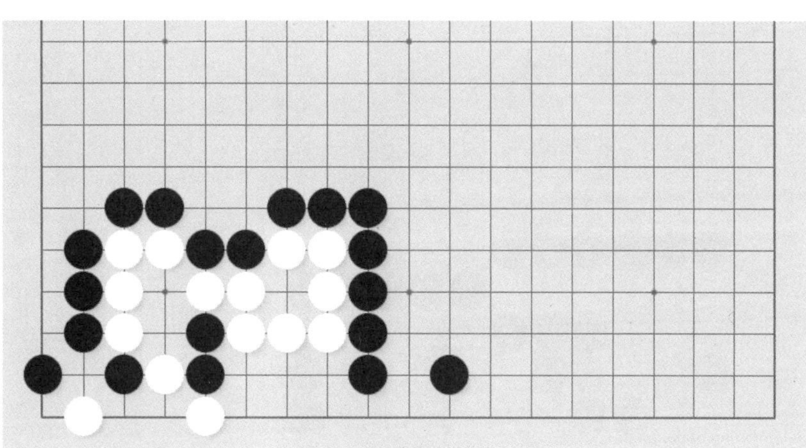

检查

7976

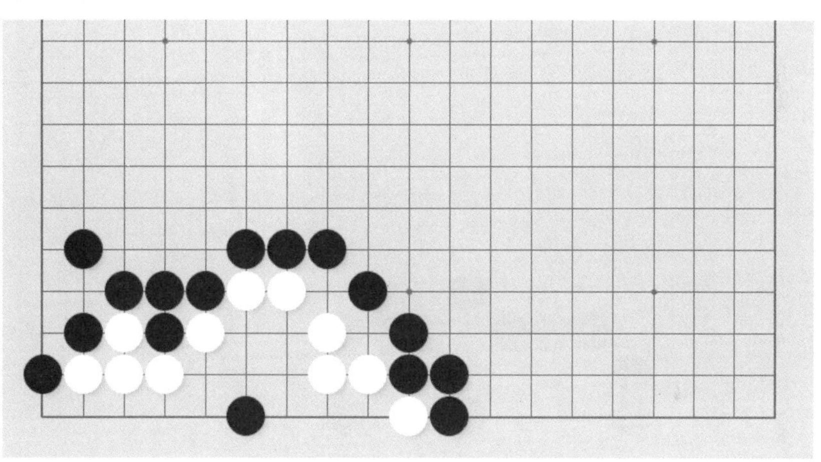

检查

7977

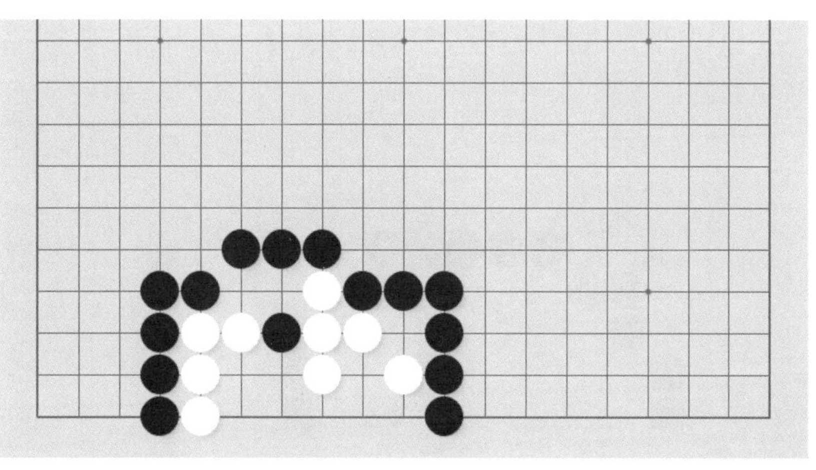

检查

7978

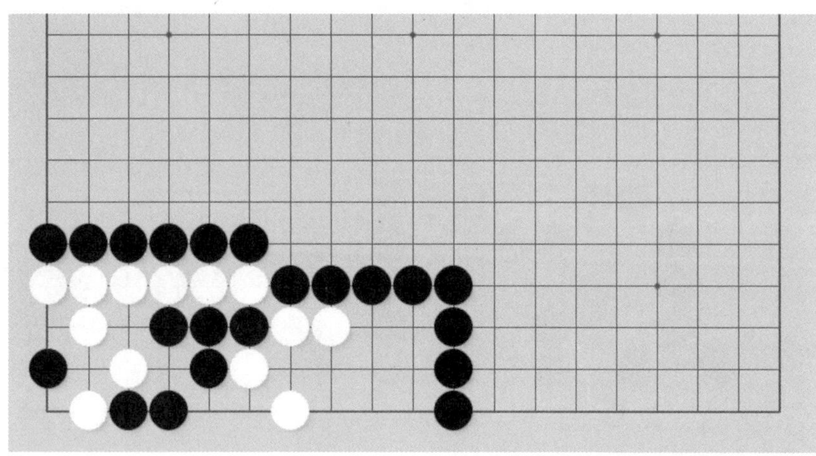

检查 □

7979

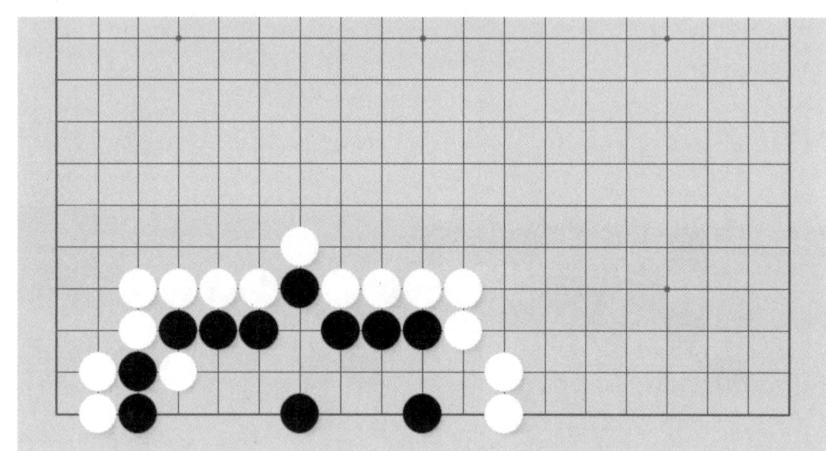

检查 □

7980

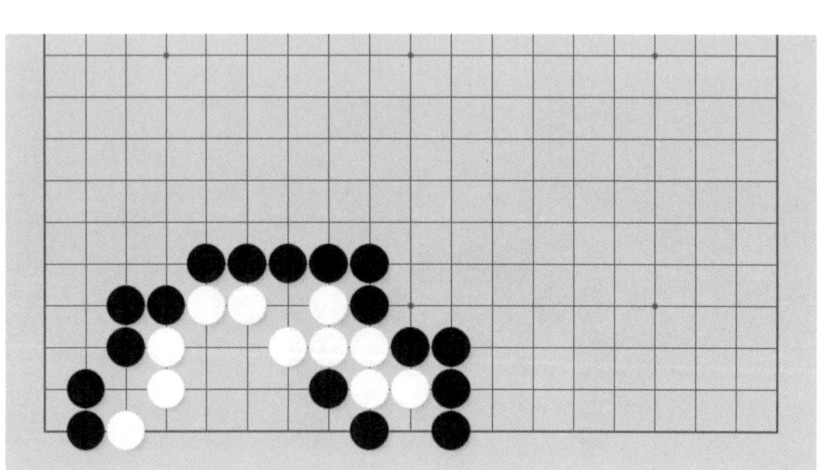

检查 □

981

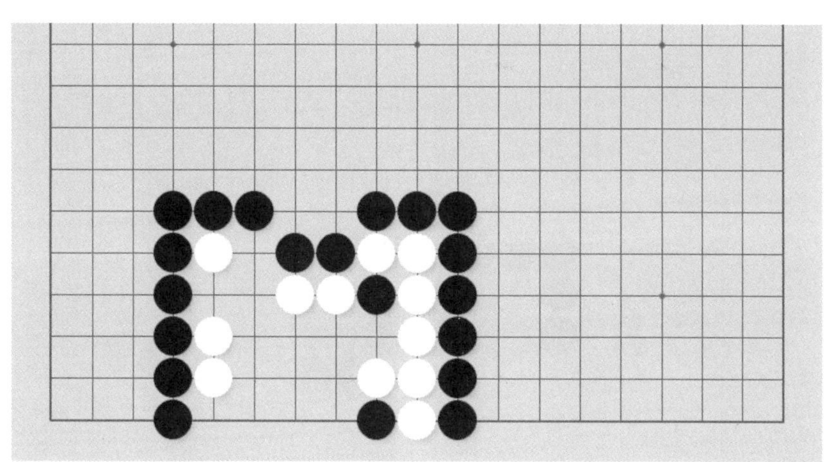

检查

982

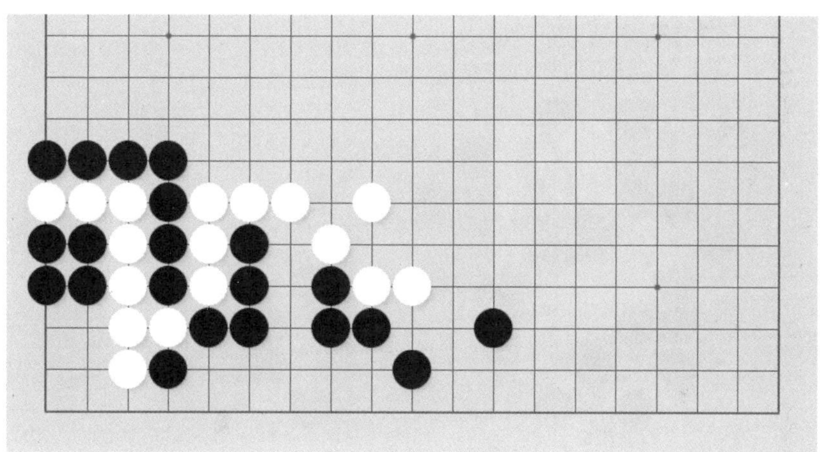

检查

983

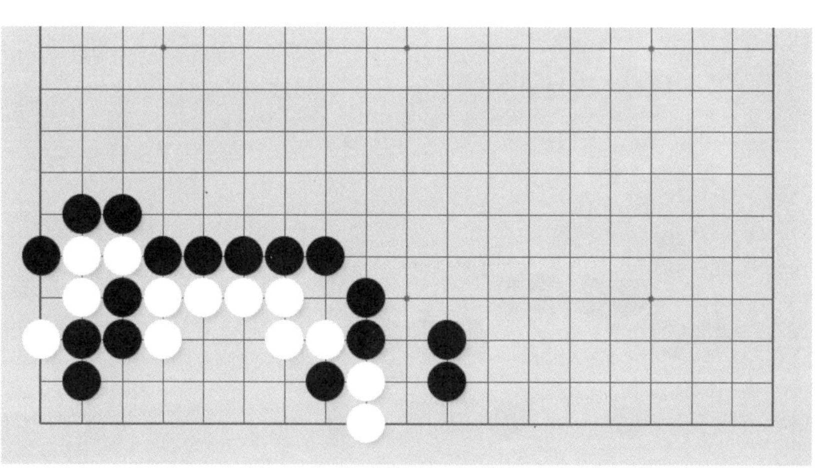

检查

7984

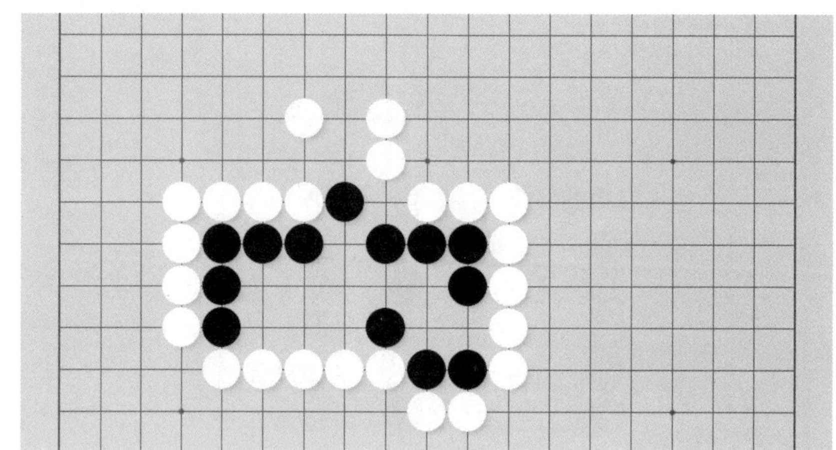

检查 □

7985

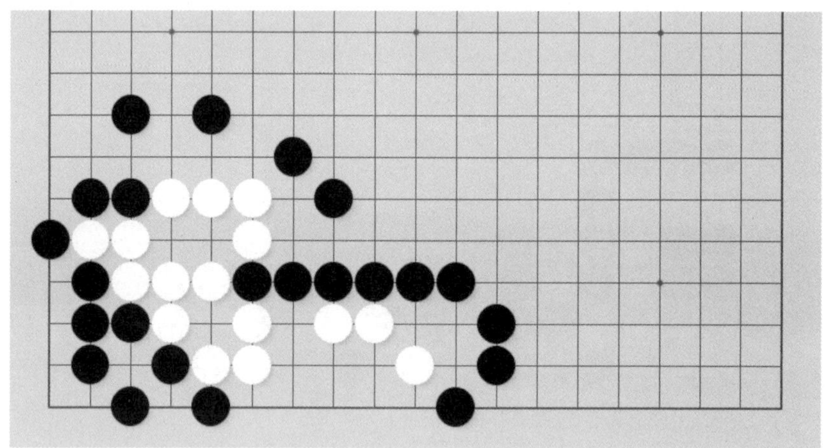

检查 □

7986

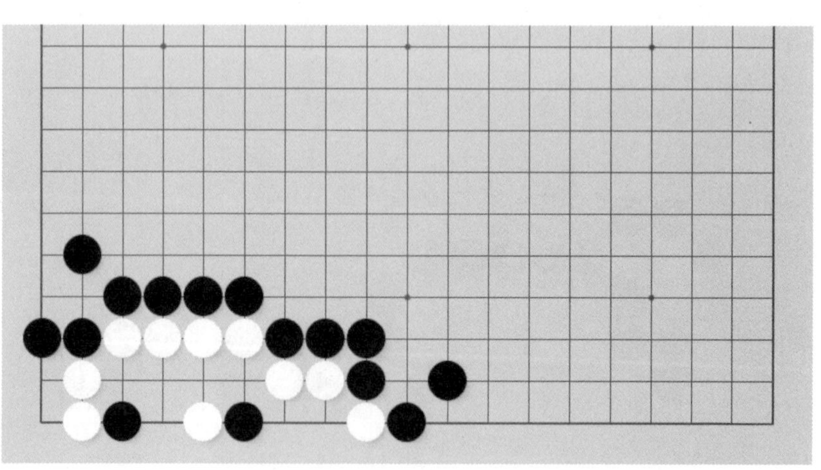

检查 □

987

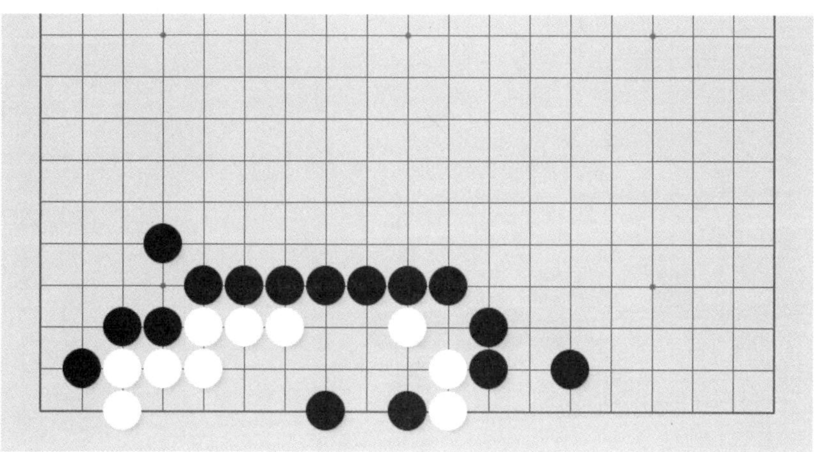

检查

988

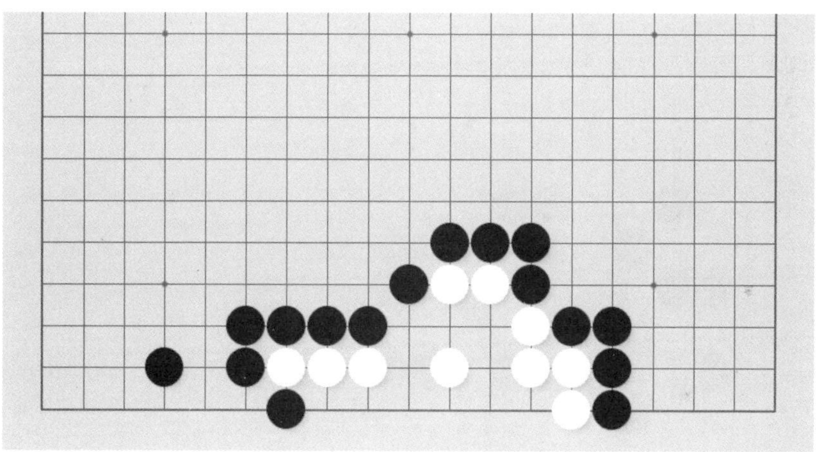

检查

989

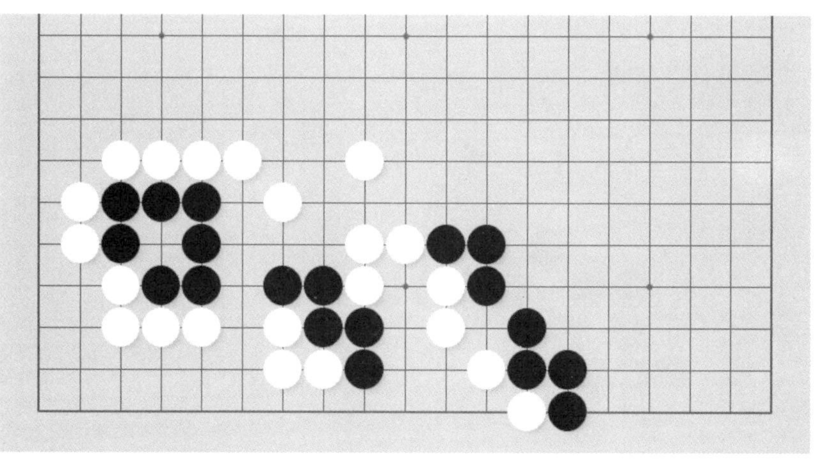

检查

7990

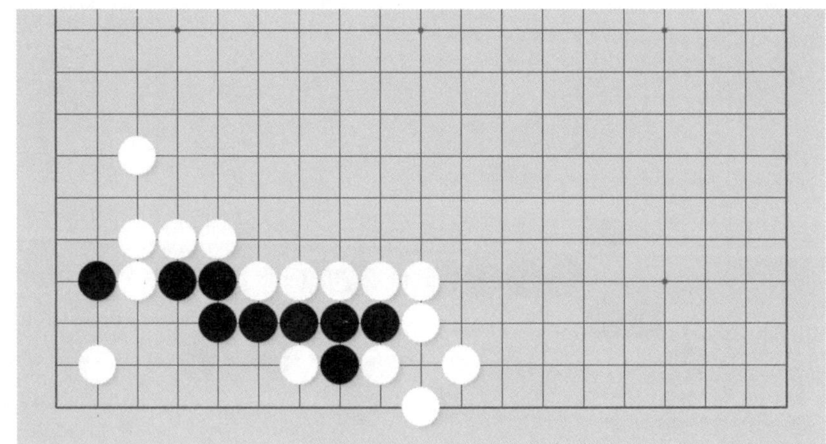

检查

7991

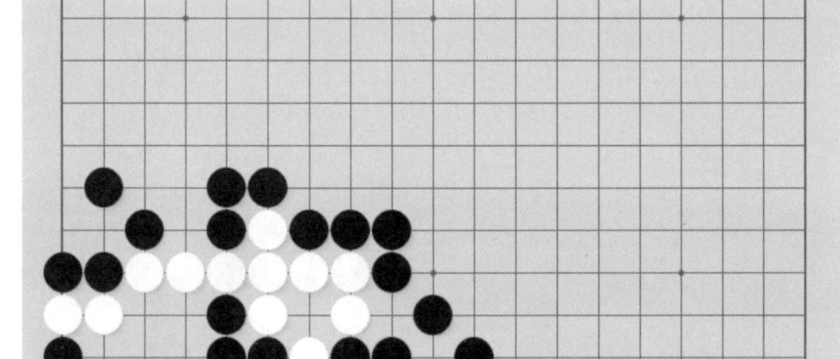

检查

7992

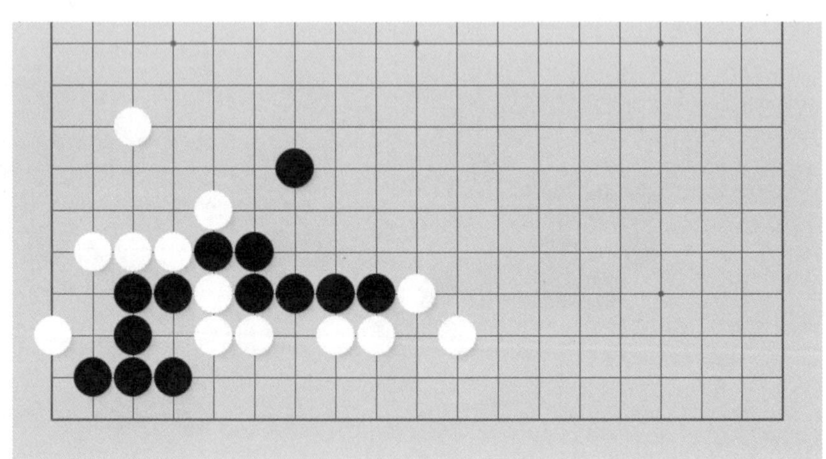

检查

993

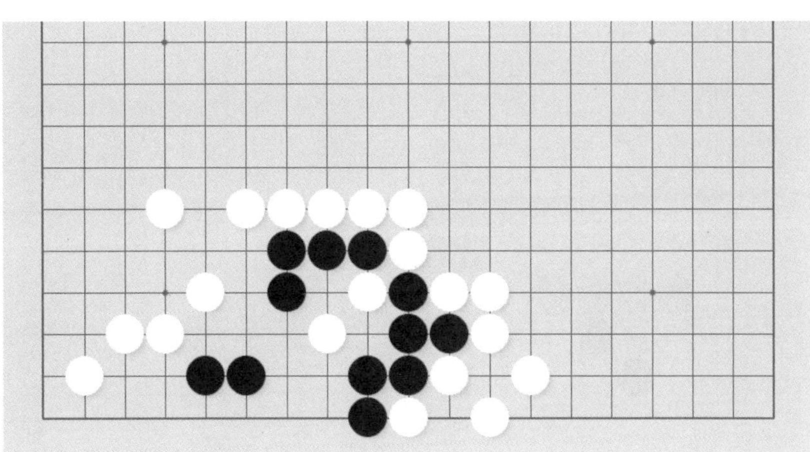

检查

994

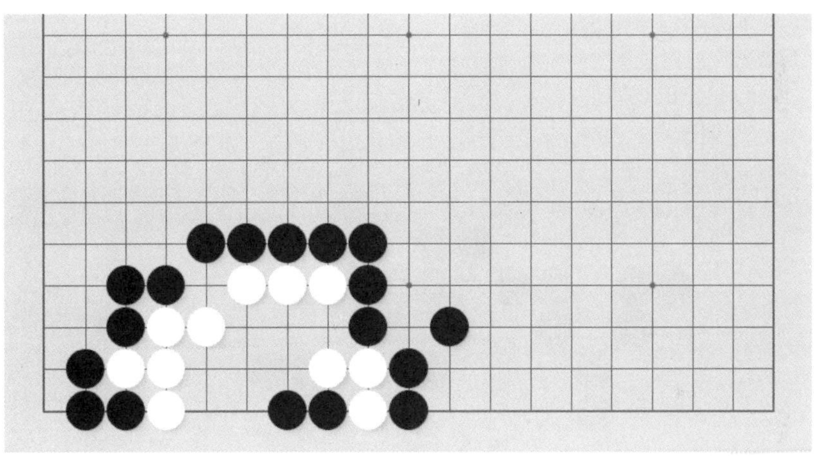

检查

995

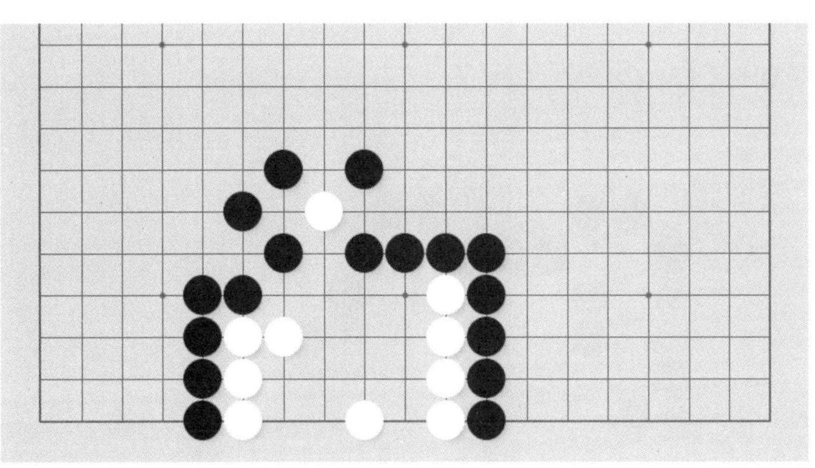

检查

7996

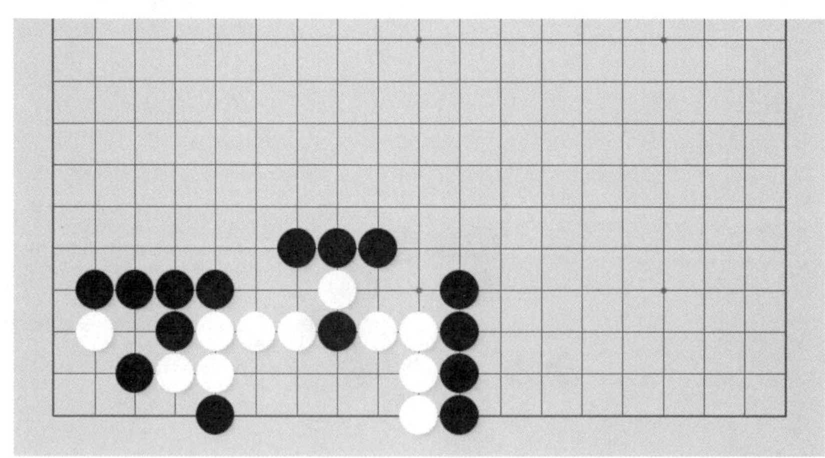

检查

7997

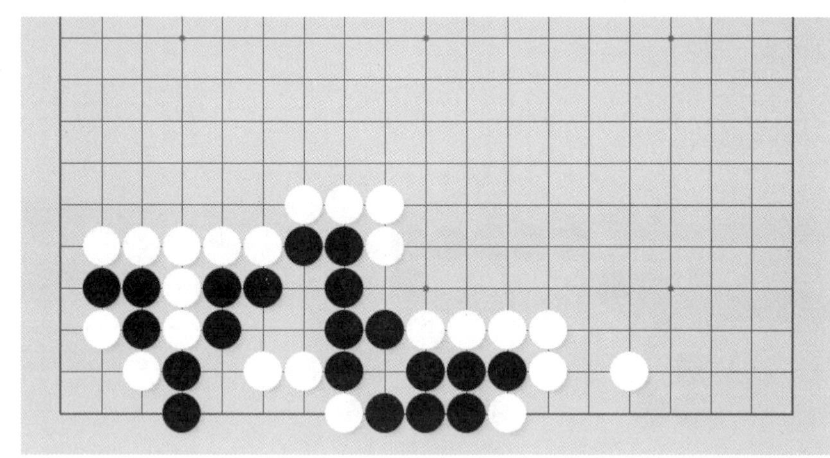

检查

7998

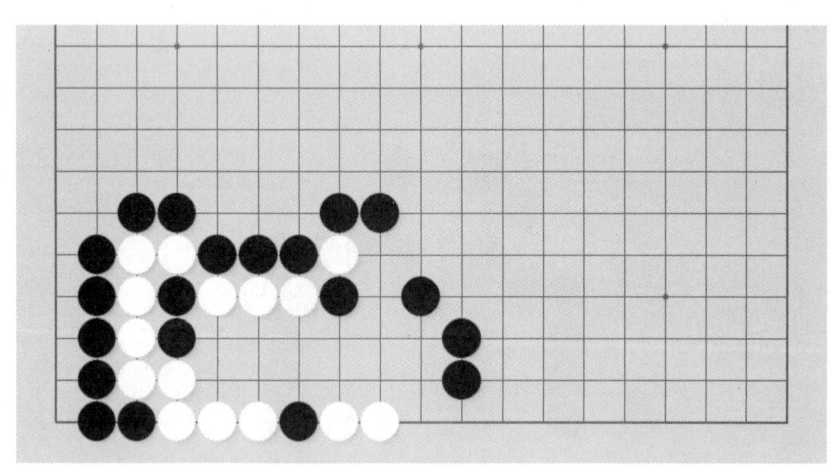

检查

999

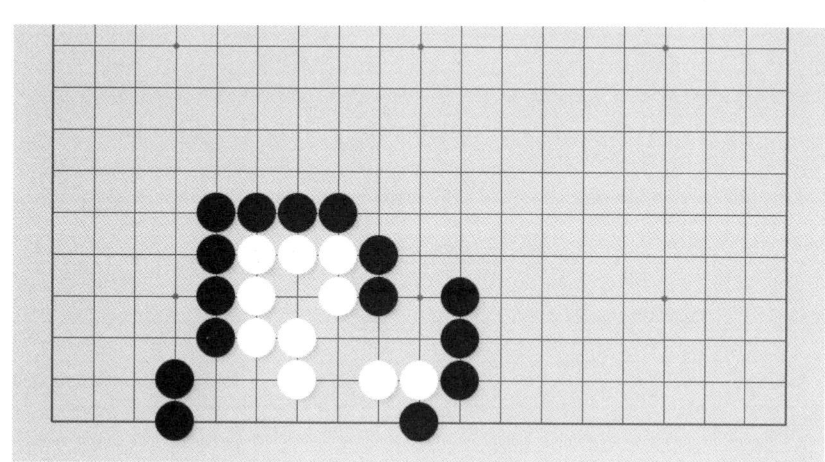

检查

000

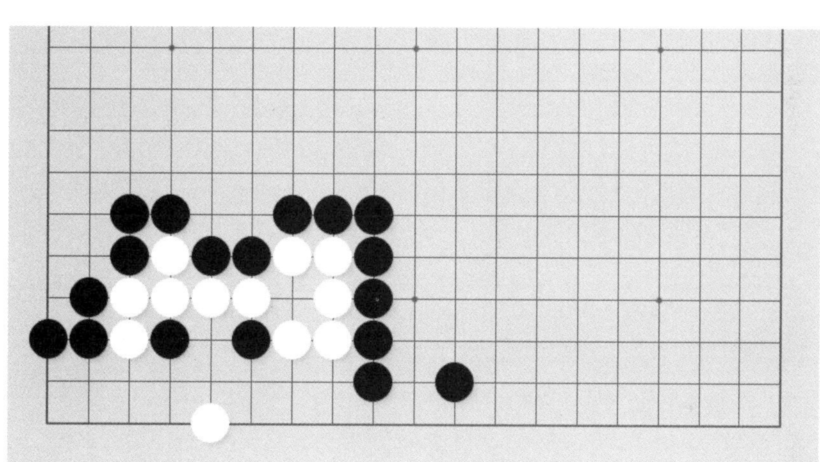

检查

星球

我人生中的第二本诘棋选集叫作《星球》，是和好友胡啸城（本书作者之一）一起合作完成的。《星球》是《浪花》的续作，同样有136题，也有中英双译本。

在我看来，围棋本身就是一个星球，承载着棋手们的情绪与故事，让我们不至在这大千世界中找不到目标及方向。因此，《星球》的取名正是在向我毕生的最大爱好——围棋致敬！

——陈禧